KARLFRIED GRAF DÜRCKHEIM

WEG DER ÜBUNG - GESCHENK DER GNADE

Karlfried Graf Dürckheim

WEG DER ÜBUNG-
GESCHENK DER GNADE

FRANKFURTER VORTRÄGE
Band I

Norbert Friedrich Weitz Verlag

Andere Werke aus unserem Verlagsprogramm finden Sie am Schluß des Buches verzeichnet

CIP-Kurztitelaufnahme der Deutschen Bibliothek

Dürckheim, Karlfried Graf:
Weg der Übung - Geschenk der Gnade: Frankfurter Vorträge /
Karlfried Graf Dürckheim. Hrsg. von Christa Well. - Aachen:
N. F. WEITZ.

Bd. 1 mit e. Vorw. von Hugo M. Enomiya Lassalle. - 1988
ISBN 3-925177-04-3

Umschlaggestaltung: Ricarda Alexander, Hamburg
Satz: Walter Hörner, Aachen
Druck und Bindung: Freiburger Graphische Betriebe

ISBN 3-925177-04-3

INHALT

VORWORT

Obwohl Graf Dürckheim 10 Jahre, von 1937–1947, in Japan weilte, wo ich seit 1929 lebte, sind wir uns dort niemals begegnet. Das hat rein örtlich seinen Grund darin, daß ich 1938 von Tokyo nach Hiroshima umgezogen war. Ich kam zwar in diesen Jahren in Angelegenheiten meines Ordens oft nach Tokyo, aber immer nur für kurze Zeit. Wohl hatte ich von Graf Dürckheim gehört und wußte auch, daß er in der Deutschen Botschaft als Fachmann für die Kultur Japans tätig war. Aber die politische Lage war damals sehr gespannt bezüglich Staat und Kirche in Deutschland, wenn das auch in Japan nicht so stark fühlbar war. Ich wußte natürlich auch nicht, daß Graf Dürckheim als „politisch untragbar möglichst weit weg“ vom damaligen Außenminister nach Japan versetzt war (Psychotherapie in Selbstdarstellungen, Stuttgart 1973, S. 159). Natürlich haben wir uns von unserer Universität Jochi aus bemüht, gute Beziehungen in dieser schwierigen Zeit aufrecht zu erhalten.

Meine erste Begegnung mit Graf Dürckheim fand erst am Anfang der 60er Jahre statt, und zwar in Todtmoos-Rütte. Ich war auf dem Wege nach Grenoble, wo ich die Kartause des hl. Bruno besuchen wollte. Mein Besuch kam für Graf Dürckheim ganz unerwartet, und als ich ankam, fragte er mich, ob ich P. Lassalle in Japan kenne. Worauf ich dann antwortete: „Das bin ich“. Wir hatten dann ein langes Gespräch und wurden Freunde auf Lebenszeit.

Die nächste Begegnung fand 1967 bei der Tagung „Abendländische Therapie und östliche Weisheit“ auf Schloß Elmau in Bayern statt, die von der Gemeinschaft „Arzt und Seelsorger“ veranstaltet war, die damals unter der Leitung von Dr. Wilhelm Bitter stand. Bei dieser Tagung hatten wir Zen-Übungen in der Freizeit angeboten, und die Zahl der Interessenten war so groß, daß wir zwei Gruppen bilden mußten. Diese Tagung wurde der Anlaß, daß man mir nahelegte, in Deutschland Zen-Kurse zu halten, die zwei Jahre später begannen. Graf Dürckheim führte von dieser Zeit an das Za-Zen als tägliche Übung in Todtmoos-Rütte ein, hielt regelmäßige Meditationstagungen und auf Anregung von Fritz Kroeger die Frankfurter Vorträge, wobei die Nachmittage für Übungen zur Einführung in das rechte Sitzen genutzt wurden.

Wir leben auch heute in einer Zeit des Umbruchs, tiefgreifender, als es in Jahrtausenden der Menschheitsgeschichte einmal vorkommt. Die Zeichen dafür werden täglich deutlicher. Graf Dürckheims Vorträge, die in diesem Buch veröffentlicht sind, haben damit etwas zu tun. Als diese Vorträge begonnen wurden, war das längst nicht so klar wie heute. Aber sie haben doch die Zuhörer, vielleicht ohne daß sie sich dessen bewußt wurden, Schritt für Schritt für die Zukunft geöffnet.

Bekanntlich hat Graf Dürckheim durch seine Bücher, Vorträge und Übungen dem westlichen Menschen das Zen näher gebracht. Es war sein besonderes Anliegen, die Praxis des Zen zu verbinden mit den Grundlagen unserer abendländisch-christlichen Tradition. Wie in einem durch Exerzitien geförderten geistlichen Leben im Christentum ist auch im Zen die Erleuchtung nur ein bescheidener Anfang. Jeder Zen-Meister, der die Erleuchtung eines Schülers anerkennt, ermahnt diesen, daß er im Üben nicht nachlassen dürfe, denn es erfordert lange Zeit der Arbeit, um diese Erfahrung so zu integrieren, daß der Mensch umgewandelt werde.

Nicht, daß das Zen etwas Neues gewesen wäre. Es lebte in Asien ja schon lange, bevor man etwas spürte von einer grundlegenden Bewußtseinsveränderung der Menschheit. Neu war das Zen insofern, als es eine Dimension im menschlichen Bewußtsein fördert, die der westliche Mensch durch die immer einseitiger betonte rationale Dimension fast verloren hat – und das umso mehr, als die großen Leistungen von Wissenschaft und Technik das Angesicht der Erde bis in den Weltraum verändert haben, mit der schicksalhaften Konsequenz für den Menschen, sich selbst zu vernichten mit modernen Waffen.

Wir möchten den Wunsch aussprechen, daß das vorliegende Buch – der Geist, der aus den Vorträgen spricht – seinen Lesern zur Ermutigung wird, die drohenden Gefahren glücklich zu überwinden. Wir dürfen die Gefahren nicht unterschätzen, aber wir sollen auch das Vertrauen haben, daß sich ein neues Bewußtsein in der ganzen Menschheit durchsetzt, das sich nicht an einer generellen Weltanschauung orientiert, sondern sich auf tiefste Erfahrungen gründet und so eine glücklichere Menschheit hervorbringt.

Pater H. M. Enomiya-Lassalle SJ

Wir sollen nimmer ruhen,
bis wir das werden,
was wir ewiglich
in Gott gewesen sind.

Meister Eckehart

Einführung in die Praxis des inneren Weges

Ich habe mit Herrn Kroeger verabredet, daß wir für diese erste Zusammenkunft hier in Frankfurt einfach das Thema stellen „Einführung in die Praxis des inneren Weges". Dabei setze ich voraus, daß diejenigen, die heute hier zusammengekommen sind, schon eine gewisse Vorstellung von der Problematik des Ganzen haben; dennoch will ich einiges darüber sagen, wie es sich mir darstellt, daß der Mensch von heute – der Mensch des Westens vor allen Dingen – sich die Frage nach dem inneren Weg ganz neu stellt.

Diese Frage hat sich auch aus der Tagung Elmau immer wieder neu herausgeschält, wo der Versuch einer Begegnung von ›westlichem Geist‹ und ›östlicher Weisheit‹ gemacht wurde, wobei ich mich keineswegs als Vertreter der östlichen Weisheit empfunden habe, weder der Weisheit noch der östlichen, sondern eigentlich mehr als jemanden, der den Versuch unternommen hat zu zeigen, wo hier nun die Unterschiede sind, oder wo es sich – was mir das Wichtigste ist – um gemeinsam Menschliches handelt. Um das gleich vorwegzunehmen: ich glaube, daß es nichts im Osten oder in irgendeiner anderen Kultur gibt, das uns nicht anspricht, das nicht eine Seite in uns selbst betrifft, sonst würden wir nicht darauf ansprechen – eine Seite, auf die wir vielleicht ansprechen, weil sie in uns selbst zu kurz gekommen ist.

Und so glaube ich auch, daß die Spannung zwischen dem östlichen und westlichen Geist eigentlich eine Spannung in uns selbst ist, und daß die Anziehungskraft, die der Osten heute auf den Westen ausübt, damit zusammenhängt, daß der Mensch des Westens dort etwas spürt, das bei ihm im Schatten seiner Gaben zu kurz gekommen ist, aber zur Ganzheit des Menschseins gehört.

Das ist – glaube ich – die erste Frage, die wir uns heute stellen müssen, in welchem Sinn eigentlich der Mensch des Westens durch die Entwicklung in seiner Ganzheit zu kurz kommt oder in Frage gestellt ist. Man kann wohl sagen, daß die westliche Menschheit – und in dieser Weise wirklich nur die westliche Menschheit – heute vor einer merkwürdigen Situation steht: daß nämlich eine vom Menschen gemachte Welt, eine technisch und organisatorisch gemachte Welt, anfängt, sich immer mehr nach eigenen Gesetzen zu bewegen, eigenläufig zu werden und daß der Mensch, um diese von ihm geschaffene Welt noch zu beherrschen, sich mehr und mehr dem anpassen muß, was nach eigenen Gesetzen sich entwickelt – mit dem Erfolg, daß er am Schluß völlig funktionalisiert wird, selbst sozusagen ein Stück Welt wird und damit in dem eigentlich Menschlichen, das er ist, in Frage gestellt ist. Wenn man sich wirklich einmal vor Augen stellt, daß der Mensch heute mehr und mehr Funktionär einer von ihm geschaffenen Welt wird, die reibungslos nach ihren eigenen Gesetzen laufen möchte, was wird dann in ihm vor allen Dingen in den Schatten gerückt? Ich will Ihnen einiges nennen:

Ich glaube doch, daß die vom Menschen geschaffene Welt, in der wir heute stehen, eine im wesentlichen männliche Welt ist, in der das Weibliche im Menschen zurücktritt. Man spricht zwar heute viel von der Emanzipation der Frau, ich sehe aber bis heute nur die Emanzipation des Mannes in der Frau, die sagt: „Das kann ich alles auch". Auf die Emanzipation der *Frau* warten wir noch. Und die haben wir sehr nötig, als Emanzipation des Weiblichen im Menschen, und zwar nicht nur in der Frau, sondern auch im Mann. Damit ist gleich etwas ganz Zentrales getroffen, das mir in meiner täglichen Arbeit immer wieder vor Augen geführt wird: das Weibliche im Menschen kommt zu kurz. Zweitens wird in der vermännlichten Wirklichkeit, die ihn zum Funktionär einer rational geordneten Welt macht, in der nach Möglichkeit die einzelnen austauschbar sind, der Mensch in Frage gestellt in seiner Individualität. Die Individualität als solche stört. Und das dritte und wichtigste, glaube ich, ist, daß die Wirklichkeit, in der wir stehen, sich für das Bewußtsein mehr und mehr reduziert auf die Wirklichkeit, die man rational erkennen und meistern kann. Man kann auch sagen, die Wirklichkeit ist die Welt, und das Subjekt, das wünschenswert erscheint, ist das der Welt zugeordnete, die Welt erkennende, die Welt meisternde – aber auch das von der Welt abhängige Ich, das Welt-Ich. Demgegenüber tritt nun der andere Pol im Menschen ganz in den Schatten, der Pol, der nicht von der Welt ist, nicht angeboren wie Gaben, die man von seinen Eltern oder Großeltern hat, sondern eingeboren ist als etwas, das unabhängig von der Welt unbedingt im Menschen verkörpert ist und sich unter allen Bedingungen manifestieren möchte. Dieser Pol ist das, was Meister Eckehart das Wesen nannte. Von ihm habe ich den Begriff übernommen: das Wesen in jedem von uns als die Weise, in der eine größere Wirklichkeit in uns anwesend ist und sich in uns und durch uns hindurch in der Welt manifestieren möchte. In uns ist eine Dimension oder ein Pol, eine Wirklichkeit, ein Wesen, das nicht identisch ist mit dem Welt-Ich, nicht im gleichen Sinne bedingt, sondern unbedingt. Der Mensch kann sich diesem Wesen gegenüber in seinem Welt-Ich verstellen, aber auch wieder öffnen.

Das ist eigentlich die Grundthese, die alle östliche Weisheit bewegt. Aber ist das nicht eine metaphysische Behauptung, eine fromme Spekulation, das Traumbild einer etwas anderes suchenden Phantasie? Da antwortet der ganze Osten: Nein. Um das auszusagen, bedarf es einfach nur eines Menschen, der in der Lage ist, noch unbefangen in sich hineinzuhorchen. Dann wird er in gewissen Augenblicken eine Dimension in sich erfahren, die qualitativ und in ihrer Wirkkraft radikal verschieden ist von derjenigen, welcher er als das von der Welt her bedingte Ich gegenübersteht.

Hier stehen wir vor einem großen Unterschied zwischen dem westlichen Menschen von heute und dem östlichen in seiner Kultur und zugleich vor der Frage: muß denn das unbedingt nur östlich sein? Keineswegs. Sondern gerade hier handelt es sich um etwas, das *menschlich* ist und auch für uns wieder menschlich werden muß. Wenn wir uns ganz grob fragen, worauf beruht eigentlich die abendländische Kultur, so können wir sagen, sie steht auf zwei Säulen: auf der des Wissens einerseits, das sich entwickelt auf der Basis einer Verarbeitung der sinnlichen Erfahrung und ausmündet in der Naturwissenschaft und Technik, mit der der Mensch die Welt empirisch erkannt hat und meistert. Die andere Säule, auf der die abendländische Kultur sich mehr oder weniger entwickelt hat, ist nicht die auf der natürlichen Sinnlichkeit beruhende Erfahrung und das darauf stehende Wissen, sondern der

Glaube an eine übernatürliche Offenbarung, den der Osten nicht kennt.

Weder hat der Osten jemals den Gottesglauben, den Glauben an den fernen Gott gehabt wie wir, noch hat er je geglaubt, daß die Ratio, jenes Wissen also, das auf Grund einer Analyse unserer sinnlichen Erfahrung zustande kommt, auch nur das geringste aussagen kann über das Wesen des Menschen und den Sinn des Lebens. Der Osten hat ein Drittes entwickelt, nämlich den Weg, der nach innen führt und über die innere Erfahrung, vor allem die Leidens- und Todeserfahrung des Menschen, hinstößt zu einer Schicht in uns, wo dem Menschen so etwas widerfährt wie eine übernatürliche Erfahrung oder eine natürliche Offenbarung einer anderen Dimension, deren Präsenz ihn dann befähigt, Dinge zu sehen und Dinge zu tun, die er ohne diese Erfahrung nicht sieht oder tut und die zugleich in eine Freiheit führt, die ihn unabhängig macht von Angst vor dem Tod. Ausgehend von solchen Erfahrungen öffnet sich für den Menschen die Möglichkeit, einen Weg zu beschreiten, dessen Sinn es ist, ihn mehr und mehr dieser ganz anderen Wirklichkeit in sich aufzuschließen. Von Erfahrung zu Erfahrung fortschreitend wird er sich dann eins fühlen mit dieser tieferen Wirklichkeit und von dorther als ein Neuer ein Leben auch *in* der Welt beginnen – als ein Neuer im Vergleich zu dem, der er vorher war.

An dieser Stelle erhebt sich die Frage: in welchem Sinne berührt das eigentlich unsere religiöse Tradition? Denn ob sich einer heute noch als praktizierender Christ fühlt oder nicht, an der Frage, die hier aufgeworfen ist, kann er nicht vorübergehen. Welche Positionen stehen sich eigentlich gegenüber? Kurz gesagt: christlicher Glaube beruht auf der Vorstellung eines Gottes, der letztlich durch eine unüberbrückbare Distanz vom Menschen getrennt ist, der persönlich ist und von der Entwicklung des Menschen auch die Person erwartet. Das ist ein persönlicher Glaube an einen persönlichen Gott, der bei allen Möglichkeiten, die es geben mag, sich ihm in der Liebe zuzugesellen, sich als Kind zu fühlen, doch der in Distanz gegenüberstehen-bleibende Gott bleibt. Der Osten hat eine religiöse Vorstellung ganz anderer Art von einem All-Einssein, das man selbst im Grunde *ist,* als eine besondere Weise dieses Seins. Alles, was uns als Ich der Welt gegenüberstellt oder uns eine

Welt von vielen Dingen gegenüberstellt, ist gemessen an dieser Realität eine Illusion, einschließlich dieses Ichs – eine große Behauptung, die aber für die östliche Welt seit Jahrtausenden – ob sie nun Buddhisten sind oder Hinduisten – auf der Erfahrung beruht, daß der Mensch voranschreitend von Tod zu Tod, von Verzicht zu Verzicht hinkommen kann an das Spüren eines Seins, in dem er sich mit allen Wesen, insbesondere mit allen Menschen, im Grunde eins weiß. Von hier her ist er ganz unabhängig gegenüber dieser Welt, auch gegenüber diesem Ich, das er je nachdem die Buddha-Natur nennt oder den Atman als einer individuellen Weise, in der Brahman, das große All-Eine, im Menschen präsent ist. Dieses all-eine Sein, ein ES, unpersönlich, das jenseits aller Gegensätze ist, the real self, ist etwas anderes als das *Selbst* bei C. G. Jung; es meint dieses einzige Eine.

Und der Mensch kommt zu *seinem Selbst* nur in dem Maße, als er dieses *große Selbst* in sich erfahren hat. Das scheint in der Tat ein großer Gegensatz zu sein. Hier eine Vorstellung, eine Religiosität, die ein Appell ist an das mögliche Person-werden-Können des einzelnen, der sich letztlich am Anfang und am Ende einem persönlichen Gott gegenübergestellt fühlt, und auf der anderen Seite die Vorstellung einer menschlichen Wirklichkeit, deren Kern unpersönlich ist, teilhat an dem großen All-Einen. So einander gegenübergestellt sind das zwei sich ausschließende Positionen. Man kann nicht gleichzeitig dies oder das sein. Wie kommt das zusammen? Sie schließen sich genauso aus wie der Einatem und Ausatem. Man kann nicht gleichzeitig einatmen und ausatmen. Was ist aber wirklich? Wirklich ist *der Ein- und Aus-Atmende!* Hier kann sich etwas völlig anderes öffnen, nämlich die Möglichkeit, daß das, was zunächst in sich ausschließenden Positionen einander gegenübersteht, vielleicht in einem dialektischen Prozeß zueinander steht wie Einatmen und Ausatmen. Wo immer der Mensch sich einseitig in der Vorstellung von etwas nur noch Personalem, von einem Ich getragen fühlt, entsteht eine Gefahr: die Besonderung kann auf Kosten der Zugehörigkeit zu einem großen All-Einen erstarren. Umgekehrt, wenn man von aller Besonderung absehen möchte, immer nur spricht von dem All-Einen, entschwindet die Zugehörigkeit schließlich in einer Weise, daß vom Menschen als

Individuum nichts mehr übrig bleibt. Es erhebt sich hier die Frage nach einer *Bewegung* zwischen diesen beiden Polen, des Aus und des Ein, des Yin und des Yang, so daß plötzlich etwas ganz Neues als Möglichkeit vor unseren Augen entsteht.

Was ist eigentlich die *große Bewegung*, der große Atem des Lebens? Das Leben treibt die Fülle der Formen aus sich hervor, eine jede in ihrer Besonderung und Vollendung, und nimmt sie wieder heim in einer Bewegung, in ein aller Besonderung überlegenes All-Eine. Aber von dort steigt es wieder auf in die Form, die besondere, die sich vollenden will und wieder heimgehen muß in das All-Eine als ein dauernder Prozeß, den wir eigentlich in jedem Lebewesen sehen; und wo der Teufel im Spiele ist, hält er die Bewegung entweder oben fest – das gibt die Erstarrung, oder unten – das gibt die Auflösung. Das sind die beiden großen Gefahren des Westens und des Ostens.

Mit diesem Bild ist eigentlich zugleich die Richtlinie gegeben für alles, was geistliche Übung ist. Wenn das stimmt, daß das Leben – und in wessen Dienst sollten wir üben, wenn nicht im Dienste des Lebens, des Großen LEBENS – daß das Leben diese *Bewegung* ist, dann kann alle echte geistliche Übung eigentlich nichts anderes sein als die Erziehung des Menschen zu dieser Bewegung. Und in diesem Sinne fasse ich auch unsere Arbeit hier auf.

Lassen wir jetzt einmal beiseite, was man noch im einzelnen sagen könnte zu dem Thema Östlich-Westlich und schauen wir von hier ausgehend weiter. Was sind die weiteren geistigen Voraussetzungen, die man vor Augen haben muß, um die Übung bei sich selber richtig zu placieren? Da braucht man, glaube ich, nur einen kurzen Blick auf die Entwicklung des Menschen zu werfen, der sich aus der Phase des Säuglings über das Kind allmählich zum Erwachsenen heranentwickelt. Das kleine Kind hat zwei Merkmale, die für alle weiteren Entwicklungen maßgebend sind. Es ist auf der einen Seite noch ganz eins mit dem Leben und es wird erst eigentlich zum Menschen in dem Moment, wo es diese Einsheit verliert, weil ihm plötzlich etwas gegenübersteht, ein Du. In dem Augenblick, wo es fragt „Was ist das?", wird die Flucht des Erlebens plötzlich unterbrochen durch ein Fixieren, einen Begriff "Das ist das". Im Bewußtsein „Das ist das" – „Ich bin Ich" bildet sich nun plötzlich eine statische Struktur im Menschen als Bewußtseinswesen, die in einem gewissen Widerspruch steht zu der ewigen Verwandlungsbewegung des in ihm weiter wesenden Lebens. Er wird ein Mensch dadurch, daß er von einem Ich stammt, eine Welt als ein Gefüge von Gegenständen hat, die er fixiert, d. h. feststellt und dadurch, daß er sich selbst festhalten kann im Fluß des Geschehens und Positionen schafft, theoretische oder praktische, die er dann verteidigt und auf denen er steht, theoretisch oder praktisch. Und diese *Spannung* zwischen einer statischen, rational erkennbaren, planmäßig gestaltbaren und zu ordnenden Wirklichkeit einerseits, in der der Mensch schließlich als eine zuverlässige Persönlichkeit in festen Ordnungen steht und sich auch an festen Wertordnungen orientiert, und diesem in steter Wandlung begriffenen Leben andererseits, diese Spannung macht das Wesen des Menschen aus. In dieser Spannung findet sich auch der Gegensatz zwischen dem rational bewußten Ich, für welches Wirklichkeit – nach Descartes – nur das hat, was sich einer sicher gefügten Ordnung von Begriffen einordnen läßt – der Wirklichkeit des Welt-Ichs – einerseits und andererseits dem anderen Pol in ihm, der das ewig sich verwandelnde Leben repräsentiert, das jenseits des rational zu Begreifenden west.

Wir wollen hier davon ausgehen, daß dies nicht eine theoretische Erkenntnis ist, über deren Für und Wider man hin- und herdiskutieren kann, sondern daß dies so ist und daß das *nicht* diskutiert werden kann. Alle praktischen Übungen, die wir heute anfangen möchten, wollen wir aufbauen auf Dingen, die nicht diskutiert werden können. Ich erläutere Ihnen das am Beispiel der Atemlehre: Der Yoga-Atem ist vom Menschen zu ganz bestimmten Zwecken erfunden. Das kann sehr gut sein, ist aber diskutierbar. Es gibt jedoch einen Atem, der nicht vom Menschen gemacht ist, das ist der *natürliche Atem.* Und so sehr Yoga-Übungen diskutiert und in Frage gestellt werden können, *eine* Übung des Atems kann nicht diskutiert werden, sondern muß akzeptiert werden, nämlich diejenige, die die Bedingungen schafft, unter denen der natürliche Atem fließen kann. Wenn man einen Zen-Meister fragt: „Was ist Ihre Atemübung?", dann wird er antworten: „Ich bemühe mich seit 30 Jahren, meinen Atem zu verfolgen, ohne ihn zu stören." Er ist orientiert an dem Atem, den die Natur ihm gegeben hat. Eine Übung, die diesem Gesetz widerspräche, wäre diskutierbar, etwa eine Übung, die Sie veranlaßt, den Atem oben festzuhalten. Für bestimmte Zwecke kann das wichtig sein, aber wenn es darum geht, den Menschen in seine Ganzheit zurückzustellen, ist das problematisch. Deshalb möchte ich versuchen, hier nur von Dingen zu sprechen, Dinge nahezulegen, anzuregen oder zu tun, die in diesem Sinne nicht zu diskutieren sind.

Wenn wir uns unter diesen Voraussetzungen fragen: um was für einen Weg geht es, wenn man vom inneren Weg spricht, so lautet die Antwort: es geht um jenen Weg, der den Menschen befähigt, durch das notwendigerweise mehr oder weniger hart werdende Gefüge seiner Ich-Welt-Wirklichkeit hindurch diese andere Dimension in sich selbst zu spüren und – ausgehend von Erfahrungen dieser anderen Dimension in sich – eine Welt-Form zu entwickeln, in der er durchlässig bleibt für dieses Ganz Andere in ihm und fähig ist, es *in* der Welt, in *seiner* Weltwirklichkeit zu bezeugen. Er wird Person. Damit ist man sehr nahe an einer Aufgabe, die der ›initiatische Weg‹ genannt wird.

Dieses Wort, das vielleicht für einige von Ihnen neu ist, möchte ich näher erläutern. Es gibt die Religion des Glaubens mit dem *Glaubensgehorsam* und es gibt eine Religiosität, die sich aufbaut auf Erfahrungen und die letzten Endes eine Religiosität des *Erfahrungsgehorsams* wird, d. h. des Gehorsams gegenüber den tiefsten Erfahrungen des Menschen. Guardini sagte einmal: „Wir vergessen heute manchmal, daß die religiösen Grundbegriffe, einschließlich Gott, ursprünglich interpretierte *Erfahrungen* sind". Und wir sind heute immer in der Gefahr, die verhärteten Interpretationen auf den Menschen draufzusetzen; aber eigentlich wollen wir wieder zu den Erfahrungen zurück. Und überall dort nun, wo der Mensch das Gefühl gehabt hat: ich habe da etwas erfahren, das über allen Zweifel hinaus stärker ist, tiefer ist, etwas ganz anderes ist als alles, was mir in der täglichen Weltwirklichkeit begegnet, da festigt sich in ihm die Erkenntnis: eigentlich müßte ich so sein, daß ich in einem dauernden Kontakt mit dieser anderen Wirklichkeit bleibe und so werde, daß ich diesen Kontakt auch in meinem täglichen Leben bezeugen kann.

Wer versucht, dieses Geheime in sich mehr und mehr ins Gespür zu bekommen, um sich auf das hin und von dort her zu verwandeln, der kommt auf den initiatischen Weg. *Initiare* meint den *Zugang öffnen* zu diesem *Geheimnis,* also eine *Einweihung* in dieses Geheimnis. Der Eingeweihte ist nicht irgend ein Fremder und Ferner, sondern ist derjenige, welcher diesen Zugang gefunden hat im Sinne einer ihm aufgegangenen *Lebenswirklichkeit.*

Aber ankommen wird man auf diesem Wege nicht. Man ist immer nur unterwegs, mehr oder weniger bereit, das und das zu erleben und dabei das Leben nicht auf den Gehorsam gegenüber überlieferten Wert- und Glaubensordnungen zu stellen, sondern auf Erfahrung jener anderen Dimension im Sinne einer Entwicklung des Organs für das *Spüren* dieser überweltlichen Wirklichkeit, und dem Hinfinden zu einer Verfassung, die dieser Wirklichkeit auch in der Welt gemäß ist. Heute – und da sind wir Zeuge eines wirklich weltgeschichtlichen Ereignisses, wie ich glaube – gelangt die westliche Menschheit zum ersten Mal in ihrer Geschichte nicht nur in kleinen esoterischen Kreisen, sondern in großer Zahl auf den initiatischen Weg. Das Wort ›Initiation‹ ist bisher nur gebraucht worden in bezug auf ganz kleine, geschlossene Kreise, in denen es eine besondere Bedeutung hat. Es gibt solche Kreise im Raum des Zen, im Raum des Tantrismus, des tibetanischen Buddhismus, des Hinduismus. In Europa kennen wir die Rosenkreuzler, die Alchemisten, die Tempelritter, die Freimaurer. Das alles sind geschlossene Kreise von wenigen Menschen, wo ein Meister da ist, der Initiationen im Sinne dieses ganz Geheimen vollzieht. Neben diesen kleinen Kreisen und deutlich von ihnen unterschieden gibt es aber auch den initatischen Weg auf einer breiten Basis, wie wir es im Osten sehen können, wo die Möglichkeit des Durchbruchs zu einer anderen Dimension sozusagen zum lebendigen Gewissen des Volkes gehört.

Ein katholischer Missionar erzählte mir diese Geschichte: „Ich habe etwa 60 Seelen in 18 Jahren gewonnen, fragen Sie mich nicht, was die Gründe sind, warum hier ein Kind katholisch wird. Immerhin, es kommt schon vor, daß einer wirklich Christ wird. Aber leider, wenn es ans Sterben geht, stirbt er doch wieder japanisch!" – „Ja", frage ich, „was verstehen Sie denn darunter?" Da sagt er: „Es ist ganz seltsam, aber ich habe das Gefühl, wenn diese Menschen auf diese Welt kommen, stellen sie gleichsam nur einen Fuß hier herüber auf die Welt, den anderen lassen sie auf dem anderen Ufer und ihr ganzes Leben haben sie beinahe physisch das Gefühl: ich bin eigentlich woanders zu Hause – als wenn sie ihr Leben lang die Zugehörigkeit zu einer anderen Heimat nicht aus ihrem Leibe herausließen. Sie wissen es immer: eigentlich bin ich hier nur zu Gast. Sterben heißt dann einfach, das Spielbein wieder zurückziehen zum Standbein. Und da ist so gar keine Angst drin". Ich fragte mich damals schon: muß das nun japanisch sein, muß das östlich sein, ist es nicht so, daß wir alle nur blind geworden sind für das Faktum, daß wir Bürger zweier Welten sind, daß also in uns ein Pol wirklich woanders beheimatet ist, und wenn wir den zu fassen kriegen, verliert die Weltwirklichkeit, in der wir heute stehen, ihr Gewicht. Das bedeutet nicht, daß wir uns ihr entfremden müssen. Denn auch der Buddhismus meint nicht notwendig Weltflucht, sondern eher, wie Govinda beispielsweise sagt, ›Weltüberwindung‹. Die Weltwirklichkeit verliert ihr Gewicht als das eigentlich Maßgebende, der Mensch ist woanders verwurzelt und ist gerade von dorther dann ganz anders fähig, in dieser Welt seinen Mann zu stehen und die Welt zu tragen.

Übung in diesem Sinne würde bedeuten, daß der Mensch einübend lernt, diese andere Dimension überhaupt in sich zu erfahren, Erfahrungen zu bemerken und ernst zu nehmen, für die er bestimmt und empfänglich ist. Das meint die Entwicklung des Organs zum *Wahrnehmen,* zum Vernehmen dieser anderen Dimension. Zweitens bedeutet das, so zu werden, daß man in dieser Verbindung bleiben kann, in der es nicht nur um die Kultur des inneren Erlebens geht, sondern um die Praxis zu einer leib-seelischen, *leibhaften Verfassung* hin, in der man diesen Kontakt mit der anderen Dimension wahren kann und bezeugt. Dazu ist freilich noch ein Drittes nötig, nämlich zu verstehen und zu erkennen: was steht eigentlich zwischen mir, also meinem Welt-Ich, und diesem meinem tieferen Wesen? Warum bin ich nicht wie die Pflanze und das Tier einfach damit im Kontakt und bleibe es? Dieses Entwickeln der Einsicht sowohl in die Bedingungen der Störungen dieses Kontaktes, als auch in die Möglichkeit der Wiederherstellung dieses Kontaktes kann nun gefördert werden durch etwas spezifisch Westliches: durch die Arbeit der Tiefenpsychologie, sofern diese nicht, wie die alte Medizin und die alte Therapie, einfach nur das Reparieren eines in der Welt nicht funktionierenden Menschen ist, das den Menschen wieder ›gesund‹ macht: „nun kann ich wieder – nun bin ich wieder in Ordnung“. Therapie als Mittel zur Wiederherstellung des verlorengegangenen Kontaktes zu unserer anderen Wirklichkeit kann nicht in erster Linie daran interessiert sein, daß der Mensch wieder ordnungsgemäß funktioniert, dann ist er nämlich innerlich keinen Schritt weitergekommen. Das Ziel einer solchen Therapie ist vielmehr, daß der Mensch diese andere Wirklichkeit in sich freigibt. Das unterscheidet heute eine Therapie als große Therapie von der kleinen: sie ist nicht nur am Funktionieren interessiert, sondern auch an der Vertiefung des Daseins durch Wahrnehmen des tieferen Selbst und an der Verwirklichung dieses Selbst und das heißt: auch an seiner Bezeugung im Leben. Hier sind vor allem der Psychologie C. G. Jungs ganz entscheidende Erkenntnisse zu verdanken, die sich beziehen auf die Blockade zwischen Wesen und Welt-Ich.

Aber lassen wir das heute und hier einmal beiseite. Nehmen wir einmal diese beiden Aufgaben, diese *Vertiefung unseres Erlebens* einerseits und die Aufgabe, uns an *Leib und Seele* in einer Weise zu *entwickeln,* die uns in diesem Kontakt hält. Und da kommen wir auf die praktische Übung, die – und das hören Sie jetzt schon heraus – eben niemals nur so eine innere Angelegenheit sein kann, etwa eine fromme Betrachtung von großen, edlen und hohen Weisheiten, ein Sichgegenüberstellen gegenüber heiligen Bildern, sondern eine sehr harte konkrete Arbeit auch am Leibe meint. Das Wort *Leib* bekommt nun hier einen völlig anderen und dem Europäer zunächst überraschenden Sinn, der nichts zu tun hat mit dem *Körper, den man hat* und der fit und gesund sein soll, sondern den *Leib* meint, *der man ist* und bei dem es darum geht, transparent zu sein für die größere Wirklichkeit. Das wird uns heute noch etwas beschäftigen.

Sie hören mich hier sprechen und ich stelle die Frage „Wer redet denn da eigentlich?“ Ich habe diese Frage einmal vor einem größeren Ärztekreis gestellt. Das war dann sehr unangenehm; was ist das nun eigentlich – eine komische Frage, diese Stimme ist natürlich etwas Körperliches, aber *was* sie sagt, kommt vom Geistigen her. "Ich höre eine Einheit von Leib und Seele“ sagte einer. Und ich konnte nur antworten: „Das ist doch ein Krampf, wen hören Sie schon?" Endlich hatte einer den Mut zu sagen: „Ich höre *Sie!*"

Wenn man anfinge, innerhalb der Wissenschaft vom Menschen ihn so ernst zu nehmen, wie wir ihn ganz selbstverständlich im täglichen Leben ernstnehmen, dann begänne in der Geschichte der Erkenntnis des Menschen ein neues Kapitel. Ich habe noch nie einen Körper um mich herumlaufen sehen, noch eine Seele, also immer nur jemanden – was ist denn dieser Jemand? Es ist doch kein Zweifel, daß *er* sich sowohl erlebt wie darlebt oder darleibt. Wenn *Sie* erschrecken, erschrecken *Sie*, nicht? Dieser Schreck der Person äußert sich – so sehen wir es mit unserem ewig trennenden Blick – in zweierlei Weise. Sichtbar, wenn Sie wollen, und unsichtbar in seinem Sich-darleiben und Sich-erleben. Wenn aber nun der ganze Mensch sich in der Weise des Darleibens und Daseins äußert, dann kann man auch auf dem Wege über eine Änderung – eine *Veränderung* in dieser Weise *dazusein* – an den *ganzen* Menschen herankommen. Und das ist ein Grundprinzip für alle praktische Übung, wie Sie es heute hoffentlich erleben werden am eigenen Leibe.

Der Mensch als Person *ist* – begreift man ihn als ein leibhaftiges Wesen – *da,* in einer *Einheit von Gebärden,* in denen er sich immerzu ausdrückt und zu gleicher Zeit verwirklicht, trifft oder verfehlt. Deshalb bedeutet die Arbeit am Leibe etwas anderes als die Arbeit am Körper. Sie ist Arbeit an einem Menschen und seiner gesamten Haltung. Wenn jemand verkrampft daherkommt und sagt: „Ich habe furchtbare Schmerzen in den Schultern und im Nacken", da kann man nur sagen: „Das scheint mir einleuchtend, so wie Sie daherkommen." – „Ja, aber es ist doch meine *Schulter".* „Nein, nein" muß man ihm sagen, „das sind *Sie"*. Man kann diesen Schmerz in der Schulter natürlich massieren oder mit einer Impletol-Spritze wegnehmen oder mit heißen Bädern. Das ist jedesmal sehr angenehm. Aber kaum kommt ein großer Hund um die Ecke, zieht er die Schulter wieder hoch, und die alte Geschichte ist wieder da.

Von Grund auf, um bei diesem ganz einfachen Beispiel anzufangen, unterscheidet sich die Arbeit an der Entspannung, die rein physische Arbeit am Körper von einer personalen Physiotherapie dadurch, daß man in dieser dem Menschen klarmacht, daß *er* in einer Spannung drinsitzt und daß es keine Verspannung im menschlichen Leibe gibt, die nicht Ausdruck wäre eines Mißtrauens gegen das Leben. Man ist immer auf dem Qui vive: was kommt nun schon wieder, wo ich mich verteidigen muß oder angreifen muß. Wenn man das begriffen hat, dann bedeutet die Arbeit am Leibe, daß der Mensch es vermag, sich aus einer Haltung ständigen Mißtrauens in eine Haltung des Vertrauens zu geben. Und ich brauche Ihnen das nur so vorzumachen, und dann sehen Sie schon, es handelt sich hier um eine eigentümliche Bewegung, die den Menschen in einem anderen Schwerpunkt verankert, als er vorher war.

Da sind wir also schon mittendrin in der praktischen Arbeit, die – wenn wir einmal anfangen wollen an dieser Einheit der Gebärden, in denen die Person sich ausdrückt und verwirklicht – ansetzt an drei Punkten: erstens an der *Haltung,* die bestimmt ist durch ihren Schwerpunkt, zweitens an allem, was *Spannung und Entspannung* bedeutet und drittens am *Atem.* Das ist die Verbindung mit Zen, wo das Za-Zen, das Sitzen in Stille, die Hauptrolle spielt. Es gibt, glaube ich, kaum eine Übung, die in diesem Ausmaße auch für uns Europäer wirklich andere Dimensionen aufschließt, wie das Sitzen in Stille.

Die Entwicklung des Menschen zu seinem ihm eingeborenen Weg

Auch heute soll die Arbeit an der Praxis des meditativen Sitzens im Mittelpunkt stehen. Aber diese Arbeit muß geistig verankert sein, setzt also einen ganz bestimmten Schritt im Leben des Menschen voraus, einen Überschritt aus der Ebene des gesunden Menschenverstandes und der vortrefflichen Welt-Persönlichkeit in eine andere Dimension; in eine andere Tiefenform des Wirklichen überhaupt. Diese Dimension zeigt sich an als Sehnsucht, manchmal als erschütterndes Erlebnis oder als Auftrag, wenn der Mensch eine ganz bestimmte Stufe erreicht hat. Diese Stufe kann schon sehr früh dämmern, manchmal schon in der Pubertät. Sie zu erreichen ist dem Menschen aufgetragen. Das innere Bild des Menschen ist auf sie hin bezogen, es ist das *Inbild* als ein uns eingezeichneter Innenweg. Das Inbild einer Blume oder Pflanze zum Beispiel, ihr eigentliches Wesen, ist ihr eingeboren als ein Weg, den sie durch ganz bestimmte Stufen zu durchlaufen hat. Da ist der Keim, dann die Knospe, die Blüte, wenn sie sich voll entfaltet hat, die die Blätter fallen läßt, sich wieder einfalten soll als Blume zur nächsten eigentlichen Stufe, auf der sie Fruchtknoten wird und dann Frucht bringt. Dort kommt sie dann zur Reife.

Auch der Mensch entwickelt sich als Kind, wächst auf, wird zur Blüte, und eines schönen Tages sprechen wir von dem voll entfalteten Menschen, dessen Blütenblätter dann anfangen zu fallen. Nun kommt aber das Eigenartige: wenn diese herrlichen Blütenblätter zu welken beginnen heißt es: der arme Mann wird alt. Es ist eine Tatsache, daß der Mensch in der Regel die der Blume selbstverständliche vierte Phase, in der es darum geht, sich nach innen zu falten und jene letzte Verwandlung herbeizuführen, die die Frucht der menschlichen Reife bringt, keineswegs selbstverständlich vollzieht. Um diesen Schritt geht es hier; aber zu diesem Schritt sind keineswegs alle Menschen berufen. Denn, um ein Jesus-Wort zu zitieren: Viele sind berufen, wenige sind auserwählt.

In der ganzen europäischen Mystik wird immer wieder darauf hingewiesen, auch von den Seelenführern, daß viele eben nicht berufen sind. „Ihr", sagt Therese von Avila ihren Schwestern, „ihr, die ihr das nicht mehr versteht, wovon jetzt die Rede ist, seid nicht traurig darüber. Es ist keineswegs zum Honiglecken, was dann kommt." Cassian hat um 300 herum gesagt: „Der erste Schritt führt vom Heidentum zum Glauben, der nächste Schritt dann vom Glauben zum Wissen." Dieser Schritt vom Glauben zum Wissen ist der erste Schritt, wenn man sich auf den Weg der Übung begibt. Und das ist hier unsere Arbeit. Ich nehme an, daß es die Frage nach dem WEG ist, die Sie hierher zieht. Es führen viele Wege zu diesem WEG. Das Ziel ist, auf den Weg zu kommen. Wenn Sie einen östlichen Meister fragen, was das Höchste sei, das ein Mensch erreichen kann, so wird er antworten: Auf den WEG zu kommen!

Auf dem Weg ist der Mensch erst dann, wenn er nicht mehr stehen bleibt – nicht mehr stehen bleiben *kann*.

In unserer Arbeit hier geht es darum, eine Richtung einzuschlagen, die uns auf diesen WEG setzt, uns in diesen WEG einmünden läßt, auf dem es dann kein Stehenbleiben mehr gibt. Ankommen bedeutet in der Dimension, um die wir uns hier bemühen, das Hineinfinden in eine Bewegung, in der man weitergeht, aber nie ankommt.

Es ist wichtig, sich – von welcher Stufe auch immer – auf die Hauptphasen der natürlichen Entwicklung des Menschen zu besinnen, wenn wir uns *als* Menschen entwickeln mit dem Ziel, *Person* zu werden. Zu dieser Entwicklung gehören als integrierender Bestandteil die Stufen des Bewußtseins, die die Menschheit von ihrem Beginn bis heute durchlaufen hat. Auch die Kulturphilosophie unserer Zeit weiß das. Denken wir an den Kulturphilosophen Jean Gebser – an seine Stufen des menschlichen Bewußtseins vom magischen über das mythische zum mentalen – und heute zum integralen Bewußtsein. Er führt uns vor Augen, daß wir alle *auch* noch der magische und der mythische Mensch sind, und daß eigentlich die Aufgabe besteht, ein Menschsein zu entwickeln, das sich nicht einbildet, diese Stufen endgültig hinter sich gebracht zu haben. Unsere Tiefenpsychologie zeigt in ganz besonderem Maße, daß der Mensch nur dann gesund bleibt, wenn er nicht an jenen Verhärtungen festhält, in die ihn das fixierende rationale

Bewußtsein hineinmanövriert hat, und daß es darum geht, die Welt der Bilder, der Archetypen, wie sie die Mythologie zeigt, die ja in uns lebt, wiederzugewinnen und sich jener Kräfte bewußt zu werden, die aus der Einsheit mit dem Leben wachsen. Wir haben diese Kräfte, die man die magischen Kräfte nennt, noch in uns. Wenn wir heute nach geistlichen Übungen verlangen, so haben diese nicht den Sinn, uns den Weg der Erforschung der eigenen Tiefe, der Arbeit an sich selbst zu ersparen, sondern sie sollen umgekehrt uns für diese Arbeit erst recht aufschließen. Wer glaubt, sich auf dem Weg der Übung die Arbeit an sich selbst ersparen zu können, der irrt; er baut an einem Kartenhaus, das bei der nächsten Gelegenheit zusammenfällt.

Die Entwicklung des Menschen beginnt mit der Kindheit. Wenn man von der frühen Kindheit spricht, so ist sie nur für unseren Verstand weit weg. Aber wir können uns jederzeit in eine Kindheitssituation hineinversetzen, als wären wir noch das Kind. Nur in dem Maße, als wir das können, werden wir fähig sein, das ganze Orchester der Instrumente, die unser Leben in uns entwickelt hat, in uns zum Spielen zu bringen. Als Kinder sind wir in einer Verfassung, in der wir noch eins sind mit dem größeren Leben. Die Spaltungen zwischen mir und der Welt – mir und den anderen – mir und mir selbst sind noch nicht hart geworden. Das Kind lebt noch in einem ganzheitlichen Bewußtsein, aus dem es sich erst langsam löst. Es ist noch getragen und gespeist aus der Tiefe des Seins und in einer dauernden Verwandlung begriffen, an der es selbst noch keinen bewußten Anteil hat; denn das Leben vollzieht sich noch an ihm. Es ist noch inbegriffen im Großen Ganzen. Wenn es dann anfängt, sein kleines Ich zu entwickeln, so sind gerade diese Anfänge als Stimmung dadurch charakterisiert, daß, solange die Trennung vom Sein noch nicht vollzogen ist und der Mensch noch in der Ganzheit steht, aber doch schon ein kleines Ich herausragt, – daß gerade auf diesem Hintergrund das *Sein* beglückend aufleuchtet. In unseren etwas unbestimmten Kindheitserinnerungen, einem vagen Gefühl von etwas Wundersamem, das uns trug und uns durchlichtet hat, strahlt die Ganzheit des Seins hindurch. Viele Menschen sprechen von einer sonnigen Kindheit, obwohl sie auch Schweres durchgemacht haben. Das rührt daher, daß an der Schwelle zwischen Einbettung im Sein und dem Heraustreten aus ihm die andere Dimension aufklingen und spürbar werden kann.

Wir spüren dieses Sein – oder das Größere Leben – immer in drei besonderen Erscheinungen: Das sind
erstens eine *Fülle,* die etwas anderes ist als die Vielheit;
zweitens eine geheimnisvolle *Ordnung,* Gestalt und sinngebende Ordnung, die noch nichts mit dem rationalen Verstehen eines Sinnes zu tun hat; und
drittens eine den Menschen einhüllende, ihm als Geborgenheit zum Bewußtsein kommende *Einheit.*

Diese drei Dimensionen – die Fülle, die Ordnung, die Einheit als Aspekte des Seins, die der Mensch später, wenn er das alles verloren hat, plötzlich in erschütternden Erlebnissen wiederfindet, treten ins Bewußtsein als *Kraft,* als *Sinn* und als *Liebe;* also in den Eigenschaften, die der Mensch seinen Göttern zuordnet. Die Macht, die Weisheit, die Güte der Götter spiegeln in allen Hochreligionen eigentlich Projektionen des Menschen in ein überweltliches Wesen wider, das er in seinen tiefsten Augenblicken dann erlebt, wenn er durch später gewachsene Schichten des Erwachsenenseins wieder hindurchstößt zur Erfahrung jenes Seins, in dem er als Kind noch geborgen war.

Wenn das Kind aus diesem Ganzheitsbewußtsein heraustritt, entdeckt es, zuerst in der Beziehung zur Mutter, das *Du.* Da ist etwas, das sich ansprechen läßt und das antwortet. Das Lebensbewußtsein differenziert sich. Dieses Ich und Du – Du und Ich als erste Differenzierung und Artikulierung ist die Ureinheit, in der der Mensch lebt, auch weiterlebt. Aber dann kommt eine weitere entscheidende Wandlung, wenn der Mensch anfängt zu fragen: „Was ist das?" „Das ist das und das", wenn er anfängt festzustellen, Namen zu geben, zu fixieren. Das ist die Zeit, in der er auch zum ersten mal *Ich* sagt. *Ich* – der ich jetzt bin und derselbe, der vorhin war und der gleich sein wird. Diesem sich konsolidierenden Ich-Stand entspricht ein Es, das mir gegenübertritt als Gegen-Stand, und so differenziert sich allmählich diese Ureinheit auch im Gegensatz von Ich, nicht nur Du, sondern *Es,* und es entsteht eine Welt aus dem Gefüge der in sich stehenden Gegenstände, ein Beziehungssystem, welches das Tier in dieser Art nicht hat: eine eigenständige Welt mit dem eigenständigen Ich, das den Augenblick überdauert und ihm gegenübersteht.

Hier beginnt die eigentliche Loslösung aus dem vom persönlichen Erleben durchwirkten Dasein des Menschen. Nicht mehr das ihn bergende Wir und das ihn liebende Du umgibt ihn und antwortet ihm, sondern ein unpersönliches Es tritt ihm gegenüber in Gestalt einer *eigenständigen Wirklichkeit,* die ihren eigenen Gesetzen gehorcht. Ihr steht der Mensch dann gegenüber als einer, der, um diese Wirklichkeit zu erkennen und zu meistern, sich selbst in seinen Gefühlen als erlebendes Wesen zurücknehmen muß. So wird der Mensch erwachsen, d. h. er wird erst aus dem Kind zum Knaben, zum Mädchen, geht auf die Schule, muß dort Gegenstände lernen, die immer weniger mit seinen Gefühlen zu tun haben. Dieses Schulalter zwischen 10 und 12 Jahren ist eine Phase, die etwas Männliches hat. Das ist auch die Zeit, in der das künstlerisch begabte Kind ganz aus der Tiefe des Gemüts heraus schafft und von sich aus danach verlangt, Gegenstände abzuzeichnen – ein Alter, in dem der Kunsterzieher Sorge tragen sollte, durch das Verlangen des rationalen Bewußtseins nach Objektivem hindurch im heranwachsenden Menschen den Sinn für die Bilder, die gefühlsgesättigten Symbole zu erhalten, dem künstlerischen Potential also, das auch dem Reich der Gefühle Raum läßt.

Die eigentliche *Bewußtwerdung* findet vor allem in der Zeit der *Pubertät* statt, in der der Mensch sich eines schönen Tages begreift als Mann oder Frau, nicht mehr als das Ganze, sondern als einen Teil. Der Junge oder das Mädchen fühlen sich in einem ihm nicht verständlichen Maße plötzlich unganz, sie werden unruhig. Es geschehen Umwälzungen in ihrem Inneren, die sie festlegen, auch gleichsam auf ihr Geschlecht. Dann gibt es eine jener merkwürdigen Erfahrungen, das ist der *Eros der Ferne,* wenn ein junger Mann und ein junges Mädchen in der Pubertät plötzlich auf der anderen Seite einen Jungen oder ein Mädchen sieht und irgendwie getroffen wird in einer Weise, daß allein das Vorgefühl des wieder Ganz-werden-Könnens im Einswerden mit dem Anderen ein ungeheueres Erlebnis erweckt. Der Mensch fühlt auf dem Resonanzboden dieses vorgestellten Ganzwerdens plötzlich sich selbst in einer Tiefe wie nie zuvor. Hier haben wir zum ersten Mal das Erlebnis des *eigenen Wesens.* Hier tritt zum ersten Mal jene andere Dimension, von der wir hier miteinander sprechen und mit der wir zu arbeiten haben, ins Bewußtsein.

Dieses Erleben bringt den jungen Menschen in einen Gegensatz zur sachlichen Kälte der Welt der Erwachsenen, er erlebt sich im Widerspruch zu ihr, träumt von einer veränderten, wieder von einem Geheimnis erfüllten Welt.

Wir finden in diesen Zügen des Pubertierenden die gleiche Rebellion gegen die Welt, in der der Mensch des 20. Jahrhunderts sich heute befindet, insofern er in eine Beziehung zu seinem innersten Wesen gekommen ist – in der Weise, in der Göttliches Sein in ihm anwesend ist.

Wenn wir uns heute fragen: was sind die Verfehlungen an der Ganzheit des Menschen, deren der Mensch unserer Tage sich bewußt wird, dann kommen wir auf die gleichen Dinge, die der junge Mensch in der Zeit der ersten Reife im Verhältnis zur Welt der Erwachsenen erfährt.

Der sogenannte realistische, in der Welt stehende Mensch unserer Zeit wird ganz wesentlich nur von *einer* Seite seiner selbst in Anspruch genommen. Seine Individualität – das Einmalige – ist nicht gefragt. Er muß, um zu reussieren, sich mehr und mehr anpassen, zu einem austauschbaren Glied im Gefüge eines rational durchdachten Mechanismus werden. Diese rein dem wissenschaftlichen Geist, der planmäßigen und bewußten Organisation unterworfene Welt hat keinen Platz für das Überweltliche. Das gehört in den Bereich der Gefühle, das ist nicht realistisch. Unsere Zeit weiß es, und wir wissen es in unserer Arbeit als Therapeuten: es gibt keine *Neurose*, die nicht eigentlich und ursprünglich Ausdruck dafür wäre, daß dieser tiefste Kern, auf den der Pubertierende stößt, blockiert ist. Wo immer dieser Kern sich frei entfalten kann, gibt es keine Neurose, kein seelisches Leiden. Diesen Kern muß man zur Entwicklung bringen.

Es wäre allerdings ein Irrtum anzunehmen, man könne allein durch geistliche Übungen alles das überspielen, was zwischen uns selbst und unserer eigentlichen Tiefe ist, nämlich das, was die moderne Psychologie den *Schatten* nennt – die Summe aller nicht zugelassenen Lebensimpulse. Man muß sehen, was man alles verschluckt hat, wo man nicht hat antworten können, nicht so hat sein, nicht so hat reagieren können, wie man in der Tiefe des eigenen Bewußtseins gewollt hätte. All das verwandelt sich in uns selbst zu einem ›alter ego‹. Es ist wichtig, sich darüber klar zu werden, daß wir diese Dinge auch in der Übung nicht überspringen können.

Der Mensch in unserer Zeit glaubt, sich selbst als personales Wesen zurücknehmen zu können, um jene Erkenntnis der Welt zu bekommen, die ihn befähigt, sie planmäßig zu meistern! Das gehört zum Menschen. Wenn dieser Geist aber *vorherrschend* wird, wenn dieses Bewußtsein des Fixierens, Konturierens, Organisierens, des aktiv in dieser Weise die Welt Anpackens vorherrscht, dann ist Gefahr im Verzug, dann ist der *männliche Geist* alleine da und *das Weibliche* geht weg.

Der Mensch *muß* sich der Welt anpassen, um nicht unter die Räder zu kommen. In dem Maße aber, in dem wir uns der Welt anpassen, werden wir selbst ein Stück Welt. Und da ist die Gefahr. Es gibt nur eines, was der ungeheuren Gefahr, in der die Menschheit von heute steht – der Entdeckung der Atomkraft und ihrer Anwendung – pari bieten kann; das ist im Menschen nur eines: die Begegnung mit diesem überweltlichen Wesen in ihm selbst. Das ist eine Behauptung, die jenem Geist ins Gesicht schlägt, der dadurch mächtig in der Welt geworden ist, daß er von all dem Innerlichen abgesehen hat und sagt: das ist ja alles nur subjektiv. Das innere Leben aber ist das Zentrum von uns allen als *Subjekt.*

Wollen wir uns von den Herrschern der *Welt* und in der Welt – die Großes leisten, was niemand in Frage stellt – wollen wir uns von ihnen sagen lassen, was der Mensch ist in seinem Innersten? Diese auf die Außenwelt und ihre Organisation gerichteten Instanzen sind nicht zuständig für das Wahrnehmen, das Führen des Menschen als Subjekt. Im Zentrum des menschlichen Wesens als Subjekt lebt, wirkt, verwandelt, treibt, drängt, sehnt sich dieses Etwas in uns, darin in individueller Form ein größeres Leben anwesend ist: das, was wir mit Meister Eckehart das Wesen nennen.

Die subjektiven und die objektiven Gaben des Menschen stehen einander gegenüber, aber sie dürfen sich nicht ausschließen, sie müssen füreinander da sein. Die Ratio muß dem Nicht-Rationalen Räume schaffen, und der Sinn des Überrationalen in uns selbst ist es, die Welt wieder *transparent* zu machen auf dieses hin.

So befinden wir uns an der Schwelle des Überschritts aus dieser uns im menschlichen Innersten vernichtenden, einschränkenden, gefangen haltenden Welt-Welt und vor der Aufgabe, dieses Innerste in uns ernst zu nehmen, ihm Platz zu schaffen *in* der Welt.

> Der Sinn der Übung, wie wir sie hier miteinander angehen wollen, ist eine Verfassung, in der wir *als* Menschen *in* der Welt doch fähig sind und bleiben, diesem anderen Überweltlichen in uns die Ehre zu geben, wissend, daß wir es nicht mit einem Wolkenkuckucksheim zu tun haben, sondern mit jener eigentlichen *tiefsten Realität* des Menschen, die, wenn sie nicht wahrgenommen wird, uns krank werden läßt.

Es bedarf zum Ernstnehmen dieser Dimension in uns lediglich eines nüchternen, wirklich realistischen, der *Wahrheit* der inneren *Erfahrung* sich unterstellenden Geistes. Wenn ich sage, daß diese *Wahrheit der inneren Erfahrung* vor allen Dingen in Frage gestellt ist durch die Erfahrungswissenschaften, die die innermenschliche Erfahrung ersetzen und ersetzen *müssen* durch das Meßbare – immer wenn ich solche Dinge sage, bitte ich Sie, mir zu glauben, daß niemand das, was die Naturwissenschaften geleistet haben, mehr verehrt als ich. Nur, wenn sich das *absolut* setzt, dann ist Gefahr im Verzug, genau so, wie für den Menschen Gefahr im Verzug ist, wenn sich in ihm dieser andere Pol absolut setzt. Dann nämlich hat er nur die eine Wahl, allmählich aus der Welt auszusteigen, alles abzustreifen, was ihn noch mit der Welt verbindet, das Rationale in ihm selbst für Teufelswerk zu erklären, für den Weber eines großen Schleiers, der ihm die wahre Wirklichkeit verbirgt. Und dann sind wir in einer rein östlich geprägten Vorstellungswelt. Wir aber sind und bleiben Europäer!

Wir werden unseren Weg nur finden können als Abendländer, die sagen: nein – wir meinen den Menschen *in* der Welt. Wir sind *nicht* der Meinung, daß die Ratio überwunden werden müsse im Sinne eines Ausgeschaltetwerdens, sondern *eingeschaltet* in einen größeren Zusammenhang. Wir sind *nicht* der Meinung, daß jener tiefste Punkt Ausdruck ist eines Seins, in dem wir *verschwinden* müßten; sondern wir sind der Meinung, daß wir hier gerade jene Quelle entdecken werden, die die Welt in einer Weise befruchten kann, daß sie selbst zu einem *Zeugen dieser an-*

deren Dimension wird. Damit stehen wir, und das ist gar nicht zu vermeiden, in einem Zusammenhang mit der Frage nach der Übung, wie sie uns hier bewegen soll und die als östliche Übung zu uns kommt.

Dieser Kreis von Zuhörern ist entstanden unter dem Eindruck, den Pater Lassalle hinterließ, der als Jesuitenpater seit Jahrzehnten einem Zen-Meister untersteht und der etwas weiß von dem Weg der Erleuchtung auf dem Wege des Za-Zen, des Sitzens in Stille, der Grundübung des Zen-Buddhismus. Gerade er ist es, der uns zeigt, daß es im Zen-Buddhismus um etwas geht, welches das Abendland sträflich vernachlässigt hat; nämlich um die Möglichkeit, im Exerzitium eine innere Entwicklung zu fördern, zu der nicht alle, aber viel *mehr* Menschen, als man ahnt, berufen sind, und zwar gerade auch im religiösen Raum. Es ist kein Zufall, daß es gerade der Jesuitenorden ist, der sich dieser Dinge besonders angenommen hat. Wir müssen Pater Lassalle, Pater Roggendorf, Pater Dumoulin danken, daß sie uns diese Dimensionen für den engeren christlichen Raum erschlossen haben. Dumoulin sagt in seinem großen Buch über die Zen-Mystik: „Hier handelt es sich um eine menschlich mögliche Entwicklung eines Einsteigens in Tiefen, eines Erschließens von Quellen, die einen sonst vertrocknenden Glauben neu zu beleben vermögen."

Heute sind sich auch führende Männer der christlichen Kirchen darüber im klaren, daß es dort, wo der Mensch seinen Glauben in der alten Form verloren hat, weil sich gewisse Bilder unter dem Einfluß der Ratio verhärtet haben, nur einen Weg der Erneuerung im Glauben gibt; das ist der Weg jener Erfahrungen, deren Inhalt die bisweilen als erschütternd erlebte Berührung mit dem ganz anderen Sein ist.

Der Unterschied zwischen Ost und West bleibt immer dieser: der Osten sieht alles, was individuelle Gestalt – Welt-Gestalt – wird, als eine Beeinträchtigung des all-einen Seins; derjenige Geist im Menschen, der Dinge fixiert, letztlich eine Welt aus von ihm verstandenen und gemeisterten Dingen aufbaut, ist eben der Geist, der den Schleier webt, der sich über das eigentliche Sein legt. – Hat er nicht recht? Er hat durchaus recht, der Osten.

Die geistigen Führer des Abendlandes haben so getan, als ob die Welt des natürlichen Menschenverstandes die eigentlich wirkliche Welt wäre und alles, was darüber hinausgeht, die Wirklichkeit des Glaubens, das Andere, ist der Bereich der institutionalisierten Religion, das geht den gewöhnlichen Menschen nichts an. Da sagt der Osten: nein, das ist nicht ein Geheimnis, das den Menschen nichts angeht, sondern das ist die eigentliche Wirklichkeit und zwar eine *erfahrbare Wirklichkeit.* Das Durchstoßen zu *dieser* Wirklichkeit ist *ein menschlicher Auftrag* und nicht nur ein östlicher.

Westen und Osten unterscheiden sich jedoch in der Art, wie sie diesen Auftrag wahrnehmen: der Osten sagt, alles, worin wir leben, ist eine Wahnwirklichkeit; auf die letzte Wirklichkeit hin gesehen muß das alles weg. In der Leere, in der vollkommenen Leere allein geht eine Fülle auf, die durch die Vielheit dessen, was der Verstand auseinanderfaltet, verborgen wird. Selbst die Individualität des einzelnen Menschen ist nur eine besondere Weise, in der das alles umfassende Selbst, das Atman, in Erscheinung tritt. Aber wirklich ist das, was er erfährt nur, insofern es *nicht* seinen individuellen Stempel trägt. Dagegen sagt der Westen: genau wie der Osten sind wir in der Lage, durch diesen Schleier hindurchzustoßen, das All-Eine zu spüren; aber dort angekommen wollen wir nicht dort verweilen, sondern diese Erfahrung zum *Ausgangspunkt,* zum *Quellpunkt* machen, aus dem wir eine Welt wiederfinden, die, indem sie von dort her *gespürt* wird, inmitten des alltäglichen Lebens eine andere Bedeutung und einen anderen Sinn erhält.

Wir haben den *Regenbogen* vor uns und können ihn bewundern. Eigentlich ist das nur die Sonne, gesehen im Prisma unserer selbst und der Regentropfen. Also gibt es ihn gar nicht? Ich sage nein: der Regenbogen ist für uns Menschen gemeint, ist das, was uns gegenübersteht. Es geht nicht darum zu sagen: das ist ja nichts als eine Luftspiegelung, sondern es ist eine Gelegenheit, im Spiegel des Regenbogens die Sonne zu erleben. So wird uns plötzlich klar, daß, wenn wir diese Welt durchschauen als etwas, das von der Ratio gebaut ist und in ihrer Eigengestalt vor uns steht, das nicht etwa das Nichts ist, gemessen an dem all-einen Sein, sondern es ist für den Menschen gerade das Feld der Manifestation dieses Einen Seins, das wir erleben.

Es ist ein Unterschied, ob wir die Welt vollziehen, unsere Mitmenschen, die wir lieben, die kleinen Dinge des alltäglichen Lebens, um die wir uns kümmern, einfach nur als innerweltliche Angelegenheiten, oder ob wir es gelernt haben, sie als Manifestation dieses anderen Seins zu vollziehen, zu erleben, zu verwalten, zu entwickeln und sie letztlich immer transparenter zu machen für diese andere Dimension. Das ist der Sinn einer Arbeit am Menschen, wenn es ihm darum geht, jene Tiefendimension in sich aufzuschließen, die seinen eigentlichen Kern ausmacht. Wir haben dieses Bewußtsein, daß die Wirklichkeit, die uns umgibt, zu beziehen ist auf den innersten Kern, das ist kein Privileg des Ostens.

Osten und Westen unterscheiden sich wie der Ausatem und der Einatem. Man kann nicht gleichzeitig aus- und einatmen. Aber indem wir *atmen, schwingen* wir vom Aus- in den Einatem. Wir können nicht einatmen, ohne ausgeatmet zu haben; wir können nicht ausatmen, ohne eingeatmet zu haben. Es ist letztlich die Frage, wo liegt der *Akzent.* In diesem Sinne können wir sagen, der Akzent liegt für *uns* dort, wo das Yang entsteht – die Gestalt, für den *Osten* dort, wo die Gestalt aufgehoben wird, im großen Yin.

In der Übung selbst werden wir nur vorankommen, wenn wir diese Verwandlungsbewegung als das erkennen, worum es in jeder Meditation geht, die diesen Namen verdient: nämlich als die Weise, den Menschen aus seinem Alltagsbewußtsein herauszulösen und auf eine andere Stufe zu heben. Immer geht es darum, daß er hinfindet zu dieser Bewegung der Verwandlung, wo immer das Gewordene wieder eingeschmolzen wird in das All-Eine und von dort aufsteigt zu neuer Form.

Meditation als Weg der Verinnerlichung des Menschen

Nur wer sich in einer *Not*, in einem tiefen Ungenügen erfährt, hat etwas mit der Welt der Übung zu tun. Wer nur aus einem intellektuellen Interesse hierher kommt, hat mit dem Weg der Übung nichts zu tun, denn die Kraft zum Üben läßt dann meistens schnell nach.

Ist er wirklich in einer Not, so daß er sagt: so kann der Mensch nicht leben; ich fühle in mir etwas, das herausmöchte und nicht herauskann; oder es fehlt ihm etwas, oder er spürt diesen ganz tiefen inneren Kern in sich, dann ist er so weit, sich hineinzuwagen in diese Welt des Übens, in der die Verhärtungen – wenn es gelingt – allmählich, sehr langsam, erkannt und eingeschmolzen werden, bis dann im Laufe der Jahre dieses verlorene Land aus den Tiefen des Unbewußten aufsteigt und ihn in eine andere Ebene trägt.

Das Gefühl, es fehle etwas in einem, läßt sich manchmal zurückverfolgen zu einem ganz bestimmten Augenblick des Lebens.

Ich erinnere mich an einen Industriellen, der, getragen von der Mannschaft eines großen Werkes, ein bedeutender Mann wurde und eines Tages damit betraut wurde, allein und in eigener Verantwortung eine Neuorganisation aufzubauen. Diese Situation versetzte ihn in große Angst, in die er immer mehr hineinfiel. Er konnte nicht mit sich allein sein. Er hatte das ›Etwas‹ in sich nicht entwickelt. In unserem Gespräch sagte er: „Ich weiß ganz genau, wann ich meine Seele verraten habe, mir selbst jenen Grund entzogen habe, dessen Fehlen mich heute in die Angst wirft. Es war an dem Tag, als ich vom Wandervogel in einen Sportverein übertrat, wo es um Leistung, Prestige und Karriere ging und wo die andere Dimension, in der ich gelebt hatte, plötzlich ausfiel!" – Das soll nun nicht heißen, daß jeder, der in einen Sportverein geht, seine Seele verkauft, aber in seinem Fall hatte es diesen Hintergrund.

Bleiben wir noch etwas bei diesem guten Bild. Wir sind

alle in der Gefahr, einmal aus irgend einem äußeren Grund von einem Wandervogel, in dem es um eine andere Dimension geht, in einen Sportverein überzuwechseln. Wir stehen eigentlich immer wieder vor dieser Frage. Nun sind wir Menschen im Sportverein und fragen uns, wie wir wieder in den Wandervogel kommen, bzw. wie wir wieder in jene Wanderschaft kommen, in der es nicht darum geht, irgend ein pragmatisches Ziel in der Welt zu erreichen, sondern darum, mit uns selbst in Einklang zu kommen, mit jener tiefsten Tiefe in Fühlung zu kommen, in der sich das Eigentliche meldet.

Zu den Übungen hin rechtfertigt also, wie ich schon gesagt habe, die Not, nie ein völkerpsychologisches Interesse, etwa weil man sehen möchte, was die Menschen im Osten mit Übungen meinen. Das hat keinen Sinn, so wenig wie das Bedürfnis nach Ruhe. Meditation ist grundsätzlich etwas anderes als das Autogene Training, das viele Menschen heute so anwenden, daß sie sagen: „Ich habe da etwas, das mir dazu verhilft, mich jeden Augenblick total zu entspannen, und dann kann ich mich den ganzen übrigen Tag wieder verspannen, ohne krank zu werden." Wenn das so geübt wird, ist es ein Teufelsmittel, das uns befähigt, schmerzlos in unseren Fehlhaltungen zu bleiben. Das sind aber, von der inneren Entwicklung des Menschen her gesehen, keine *Werte.*

Auch wer schöne Erlebnisse sucht, ist hier fehl am Platze. In dem Moment, in dem man von der anderen Dimension berührt wird, hat man ein Erlebnis – es kann ein schönes, aber auch ein sehr erschreckendes Erlebnis sein, denn man ist da in anderen Tiefen. Aber es geht *nicht* um das *Erlebnis,* es geht um die *Verwandlung,* in der wir fähig werden, mehr und mehr diese andere Dimension durch uns hindurch wirken zu lassen.

Die Berührung mit dieser anderen Dimension hat jedoch noch einen anderen Aspekt. In dem Moment, in dem von ihr die Rede ist, wacht in den Menschen von jeher immer wieder die Vorstellung auf, sie bekämen dann mehr *Macht!* Jeder Mensch hat einmal eine Phase erlebt, in der ihn die magische Macht lockte. Es gibt kaum einen Jungen, der nicht einmal hinter einem anderen her gegangen wäre und ihm auf den Nacken gestarrt hätte um zu sehen, ob der wohl merkt, daß er ihm den Nacken fixiert, ob der sich immer noch nicht umdreht? Ob man nicht Hellsehen kann, mit Kartenkunststücken in den anderen hineingucken, ob man nicht hören kann wie der Hund, wenn draußen ein bestimmter Mensch vorbei geht – diese übersinnlichen Fähigkeiten gibt es. Aber es gibt keine größere Verwechslung als die zwischen der Entwicklung derartiger Fähigkeiten und dem inneren Weg. Das sind zwei ganz verschiedene Dinge.

Das Streben nach diesen Fähigkeiten verhindert im Gegenteil das Vorankommen auf diesem Weg der Übung. Wenn Sie umgekehrt auf diesem Übungsweg vorankommen, dann werden Sie nach einer gewissen Zeit gewisse Dinge tun, die von außen her gesehen seltsam, vielleicht sogar wundersam erscheinen. Aber das ist nicht ein Ziel, und das läßt man besser im Geheimen sich ereignen. Es gibt nur die Legitimität, die ein Sich-Öffnen ist in uns selbst für diese andere, überweltliche Seite, die in uns und durch uns sichtbar werden möchte in der Welt; und das alles in einem Geiste des nüchternen Tuns, ohne die Augen zum Himmel zu werfen. Man muß vom Wesen sprechen können wie von einem Apfel, oder man soll es lassen. Es geht hier um etwas ganz Hartes, Nüchternes, in dem es ebensoviel Dunkles gibt wie Helles. Wer mit der Welt des Wesens zusammenstößt, hat es ebenso mit Dämonen zu tun wie mit Engeln, oder man sitzt schon wieder in einer einseitig beschönigenden Form.

Vor die Tugend haben die Götter den Schweiß gesetzt – vor das Einswerden mit dieser anderen Dimension den Tod. Es geht darum, dieses Ich nicht zu töten, aber zurückzunehmen, in einem gewissen Sinne eben doch zu vernichten. Das ist das Eingehen jenes Ichs, das in der Welt immer um Positionen kämpft, sei es im theoretischen oder im praktischen Bereich, um Verteidigung von etwas, das nun glücklich feststeht – um eine Meinung etwa, die man gewonnen hat. Wir wissen alle, wie unser automatischer Selbst-Rechtfertigungsanwalt funktioniert, wenn jemand etwas in Frage stellt, das wir vertreten. Aber das Eigenartige ist, daß gerade *dort* die tiefsten Erschütterungen durch eine Berührung vom Sein eintreten, wo der Mensch an der Grenze seiner Weisheit und seiner Macht angelangt ist, sich vernichtet fühlt – als Lebewesen, weil der Tod ihm droht; als verstehendes Wesen, weil er keinen Lebenssinn mehr sieht oder als soziales Wesen, weil er auf sich allein zurückgeworfen ist. Diese Formen der Vernichtung des gewöhnlichen Menschen als Persönlichkeit gehen immer dem voraus, was als Einbruch der anderen Dimension erfahren wird, die, indem sie einbricht, ihn erlöst aus der Angst in der Welt, aber zugleich belädt mit einem neuen Auftrag, der in Gestalt eines neuen Gewissens in ihm lebendig wird.

In diesem Geist müssen wir an die Übungen gehen, nicht, indem wir viel von ihnen erwarten, sondern indem wir vertrauensvoll hinhorchen auf eine Stimme in uns, die sich nicht irre machen läßt durch das Gelächter der Welt und deutlich fühlt: da ist das – ich spüre das und dem gebe ich nach in jeder Lebenslage, in der ich bin.

Diese besondere Weise des Angeschlossenseins an ein Größeres, als wir selbst sind, möchte ich Ihnen an einem Beispiel aus der östlichen Welt erläutern. Eine Kunstform, in der uns dieses Bestimmte im Osten anweht, ist das Theater, das Kabuki, das No-Spiel. Der No-Tänzer geht durch eine Schule der Künste, die ihn zunächst als den natürlichen Menschen bricht. Der No-Tänzer muß am Anfang lernen, auf einer Linie wie auf einem Seil zu gehen, ohne zu schwanken – das ist eine sehr lange Arbeit. Auch hier geht es um Übungen, in denen der Mensch in seinem Ich ausgeschaltet wird, in denen er tausendfach dasselbe wiederholt, bis das Ich keine Rolle mehr spielt. Zu welchem Ende denn? Damit das Andere hindurchschimmern kann. Nur derjenige, der selbst so etwas geleistet hat, kann ermessen, worum es hier geht.

Das No-Spiel nun, von dem ich Ihnen erzählen will, wird in Masken gespielt, in schweren Brokatgewändern und in ganz langsamen Bewegungen. Der Schauspieler kommt in einem ganz langsamen Gang auf dem Blumenweg hinter der Bühne hervor. In einem bestimmten Augenblick des Spieles neigt er sich über einen Brunnen, der durch ein Faß dargestellt ist. Am Ende des Spiels läßt der Prinz-Regent, der im Zuschauerraum sitzt, den Meister in seine Loge rufen, um ihm zu gratulieren zu dieser wunderbaren Leistung: „Ohne Fehl." Der Meister verneigt sich. – „Ganz ohne Fehl, Hoheit?" – „Nun, Meister, wenn Ihr schon fragt: an der Stelle, wo Ihr über den Brunnen geneigt wart, da war etwas." – „Ja, denn da unten lag ein Blatt, das da nicht hingehört." Für den Bruchteil einer Sekunde war der Meister nicht in jener Verfassung, in der es kein Ich und keinen *Gegen*stand mehr gibt und eine andere Dimension in ihm und durch ihn wirkt, weil er einen Moment die Frage stellte: „Was ist das?" Dem Zuschauer, der selbst in dieser Dimension saß, ging es durch und durch: das war ein Bruch! – Das heißt Präsenz der anderen Dimension im Tun! In der Tradition des östlichen Schauspiels bereitet sich der große Schauspieler Kikugoro, der seit 50 Jahren dieselben 10 Stücke spielt, täglich vor dem Spiegel einige Stunden auf seinen Auftritt vor, um dann wirklich das, worum es geht, so zu verkörpern, daß es von ihm ausstrahlt. Der vielleicht wichtigste Augenblick eines Spieles war der, wo der Meister in der Rolle des Prinzen, der von seinen Getreuen über eine Grenze geschmuggelt werden sollte, mit dem Rücken gegen das Publikum saß, und was von diesem Rücken des stillsitzenden Menschen ausging, war das Entscheidende: die Strahlung, die einfach von dem Rücken ausging, als er da saß – das war höchst eindrucksvoll.

Es geht um die Realisierung, um das Spüren, Verwirklichen dieses Ganz Anderen im Gewand unseres täglichen Lebens.

Oder wie Novalis sagt: Alles Sichtbare ist ein in einen Geheimniszustand erhobenes Unsichtbares. Um die Fühlungnahme mit dem Unsichtbaren, das dem Sichtbaren eigentlich erst den tieferen Sinn gibt als dem Exerzitium, darin ein Fortschritt nicht eine bessere Leistung ermöglicht, sondern einen Schritt voran auf dem inneren Weg bedeutet, geht es in der Übung. Und das müssen wir in der Welt, aber zu allererst in uns selbst üben.

Beim *Üben* mischt sich immer wieder das wohlmeinende Ich ein, das es machen muß oder aufpassen muß oder Angst hat, sich zu blamieren, das nicht verlieren kann. Auch diejenigen, die lange üben, machen immer wieder die gleichen Fehler, wenn auch immer wieder auf einer anderen Ebene.

Das *Reifen* im Leben erkennt man so: die Zeit, die man braucht um festzustellen, daß man es schon wieder falsch macht, diese Zeit wird mit der Zeit ein wenig kürzer. Es handelt sich darum, immer in der *Verwandlung* zu bleiben. Der Überschritt des Menschen, von dem wir schon gesprochen haben, betrifft auch das Aufgeben der Einstellung zur einzigen Wirklichkeit, die wir rational erfassen und meistern können und die im Gegensatz steht zur *Innenwelt des Subjekts.*

Das darf aber nicht zu dem Mißverständnis verleiten, daß Naturwissenschaftler, Chemiker oder Ingenieure, die in unseren Augen an diese Welt mit Haut und Haar verschrieben sind, zu bedauern wären, während die anderen sich glücklicherweise nach ›innen‹ wenden können. So ist es nicht! Auch der Naturwissenschaftler bleibt in erster Linie immer Mensch, ja, mehr als dieses, jeder große Naturwissenschaftler hat als Ansporn für seine Arbeit ein nicht-rationales Moment. Alle Physik, alle Mathematik oder Naturwissenschaft lebt in ihren großen Vertretern aus einem *nicht*-rationalen Impuls auf ein *nicht*-rationales Ende zu. Den Naturwissenschaftler interessiert nicht die Maschine, die dabei herauskommt, sondern die Gleichung, die aufgeht: dieser unglaubliche Moment, in dem seine Berechnungen stimmen.

Dann aber gibt es keine Situation des Lebens, in der der Mensch, auch wenn er ein Physiker ist, ein Techniker, ein Ingenieur, ein Manager, sich nicht auch als *Mensch* bewähren könnte. Wie jeder andere Mensch kann er in der Art und Weise, wie er seine Aufgaben in der Welt wahrnimmt, die Qualität seines subjektiven Innenlebens in dem Maße, wie er in Fühlung mit seinem Wesen ist, zum Ausdruck bringen. Es gibt den Satz: Jede Situation ist die beste aller Gelegenheiten, um auf dem Wege einen Schritt voran zu kommen.

Wer zum Beispiel technisch perfekt maschinenschreiben kann und dennoch Fehler macht, der will noch immer machen anstatt zuzulassen; er ist nervös, unruhig und die Fehler stecken in *ihm.*

Die Vollendung eines Könnens erweist sich dort, wo das zu Machende nicht mehr gemacht wird, sondern von selbst geschieht. So bestimmt der Bogenschütze nicht willensmäßig den Augenblick, in dem der Pfeil sich von der Sehne löst. Es geschieht von selbst. Das tägliche Üben der Handhabungen, die man technisch erlernt hat, als Weg, um in-sich-selbst-zu-kommen, *das ist dann Exerzitium!*

Bei einem Gang durch eine Maschinenhalle kann man am Verhalten der Arbeiter sofort sehen, ob diese ›in sich‹ – im Rhythmus ihrer selbst – sind. An ihren Arbeitsbewegungen sieht man, ob sie mit ihrem Atem koordiniert sind. Ein

Arbeiter, der in-sich ist, wird weniger schnell ermüden und weniger Fehlgriffe machen. Nur wenn wir das Gekonnte einfach *zulassen* und nicht noch einmal *machen,* läuft es flüssig ab. Und gerade dieses, sich voller Vertrauen in die nächste Situation zu geben, keine Sorge zu haben vor dem „Was kommt jetzt?“, die Gebärde des Vertrauens anstelle des Ichs, das alles nochmals von sich aus machen muß, das ist an der Basis aller Übung, die wir hier machen.

Konkret geht es bei diesen Übungen um drei Dinge: um die Atmung, um das System der Spannung und Entspannung und um die gesamte Haltung des Menschen.

In ihnen tritt der Mensch als Person in Erscheinung. Sie werden sagen: komisch, das sind doch drei körperliche Dinge, Atmung, Haltung, Spannung. Leider ist es so weit gekommen, daß der Mensch des Westens in der *Atmung* nur das Holen und Lassen von Luft sieht und nicht mehr die Grundbewegung des Menschen – das große *aus* und *ein* und *aus* und *ein,* diese Bewegung, die viel mehr und ganz anderes meint als das physische Haben oder Nicht-Haben von Luft. Das physiologische Atmen ist nur die körperliche Seite von dem, was den Atem ausmacht. Atem ist die große Bewegung, die losläßt, aufgibt, anheimgibt. Und dann kommt der Einatem ganz aus der Stille, aus einem geheimen Raum, in den wir nicht hineinschauen, wieder, trägt uns empor in eine Form, die wir wieder anheimgeben müssen. Es ist also die große Bewegung des Yin und Yang: die große Bewegung der Verwandlung. Das meint Atem auch in unserer Arbeit.

Dieselbe Wechselwirkung, die im Atmen zwischen Ausatem und Einatem tätig ist, finden wir auch in der gesamten Haltung wieder, in der der Mensch da ist. Die Haltung, in der man da steht, sitzt, wie man daherkommt im Gehen, kann so sein, daß sie im wesentlichen vom Ich zeugt: daß es schwankt – von der Spannung aus gesehen – zwischen Verspannung und Auflösung, anstatt in der Einheit von Gespanntheit und Gelöstheit zu sein. Diese Spannung ist nicht etwa eine Sache des Muskeltonus – das ist sie *auch,* physisch gesehen – aber in der Spannung, von der wir hier reden, sind nicht Ihre Muskeln gespannt, sondern *Sie* sind in Ihren Muskeln gespannt. Wenn beispielsweise Ihr Brustkorb oben gespannt ist, so sind *Sie* gespannt. Das ist der Unterschied zwischen einer medizinischen und einer personalen Betrachtung dieser Zusammenhänge. In der personalen Betrachtungsweise unterscheiden wir daher auch den *Körper,* den man hat, von dem *Leib,* der man ist – in der Weise, wie man sich in der Welt sichtbar zeigt. Der Sinn des Leibes, der man ist, ist die Transparenz für die uns immanente Transzendenz.

Der Leib, den der Psychotherapeut mit im Auge haben muß, ist nicht der Körper, den der Mediziner sieht. Der Mediziner sieht ein Ding. Immer wieder erlebe ich es, daß Menschen Massagen ausführen und noch nie etwas davon gehört haben, daß der Strich in der Massage dem Atem angepaßt sein muß. Wenn sie einmal den ganzen *Menschen* ansehen würden, könnten sie sehen, daß dieser Mensch im Rhythmus von Aus- und Einatmung steht. Wenn sie einen *Menschen* behandeln, anstatt einen Körper zu massieren, werden sie sich automatisch dem Rhythmus des Aus und Ein anpassen. Das ist gerade in der Massage so wichtig, weil die Muskulatur bei der Einatmung gespannt ist und bei der Ausatmung gelöst, also weich.

Was physisch gesehen eine Spannung ist, ist personal gesehen eine Verkrampfung des Menschen, der aufpaßt. *Entspannung* hingegen ist immer auch eine Geste des Vertrauens.

Unter diesem Aspekt, welcher Verspannung als eine Haltung des Mißtrauens zeigt und Entspannung als eine Haltung des Vertrauens – unter diesem Aspekt werden Sie verstehen, daß wir für die Haltung, in der wir dem Leben gegenübertreten, verantwortlich sind, und daß das Korrektiv für diese Verantwortlichkeit in einem besonderen Gewissen besteht, das wir einziehen lassen müssen: im *Leibgewissen.* Wir haben dreierlei Leibgewissen: Das erste ist orientiert *an der Gesundheit,* das zweite *an der Schönheit,* das dritte *an der Transparenz,* d. h. an der *Durchlässigkeit* für diese ganz andere Dimension, von der bereits die Rede war. Diese Durchlässigkeit ist nicht etwa nur eine innerseelische Befindlichkeit, sondern der *ganze Mensch,* gerade auch der Mensch im Leibe, muß für dieses Ganz Andere durchlässig sein.

Wann ist er *nicht* durchlässig? Er ist dann nicht durchlässig, wenn eine Verhärtung vorliegt, die den natürlichen Fluß des Atems verhindert. Krankheit bedeutet eigentlich immer, daß eine der Zirkulationen blockiert ist, daß nichts durchgeht. Transparenz meint also den Zustand, in dem wir immer wieder losgelassen haben, indem wir uns der Verwandlung anheimgeben. Wir dürfen nicht dazwischen stehen mit unserem Ich, das da sagt: „Obacht, halt! Ich muß es wieder machen." Auch in unserer praktischen Übung kommt es darauf an, daß wir uns immer wieder nach unten *lassen* und uns von dort her kommen lassen, daß wir also oben loslassen und das Gefühl dafür entwikkeln, daß von unten her eine neue Form von selber aufwächst.

Wenn Sie mich nun fragen: was ist der Unterschied der Meditationsübung zum Autogenen Training, dann ist die Antwort diese: das Autogene Training meint im wesentlichen den *Körper* im medizinischen Sinne und bezieht sich nicht auf die Gesamtheit des Leibes, der wir sind. Der Grundgedanke des Wechsels von Entspannung und Zurücknehmen in die Willenshaltung läßt außer Acht, daß Gelöstheit, wenn sie richtig ist, von selbst einschwingt in die richtige Gespanntheit.

Der Sinn der Entspannung ist die richtige Spannung. Der Sinn der richtigen Gelöstheit ist die richtige Gespanntheit. Der Sinn der richtigen Ausatmung ist die Vorbereitung für die selbsttätige natürliche Einatmung. Dann ist man in der natürlichen Spannung, mit der man gut in den Tag hineingehen kann.

Das beginnt mit dem Loslassen des Schwerpunktes oben und der Verankerung im Bauchraum, im Hara. Am Anfang der Ausatmung lassen Sie *sich* in den Schultern los. Es geht darum, daß man sich ins Becken fallenläßt und das Gefühl hat: jetzt werde ich langsam eine Birne. Keine Angst haben, den Bauch fallen zu lassen! Der Mensch wird frei von der Herrschaft des kleinen, ehrgeizigen, ängstlichen Ich, indem er diesen Yin-Raum eingemeindet.

In dem Maße, als man auf dem WEGE ist, interessiert man sich für diese Übung nicht, damit man in der Welt etwas besser kann, sondern weil sie einen befreit von diesem der Transzendenz im Wege stehenden Ich und einem die Möglichkeit gibt, offen zu sein für das Ganz Andere.

Gelassen ist der Mensch, der sein Ich gelassen hat.

Arbeit an sich selbst auf dem initiatischen Weg

Sie wissen, daß unsere Zusammenkünfte hier nicht so sehr der Theorie als vielmehr der Praxis des meditativen Sitzen dienen. Dieser Praxis will ich nicht eine Theorie vorausschicken, sondern einen Rahmen geben. Da der Kreis jedes Mal auch neue Teilnehmer hat, muß ich immer wieder ein wenig von den gleichen Dingen sprechen. Für diejenigen, die das Gleiche wiederhören, kann ich zum Trost sagen, daß ich mich erinnere, wie ich in Japan – so ähnlich wie Herrigel – allein das Bogenschießen lernte und nach 1 1/2 Jahren für wert befunden wurde, in der Gemeinschaft der anderen Schüler auf eine Scheibe von 3 Meter Entfernung zu schießen. Ich war erstaunt, als der Meister Schülern, die schon 10–15 Jahre bei ihm übten, mit genau denselben kritischen Anweisungen begegnete wie mir: „Scheibe aus dem Auge!" Ich dachte, womit soll man denn schauen, wenn nicht mit dem Auge? „Wie stehen Sie da? Ausdruck wie ein Tier!"

Anschließend kam einer der Schüler zu mir und sagte: „Es hat Sie wohl gewundert, daß er an uns die gleiche Kritik übt wie an den Anfängern. Aber das ist immer wieder dieselbe Spirale des Lebens, die immer wieder dieselben Kreise durchläuft, wenn auch jeweils auf einer anderen Stufe. Dieselbe Kritik oder dieselbe Mitteilung fällt jeweils auf einen anderen Boden, in einem anderen Rahmen. Im Rahmen einer nächsthöheren Stufe bedeutet es wieder etwas anderes."

So könnte ich mir auch denken, wenn ich immer wieder die gleichen Dinge zur Einleitung sage, daß sie, je öfter Sie teilnehmen oder selber üben, doch immer wieder etwas Neues bedeuten.

Es geht also hier in erster Linie um die *Praxis der Meditation,* und zwar einer bestimmten Art von Meditation, in der es um einen Weg der *inneren Verwandlung* geht.

> Meditation ist also eine Arbeit an sich selbst, in der der Mensch sich in eine Verfassung begibt, in

der nicht er etwas *tut,* sondern etwas an ihm *geschieht.*

Wenn auch jede Meditation mit einer Konzentration beginnt, so beginnt die eigentliche Meditation doch immer erst dort, wo die konzentrative Arbeit sich erschöpft hat, der Mensch also versammelt ist auf das hin, worum es ihm geht, und es nun an ihm geschieht. Meditation, abgeleitet von dem lateinischen Verb medita*ri* – nicht von medita*re* – heißt eigentlich: zur Mitte hin *gegangen werden,* nicht von sich aus zur Mitte hin *gehen.*

Aber wozu? Was heißt das: zur Mitte hin gegangen werden! Da müssen wir uns einmal besinnen, was überhaupt das Ganze soll. Es ist vielleicht zweckmäßig, die *Arbeit am inneren Weg* abzuheben gegen die *Therapie.*

Die Psychotherapie erhielt man bis vor kurzem noch von einem Psychotherapeuten ebenso, wie man zu einem Doktor geht. Es fehlt einem etwas, man hat Schmerzen oder stellt fest, daß man nicht funktioniert. In der Entwicklung menschlichen Leidens hat man festgestellt, daß manche Krankheiten keine organischen, keine physischen Wurzeln haben, sondern psychischen Ursprungs sind. Nun hat sich der Beruf des Psychotherapeuten über den des Psychiaters noch hinausentwickelt. Der Psychiater sucht nach physischen Ursachen für ein seelisches Leiden; der Psychotherapeut sucht psychische Ursachen für ein seelisches Leiden wie eine Depression, eine Kontaktlosigkeit, eine Angst, geht dem nach und sucht den Menschen davon zu befreien, indem er den Leidenden mit den Ursachen seines Leidens konfrontiert, so daß er sie erkennt und davon frei wird, weil er es in dieser Konfrontation bewußt durch-leidet, bis er keine Angstzustände mehr hat und in der Welt wiederum seinen Mann zu stehen vermag.

Auf diesem Wege des Ausforschens der tieferliegenden Seelenschichten hat man eines Tages entdeckt, daß es nicht nur psychische Ursachen im engeren Sinne gibt – ein traumatisches Erlebnis in der Kindheit, einen zu strengen Vater, der das Selbstbewußtsein des Kindes gebrochen hat, oder eine zu weiche Mutter, die dem Kind versagt hat, jene Härte zu gewinnen, die der Mensch im Leben braucht, oder sexuelle Verdrängungen, die bei Freud besonders im Blickfeld der Psychotherapie liegen. Außer all diesen Ursachen kann etwas viel Tieferes im Spiel sein beim Versagen des Menschen, nämlich das Unterbinden des homo religiosus. Es gibt etwas ganz Tiefes im Menschen, das, wenn es unter dem Einfluß eines bestimmten Elternhauses, eines bestimmten Milieus oder bestimmter Erfahrungen abgeschnitten wird, den Menschen in einem tieferen Sinn krank werden läßt. Er beginnt zu leiden, wenn die Urbestimmung des Menschen – eins zu werden mit dem Göttlichen oder als Zeuge des Göttlichen leben zu dürfen – abgeschnitten ist. Diese Wurzel des Religiösen kann auch verdorren oder längere Zeit abgeschnitten sein, wenn das Elternhaus in einem falschen Sinne zu religiös ist. Ein Kind, das mit Gottesbildern oder Kulturformeln überfüttert wird, kann ihrer überdrüssig werden.

Ich erinnere mich aber auch an den Ausspruch eines alten Jesuitenpaters: „In letzter Zeit kommen immer mehr Menschen zu mir, die mir ganz erschüttert sagen: Mein Vater, ich habe das Gefühl, daß ich meinen Glauben verliere. Ich weiß dann immer", sagte er schmunzelnd, „das ist der Augenblick, in dem sie im Begriff sind, ihren wahren Glauben zu entdecken.

Es kann also etwas viel Tieferes im Menschen als die bis dahin beachteten psychischen Ursachen an der Wurzel seines Versagens in der Welt stehen. Das hat keine Schule tiefer erkannt als die Schule von C. G. Jung. Er entdeckte, daß es im Zusammenhang gewisser archetypischer Bilder – die vor allem im Traum auftauchen – etwas Eigenartiges gibt, nämlich das Erlebnis einer Qualität besonderer Art, einer Qualität, die auf etwas Überweltliches hinweist. Er nannte diese Qualität *das Numinose.* Der Mensch kann sich angerührt fühlen von etwas, das er das Numinose nennt – von einer Qualität, die jenseits ist von Gut und Böse, von Licht und Dunkel – die aber eine ganz bestimmte Tiefendimension bekundet, die Ausdruck ist von einer anderen Wirklichkeit, als es unsere gewöhnliche Welt-Wirklichkeit ist.

Durch die Psychologie von C. G. Jung wurde die Therapie auf eine andere Ebene gerückt, so daß man heute deutlich unterscheidet zwischen der sog. ›Kleinen Therapie‹, die den Menschen funktionstüchtig macht für seine Weltwirklichkeit, und einer anderen Art des Sich-Befassens mit dem Menschen, in der es nicht mehr *primär* darum geht, daß er in der Welt wieder funktioniert, sondern daß er in einem tieferen Sinne *er selbst* wird. Die *Selbstverwirklichung* – als Verwirklichung des wahren Selbst – ist das eigentliche Ziel der Arbeit. Wenn das gelingt, kann der Mensch – aber das ist quasi ein Nebenprodukt – à la longue auch in der Welt wieder seinen Mann steht. Dies ist aber in der konkreten Arbeit ein Prozeß, der nicht kontinuierlich von Fortschritt zu Fortschritt führt, sondern von Krisen und Rückschlägen begleitet wird. Häufig wird der Mensch am Anfang einer Therapie eher noch funktionsunfähiger, in dem Maße als er es wagt, die Fassade, hinter der er sich bisher verschanzt hatte, fallen zu lassen und wirklich in sich hineinzuschauen.

Die Verwirklichung des *wahren Selbst*, um die es in der Jung'schen Therapie geht, meint die potentielle Ganzheit des sich selbst aufgegebenen Menschen.

Diese Ganzheit, und das ist entscheidend, umfaßt zwei Dinge: das *Welt-Ich,* d. h. das auf die Welt hin bezogene, von der Welt her bedingte und auf die Meisterung der Weltbedingungen hin ausgerichtete Ich einerseits, und andererseits den Pol, den ich das *Wesen* nenne, in dem sich das Überweltliche, das göttliche Leben verkörpert und sich der Welt offenbaren möchte.

Alle unsere Arbeit, soweit es sich um Meditation handelt, ruht auf dieser Erkenntnis. Was hat das noch mit Therapie zu tun? Mir scheint, daß das Wort Therapie nicht zu lösen ist von der Absicht des Therapeuten, den Menschen gesund zu machen. Das ist *auch* das Ziel der Jung'schen Therapeuten, obwohl sie sagen: die Wurzel des Leidens ist weniger eine Angst, eine Verzweiflung oder Kontaktlosigkeit des Welt-Ichs, sondern die Wurzel des Leidens ist jenes *tiefere Wesen,* das unter diesem *Ich* leidet. Wenn es jedoch gelingt, den leidenden Menschen in Kontakt mit seinem Wesen zu bringen, so daß er im Wahrnehmen seines tiefsten Kerns ganz *er selbst* ist, dann wird er auch in der Welt wieder bestehen können. Aber er wird anders dasein, ein anderes Lebensbewußtsein entwickeln und zum Ausdruck bringen, als das, welches sich ihm auf dem Boden nur der Welt-Tüchtigkeit erschließt. Er wird gesund sein in dem höheren Sinne eines Heilseins.

Wenn wir diese Erkenntnis ernst nehmen, wird uns deutlich, daß es primär nicht um das leidfreie Ich geht, sondern um den *in uns* und durch uns verhinderten Gott, wenn ich einmal so sagen darf.

Der *Sinn der Arbeit* ist, den Menschen in eine Form hineinwachsen zu lassen, in der er fähig wird, das überweltliche Sein in sich zu spüren, es zu vernehmen und in seinem täglichen Tun in der Welt auch zu bekunden. Und in dieser Ausrichtung überschreitet die Arbeit die Grenzen der Therapie im engeren Sinne, sie wird Einweihungsweg der Seele im Dienst eines ganz anderen Herrn, nicht des ›Ich‹, des auf das Bestehen in der Welt bezogenen Menschen, auch nicht nur des ›Selbst‹. Der Mensch muß frei werden von seinen Verhinderungen, damit er *in der Welt* von etwas anderem *zeugen* kann. Letzten Endes geht es in unserer Arbeit als Grundorientierung primär um das Kontaktnehmen mit dieser anderen Dimension, um das Herstellen einer Verfassung, in der man nicht nur momentweise angerührt werden kann vom Sein, sondern über den Augenblick hinaus den Kontakt mit diesem überweltlichen Sein halten kann und fähig wird, es in der Welt, was einem auch gerade aufgegeben sei, durchscheinen zu lassen. Man kann hier von dem *initiatischen Weg* sprechen.

Unsere Zeit ist Zeuge eines großen Ereignisses: der westliche Mensch ist zum ersten Mal in der Geschichte der Menschheit zu einer Stufe des Menschseins herangereift, auf der er fähig ist, das Ganz Andere zu erfahren und diese Erfahrung als Wahrheit anzunehmen. Nun ist er aufgerufen, sich auf Grund dieser Erfahrung systematisch zu einer Form des Menschseins hin zu entwickeln, in der er nicht zufällig dann und wann einmal die Gnade erfährt, von der anderen Seite berührt zu werden, und er ist aufgerufen, an den Bedingungen zu arbeiten, unter denen die *Gnade,* wenn ich so sagen darf, mehr Chancen hat, sich zu offenbaren, als wenn er nicht daran arbeitete. Zwar kann der Mensch den Heiligen Geist nie zwingen, in die Erscheinung zu treten. Er kann sich aber bewußt werden, welche menschliche Verfassung dem Wirken des Geistes im Wege steht und kann daran arbeiten, denjenigen Formen seines Bewußtseins und seines Verhaltens entgegen zu wirken, die sein In-Erscheinung-Treten verhindern. Er kann lernen, auf bestimmte Erfahrungen aufmerksam zu werden, diese ernst zu nehmen und von ihnen her zu leben. Und damit stehen wir auch, so sehr der Anschein dagegen ist, in einer ganz großen, auch christlichen Tradition.

Das Christentum ist eine Religion, die aufruht auf dem *Glauben.* Aber der lebendige Glaube lebt, auch wenn das kirchlicherseits nicht so hervorgehoben wird, von Erfahrungen des Göttlichen, die den Raum des natürlichen Bewußtseins überschreiten und eine transzendente Wurzel haben. Sie werden auch Menschen zuteil, die von Gott und Christus nichts wissen. In meinen wirklich nicht wenigen Freundschaften mit Priestern beider Konfessionen erfahre ich jetzt immer mehr die Zustimmung zu der Auffassung, daß dort, wo der Glaube verblaßt oder verloren gegangen ist, es ein Wiederaufschließen des Glaubenstores gibt auf dem Wege über das Ernstnehmen jener Erfahrungen, in denen uns das Ganz Andere anrührt und als solches erkannt werden muß.

Wenn der Mensch nachher nicht nur glaubt, sondern das, woran andere nur glauben können, *erfährt und weiß,* so hat er seinen Glauben erfahren und wiedergefunden.

Sie können bei der heiligen Therese nachlesen oder bei Johannes vom Kreuz. Sie finden dort, daß in unserer eigenen christlichen Tradition unterschieden wird zwischen den Übungen, die denjenigen aufgegeben werden, die lediglich von ihrem natürlichen Ich aus die Dinge betrachten und denen, die berufen zu sein scheinen, einen Schritt weiter zu gehen. Sie haben die Berufung, kraft eines gewissen Entwicklungsstandes, auf dem sie sich befinden – wo die Welt der Gedanken und Bilder mehr störend wirkt – bestimmten Erfahrungen nachzuhorchen, die aufsteigen gleichsam aus einem Raum heraus, der vom Ich her gesehen nichts ist, vom Wesen her gesehen aber die Fülle ist. „Aber gebt Obacht“, sagt Therese von Avila zu den Schwestern, „ihr, die ihr zur nächsten Stufe geht, achtet auf diese Erfahrung, und wenn ihr eine solche habt, so wendet euch an einen heiligen Mann, der das nachprüft, und zwar an der Heiligen Schrift. Aber“, fügt sie hinzu, „paßt auf, daß ihr an den richtigen kommt und nicht wohlmöglich an einen, der sich ausgibt als einen Pater spiritualis, aber weniger Erfahrungen hat als ihr und euch womöglich etwas ausredet, weil er es nicht kennt, was aber doch gültig ist.“

Hier ist also eine ganz geheimnisvolle Schranke zu sehen. Es geht um das Aufschließen des initiatischen Weges.

Wenn wir in Indien wären, sprächen wir nicht vom Verhältnis zwischen Patient und Arzt, sondern vom Verhältnis zwischen Schüler und Guru, oder zwischen Schüler und *Meister.* In Europa haben wir keine Meister in diesem Sinn. Aber es gibt den Meister im Sinne eines in uns selbst bereit liegenden *Archetyps.* Wo der Mensch, verloren in der Weltsicht seines gewöhnlichen natürlichen Ichs, die Wirklichkeit, die er mit dem Verstand meistert, als die eigentliche ansieht und von der anderen sagt, sie sei nur subjektiv – wo dieser Mensch eines Tages spürt: da stimmt doch etwas nicht, da ist doch etwas viel Tieferes in mir, das ich nicht begreife, das ich nicht fassen kann – da ist der Archetyp des Meisters konstelliert, des Meisters, der schon durch die Strahlung seiner Präsenz die Antwort gibt. Der Meister weiß sofort, wovon die Rede ist, wenn er gefragt wird nach der Natur einer bestimmten Erfahrung und kann antworten: das ist das Eigentliche. Der Meister, der die Gründe der Getrenntheit kennt, der um den WEG weiß, der den Weg kennt, der über die Trennung von dem innerlich Gesuchten hinweg führt, dieser Meister ist im entscheidenden Augenblick da. Es kann Ihr Nachbar sein, der Portier oder der Gemüsehändler, aber Sie können auch entdekken, daß diese antwortende und führende Instanz in Ihnen selbst liegt. Wenn die Frage ganz lebendig ist, ist plötzlich jemand da, der mitgeht. Wir sind ganz am Anfang dieser Dinge im Abendland, aber seien Sie überzeugt, daß je nach Stufe des Suchenden die Stufen des Antwortens da sein werden und daß eine Generation von Männern und Frauen heranwachsen wird, die dann wirklich in der Vollmacht ist, hier zu antworten.

Wenn man von der Mystik spricht oder von der Tradition esoterischer Kreise, dann denkt man gewöhnlich an kleine geschlossene Kreise, deren geheimes Wissen nicht nach außen dringt, sondern im Wege eines strengen Initiationsrituals, das fast immer auch über den Tod führt, durch den Meister an seine Adepten weitergegeben wird, wobei Schweigen nach außen gefordert ist. Wir stehen heute in einer Zeit, in der es in der westlichen Welt nicht nur die geschlossenen Kreise der Initiation gibt um einen Meister herum, sondern wie im Osten eine große und immer weiter anwachsende Zahl von Menschen, die im Zeichen des Wissens stehen, daß unsere gewöhnliche Weltsicht zwar zum

Menschen gehört, daß diese aber, wenn sie sich absolut setzt, den Menschen vom Eigentlichen trennt. Von unserer natürlichen Weltsicht her können wir nicht entscheiden, was ›wirklich‹ ist und was nicht, was ›Wahrheit‹ ist und was nicht. Nur wenn wir den Schleier des Nichtwissens, oder des falschen Wissens, den das sogenannte natürliche Bewußtsein über die tieferen Schichten legt, wenn wir diesen Schleier zerreißen, können wir durchdringen zu jener Wirklichkeit, die der eigentliche Kern unseres Wesens ist.

Das Wissen um diese Wirklichkeit ist den Menschen des Ostens kraft ihrer seit Jahrtausenden nie unterbrochenen Überlieferung selbstverständlicher als uns im Westen. Könnten wir, müßten wir nicht auch dahin gelangen? Ja, wir können genau so in uns selbst jenes Etwas wecken und wahrnehmen, das uns sagt: in der Tiefe unseres Wesens sind wir Kinder einer anderen Wirklichkeit. Wir sind zwar als Menschen bestimmt, in der Welt zu leben: aber nicht, um wie die Pflanze oder das Tier einfach in ihr aufzugehen, sondern um gerade *in* der Welt so zu leben, daß wir *aus* ihr *heraus* auf unsere andere Wirklichkeit hinleben. Dazu ist es uns wohl bestimmt, den Umweg zu machen über eine Verfehlung dieser Dimension, aber eigentlich ist das unser Wesen. Alles, was wir an Verfehlungen erleben, hat nur den Sinn, uns in ein *Leiden* zu treiben, dessen Überwindung auf dem Wege der Begegnung mit dem Eigentlichen liegt.

Das ist auch der Ausgangspunkt unserer Arbeit.

Wo jedoch die Menschen in diesen Übungen schöne Erlebnisse suchen, eine gesteigerte Leistungsfähigkeit, Ruhe in der Welt oder gar übersinnliche Fähigkeiten, wo sie sich sozusagen der Transzendenz bemächtigen, um dann noch mehr Macht in der Welt zu haben, gerade da bleiben sie *dieser* Welt verhaftet, und die Begegnung kann nicht einfallen. Denn es ist nicht so, daß wir diese Begegnung suchen können, wir können uns von ihr nur finden lassen.

Es droht aber noch eine andere Gefahr: überall dort, wo die Welt der eigentlichen überweltlichen Wesenheit auftaucht und sich dem Menschen als zugänglich darbietet, wo er auf diese Weise frei werden möchte und von der Welt darauf hingeht, taucht auf der anderen Seite der Teufel auf, der, je mehr der Mensch dem lieben Gott nahekommt, immer raffinierter wird. Das ist nicht etwa eine Übertreibung oder ein erheiterndes Bild, sondern das erlebe ich immer wieder. Wenn in unserer Arbeit ein Mensch wirklich einmal die Gnade einer besonderen Erfahrung hat, weil er aufgeschlossen war, das Ganz Andere zu spüren, und er kommt zum Zimmer herein, so sehe ich schon seine ganz andere Strahlung, bevor er von dem erzählt, was geschehen ist. Dann kann ich immer nur sagen: „Passen Sie auf, es werden keine 24 Stunden vergehen und es wird Ihnen etwas widerfahren und sagen – aus! Nicht als psychische Reaktion von innen, sondern als Ereignis von außen wird Ihnen etwas widerfahren, das Ihnen die Stimmung, die Strahlung nimmt – das ist immer so".

Das sind eigenartige Dinge, von denen ich einfach nur berichten kann. Es passiert etwas, und dann kommt es darauf an, wie der Mensch diese Probe, in der ihm seine Erfahrung geraubt werden soll, besteht. Danach hat sie nicht mehr den gleichen Glanz, aber er hat jedenfalls eine andere Basis als vorher, wenn er dem, was er erfahren hat, die Treue hält.

Es geht in unserer Arbeit darum, an einer Verfassung zu arbeiten, in der ein Mensch fähig ist, dieses Ganz Andere in sich zu erfahren, ernst zu nehmen, dabei zu verweilen und sich von dort her in einer Weise zu entwickeln, die ihn für diese Erfahrungen durchlässig *hält.* Es geht also letztlich um *Transparenz* und zwar – hier kommt ein wichtiger Punkt, wo wir vom Osten lernen können – meint die Transparenz den *ganzen Menschen* und nicht nur den inneren Menschen, den geistigen Menschen.

Das rechte Dasein des Menschen ist nicht nur eine innere Angelegenheit, sondern eine Angelegenheit des Menschen auch im Leibe. Es ist ein Phänomen, daß der Osten – dessen Religiosität sich weitgehend darin äußert, den Leib mehr und mehr zu verneinen und ihn schließlich aufzuheben in einem reinen Bewußtsein – den Leib in alle seine Übungspraxis einbezieht und diese Entwicklung über einen Weg der Durchlichtung des Leibes sucht. Der Westen hingegen, in dessen Mittelpunkt die Idee der Inkarnation steht, nimmt den Leib nur ernst im Hinblick auf seine Gesundheit, betrachtet ihn aber als etwas, das in seiner Stofflichkeit die geistige Entwicklung behindert.

Heute sind wir dabei, umzulernen und diesen Komplex anders zu sehen, und wir vermögen das in dem Maße, als wir zu unterscheiden wissen zwischen dem Körper, den man hat und den der Arzt sieht, und dem Leib, der man ist und den der Arzt nicht sieht.

Drei Schritte sind es, die uns auf dem Wege zur Transparenz hin fördern können: erstens die Entwicklung jener Bewußtseinsform, in der wir des Ganz Anderen erlebnismäßig teilhaftig werden; das Heranbilden des Organs für das Wahrnehmen und Ernstnehmen dieser spezifischen Qualität, in der sich das Sein im Dasein meldet, aufleuchtet, aufblitzt für einen Augenblick; mit dem wir lernen, das Überweltliche in unseren weltlichen Erfahrungen zu spüren – zu schmecken, sagt Meister Eckehart – zu riechen, *zuletzt* erst zu sehen.

Wir haben für diese erfahrbare Qualität im Deutschen nur das Wort ›das Heilige‹. Andere Sprachen – Englisch, Französisch, Italienisch – haben das ›sanctum‹ und das ›sacrum‹. Mit dem Wort ›heilig‹ können viele Menschen heute nichts mehr anfangen; es ist zu sehr geknüpft an heilige Personen und an ganz bestimmte Vorstellungen, die sich mit einem heiligmäßigen Leben verbinden. Durch diese einseitige Definition des Heiligen wird das Festhalten, das Registrieren und Bewußtmachen dieser überweltlichen Qualitäten mit einem *Wort* verstellt. Vielleicht sollten wir in diesem Zusammenhang vom Sakralen sprechen, le vu du sacré, oder vom *›Numinosen‹*.

Das Zweite – wenn es uns einmal deutlich geworden ist, daß diese spezifische Qualität Ausdruck ist des in uns anwesenden, auch in seiner Abwesenheit anwesenden, Göttlichen Seins – das zweite ist, daß man die Frage stellt: „Was trennt mich als Welt-Ich eigentlich von diesem meinem Innersten? Was steht eigentlich dazwischen? Wenn ich, wie Sie sagen, meinem Wesen nach das bin, aber im Bewußtsein davon getrennt bin, was steht zwischen mir und meinem eigentlichsten Kern?“ Diese Frage zielt auf die Arbeit an uns selbst, die Erkenntnis des Wissens um die Bedingungen, die uns den Zugang verstellen, und des Weges, der ihn wiederum öffnet.

Und drittens: was kann ich *tun*, um das, was dazwischen steht, abzubauen, um eine Daseinsform zu entwickeln, die in der Geöffnetheit gegenüber diesem Göttlichen Sein steht? Die Arbeit an einer solchen Gesamtverfassung ist das *Exerzitium,* das eigentliche Üben, in dem wir uns zum

Wahrnehmen, zum Spüren und zum Manifestieren dieser Dimension bereiten.

Bei diesem dritten Schritt geht es ganz entscheidend um den Leib. Sie kennen vielleicht das Büchlein von C. S. Lewis „Angriff der Dämonen", in dem der Neffe des Erzteufels in London Therapeut ist. Er wendet sich manchmal an seinen Onkel um zu fragen, was er machen soll: „Jetzt fragen die Leute mit einem Mal: wie soll ich beten? Was soll ich ihnen sagen?" – „Das ist ganz einfach, du brauchst ihnen nur zu sagen, das Beten ist eine rein geistige Angelegenheit, rein innerlich, es hat nichts zu tun mit der Weise, in der man im Leibe da ist. Je mehr die Menschen das Beten als eine rein geistige Angelegenheit betreiben, desto eher nützt es nichts".

Sie können eine Weile in einer Gebärde beten, die Sie immer mehr verschließt. Sie merken gar nicht, daß Sie anstatt *Dein* Wille geschehe ein krampfhaftes *mein* Wille geschehe sprechen. Sie können aber auch in einer Weise da sein, die ohne einen spezifischen Inhalt in sich fromm ist, in einer *reinen Gebärde,* in der der Mensch sein Ich völlig gelassen hat und sich ohne Reserve anheimgibt. Dieses Anheimgeben ist eine Gebärde, in der dann in dem, was vom Ich her gesehen ein Nichts ist, das Ganz Andere zu sprechen beginnt.

> Der Sinn einer Meditationspraxis, wie wir sie hier miteinander erarbeiten wollen, ist das Arbeiten an dieser reinen Gebärde, in der der Mensch durchlässig ist für das Ganz Andere in ihm.

Ich möchte, bevor wir uns mit der konkreten Arbeit am meditativen Sitzen befassen, auf den zweiten Punkt noch etwas näher eingehen. Wenn wir uns fragen: was steht demMenschen im Wege, das sich in ihm so eingefleischt hat?, dann müssen wir sagen: im Wege steht dem Menschen – zwischen ihm und Gott – das Ich in einer eingefleischten Form, in einer Weise des Subjektseins in der Welt, in der der Mensch glaubt, er müsse alles machen, weil von ihm alles abhänge. Wie kommt der Mensch eigentlich zu dieser Haltung? Er kommt dazu, weil die Welt so gefährlich ist. Sie ist dauernd im Begriff, den Menschen anzugreifen. Kaum hat er etwas erreicht, wird es ihm genommen. Also hat der Mensch als natürliches Subjekt zu allererst die Tendenz, sich eine gesicherte Position zu schaffen, sei es theoretisch in Gestalt einer festen Weltanschauung, an der dann nicht mehr zu rütteln ist, sei es als Künstler oder Mann der Tat, der für sein Werk, wie es da steht, Anerkennung erntet, sodaß er in der natürlichen Welt eine Position, in der er gesichert ist, eine gewisse Machtposition ausbaut und eine gewisse Geltung hat. Dieses Ich ist unser ganz natürliches Ich. Wenn wir davon gar nichts haben, werden wir sowieso weggewischt. Aber wenn sich das absolut setzt, dann steht der Mensch mit seinem Ich dem Ganz Anderen im Wege – mit dem Ich, mit dem er denkt, mit dem er etwas will, mit dem er auch an der Welt haftet.

Glauben Sie nun nicht, daß von vornherein ein Zuviel davon dem Menschen im Wege steht. Wer das Kind daran hindert, ein kräftiges, gesundes Ich zu entwickeln, der tut nichts Gutes. Man kann nicht damit *anfangen* zu sagen: wenn dir einer auf die rechte Backe schlägt, halte die linke hin. So erzieht man es zu einem Angsthasen. Der Mensch muß erst etwas haben, erst etwas sein, bevor er es später dahingeben kann. Es ist wichtig, daß der Mensch eine natürliche Weise da zu sein entwickelt, zu der auch sein fixierendes Verstandes-Ich gehört, damit er auf die Frage „Was ist das?" zu antworten weiß: „Das ist das und unterscheidet sich von dem." Dieses Gefühl für die Welt der Gegenstände ergibt eine Welt, die in sich selbst eigenständig steht, der ich als Ich gegenüberstehe, vom Ich-Stand zum Gegen-Stand. Diese Bewußtseinsform, ohne die es keine Kultur, keine Begriffe gäbe, gehört zum Menschen. Aber diese natürliche Weltsicht darf nicht den Anspruch erheben, die absolute Wahrheit zu sein und zu sagen: wirklich ist nur, was sich in die gesicherten Ordnungen von Begriffen fügt und alles andere ist unwirklich. Von einem Standort, der per definitionem als Wirklichkeit nur das gelten läßt, was sich verstandesmäßig fassen läßt, kann man das, was über der Verstand hinausgeht, nicht fassen. Dann wird das ausgeschlossen oder negiert, was mit dem Wort Glauben gedeckt ist: der Raum der Erfahrung eines tieferen Sinnes, der jenseits des Verstandes liegt.

Zwischen dem Menschen und seinem Wesen – zwischen ihm und Gott – steht die Dominanz des Ichs, des zum Menschen gehörenden Ichs, und es geht darum, dieses Ich abzubauen und uns voller Vertrauen zu einer anderen Daseinsform hin zu entwickeln, auch im Leib.

Wir kommen hier nun auf den dritten Punkt zu sprechen: was kann ich *tun*, um das abzubauen, was dazwischensteht – also auf die Arbeit, in der planmäßig und schrittweise über eine Veränderung im Leibe die eingefleischten Verhärtungen des Ichs aus dem Leib wieder herauszubringen sind. Der Mensch, den man fragt: „Wo haben Sie Ihr Ich lokalisiert?" antwortet darauf zunächst: „Hier oben" und zeigt auf seinen Brustraum. Aber ist das das ganze Zentrum des Menschen? Das ist es nicht, und wir müssen lernen, in der Praxis der Übung dieses hier oben sitzende Ich erst einmal einer anderen *Basis* zu überlassen.

Sie werden diese Forderung besser verstehen, wenn ich sie Ihnen psychologisch erläutere. Eine der Grunderkentnisse der heutigen Tiefenpsychologie ist, daß in jedem Menschen das Männliche und das Weibliche angelegt sind. Der Mensch ist ein ganzer Mensch nur dann, wenn er nicht nur das Männliche in sich entwickelt, sondern auch das Weibliche, der Mann ebenso wie die Frau. Zu den Schäden unserer Zeit gehört die einseitige Entwicklung der männlichen Funktion: das Ausschalten der Bilder, das Hintanstellen des empfangenden, nicht nur fixierenden Geistes, das Ausschalten der Tiefendimension der mütterlichen Welt und des mütterlichen Daseins.

Was genau ist denn dieses Mütterliche? Die Mutter im erweiterten Sinne ist jene Wirklichkeit, die aufnimmt, empfängt, die das Empfangene zu etwas anderem verwandelt und aus der Verwandlung heraus einem Neuen das Leben schenkt; die zu verstehen vermag, ohne zu richten. Der Raum dieser Qualitäten ist im Menschen verkörpert im Raum des Beckens. Wir haben im Französischen die Redewendung, von jemandem zu sagen: er ist nicht in seiner ›assiette‹ – „il n'est pas dans son assiette". Das will sagen: er ist heute etwas empfindlich gegen Kritik, er hat offenbar nicht gut geschlafen, er ist nervös. Mit einem Wort: er ist nicht im Lot. Sie werden selten einen Franzosen finden, der nicht weiß, daß l'assiette le bassin, das Becken, bedeutet. Sie können also von jedem von uns sagen: ich bin heute nicht in meinem Becken. Das Becken beim Menschen ist der Raum, in dem er ruht, der ihn trägt; diese Breite ist das, was er, wenn er es entwickelt, erfahren kann als etwas, das ihn nicht von der Welt trennt, sondern ihn mit der Welt verbindet. Es ist eine kümmerliche Reduktion des Menschen, wenn wir ihn nur sehen als ein Wesen, das mit seiner Haut aufhört. So wie der Logos im Prisma des Ichs sich reduziert zur Ratio, so reduziert sich in diesem Prisma des Ichs das Ganze der kosmischen Mächte und Kräfte, in das wir eingefügt sind, zu der kleinen Wirklichkeit der Triebe.

Nur in dem Maß, als wir in der Lage sind, den Raum der Triebe, der ja vor allen Dingen im unteren Raum des Leibes gesehen wird, aufzuschließen, aufzumachen, uns dort zu fühlen, können wir plötzlich erfahren, daß wir in einer größeren Wirklichkeit stehen, die uns von ganz woanders her mit Kraft erfüllt, die eine Dunkelheit bedeutet für den Verstand – etwas Dunkles, das wir nicht verstehen. Wenn wir uns aber diesem Dunkel anheimgeben, kann sich eine Verwandlung vollziehen aus dieser Dunkelheit in eine Lichtheit des Geistes, die dadurch zustande kommt, daß wir nicht mehr oben in uns befangen sind als die, die immer alles machen müssen, sondern daß wir die Gnade erfahren, uns anheimgeben zu können. Dann geschieht es plötzlich, daß in uns jene Kräfte eines heilenden, uns verwandelnden Geistes einschießen, der löst, was hart geworden ist.

Es geht also bei dem Loslassen oben um das Einüben einer Gebärde des Vertrauens, die im unteren Raum beheimatet ist. Es gibt keine Verspannung – und wir alle leiden unter ihnen – die nicht Ausdruck wäre eines Mißtrauens gegen das Leben.

Als erstes müssen wir in unseren Sitzübungen lernen, uns in diesen mittleren Raum herein zu geben, in den Raum, den der Japaner ›Hara‹ nennt, was wörtlich Bauch heißt. Die gesamte Haltung, die Verlagerung des Schwerpunktes von oben nach unten, diese Bewegung, die nach unten geht und den Menschen sozusagen löst und erlöst von diesem Krampf, hat ihren Sinn nicht darin, daß er unten wegsackt, sondern daß hier eine Schale entsteht, in der er aufnahmefähig werden kann für das Andere. Im übertragenen Sinne meint Hara eine Gesamtverfassung des Menschen, in der er nicht mehr oben verankert ist, in seinem kleinen Ich, sondern in der er fähig ist, sich von diesem Ich zu trennen, sich niederzulassen in einen ganz anderen Raum, der ihn von woanders her trägt, ihn immer wieder aufnimmt, so daß ihn nichts anficht, was immer passieren mag, denn er hat im Becken den Kontakt mit einer Dimension, die nicht von der Welt her zerstört werden kann. Er fühlt sich zugehörig zu einer Wirklichkeit, die *nur* von diesem Welt-Ich her nicht gelebt werden kann.

Wann ist der Mensch in seiner Mitte?

Wie Sie wissen, habe ich es mir zur Pflicht gemacht, bei jeder unserer Zusammenkünfte eine kleine Einführung zu geben, die immer wieder von dem uns alle bewegenden Thema ausgeht: wie fängt man es an, um in die Verfassung zu kommen, die unserem eigentlichen Wesen gemäß ist. Diese ganze Arbeit kreist um das Thema Meditation. Daher nennen wir sie auch etwas kühn unsere Meditations-Tage.

Die Meditation hat den Sinn, sich eben *nicht* ruhig zu stellen, sondern, wie alle wirklichen Übungen auf dem *Wege,* den Sinn, den Menschen in eine Verfassung zu bringen, in der er seiner eigentlichen Bestimmung gemäß wird. Diese eigentliche Bestimmung sehe ich in nichts anderem – und ich glaube, alle großen Religionen haben sie nie in etwas anderem gesehen – als so zu werden, daß wir als Kinder dieser Welt in der Lage sein werden, das in uns anwesende Überweltliche in unserem Leben zu bezeugen. Eine große Rolle spielt im Zusammenhang dieser Bemühungen das Thema ›Mitte‹. Die meisten unter Ihnen wissen ja, daß ich mich in einem bestimmten Sinne um die Mitte, nämlich die Erdmitte des Menschen, um den ›Hara‹ bemüht habe.

So soll das Thema dieser kleinen Einführung lauten: Wann ist der Mensch in seiner Mitte?

Das sind diese ganz einfachen Bemerkungen: heute bin ich nicht in meiner Mitte – heute bin ich in meiner Mitte – heute bin ich ein bißchen daneben. Was heißt das eigentlich? Und *ist* der Mensch, wenn er sich mal in seiner Mitte *fühlt,* dann auch *wirklich* in seiner Mitte?

Was ist diese Mitte? Wir können ausgehen von einem ganz einfachen Beispiel: Die Franzosen, das habe ich Ihnen schon einmal gesagt, haben den schönen Ausdruck von einem Menschen: er ist in seiner ›assiette‹. Das war auch in Deutschland ein alter Reiterausdruck. Man sagt von einem guten Reiter: „Er hat eine gute assiette". Assiette heißt wörtlich Teller, übertragen Becken – le bassin. Man meint damit, daß er richtig sitzt. Wenn er falsch sitzt, so ist das

Pferd gegen ihn und er ist gegen das Pferd. Sitzt er dagegen richtig, so bildet er eine Einheit mit dem Pferd. So sehr, daß, bevor er eigentlich genau weiß, was er möchte, das Pferd es schon verstanden hat und in die gedachte Richtung geht. In dieser Einheit, die er dank seinem richtigen Sitz verwirklicht hat, fühlt er sich herrlich und bei sich selbst.

Wir haben hier also drei Momente: er sitzt erstens in einem physischen Sinn richtig, im richtigen Schwerpunkt, bringt zweitens dadurch eine Einheit zustande mit sich und dem, was in diesem Augenblick seine Welt ist, als sei das ein erweitertes Selbst, und drittens in diesem Augenblick, da er richtig in seiner Mitte sitzt – in seinem Becken sitzt – und den Einklang auf diese Weise herstellt mit seiner Gegenform, fühlt er sich selbst herrlich in seiner Mitte. Jeder von Ihnen, der einmal geritten hat, weiß sofort, was damit gemeint ist. An diesem Beispiel, welches das ganze Thema in einem Bild zusammenfaßt, sehen wir, daß wir es mit zwei verschiedenen Dingen zu tun haben, wenn von Mitte gesprochen wird. Erstens kann man sie physisch rein äußerlich feststellen, in Gestalt des körperlich richtigen Sitzens, das auf einem ganz bestimmten Schwerpunkt beruht, und zweitens ist sie eine bestimmte Befindlichkeit des Menschen, in der er sich in einer bestimmten Weise auch in seiner Mitte *fühlt*. Wir haben hier das ganze Thema der Mitte von vornherein im Zeichen zweier Aspekte: eines sachlichen *raumzeitlichen* und eines *personalen* Aspektes. Diese beiden Aspekte im Anschauen von menschlichen oder Lebens-Phänomenen auseinanderzuhalten und wieder zusammen zu denken ist sehr wichtig.

Wenn Sie das Wort Mitte aussprechen oder denken, haben Sie zunächst etwas Räumliches vor Augen. Sie sehen als einfachste Form einen Kreis mit einem Mittelpunkt. Die Peripherie ist vom Mittelpunkt überall gleich weit entfernt. Die Peripherie dreht sich um diese Mitte, das eine ist außen, da andere ist innen. Es ist ein Kreisen um die Mitte. Das sind die räumlichen Bilder, die uns dabei einfallen, die aber alle auch eine personale Bedeutung haben können. Wenn man sagt ›der Mensch und seine Mitte‹, so meint man mit dem personalen Aspekt etwas, worum er als dieser Mensch kreist, worum sein Leben kreist; das ist dann seine Mitte.

Wenn wir fragen: worum kreist eigentlich unser aller Leben, das Leben eines jeden von uns, dann müssen wir zunächst einmal sagen: *um uns selbst;* oder um die Dinge, mit denen wir identifiziert sind. Das ist das Faktum, von dem wir zunächst ausgehen können. Der Mensch ist so sehr die Mitte seiner Welt, daß er, wenn er sich nicht bemüht, die Welt im sachlichen Aspekt zu sehen – abgesehen von sich selbst, wie ein Wissenschaftler – in allen Dingen sich selbst begegnet. Das ist die *Bedeutsamkeitsstruktur* unsererer Welt. Wenn Sie durch Ihre Stadt spazieren gehen, dann hat jede Ecke der Stadt, jede Landschaft, in die Sie kommen, jeder Raum eine ganz bestimmte Bedeutsamkeits-Qualität, in der die Unterschiede dieser Qualitäten von Mensch zu Mensch immer genau den Menschen selbst – Sie selbst – widerspiegeln. Es ist ein interessantes Phänomen, uns klar zu machen, wie wir reflektieren. Wir denken uns so gerne hinein in eine Welt, die unabhängig von uns ist und unabhängig von uns festgestellt werden kann. Wenn wir aber das anschauen, was wir wirklich erfahren, so merken wir, daß wir zunächst die Welt immer menschlich sehen. Für eine Schildkröte oder eine Heuschrecke ist der Raum nicht der Raum, ist das keine Treppe oder kein Tisch, da sind das ganz andere Dinge. Alle Bedeutungen, in denen wir stehen, sind bezogen auf uns als Menschen. Aber nicht nur dieses: sie haben auch jeweils ihre besondere Bedeutsamkeits-Qualität, haben ihre Physiognomie, sehen uns in bestimmter Weise an, laden uns ein oder stoßen uns zurück. Alles weist immer hin auf uns als Mitte der gesamten Bedeutsamkeitsstruktur. In diesem Sinn sind de facto alle Subjekte im Mittelpunkt ihrer Welt.

Wer ist nun aber dieser Jemand, der da jeweils in der Mitte steht? Kann man nicht etwas mehr über ihn sagen? Darauf kann man antworten: die Bedeutsamkeitsstruktur der Welt, die uns umgibt, antwortet auf ganz bestimmte jeweilige Anliegen von jedem von uns in besonderer Weise, stimmt zu oder lehnt ab. Sie beispielsweise sitzen jetzt hier mit einem ganz bestimmten Anliegen, versuchen zu hören, was ich sage, und ich bin darauf mehr oder weniger eine Anwort oder nicht. So ist also alles, was Sie jetzt erleben, eine Antwort auf ein ganz bestimmtes Anliegen. In Ihrer besonderen Weise, mich hier anzuhören, sitzt in jedem von Ihnen ein Gefüge seiner personalen Anliegen – ob er wohl eine Antwort bekommt oder nicht, ob er dem zustimmen kann oder nicht. So kann man den Begriff des Subjekts, das die Mitte seiner Welt ist, etwas näher bestimmen. Es ist jeweils die Einheit ganz bestimmter Anliegen, die uns beseelen und deren Antwort die Welt ist, der wir in ihrer Bedeutsamkeitsstruktur begegnen.

Man kann weiterfragen: gibt es spezifische Grundanliegen des Menschen, die uns immer bewegen? Die Antwort hierauf lautet: Jawohl, das gibt es. Jeder von uns will *leben*, jeder von uns will *sinnvoll leben* und niemand kann ganz alleine leben; er möchte *in Gemeinschaft leben*. Damit kommen wir wieder auf die drei Grundaspekte des Seins, auf die ich immer wieder zurückkomme – der Mensch ist nun einmal bestimmt von ganz bestimmten Grund-Impulsen, auf die wir immer wieder zurückkommen müssen.

So auch hier, wenn wir fragen: was bedeutet der Mensch als Mitte seiner Welt, um die sein Leben kreist? Er bedeutet den Anspruch auf Leben aus einem dreifachen Anliegen heraus, das je nachdem befriedet ist oder nicht. So erleben wir zunächst einmal uns alle in einem gewissen Sinne im Gleichgewicht, in Ordnung und in unserer Mitte, wenn diese drei Anliegen befriedet sind. Das heißt also, wenn wir so leben dürfen, daß wir das Gefühl haben, unserem Anspruch auf Leben überhaupt sei entsprochen: dann sind wir gesichert.

Jeden dieser drei Grundaspekte möchte ich Ihnen durch ein Beispiel noch etwas deutlicher machen. Wenn Sie einmal schwer krank waren, so sehr, daß Sie nicht wußten, was aus Ihnen werden würde, und Sie infolgedessen unruhig und keineswegs im Gleichgewicht waren, und der Arzt sagt dann: „Sie haben gar nicht das, was wir bisher dachten, sondern es ist das und das, und Sie werden in ein paar Wochen wieder gesund sein" – dann fällt plötzlich eine Not von Ihnen, und an diesem Tage fühlen Sie sich in einer bestimmten Weise wieder geordnet und zentriert. Wir haben deutlich das Erlebnis im Übergang aus dem ungesicherten Zustand in den gesicherten. In diesem Augenblick fühlen wir uns auch in unserer Mitte.

Ähnliches erleben Sie in einer Lebenssituation, die Ihnen keine Freude mehr macht, weil sie anfängt, sinnlos zu werden. Sie stehen auf einem Posten und merken allmählich, daß es nicht das ist, was Sie suchten. Das ist ja schrecklich! Der Mensch, mit dem ich mich zusammen tat, ist gar nicht der, als den ich ihn mir dachte. Das Ganze fängt an, brüchig zu werden, sinnentleert, Sie halten durch, aber Sie können eigentlich von dem Moment an, in dem Sie erkannt haben, daß die Situation sinnlos ist, an dieser Stelle nicht mehr ganz Sie selbst sein. Sie müssen irgendwie scheinen, was Sie nicht sind, um überhaupt durch den Tag hindurch zu kommen. Sie sind nicht in Ihrer Mitte. Hier beantwortet sich die Frage: wann ist der Mensch in seiner Mitte, wann fühlt er sich in seiner Mitte, im Hinblick auf die Lebenssituation unter dem Gesichtspunkt: sie gibt einen Sinn, oder sie ist sinnlos. Ich kann hier nicht der sein, der ich im Grunde bin und auch sein möchte. Es geht nicht darum, daß ich überhaupt sein kann und nicht vernichtet werde, sondern daß ich *der* sein darf, der ich bin und *sein möchte.*

Wir fühlen uns dann in unserer Mitte, wenn wir uns in unseren Bedürfnissen durch eine sinnvolle Arbeit in einer sinnvollen Existenz befriedet fühlen.

Und drittens: Sie fühlen sich plötzlich von einem Menschen verlassen, auf den Sie eingestellt waren, mit dem Sie einen Kontakt hatten, im Dialog waren – mit dem zusammen Sie eine Gemeinschaft bildeten. Dieser Mensch erweist sich als ein anderer und Sie fühlen sich auf sich selbst zurückgeworfen. Jetzt wird Ihnen klar, daß Sie sich eigentlich deshalb mehr oder weniger bei sich selbst fühlen konnten, weil Sie in einem ganz bestimmten Dialog standen. Wenn dieser Dialog, diese Gemeinschaft wegfällt, sind Sie in einer Weise herausgeworfen aus dem Leben, daß Sie sich nicht in Ihrer Mitte fühlen. Diese dritte Weise, die Dinge als Mitte oder Nicht-Mitte zu empfinden,ist dadurch gegeben, daß eines der Grundanliegen des Menschen das ist, dialogisch leben zu können – im Einklang mit einem anderen, geborgen in einer Gemeinschaft, Glied eines größeren Ganzen und nicht isoliert.

So erleben wir uns in unserer Mitte, d. h. *bei uns selbst,* wenn dieses dritte Anliegen, in Gemeinschaft sein zu dürfen, befriedet ist. Über die Frage: wann fühlt der Mensch sich *bei sich selbst?* werden wir weitergeführt zu der Frage: was ist das Selbst, das hier gemeint ist? Wenn Sie Leiter eines Unternehmens sind und kommen in Ihr Büro, so ist dort die Sekretärin, die Prokuristen sind dort und so weiter, und jeder sagt: Jawohl, Herr Direktor, jawohl Herr Direktor. Dann fühlen Sie sich ganz wunderbar. Und wenn Sie plötzlich merken, daß Ihre Belegschaft aufsässig wird, werden Sie unsicher, und jetzt erleben Sie, wie der Mensch verschiedene Subjekte hat. Wir sind jeweils da in einer ganz bestimmten Rolle: entweder als Leiter eines Betriebes oder als die Mutter oder der Vater.

Der Vater erzählt: „Was fällt dem Jungen heute ein? Denke nur, er hat mir heute widersprochen!“ Der Vater wird plötzlich in Frage gestellt. Das stößt heutzutage den Vätern öfter zu als in früheren Zeiten.

Sich in seiner Mitte fühlen hat für uns alle damit zu tun, daß wir nicht ein Luftgespinst sind, sondern jeweils in der Welt an einer bestimmten Stelle in einer bestimmten Position, in einer bestimmten Rolle leben und ernst genommen werden. Wir können im Laufe des Tages ein halbes Dutzend Rollen durchlaufen. In der Früh sind wir das Wesen, das gerne noch etwas hätte schlafen wollen. Wenn der Wecker rasselt, werden wir aus unserem Schlaf geholt – aus der Mitte. Dann sind wir das Wesen, das Anspruch hat auf ein bestimmtes Frühstück – das Ei ist wieder zu hart gekocht – schon ist eine kleine Erschütterung da. Dann sind wir das Wesen, das in irgend einen Beruf hineingeht und dort in seinem Amtsgewand erscheint und selbstverständlich den nötigen Respekt erwartet, sonst wackelt das Ganze wieder. Das sind soundsoviele Rollen, die wir haben: Vater, Mutter, Sohn, Onkel, Tante, Direktor, Sekretärin, Arbeiter, Chef, Journalist etc. In diesen Rollen leben wir faktisch unsere Existenz, mit ihnen sind wir jeweils identifiziert. Wir leben die Grundanliegen des Menschen – zu leben, sinnvoll zu leben und in Gemeinschaft zu leben – in der Sprache der jeweiligen Rolle dar.

Wenn ich so von diesen Rollen spreche, wird jeder von Ihnen sagen: der Mensch ist doch nicht seine Rolle. Er ist ja in all diesen Rollen auch der *Mensch,* er steht in allen Rollen, die wir im Leben leben müssen, zugleich auch in der Spannung zwischen dem, was er als eine irgendwie geartete Rolle ist, und dem, was er seinem Wesen nach ist. In der jeweiligen Weise, in der er sich in seinem Wesen geben kann und gibt, ist er *er selbst.*

Und nun geht es noch einen Schritt tiefer. Wenn wir jetzt wieder die Frage stellen: Wann ist der Mensch in seiner

Mitte?, dann ist nun klar, daß, wenn wir uns in unserer Mitte *fühlen*, weil wir als Vater, Mutter, als dieser oder jener Amtsträger in entsprechender Weise gesichert, anerkannt oder im Einklang mit anderen sind, daß damit noch nicht gesagt ist, daß wir in unserer eigentlichen Mitte *sind*. Das zeigt sich darin, wie leicht wir ins Schwanken, Zittern, in die Angst oder Verzweiflung, in die Einsamkeit geraten, wenn uns die Welt in einer bestimmten Position nicht entspricht oder wir in der Rolle, mit der wir uns identifizieren, in Frage gestellt werden. Jetzt sehen wir, daß es dort, wo wir in unsere Mitte kommen wollen, um diese andere tiefere Dimension geht, für die ich das Wort *Wesen* gebrauche: Wesen als die Weise, in der das überweltliche Leben in uns anwesend ist, aber nicht als ein Block, der still da drinnen liegt, sondern als das Insgesamt einer Wirklichkeit, die in uns und durch uns offenbar werden möchte in der Welt. Nur in dem Maße, als wir mit dieser Dimension in einem Dauerkontakt sind, sind wir wirklich in unserer eigentlich tiefsten Mitte.

Was heißt das, woran erkennen wir, daß wir in unserer tiefsten Mitte sind?

Daß wir noch in einem tieferen Sinn gepolt, verankert sind, erkennen wir genau dort, wo wir in unserer Weltsituation durch Umstände und Umstehendes in die Angst geworfen werden in der Welt. Nur auf die Welt bezogen haben wir Angst, erleben wir Verzweiflung und Einsamkeit. Man kann sagen, der Mensch ist in seiner eigentlichen, in seiner Wesensmitte erst dann, wenn er kraft seiner Verankerung an den tiefsten Punkt in sich auch dort, wo die Welt droht, ihn zu vernichten, keine Angst hat; wenn er auch dort, wo ihm die Wertschätzung aufgekündigt wird, nicht sagt: ich lebe in der Ungerechtigkeit und gerate in Verzweiflung; wenn er dort, wo er in die Einsamkeit fällt, sich doch nicht verlassen fühlt, sondern zutiefst geborgen.

Jetzt kommen wir an diese tiefere Dimension heran, wo wir sagen können: der Mensch ist dort in seiner eigentlichen Mitte, wo er in der Gefahr der Vernichtung keine Angst hat, weil er das *Unvernichtbare seines Wesens* spürt; wo er in einer Sinnlosigkeit dieser Welt nicht verzweifelt, weil er einen tieferen *Sinn in sich* vernimmt; wo er auch in der Einsamkeit in der Welt nicht in die Verlassenheit fällt, in die große Traurigkeit, sondern sich *in der Tiefe geborgen* fühlt. In dem Maße, als er in diesem Paradoxon zu existieren vermag, in dem es sichtbar wird, daß er als Bürger dieser Welt nur ein Gast ist, aber seine eigentliche Heimat woanders hat und dieses so andere Beheimatetsein auch in dieser Welt zu manifestieren vermag, dort ist er in seiner Mitte. Oder man kann es auch umgekehrt ausdrücken, was mir eigentlich mehr liegt: der Mensch ist dann in seiner Mitte, wenn das in ihm anwesende und zur Offenbarung drängende überweltliche Sein in seiner Sprache und in seiner konkreten historischen Situation hervorkommen kann – sich offenbaren kann. Wie ich überhaupt glaube, daß wir immer wieder gut daran tun zu sagen: nicht der *Mensch* sucht Gott, wie er glaubt, sondern Gott sucht *ihn*, und er soll sich finden lassen. Nicht *er* versucht, sich des größeren Lebens bewußt zu werden – so meint er von seinem Ich aus –, sondern *ein größeres LEBEN in ihm* sucht sich seiner selbst in menschlicher Sprache bewußt zu werden. Der Mensch ist in dem Maße in seiner eigentlichen Mitte, d. h. in diesem seinem tiefsten Wesen, als er diesem größeren Leben *in sich* die Möglichkeit gibt, durch ihn hindurch offenbar zu werden. Was der Mensch in der Angstlosigkeit trotz der Gefahr, in dieser inneren Klarheit erlebt, in diesem Gefühl der Geborgenheit, dort wo er faktisch verlassen ist, dort ist er in seiner Mitte.

Jetzt sind wir an der tiefen Stelle, um die es uns eigentlich geht, und wir können nun sagen:

Der Mensch ist dann in seiner Mitte, wenn das in ihm anwesende überweltliche Sein in seiner Sprache und seiner geschichtlichen Situation offenbar werden kann in der Welt. Dann *fühlt* er sich nicht nur in seiner Mitte, sondern dann *ist er* in seiner Mitte. Um dorthin zu kommen, muß er die Bindung an jenes Ich, das sich immer identifiziert mit seinen Rollen, aufgeben.

Nun ist die Frage: wie ist der Weg dahin? Die Frage nach dem *Weg zu dieser Mitte* ist das, was uns hier in unseren Zusammenkünften bewegt. Wir wollen nicht mehr fragen, wann fühlt sich der Mensch in seiner Mitte, wann ist er in seiner Mitte, sondern: wie *kommt* er in seine Mitte? Hierzu muß er in der Lage sein, drei Dinge zu tun. Einmal das *abzubauen,* was ihn verhindert, in seiner Mitte zu sein; zweitens das *zu spüren,* zu erleben, in sich wahrzunehmen, was die eigentliche Mitte ist; und drittens dann auf den Weg einer *Verwandlung* zu kommen, auf dem er immer mehr mit dieser seiner eigentlichen Mitte eins wird. Da setzt dann die Möglichkeit und die Aufgabe des *Exerzitiums* ein, die Möglichkeit der Übung, in der man ganz allmählich zu dem hinkommt, Schritt für Schritt, was man Bezeugung der Mitte des Menschen nennen kann. Dieses führt uns unmittelbar zu dem Thema, um dessentwillen wir hier zusammenkommen, zu dem, was wir Meditation nennen.

Wenn wir davon ausgehen, daß der Mensch in dem Maße nicht in seiner Mitte ist, als er noch das Rollenwesen ist, das hier ist als das Welt-Ich – jenes Ich, das von der Welt her und auf die Welt hin lebt, das nur an seine Sicherheit, an seinen Sinn, an seine Anerkennung und an seine Gemeinschaft in der Welt denkt – dann geht es darum, auf dem Wege der Übung die Dominanz dieses Ichs langsam abzubauen.

Hier müssen wir nun wieder zwei Fragen stellen: einmal die nach der Weise, in der das Welt-Ich anwesend ist, und zum anderen die nach der Natur des Widerspruchs, der zwischen dem jeweiligen Ich und der wahren Wesensmitte besteht. Diese wahre Mitte meint das in uns anwesende überweltliche *Leben.* Leben ist jene Wirklichkeit, in der es kein Stillstehen gibt, sondern nur die nie endende schöpferisch erlösende, erlösend schöpferische *Bewegung einer Verwandlung;* wo alles, was geworden ist, sofort wieder heimgenommen wird in einer Weise, die einem Neuwerden Platz macht. Demgegenüber ist die Wirklichkeit des *Welt-Ichs* eine Wirklichkeit, die immer um das Feststehende kreist. Es ist das Eigenartige, daß der Mensch das Wesen ist, das, um Mensch wirklich werden zu können, zunächst einmal die Dominanz des ihn in die dauernde Verwandlung hineintreibenden *Lebens* überwindet und diesem Fluß des Erlebens, in dem kein Augenblick so ist wie der andere, etwas entgensetzt, nämlich sein fixierendes Bewußtsein. Er ist nicht jeweils verwoben mit der augenblicklichen Umwelt, die eine Antwort ist auf seinen Trieb, sondern er bildet ein konstantes Ich, dem eine Welt gegenübersteht, die ihrerseits konstant ist, weil sie feststellbar ist. Eine Welt, die als Feststehende überhaupt erst den Namen Welt bekommt, unserem begrifflichen Denken zugänglich ist, begriffen werden kann, erlebt, gefaßt, erfaßt wird, in der Fassung eines Begriffes steht und als das in sich stehende Gefüge dann die Welt ist, auf die wir uns beziehen. In dem Maße, als es uns gelingt, uns in der Fülle unseres Subjektseins zurückzunehmen und auf den Subjektpunkt zurückzuziehen, in dem wir nur noch ein abstraktes Bewußtsein sind, haben wir dann alle miteinander, so verschieden wir sind, es offenbar mit der gleichen Welt zu tun. Dann ist das *Leben* nicht nur umgestülpt aus dem ewig sich Bewegenden in eine statische Fläche, sondern aus der unendlichen Fülle seiner Möglichkeiten, die für jeden von uns immer wieder anders ist, reduziert auf eine uniforme Wirklichkeit, die schließlich dort am höchsten erfaßt ist, wo sie sich letztlich reduziert auf naturwissenschaftliche Formeln.

Das Leben, das in uns lebendig ist als die zur Offenbarung drängende eigentliche Mitte, ist dann verwandelt zu einer uniformen Wirklichkeit, die feststeht. Diese feststehende Wirklichkeit, auf die wir bezogen sind, von der her und auf die hin wir zu leben versuchen, ist in uns auch vorhanden in einer ganz bestimmten Haltung, in einer ganz bestimmten Weise dazusein, in der wir mit unserem Welt-Ich identifiziert sind, demgegenüber das andere *nur Gefühl* ist, Beunruhigung, das wir am liebsten unterdrücken, verdrängen. So sind wir mehr oder weniger alle groß geworden, im Blick auf die objektive Welt, auf die hin wir erzogen werden, zu der hin wir uns zu Menschen entwickeln müssen, die sie meistern, die sie verstehen, die mit ihr fertig werden. In dieser Bemühung, die immer wieder um eine in sich feststehende Wirklichkeit der Welt kreist, wird mehr und mehr dieses ewig schöpferische erlösende *Leben* unterdrückt, das uns von Augenblick zu Augenblick verwandeln möchte, in einem immer größeren Kontakt mit dieser zentralen Präsenz eines *größeren Lebens* in uns selbst. Der Abbau im Sinne eines Aufbaues der anderen Seite findet dort statt, wo wir die Daseinsformen dieser nur begrifflich schauenden, fixierenden, meisternden Geistigkeit langsam abbauen.

Dieser Abbau ist der eigentliche Sinn einer meditativen Arbeit, die ausgeht von einem gewissen Tribut, den man als Ich zahlen muß, indem man jede meditative Arbeit beginnt mit einer Konzentration auf etwas Bestimmtes. Überall, wo wir uns auf etwas konzentrieren, exerzieren wir eigentlich jenen gegenständlich fixierenden Geist. Wir setzen uns mit einem Text, einem Bild, mit unserem Atem als einem Gegenstand auseinander – damit sind wir noch ganz Kinder dieser Welt. Das kann bei einer Übung wie der unsrigen nur ein Anfang sein. Dann geht es um den Übergang aus dieser Konzentration in die Meditation, in der es sich darum handelt, daß wir *zur Mitte hingegangen werden.* In der Bezogenheit auf das, was uns gerade erfüllt, vollziehen wir langsam jene Verwandlung des Bewußtseins, in der aus dem gegenständlich fixierenden *Pfeilbewußtsein* sich allmählich das mehr aufnehmende *Schalen-Bewußtsein* entwickelt, in dem wir an uns *geschehen lassen* und nicht von uns aus *machen.* Allmählich, allmählich geht der Weg auf, und dieses Ganz Andere in uns beginnt zu sprechen.

Es geht also um den Abbau der Herrschaft des Ichs und um den Aufbau jener Verfassung, in der wir nicht mehr Opfer, sondern Meister unseres alles fixierenden Bewußtseins sind. Wir müssen das Ich lassen, jenes Ich, das immer machen will, zugunsten des Ganz Anderen, das uns lebt, das uns beatmet, das in uns und durch uns stattfinden will und das wir nur zulassen müssen. In dem Moment, in dem wir uns dem *größeren Leben* nähern, geht es nie mehr um ein *Machen,* sondern um ein *Zulassen.* Auch der Gärtner im Garten kann die Blume nicht machen, er kann sie nicht herausziehen, damit sie schneller wächst, sondern nur begießen und dafür sorgen, daß sie das richtige Licht hat – er schafft also nur die Bedingungen, unter denen sie kommen kann. So können auch wir in der Übung immer nur versuchen, die Bedingungen zu verbessern, unter denen dieses in uns lebende und uns eingeborene Leben und Wesen ans Licht kommen kann.

> Übung bedeutet also: Bedingungen schaffen, unter denen dieses Ganz Andere hervorkommen kann, um uns selbst in unserer Bewußtseinsform so zu verwandeln, daß mehr und mehr dieses gegenständlich fixierende Bewußtsein ersetzt wird durch ein aufnehmendes, zulassendes und über die begrifflichen Horizonte hinwegschauendes anderes Bewußtsein.

An dieser Stelle setzt die Arbeit ein an der richtigen Weise da zu sein, die immer wieder davon ausgeht, daß der Mensch bestimmt ist durch drei Faktoren: Die *Haltung,* die in einem bestimmten Schwerpunkt ruht, durch eine ganz bestimmte *Atmung,* die eine Zwerchfellatmung ist, und durch ein bestimmtes Gefüge von *Gespanntheit* und *Gelöstheit,* die das Gegenteil ist von einer Verspannung, die sich abwechselnd präsentiert mit einer Auflösung.

Diejenigen, die das erste Mal von diesen Dingen hören, sagen sich: „Das ist aber komisch, er spricht doch von einer inneren Entwicklung des Menschen und seines Geistes, und nun redet er von lauter körperlichen Dingen." Dazu muß man immer wieder sagen: es geht bei dieser Übung *immer* darum, den Begriff des Körpers als eines Gegensatzes zur Seele zu revidieren und ihn zu ersetzen durch einen Begriff des Leibes, der nicht etwas ist, das man *hat,* wie man einen Körper hat – sondern der der Leib ist, der man *ist,* d. h. die Weise, in der der Mensch als Person sich nicht nur erlebt, sondern *darlebt, darleibt.* Über eine richtig angesetzte Übung des Leibes, der man selbst ist, – in der Sprache des Leibes, also der Gebärde, die man als Person vollzieht – kann man den ganzen Menschen auf eine andere Ebene bringen.

Aber über diese Arbeit am Leibe hinaus sind uns drei weitere Faktoren aufgegeben. Das erste ist die *Gestimmtheit* auf die andere Dimension. Ich erinnere mich an einen Philosophie-Professor, der mir sagte: „Wovon sprechen Sie eigentlich? Ich habe überhaupt kein Wort verstanden." Ein Arbeiter andererseits, der noch nie ein philosophisches Buch oder ähnliches gelesen hatte, stand nach dem Vortrag am Ausgang und sagte: „Wissen Sie, von den Begriffen habe ich nicht viel verstanden, aber ich weiß genau, wovon Sie reden, und es war mir eine solche Bestätigung".

Es geht hier um die Entwicklung eines besonderen Organs, mit dem wir fähig sind, die Qualitäten in uns und in der Welt wahrzunehmen, in denen dieses Ganz Andere sich manifestiert: jenen Hauch verspüren zu können, in dem es uns anrührt; jenen Ton vernehmen zu können, der eigentlich immer da ist – diesen Ton des Seins, der immer in der Luft ist. Es kommt nur darauf an, wieweit unser Saitenspiel, als das wir da sind, auf diesen Ton gestimmt ist. Ist unser Saitenspiel auf diesen Ton gestimmt, dann spricht es in uns ganz tief an auf diesen Ton, und in dem Maße, als wir dies als eine Dauerstimmung in uns haben, schwingt sozusagen der tiefe Ton des Seins in uns mit und verwandelt auch die Geräusche des Lebens in ganz anders geartete Melodien. Für die meisten ist zunächst einmal dieses Saitenspiel überhaupt nicht gestimmt, sondern da baumeln die Saiten unwahrgenommen herum. Sie haben nur dieses Weltinstrument gestimmt, in dem sie ganz scharf reagieren auf die Töne der Welt.

Die Momente, in denen man hört, daß da noch eine andere Stimmungsmöglichkeit in uns ist, müssen wir ernst nehmen. Diese Gestimmtheit ist unabhängig davon, was uns gerade in der Welt passiert. Das ist das erste, was uns auf diesem Wege immer aufgegeben ist: das *Organ* zu entwikkeln, mit dem wir dieses Ganz Andere in uns vernehmen können.

Das zweite, das uns aufgegeben ist: uns Rechenschaft darüber abzulegen, was uns geschieht; es ist offenbar noch ein ganz anderer in uns lebendig. Das zweite ist also die *Einsicht,* die wir zu diesem Erlebnis, dieser Qualität hinzufügen müssen, in der wir uns klar werden über die Bedingungen, unter denen wir dieses Andere hören oder nicht hören und uns sagen müssen: du bist also tatsächlich ein Bürger zweier Welten. Einerseits gehörst du dieser Welt in deiner geschichtlichen Situation an, dank deines Verstandes, deines Willens, deines Durchstehvermögens in dieser Welt. Aber das ist nicht alles. Es gibt noch etwas ganz anderes, das dich von woanders her anrührt. Du bist also auch jemand anderes. Bist du nun *dieses* oder bist du *das?*

Mit dieser Frage geraten wir nicht nur theoretisch, sondern auch existentiell in ein grundsätzliches Dilemma: kaum nämlich hat man dieses innerste Erlebnis, möchte man am liebsten in diese Welt zurück; kaum fängt man an, den anderen Weg zu leben, scheitert man in der Welt. In diesen gegenläufigen Tendenzen stoßen wir an die Erfahrung heran, daß etwas in uns selbst uns daran hindert, aus unserer Wesenstiefe zu leben.

In der Begegnung mit der eigenen Verhinderung taucht drittens die Problematik der Psychologie auf, der Bereich dessen, was wir den *Schatten* nennen. Wir werden auf diesen Begriff später noch zurückkommen und uns heute auf diesen Aspekt beschränken: zwischen mir und meiner Wesenstiefe steht all das, was das Ich zum Schatten gemacht hat durch Unterdrückung und Verdrängung, alles, was das Ich verleugnen und nicht zulassen will, und das Ich sorgt auch dafür, daß sich an diesem mühsam hergestellten status quo nicht so leicht etwas ändert. Aber ich habe nun die Fühlung, den Geschmack von meiner anderen Seite, ich weiß genau, wovon die Rede ist und ich ahne auch, was dem im Wege steht – wie ich sein müßte. Was kann ich tun?

Hier erinnere ich mich an eine lustige Situation, die ich vor vielen Jahren mit einem alten Adlerianer hatte, mit dem ich eine Art Analyse machte. Der alte Herr war 83 Jahre alt und noch ein Freund Freuds gewesen. In der Analyse geht es immer darum zu entdecken, wo das kleine Ich im Spiel ist mit seinem Geltungstrieb, seinem Minderwertigkeitsgefühl usw. Wir hatten wochenlang gesprochen, und eines Tages sagte er zu mir: „Also Graf Dürckheim, das können wir jahrelang fortsetzen und wir werden immer wieder irgendwo das Ich erscheinen sehen. Sie haben das glänzend raus, wo und wie das immer wieder da ist. Und dann entsteht eines Tages die Situation, in der wir uns fragen: 'Was machen wir nun'?" Der alte Herr, der wußte, daß er nicht mehr lange lebt, reichte mir als dem Jüngeren sozusagen die Fackel weiter, indem er mir ein Geschenk machte in Gestalt eines Begriffes, den er nie veröffentlicht hatte. Er sagte: „Wenn das Ich auftaucht, gibt es zwei Dinge, die man nicht tun darf: man darf es vor allem nicht bekämpfen, denn es ist immer das Stärkere, und man kann nicht vor ihm weglaufen, denn es ist immer das Schnellere."

Ich möchte Ihnen das an einem Beispiel deutlicher machen. Wann immer Ihnen der Teufel begegnet, hat es auch keinen Sinn wegzulaufen, denn er ist der Schnellere, und es hat keinen Sinn, ihn zu bekämpfen, denn er ist immer der Stärkere. Man kann allenfalls sagen: Guten Abend, mein Herr, ich glaube, wir kennen uns schon, ich habe schon einmal von Ihnen gehört, wir sind uns irgendwie verwandt. Die Situation des ruhigen Anschauens ist das, was er nicht verträgt. Und noch einmal der alte Herr: „Es gibt gegenüber diesem Ich nur eines, das ist die *schauende Wachheit.*"

Die schauende Wachheit – ein schönes Wort – ist die Weise, dem Ich zu begegnen, indem man still registriert: „aha, da bist du also wieder" – nicht mehr. Es ist eine ungewohnte Haltung, sich wirklich auf die ›schauende Wachheit‹ einzustellen und den Dingen gegenüber, die man in sich selbst entdeckt, nicht zu sagen: es *kann* doch nicht sein, daß ich das noch in mir habe, das gibt es ja gar nicht! So argumentiert der oder der, aber doch nicht ich! So argumentiert das Ich, das einem bestimmten Wertsystem verschrieben ist und von diesem sein Selbstbewußtsein ableitet. Die meisten Menschen leben in der Illusion einer Identifikation mit einem bestimmten Bild, das fern von der Realität ist. Da muß man einmal in den sauren Apfel beißen und diese Säure richtig schmecken. Es gibt für mein Gefühl nichts anderes, als sich gerade den Dingen, die den dunklen Punkt im eigenen Leben darstellen, zu stellen und sie anzunehmen.

Mißverstehen Sie mich nicht: es gibt auch Dinge, die man nicht annehmen kann, z. B. wenn eine Mutter Zeuge davon wird, wie ihr Kind von einem Lastwagen überfahren wird. Oder wenn ein Verbrecher aufwacht und ihm wird klar, was er getan hat: das kann man nicht annehmen. Aber man kann etwas anderes tun: man kann es *aushalten!*

Das Aushalten, das Nicht-Aushaltbare auszuhalten und einfach sich so hinzuhalten, das ist ein Schritt, der dem Annehmen vorausgeht, und in diesem Aushalten kann sich im Laufe der Zeit das Annehmen vorbereiten. Ich erlebe es immer wieder in meiner Arbeit, daß der dunkelste Punkt, von dem man nichts wissen will, der eigentlich schöpferische ist für die weitere Entwicklung, daß es darum geht, das auszuhalten, was man nicht glaubt aushalten zu können in der eigenen Innerlichkeit, und sich einfach dem mit der breiten offenen Brust zu stellen. Je mehr das dann anfängt zu arbeiten, je mehr man sich da hineingibt, das nicht mehr weghaben will, nicht mehr fragt: wann werde ich diesen Schmerz endlich los – dann kommt ein Moment, in dem das Nicht-Aushaltbare sich zu etwas anderem verwandelt. Der Mensch, der das ausgehalten hat, was er glaubte, nicht aushalten zu können, ist nicht mehr der Gleiche, der er war, als er sagte: das kann ich nicht aushalten.

In der schauenden Wachheit im Sinne eines hinschauenden Verweilens bei dem, was uns noch trennt von unserer eigentlichen Wesenswirklichkeit, ist dann die Entwicklung und Verwandlung zu einer neuen Stufe des Menschseins und der Erkenntnis möglich.

Eines der ersten Exerzitien, die wir in diesem Zusammenhang tun können, ist, uns nicht mehr auf etwas zu konzentrieren, sondern uns umwandeln, ausglühen, verbrennen zu lassen, und dann ist auf einmal etwas anderes da. So ist diese Übung der Meditation auch immer eine gewisse *Selbstbegegnung* in den Gedanken, die uns oft dazwischenkommen und uns plagen. Es tauchen immer wieder Dinge auf, die uns unangenehm sind; wir müssen sie einfach aushalten.

Da geht das Kapitel Einsicht über in das Kapitel Exerzitium. Das Exerzitium ist immer ein Exerzitium auch im Leibe und meint die gesamte leibhafte Verfassung *da zu sein,* die wir als solche nur ernst nehmen können, wenn wir sie als eine Einheit von Gebärden begreifen. Nicht jede Bewegung ist als Gebärde erlebt, aber sicher ist jede Gebärde auch eine Bewegung. Wir kommen an eine Veränderung unseres ganzen Bewegungstraktes heran, indem die Absicherungsgebärde gegen die Welt, in der das Ich immer eine Position war, verwandelt wird in eine Gebärde des Vertrauens, in der wir das, was die Welt ist, einfach herankommen lassen. Hier gehört dann die ganze Technik des Stehens, Gehens, Sitzens herein, wie wir sie in unserer konkreten Sitzübung üben wollen, aber es ist wichtig, die Übung in diesem Gesamtzusammenhang zu sehen. Es geht uns jetzt um eine Verwandlung, in der wir mehr und mehr leibhaft in die Verfassung kommen, in der wir uns nicht mehr als diejenigen fühlen, die dieser gegenständlich fixierten Welt verschrieben sind, in der wir unsere Position wahren müssen, die wir in einer ganz bestimmten Ordnung halten müssen, sondern wo wir uns zu denjenigen verwandeln, die auch gegenüber *dieser* Welt von der *anderen* Welt her existieren.

Die Stille spricht

Wir wollen die heutige Tagung beginnen, indem wir uns darauf besinnen: wozu sitzt man eigentlich? Wenn mir jemand sagt, er meditiere regelmäßig, und ich frage dann: warum eigentlich? so höre ich oft Antworten wie diese: es macht mich so schön ruhig – ich bin so zerstreut und kann mich dann besser sammeln – ich bin den ganzen Tag ausgeglichener und nicht so verspannt – ich kann dabei meine Sorgen mal vergessen – das Sitzen in der Stille bekommt mir so gut über den ganzen Tag – oder es fehlt mir etwas, wenn ich das nicht getan habe: das sind alles keine Antworten. Das sind zwar ganz vernünftige Gründe, aber, wenn diese Arbeit des Sitzens in der Stille einen Sinn haben soll, wie ich ihn damit verbinde und der auch ursprünglich der tiefere Sinn des Sitzens gewesen ist, dann geht es eben um diese Aspekte eines angenehmen Alltags-Lebens nicht, sondern diese Übung ist eine Übung auf dem WEG. Man kann auch bescheidener sagen: eine Übung, die einem hilft, auf den WEG zu kommen. Auf dem Weg im eigentlichen Sinne ist man erst dort, wo man nicht mehr von ihm herunterfallen kann. Es ist also im Grunde eine Übung *zum Weg*, d. h. zu einer Verfassung hin, in der wir *richtig* sind – richtig vom göttlichen Sein her gesehen. Das bedeutet, daß wir diesem Sein gegenüber offen sind und zugleich fähig, von ihm in unserem Alltag zu zeugen. Es geht also um das *Gewinnen* einer ganz bestimmten Verfassung, in der wir zunächst *nicht* sind. Warum nicht? Weil wir als Subjekt mit unserem ganzen Bewußtsein, unserer ganzen Einstellung zunächst einmal Diener sind unseres ganz natürlichen Ichs.

Eine Pflanze, die sich natürlich entwickelt, folgt damit zugleich dem großen Gesetz des Seins. Vom Menschen kann man das nicht in gleicher Weise sagen. Es ist merkwürdig, daß es lauter natürliche Reaktionen gibt, die eigentlich im Widerspruch stehen zum Weg des Seins ins Dasein. Wenn beispielsweise eine Gefahr auf einen zukommt, geht man unwillkürlich hoch, hält sich oben in den Schultern fest. Wir wissen nun schon aus unserer Arbeit, daß das eine Fehlreaktion ist, daß man sich *unten* verankern muß. So ist auf der ganzen Linie festzustellen, daß es zum Wesen des Menschen gehört, daß er zuerst einmal vom Sein her gesehen in die Irre geht, sich herausstellt aus dem Sein, sich sondert. Das ist eigentlich die Erbsünde, in die wir alle hineingeboren sind. Ob wir wollen oder nicht, wir entwickeln eine Bewußtseinsform, die nicht dem Bewußtwerden des Seins in unserem Dasein entspricht. Ja, im Zusammenhang mit dieser Bewußtseinsform entwickeln wir eine Form des Subjektseins, dessen Anliegen nicht eigentlich dem göttlichen Sein in uns entspricht. Denn das Grundanliegen unseres natürlichen Ichs ist es, eine Position zu gewinnen, kraft derer es gesichert leben kann, möglichst wenig Leiden hat und nach Möglichkeit nicht stirbt. Dem natürlichen Ich des Menschen ist eigenartigerweise eine Ablehnung des Todes eingewoben, obwohl, vom Übernatürlichen her gesehen, der Tod doch zum Leben gehört. Der Mensch ist offenbar so beschaffen, daß er natürlicherweise dem Übernatürlichen in sich widersteht und widerstrebt.

Aber wie der Tod zum Leben gehört, so gehört die Vernichtung des natürlichen Seins zum Aufgehen des übernatürlichen Seins im Menschen. Erst diejenige Verfassung des Menschen ist die rechte, in der er für dieses Ganz Andere in sich offen ist, ohne – und das ist spezifisch westlich und nicht östlich – ohne nun unbedingt aus dieser Welt herausstreben zu wollen. Es ist uns also gleichsam das Kunststück aufgegeben, in Fleisch und Blut als der natürliche Mensch, der wir sind, zugleich etwas in uns zu verwirklichen, das unserer Natur widerspricht, über sie hinausgeht, ohne aus unserer Natur und unserem raumzeitlichen Dasein nicht nur nicht herausgehen zu wollen, sondern sie zu vertiefen.

Der Mensch des Ostens weiß aufgrund seiner großen Tradition sehr viel von diesem überweltlichen Sein im Menschen durch die Überlieferung der *Erfahrung* und durch die *Übung*, die zur dieser Erfahrung führt. Für diesen Menschen ist daher das raumzeitliche Dasein eigentlich eine Verstellung des Seins. In aller Mannigfaltigkeit ist ein Herausfallen aus dem Großen Einen. Die Schöpfungswirklichkeit, wie wir sie sehen, ist keineswegs eine göttliche Angelegenheit, sondern das Produkt eines Bewußtseins-

Prismas, in dem sich das eine große Licht des Seins aufspaltet zu einer Vielfalt von Farben. Diese Schöpfungswirklichkeit ist nicht die Schöpfung selbst, sondern die Weise, wie die Schöpfung selbst sich in unserem Auge spiegelt.

Wir haben schon einmal das Bild angeführt, wie die Sonne den Regenbogen entstehen läßt, indem ihr Licht sich in der Luftfeuchtigkeit bricht. Er steht vor uns, als sei er eine eigene Wirklichkeit, während er doch nur eine Luftspiegelung ist. Wir sagen nun: dieser Regenbogen, in dem *wir* stehen, ist keine Luftspiegelung, sondern er ist als solcher gemeint, er ist eben das *geschaffene* Sein. Aber das geschaffene Sein als solches hat eigentlich den Sinn, auf den Schöpfer hinzuweisen. Die Erfahrung, daß dies so ist, ist dem Menschen nur möglich über die Erfahrung des *ungeschaffenen* Seins.

Meister Eckehart sagt: „Es gibt im Menschen etwas, das ist ungeschaffen, etwas Ungeschaffenes in der Seele". Dieses Ungeschaffene nennt er das *Wesen*. Von ihm übernehme ich den Begriff *Wesen* im Sinne dessen, was *in uns* anwesend ist vom übernatürlichen, überweltlichen Sein. Nur auf dem Wege über das Wesen ist die Erfahrung möglich, daß alles, was wir sehen, ob es nun der Regenbogen oder was immer sei, Hinweis ist auf die eigentliche Schöpfungsrealität, die hinter allem steht.

Der Sinn des Weges ist also das Heranreifen zu einer Weise da zu sein, die uns zwar durchlässig hält zu diesem übernatürlichen Sein, aber nicht in dem Sinn, daß wir darin verschwinden, sondern daß wir fähig sind, es in dieser Welt zu bezeugen.

Hierin unterscheidet sich nun die christliche von der östlichen Religiosität.

Im Osten ist vielfach die Inkarnation das Horrendum, das es rückgängig zu machen gilt. Für uns ist es gerade das Geheimnis, das Göttliche in der Welt Fleisch werden zu lassen: in der Welt vom Überweltlichen zu zeugen, d. h. in der Geschichtlichkeit vom Übergeschichtlichen zu zeugen und in der Mannigfaltigkeit der Gegensätze vom Übergegensätzlichen.

Diese Forderungen klingen sehr abstrakt. Hier gilt es die Erlebnisgrundlage zu schaffen und nicht einfach zu sagen: das eine ist eben östlicher, das andere westlicher Glaube, und diese beiden Glaubensformen stehen einander diametral gegenüber. Das ist bedingt richtig dann, wenn man ausgeht von den etablierten Religionen, deren festgelegte Dogmen oder Grundanschauungen in ihren unterschiedlichen Ausprägungen einander gegenüberstehen und daher trennen. Die Religiosität hingegen, die den Religionen zugrundeliegt, ist eine allgemeinmenschliche Anlage, und wo sie lebendig wird, wirkt sie verbindend. Es gibt etwas, das die verschiedensten Religionen miteinander verbindet: daß sie aus der Erfahrung des Über-Natürlichen leben; in dieser Erfahrung sind sie einander am nächsten. Uns kann wieder mit dem Osten verbinden die *Erfahrung* dieses all-einen Seins, das jenseits ist von Sein oder Nichtsein. Der Unterschied ist, daß wir das all-eine Sein empfinden als einen Auftrag, dieses Eine in der Mannigfaltigkeit des Daseins zu erkennen und zu verwirklichen, während der Osten es empfindet als eine Einladung, sich aus der Mannigfaltigkeit zurückzuziehen, um im All-Einen zu verweilen, dort einzugehen oder aufzugehen. Entscheidend ist aber, daß auf dem *Wege* auch für uns der *Durchgang* durch dieses all-eine Sein notwendig ist, daß er möglich ist in der *Erfahrung* – ein schlichtes Maiglöckchen kann mir zum Anlaß werden, berührt zu werden vom all-einen Sein in der Sprache des Maiglöckchens – und daß die *Verankerung* in diesem all-einen Sein sich dann auch manifestiert in unserer Weise, *in* der Welt zu sein.

Wir wollen versuchen, diese abstrakten Aussagen dahingehend zu konkretisieren, daß es in bezug auf die Anwesenheit dieses Seins ein ganz bestimmtes Kriterium gibt.

Wo das Viele unser Bewußtsein besetzt, steht es für unser Erleben im Gegensatz zur Präsenz des All-Einen.

> Es gibt in der Übung, in der Praxis, und das ist ein Kernstück auch der Meditation, den Versuch, sich frei zu machen von der Präokkupation der Im-voraus-Besetztheit von diesem Vielen: das Freiwerden von dem Vielen.

Wir kämpfen alle in der Übung gegen das Vorhandensein des Vielen: von Gedanken, Bildern, von Zuckungen, die wir im Körper spüren und die alle dem Erleben des All-einen widersprechen. Das Hinausgehen über das

Viele gehört zum Kriterium der Anwesenheit des Seins. Aber es muß noch etwas Zentraleres zu diesem Abwesendsein von Vielheit hinzutreten: das ist die *Stille*.

Wo das All-Eine spricht, ist Schweigen.

Meister Eckehart sagt: „Inmitten des Schweigens wurde mir ein verborgenes Wort eingesprochen. Es geschieht in dem Lautersten, das die Seele darzubringen hat, in dem Edelsten, in dem Grunde, ja, in dem Wesen, das heißt in dem Verborgensten der Seele. Das ist die Mitte Schweigen."

Umgekehrt kann man sagen: wo Unstille ist, wo Lärm *in uns* ist, da ist das All-Eine nicht präsent. Und man kann gleich vorweggreifend sagen: wir sind in dem Maße in Verbindung mit dem Sein, als wir auch *im Lärm* der Welt *aus einer Stille heraus* da sind. Das ist es, was ich heute in den Mittelpunkt unserer Betrachtung stellen möchte.

Stille, Schweigen, Leere, Ruhe – das gehört alles zusammen, nicht als Forderung, sondern als Aufgaben, denen man gewachsen sein kann – mehr oder weniger, zu deren Erfüllung man sich üben kann in unserer Arbeit.

Es geht um etwas, das wir *sein* sollen in der Ruhe wie in der Bewegung, im Nicht-Tun genauso wie dort, wo wir etwas tun; in der äußeren Stille wie im äußeren Lärm. Hier wird offenbar von uns etwas gefordert, das so aussieht, als sei es die Gleichzeitigkeit zweier unvereinbarer Dinge: daß man im Lärm in der Stille sein soll – in der Bewegung in der Ruhe. Genau das ist gemeint.

Wann fühlen wir uns still im Leibe? Wenn alles in Ordnung ist.

Wir fühlen uns im Leibe unstill, es rührt sich etwas, es rumort etwas, wenn nicht alles in Ordnung ist, wenn es Blokkaden gibt in der Zirkulation des Lebens. Wenn nichts die Bewegung der Zirkulationen stört, fühlen wir uns still und sind auch still.

Das größere *Leben* in uns wird früher oder später dort aufbegehren, wo seine Bewegung, die immer eine Bewegung der Verwandlung ist, gestört wird.

Was stört diese Bewegung in uns? Die Bewegung wird durch alles gestört, was Stillstand ist. Wenn etwas still steht im Wege eines fließenden Flusses, dann rauscht er auf. So kann man von dem Bild ausgehen, daß das große göttliche LEBEN einfach durch uns hindurch strömen möchte, und wenn da etwas ist, das stört, so gibt das Lärm. Nun ist der Mensch eigentümlicherweise so geschaffen, daß er als Bewußtseinswesen dauernd eine solche Barriere errichtet, in der statischen Struktur seines Bewußtseins; daß er von seinem gegenständlichen Denken her eine Welt schafft, sieht, erkennt und schließlich meistert, die einen statischen Charakter hat. Ohne dieses Bewußtsein wäre er kein Mensch, könnte keine Begriffe bilden, könnte der Welt keine Namen geben, gäbe es keine Kultur. Nur, wenn sich dieses Welt-Bewußtsein absolut setzt, dann steht es im radikalen Widerspruch zum göttlichen LEBEN.

Wir können diese Bildung unserer statischen Weltsicht nicht zurückschrauben, aber wir können wissen, daß sie da, wo sie prävalent wird, im Widerspruch steht zu dem, was in uns und durch uns hervorkommen möchte – eben das *lebendige Sein*. Hätten wir aber nicht diese statische Wirklichkeit, könnten wir uns des Seins niemals bewußt werden. Das ist die andere Seite. Wir sind durch das Herausfallen aus dem Paradies überhaupt erst fähig, in uns das, was das Paradies ist – bildlich gesprochen – bewußt werden zu lassen und als solche bewußt gewordenen Menschen bewußt zu zeugen von dem göttlichen Sein, das man seltsamerweise veruntreuen muß, um es zu entdecken, das man verlieren muß, um es zu besitzen. Darin liegt noch kein Übel. Anders aber dort, wo der Mensch, obwohl er weiß, daß er in einer bestimmten Haltung dieses überwirkliche Sein veruntreut, dennoch auf dem statischen Standpunkt – ich bin der ich bin, ich bleibe der ich bin – stehen bleibt.

Es geht darum, eine Verfassung zu erarbeiten, die dem Sein entspricht, dem Sein verstanden als Leben, das als solches sich immer bezeugt in einer Bewegung, die nicht einfach eine Bewegung ist, sondern immer eine Verwandlungsbewegung. Wir sind als Menschen so beschaffen, daß wir zunächst einmal dieser Verwandlungsbewegung widersprechen; daß wir kraft dieses Widerspruchs des Seins überhaupt erst inne werden können und uns nun in eine Verfassung bringen können, in der wir als die Menschen, die wir sind, doch gleich offen sind für die Verwandlung.

Das bedeutet zunächst immer ein *Lassen*: ein Lassen von Positionen, in denen wir festgefahren sind. So geht es auch in unserer Meditations-Übung immer als erstes um die Bewegung des Lassens, die nicht nur eine Bewegung im Leibe ist, sondern eine Bewegung des ganzen Menschen. Wir sind als Welt-Ich eingestellt darauf, uns um Positionen zu bemühen, in denen wir nicht mehr erschüttert werden können, in denen wir in relativer Sicherheit ein gewisses Maß von Behagen empfinden und wo sich nach Kräften nichts mehr rührt. Was dabei herauskommt, das ist eine Stille des Bürgers, eine Stille des Todes. Etwas ganz anderes ist die Stille des Lebens, die dort eintritt, wo nichts mehr die jeweils geforderte Bewegung der Verwandlung unterbricht.

Wenn ich sage, das Sein wird schmerzlich hörbar, als ob ihm etwas weh täte, weil es nicht durchkommt, wo etwas Statisches dazwischen steht, so gibt es in diesem Sinne Lärm sehr verschiedener Art. Es gibt das Geräusch, das uns verhindert, die Wahrheit zu hören, das durch nichts anderes entsteht als durch unsere Vor-stellungen, indem wir das ver-stellen, was eigentlich sich bewegen möchte – durch unser Im-voraus-Besetztsein von bestimmten Einstellungen. Mir ist eines Tages aufgegangen, daß immer noch Geräusch ist in der Weise, wie ich Menschen anhöre, einfach dadurch, daß ich mir vorschnell eine Vorstellung davon mache, mit was für einem Menschen ich es zu tun habe, und durch diesen Rost meiner Vor-stellung hindurch kam das, was eigentlich als Leben zu mir kommen wollte, nicht durch. Und das gibt Geräusch. Auch der andere erlebt dieses Geräusch, weil er dagegen angeht und nicht durchkommt. Dieses Geräusches wegen kann die Stille des Seins nicht durchkommen.

Dann ist nicht jene Stille des Seins, in der das Herz aufgeht wie dort, wo wir das Gefühl haben, hier sind wir in einem Raum, in dem wir einfach *sein* dürfen. Dann erst ist Stille in uns, dann müssen wir nicht immer gegen etwas angehen. Es geht darum, diese Stille zunächst einmal als Qualität zu spüren. Es gibt Menschen, die sehr bewegt und tätig in der Welt sind, und doch haben sie Stille um sich. Und es gibt Menschen, die in der Welt wenig tun, die sich nicht viel rühren, beispielsweise ältere Menschen. Sie sitzen den ganzen Tag in ihrem Zimmer, aber es ist eine schrecklich Unruhe um sie, eine Nervosität, die Luft ist geladen mit Elektrizität. Das hat nichts mit der äußeren Bewegtheit oder Ruhe zu tun. Das ist ein inneres Phänomen, die Auswirkung dessen, ob der Mensch verankert ist in einer ganz anderen Wirklichkeit oder ob er das nicht ist.

So, wie es im Aufnehmen der Welt, des Lebens, immer wieder darum geht, jenen Kontakt mit dem Sein zu haben, kraft dessen das Dasein *zu* einem kommen kann so, wie es ist, so geht es auch im Tun darum, sich um eine Form der Verankerung im Sein zu bemühen, durch die das Tun als solches noch einmal ein sprechender Ausdruck werden kann für die Präsenz des Seins. Das ist der Sinn der japanischen Übungen, auch der Meditation als Tun.

Gehen wir noch einmal zurück zu diesem Aufnehmen in der Stille. Ich sagte eben, solange noch durch meine Vorstellung und mein Im-voraus-Besetztsein etwas zwischen mir und dem anderen ist, solange ist noch ein Lärm da, ein Geräusch, an dem sich das Leben des anderen bricht und nicht zu mir kommen kann. Das bedeutet ja offenbar, daß nur dann Stille ist, wenn ich durch *nichts* im voraus besetzt bin. Aber als bewußtes Wesen *muß* ich ja irgendwo sein und ich kann auch anderswo verankert sein als in irgendwelchen Vorstellungen und Bildern.

Hier kommen wir nun an einen schwierigen Punkt. Wenn Sie sich einmal prüfen, wenn Sie beispielsweise in die Stadt gehen, im Bus fahren oder im Wagen sitzen oder beim Essen, so werden Sie feststellen, daß dauernd etwas da ist, das Sie beschäftigt: etwas, das Sie gleich machen werden, das Sie gerade nicht getan haben, das Sie vergessen haben, woran Sie denken müssen – es ist ununterbrochen etwas da. Und wenn nichts da ist, bekommt man Angst. Was ist dann los?

Einmal kam ein Mann zu mir kam und sagte: »Ich glaube, ich werde krank. – Woran merken Sie das? – Es ist mir in den letzten Wochen mehrmals passiert, daß ich das Gefühl hatte, ich habe 5 Minuten nichts getan.« Das ist der horror vacui – die Angst vor der Leere, die manchen von uns überfallen kann.

Gerade dort aber, wo vom Ich-Bewußtsein her gesehen nichts ist, d. h . in der Abwesenheit des Vielen, kann – muß nicht – *kann* in einer bestimmten Einstellung die Fülle des Seins aufgehen. Und die ist, gemessen an dem Lärm, den das Viele des Ichs macht, als solche still. Es geht also darum, und das ist gerade auch der Sinn der Meditation, daß wir im Lassen des Vielen uns bereiten zum Aufnehmen der Fülle, zum Schmecken dieses Ganz Anderen, das man inhaltlich nicht mehr benennen kann, das uns aber dann durch und durch erfüllt mit einer ganz bestimmten Qualität – des Leibes sowohl wie der Seele. Es geht also bei dieser Leere, die im Hintergrunde des Vielen präsent sein muß, um ein Nichts nur im Sinne des Ichs, in Wirklichkeit aber um ein Geladensein mit einer Kraft, einer Fülle, einem Leben. Aber in dem Augenblick, in dem man das fixiert, spaltet und damit zu einem Vielem macht, verschwindet es.

> Meditation als Übung steht im Dienste des Versuchs, in uns eine Verfassung zu entwickeln, die inhaltlich, qualitativ geladen ist von dieser Fülle, und die als die Stille des Grundes auch das, was uns als das Viele entgegen kommt, nicht zum Störenfried macht, sondern es einerseits zu dem Hintergrund werden läßt, auf dem wir dieses Ganz Andere spüren können, zum anderen aber dieses Viele selbst transparent macht auf das Sein hin.

Wenn Sie in einer Landschaft sind und schauen hinaus an einem so herrlichen Tag wie heute, dann können Sie darauf sitzen bleiben und sagen: „Das ist doch herrlich, diese Landschaft, ist das nicht wunderbar?" Dann sind Sie auf das Schöne bezogen als einen der großen Werte in unserer gegenständlichen Weltwirklichkeit. Das hat aber noch nichts mit einer Seinserfahrung zu tun. Sie können aber, angeregt durch das, was Sie dort sehen, bestrebt sein, das Viele, das Sie dort gleichzeitig bewegt, in der Weise zu überschreiten, daß Sie es als Hintergrund nehmen, um plötzlich etwas ganz anderes zu spüren. Die Natur ist eines der Felder, die sich anbieten, um einmal wirklich aufmerksam zu werden für die Qualität derartiger Erfahrungen. Angesichts des Schönen geht uns innerlich etwas auf. Gerade das Schöne, der vollendete Wert hat das immer, er kann etwas ganz anderes in uns ansprechen. Dann gehen wir weg von dem, was uns gegenüber steht und spüren für einen Augenblick dieses völlig Andere. Das ist das Entscheidende. Wenn wir *die Welt schauen*, dann ist plötzlich die Landschaft nicht mehr die Gleiche. Sie ist transparent auf das, was wir in uns erfahren.

Das ist auch der Weg des Zen. Was es auch sei, er nimmt es ernst. Er sagt: das ist so jetzt und hier, nicht rechts, nicht links, nicht vorher und nicht nachher; bleiben wir dabei. Wenn du es wirklich nimmst als das, was es seiner Natur nach ist, jetzt und hier, dann wirst du durch das hindurch etwas ganz anderes spüren, das du nicht spürst, wenn du es im Kontext von Raum und Zeit und von begrifflichen Systemen hältst. Nimm das so, wie es ist, jetzt und hier.

Wir können das in jedem Augenblick zu einer Übung machen, daß wir auf dieses Ziel hin innehalten. Sie brauchen nur einmal vor einem Laternenpfahl stehen zu bleiben und ihn anzuschauen, nichts anderes. Wenn Sie dort stehen bleiben und nicht weglaufen, so ist dieses Jetzt und Hier ein ganz eigenartiges Phänomen, das in seiner Jetztheit und Hierheit plötzlich etwas in Ihnen anspricht, das jenseits ist von Jetzt und Hier. Und hier kommen Sie an dieses Ganz Andere heran. Das ist das, was der Dichter uns fühlen läßt in der großen Lyrik in der Weise, wie er ein scheinbar nebensächliches Detail herausgreift und es durch seine Worte in den größeren Zusammenhang hineinstellt. Das ist der Sinn der ganzen Kunst der Zen-Lyrik, der Dreizeiler des Bashô, der in einem Nichts dies alles anklingen läßt.

In diesem *Gefühl* der anderen Wirklichkeit kann man versinken, aber das ist nicht gemeint. Das Erlebnis ist vielmehr dann erst vollständig, wenn es dazu führt, daß man *aus dem Wesensauge heraus* das anschaut, was einem gegenübersteht. Dann ist der Laternenpfahl plötzlich Träger eines Zeichens, als Zeuge von etwas Ganz Anderem. Die Welt wird ihrerseits nochmals durchsichtig auf eine andere Dimension hin:

> Übung der Stille – Übung der Leere – Übung des Nichts als Tor zur Fülle, die einen auch in dem Nichtigen anspricht.

Und nun weiter von dem Aufnehmen zum Tun. Solange ich mich in irgend einem Tun noch bemühen muß, ist Lärm im Raum, ist keine Stille da in meinem Tun. Es fließt nicht, es ist in jedem Augenblick gefährdet. Überall dort aber, wo ich eine Technik beherrsche, ist zum mindesten die Chance gegeben, daß ich dieses Ich, das fixiert und infolgedessen spaltet und Gegensätze herstellt, zurückziehen kann. Erst muß das Ich sich anstrengen – wir können es immer noch nicht! – um dann auf einmal die Handlung, die wir vorher machen mußten, in der Stille von anderswo herauszuspielen. Wenn ich das von meinem Tun-müssen gereinigte Instrument einer Technik diesem Tieferen in mir zur Verfügung stellen kann, so kann ich dieses Tiefere für mich und die anderen beglückend herausstellen. Das ist im Grunde genommen der Sinn aller Exerzitien, die mit dem Leibe zu tun haben. Man kann sich dessen, was als Handlung darin liegt und zunächst einmal in einer Technik gemeistert werden will, bedienen, um dann einem Ganz Anderen in uns das Feld zu überlassen, das nun durch uns hindurch in die Erscheinung tritt. Angefangen vom richtigen Sitzen, vom richtigen Atmen sind das alles Vorgänge, die zunächst einmal stockend sind, falsch sind. Wenn wir falsch sitzen, ist Lärm. Das in die Erscheinung drängende Sein kommt einfach nicht durch, es stockt und bricht sich in uns. Stellen Sie sich das bitte ganz konkret vor.

Genauso stockt der Atem, wenn er an einer Stelle fixiert ist, in der er immer wieder jene Ich-Form verwirklicht, die wir loswerden wollen. Es gibt ein bestimmtes Gesetz, daß eine Gebärde, die man auf die Dauer wiederholt, das verwirklicht, was sie ausdrückt. Eine Gebärde, die diese Ichbefangenheit ausdrückt, verwirklicht sie immer noch mehr. Umgekehrt verwirklicht eine Gebärde, die als Gelassenheit Vertrauen ausdrückt, auf die Dauer jenes gelassene Vertrauen, eine tiefere Wirklichkeit, die uns *ohne* unser Zutun trägt und durchwirkt, die *mit* unserem Zutun wiederum gestört wird.

So ist in der Handlung des Sitzens und des rechten Atmens die Chance vorhanden – dort, wo wir die Technik völlig beherrschen – uns zu einer Verfassung hin zu entwikkeln, in der es in einem tieferen Sinne still wird: wo die Stille anfängt zu sprechen. Es tritt jenes Schweigen ein, in dem das Sein zu uns spricht. Das Geheimnis des Seins wird dadurch offenbar, daß wir uns mit unserer Neugierde, mit unserem Machen zurückziehen. Dann spricht es, wie alle großen Geheimnisse – auch in der Religion –, so lange sprechen, als wir sie nicht lüften wollen mit unserem Verstand. Sie entleeren sich aber dann, wenn wir die Sonde des Verstandes – was war das, wie war das gemeint – in die Interpretation eines heiligen Textes hineinbringen. Dann ist es aus. Hier setzt das berühmte Spiel des Teufels ein, der sich des menschlichen Verstandes mit der Aufforderung bedient: „Du mußt hier mal genau hinsehen, was hier geboten wird, das verlangt die Wahrheit." Dann bleibt zum Schluß nichts mehr übrig. Das vergeht wie ein Schneekristall an der Sonne.

Es geht hier um eine veränderte Bewußtseinsform, in der das Sein als solches geschützt zu uns kommen und zu uns sprechen kann. In der konkreten Übung heißt das: Arbeit an einer Haltung, in der möglichst wenig oder nichts mehr enthalten ist von den Faktoren, die den Weg des Seins ins Dasein versperren, sowohl in der Weise, die Welt aufzunehmen als auch in unserem Tun.

Entscheidend ist aber – sonst hängt das alles in der Luft – daß wir mehr und mehr den Geschmack, das Organ in uns entwickeln, mit dem wir uns dieses ganz anderen, numinos gefärbten Seins inne werden; daß wir dieses Schweigen, diesen schweigenden Grund spüren müssen.

Dazu ist wohl die Grundübung, auch im Alltag, immer wieder die, sich zurückzunehmen. Sie wollen etwas sagen, warten Sie eine zehntel Sekunde. Sie wollen hinausgehen, bleiben Sie einen Augenblick auf der Schwelle. Wir haben immer die Möglichkeit, einen Moment uns zu verhalten, um damit jene kleine Zäsur in die Kontinuität des Machens zu legen, die dem Sein die Chance gibt, für den Moment wieder aufzuleuchten, und das ist so unendlich wichtig. Sie werden auch immer wieder bemerken, wenn Sie es mit Menschen zu tun haben, ob jemand z. B. in seiner Sprache die Pausen einhält, oder ob die Pausen nur eine Unterbrechung seiner Rede sind, weil er zwischendurch Luft holen muß. Es gehört dazu, daß das Leben sich immer wieder in seiner Schwingung neu fangen kann. Denn es lebt jede Form der Sprache oder des Gesanges im Grunde genommen aus dem Schweigen des Seins. Picard sagt das einmal sehr gut in seinem Buch „Die Welt des Schweigens": das Wort hat die Wurzel seines Lebens in einem Schweigen, und es lebt nur dort, wo man das Schweigen im Wort mithört. In der gleichen Weise ist das Leben erst dort Leben, wo der Tod nicht ausgeklammert wird, sondern gegenwärtig ist.

Zu der Zeit, als ich dieses Buch las, hatte ich selbst gerade „Japan und die Kultur der Stille" geschrieben; ich sprach nur von der Stille und Picard sprach nur von der Stille, aber es gab kaum zwei Kapitel, die sich deckten. Dann wurde mir deutlich, daß wir von zwei verschiedenen Dingen sprachen: Picard sprach in der Stille des Schweigens, die gleichsam vor der Lautwerdung ist, vor der Artikulation, von der Stille, aus der alles lebt und in die alles wieder heimgeht. Ich sprach von der Stille als dem Einklang des Artikulierten mit seinem wortlosen Ursprung; daß das Gewordene in der Welt in sich und zueinander in Einklang und Stille sein kann oder in Mißklang und Mißton. Die Stille als Einklang des Vielen und das Schweigen als Vor-Klang des Vielen, die beiden haben etwas miteinander zu tun. Wir müssen uns wohl zu beiden hin erziehen, zu dem Vor-Klang und dem Nach-Klang – beides zusammen gibt wohl erst den eigentlichen Einklang, aus dem die große Stille spricht.

In diesem Sinne möchte ich, daß wir heute einmal versuchen, in unserer praktischen Arbeit einfach in uns hineinzuhorchen, ob wir etwas von dieser Stille vernehmen können. Als Auftakt dazu müssen wir immer wieder die aufeinanderfolgenden Bewegungen des Loslassens, Weitwerdens und Wieder-Einswerdens spüren und in Gedanken mitsprechen, damit wir immer wieder dieselben Fehler sehen und vermeiden lernen und so allmählich die rechte Haltung herstellen.

Meditation heute?

Das Ziel unserer Frankfurter Tagungen ist ja vor allem eine Einführung in die Praxis des Meditierens, des Sitzens in Meditation, wonach heute allgemein ein großes Bedürfnis besteht. Aber die Praxis allein ohne einen geistigen Hintergrund wird leicht ein wenig flach. Infolgedessen müssen wir immer wieder das praktische Üben hineinstellen in das Ganze des Lebens und unserer heutigen Zeit. ›Meditation heute‹ ist ja im Grunde ein Anachronismus, wenn Sie das Heute verstehen als eine Zeit der Technik und der rationalen Beherrschung der Welt. Diese Welt, in der wir heute stehen, ist gekennzeichnet durch die Vorherrschaft des rationalen Geistes. Das heißt zugleich, sie steht im Zeichen nur *einer* Seite des Menschen, geht also an der Ganzheit des Menschen vorbei und ist außerdem eindeutig gegründet auf die Kriterien dieser raumzeitlichen Welt. Alles, was über diese hinausgeht, sie überschreitet, was sie transzendiert, was zum Raum der Transzendenz gehört, der sich nicht begrifflich feststellen läßt, alles das gehört dem Reich der Gefühle an und scheidet für die meisten Menschen unserer Zeit als eine ernst zu nehmende Dimension aus. Wir stehen im Zeichen eines Geistes, in dem die Welt versachlicht ist; die Sache, das Objekt geht über das Subjekt. Alles, was das Subjekt ist, was subjektiv ist, ist nur real, solange es sich auf der Ebene des Raumzeitlichen bewegt. Was über-raumzeitlich ist, ist höchstens ein Grenzphänomen, für bestimmte Außenseiter vielleicht notwendig, aber mit dem Blick auf das Ganze gesehen uninteressant. Und in dieser Zeit nun Meditation, die im Gegensatz zu diesem Zeitgeist steht und das auch vom Menschen fordert und erwartet. Es wäre ein Anachronismus, wenn nicht immer dort, wo der Mensch sich in einer Situation befindet, in der ein wesentlicher Teil seiner selbst verdrängt wird, das Verdrängte sich anschickte aufzustehen. Es gibt Grenzen, die das Wesen des Menschen sich gefallen läßt; so lange es überhaupt noch atmen kann, sagt es nichts. Aber wenn es dahin kommt, daß es zu ersticken droht, stehen wir plötzlich im Zeichen eines Erwachens einer Dimension, die eine Wurzel-Dimension des Menschen ist. Das ist die Situation unserer modernen Zeit, und auf die bezogen – auf das, was wir als Zukunft sind, nicht was wir als Vergangenheit noch mit uns herumschleppen – ist Meditation kein Anachronismus, sondern etwas ungeheuer Zeitgemäßes.

Weil Meditation als Haltung und Übung dem entgegenkommt, was heute im Widerspruch und Widerstand aufsteht gegen das herrschende Prinzip, das den Menschen einschränkt, weil das so ist, stehen wir mit unserem Interesse für Meditation, mit unserer Bereitschaft, uns dieser Seite des Menschlichen zu öffnen, wirklich *in* unserer Zeit, und nicht als solche die Vergangenheit verteidigend, sondern als solche die Zukunft in uns tragend. Was wir heute in der ganzen westlichen Welt, in der Welt, die organisiert wird, als Revolte der zukunftsträchtigen Menschen erleben, ist die Revolte des Lebens gegen Ordnungen, die unter dem Vorwand, das Leben zu schützen, es ersticken. Es geht um eine Vermenschlichung einer entmenschlichten Zeit, es geht um die Wiederentdeckung des Menschlichen dort, wo es unterzugehen droht, um die Wiederentdeckung des Schöpferischen.

Es geht um die Wiederentdeckung der Transzendenz, aber nicht als ein von der Kirche verordneter Glaube, sondern als ein Raum neuer Erfahrung.

Alles, was Meditation ist, bedeutet eine Haltung des Menschen, in der er sich von diesem feststellenden Prinzip des Rationalen trennt, ablöst und sich einer anderen Dimension öffnet; in der er breiter, weiter wird. Sowie das Wort Meditation fällt, geht es nicht mehr um das aktive willensmäßige Tun und Machen von etwas, sondern im Gegenteil um das Zulassen, das Aufnehmen, um das An-sich-Geschehenlassen.

Wo es sich um Meditation handelt, verlassen wir das Feld der aktiven Konzentration und begeben uns in etwas ganz anderes – in das mehr passive Aufnehmen. Man konzentriert sich nicht, sondern *läßt* sich versammeln auf einen Punkt hin. Die Bewußtseinsform wird eine andere; es ist nicht die aktiv-männliche, die feststellt und fixiert, die wie ein Pfeil etwas festnagelt, und dann steht es fest. Das aufnehmende Bewußtsein hat den Charakter einer Schale, die aufnimmt, die empfängt, die weiblicher Natur ist. Sie läßt zu, läßt kommen, gibt sich herein, gibt sich hin, läßt sich aufnehmen und erweitert sich in dieser Haltung aus der Enge eines Bewußtseins*strahles* zu einem *Gefäß*, in dem eine immer weitere Wirklichkeit ihren Einzug halten kann.

Wo finden wir das meditative Element, wo den Bereich des erweiterten Bewußtseins? Wir finden beides in allen Bereichen und allen Phasen des menschlichen Lebens, ob wir nun an das Kind denken, an den Landwirt, an den Wissenschaftler oder den Künstler. Überall, wo Leben noch schöpferisch bleibt, ist gleichsam dem Prozeß des schöpferischen Werdens eine geistige Verfassung vorgelagert, in der die Wirklichkeit aufbrechen kann als etwas neues, die man die *schöpferische Wirklichkeit* nennen kann. Solange der Mensch mit seinem eigenen Machen und Wollen dazwischen steht, kann nichts aus dem Urgrunde kommen. Wo immer das Wort ›schöpferisch‹ einen Sinn hat, ist es eine Schöpfung aus dem Nichts. Dieses Nichts im Menschen hat das Loslassen dessen, was da ist, zur Voraussetzung. Erst wenn die Vielheit unseres Bewußtseins schweigt, kann die Fülle aus der Tiefe aufbrechen.

Die Meditation setzt sozusagen das Getrenntsein vom Sein durch die Ratio voraus. Sie ist die Bewegung eines wachen Bewußtseins, wobei diese Wachheit nicht zu verwechseln ist mit dem rational fixierenden Wachsein. Alles, was geworden ist und als ein Gewordenes beschützt und festgehalten wird, was in einer Konvention sich verhärtet, ist immer in der Gefahr, das Leben, das sich nicht festlegen läßt, in einem Ausmaße zu blockieren, daß es schließlich ausbrechen muß. Wir stehen heute in einer Zeit des Aufbrechens einer tieferen Dimension durch alle Schichten hindurch, gegen eine verhärtende und verengende Ordnung, die uns überkommen ist und in der die Mehrzahl von uns sich eingerichtet hat; aber es gibt heute Menschen, und sie nehmen zu, für die nicht mehr das Schützen von Ordnung und Besitz das vorrangige Anliegen ist; sie fühlen etwas anderes in sich und wehren die nachströmenden Kräfte nicht mehr ab.

Die Meditation als Haltung hat einen ganz bestimmten Sinn: sie ist die ins Bewußtsein genommene Form eines Ernstnehmens und Hinhorchens auf diejenigen Kräfte in uns und um uns, die über das Festgelegte, das willensmäßig Machbare, das man beherrschen und meistern kann, hinausgreifen. Der Mensch geht in sich und macht etwas in sich auf und ein anderes strömt in ihn herein, das ihn aus der Enge heraus nimmt, ihn breiter und tiefer werden läßt und ihm die Begegnung mit dem verschafft, das größer ist als er, das ihn transzendiert und das als Realität transzendent ist. In der Übung der Meditation werden Bedingungen geschaffen, unter denen der Mensch sich zu einer Form seines Selbst hinentwickeln kann, die ihn herausrückt aus der Ebene der Welt-Persönlichkeit und hineinstellt in die Ebene der Person, durch die ein Größeres hindurchtönt.

Wir alle haben zu bestimmten Zeiten unseres Lebens – oft schon als Kind oder in der Pubertät – Momente erlebt, in denen wir seltsam angerührt waren durch ein vertieftes Erfahren der Gegenwart, das in uns an eine Stelle rührte, die in Schwingung geriet. Unter der Vorherrschaft der rationalen Einstellung, mit der wir leben, wagen wir nicht, diese hauchzarten Berührungen durch eine andere Wirklichkeit ernst zunehmen. Wir müssen wieder lernen, sie ernst zu nehmen, denn in ihnen liegen Sehnsucht, der eigentliche Auftrag und die höhere Möglichkeit.

Gibt es nicht einen Weg, auf dem wir diesen goldenen Faden zu der anderen Dimension in der Hand behalten können? Es gibt diesen Weg, man nennt ihn den *initiatischen Weg,* in dessen Mittelpunkt die Meditation steht als das Sich-Üben zu der Verfassung hin, in der wir offen sind für diese andere, die Persönlichkeit und die Welt der Werte übergreifende Dimension; in der wir durchlässig sind für diese andere Dimension, also fähig, sie zu vernehmen und sie durch uns hindurch offenbar werden zu lassen.

Meditation als Übung bedeutet also in erster Linie das Abbauen dessen, was im Wege steht, was das nachwachsende Leben, das Leben als Wandlung blockiert. Das sind nicht etwa äußere Ereignisse wie Zeitmangel oder Krankheit. Es gibt zwar äußere Voraussetzungen, unter denen es leichter ist, innerlich still zu werden, beispielsweise in einem Raum, der ruhig ist. Aber im Grunde genommen gibt es keine Situation äußerer Art, die nicht eine Gelegenheit wäre oder einen Menschen hindern könnte, eine aufnehmende Bewußtseinshaltung einzunehmen. Das heißt gleichzeitig: Loslassen des Ichs, das im Feststehenden kreist, das mit seinem männlich-fixierenden Bewußtsein

Positionen festhalten möchte, und das Sich-Trennen von Inhalten, die an dieses Pfeilbewußtsein gebunden sind. Das ist nur möglich in einer Haltung, in der man als ganzer Mensch wirklich *da* ist.

Deshalb kommt für alle geistige Übung das andere entscheidende Moment ins Spiel, nämlich die Weise, in der der Mensch in der Welt im Leib da ist. Der Leib ist die Weise, in welcher der Mensch in der Sichtbarkeit da ist. Das überweltliche Sein manifestiert sich in der Welt des Menschen in seiner Leiblichkeit. Nur so sind wir *wirklich* als Menschen – nicht als der Körper im Gegensatz zur Seele, sondern als Leib in der Einheit seiner Gebärden, als der wir in der Welt da sind.

Das Ich, das feststeht, erscheint im Leibe in einer ganz bestimmten Folge von Spannung und Lösung als einem Wechselspiel von Verspannung und Auflösung. Ich muß das ja machen, gleich werde ich angegriffen, jedenfalls Obacht! Und schon sehen wir den Menschen, wie wir alle es ja immer wieder erleben, in einer gewissen Verspannung, die physisch gesehen eine Muskelverspannung ist, personal gesehen aber eine Weise, wie der Mensch sich in seinem Ich hält.

Für den Menschen, der Meditation übt, ist es ein natürlicher Auftrag, aus dieser Haltung wegzukommen in eine andere, in der diese Angespanntheit aufgegeben wird.

Das bedeutet Abbau der Fehlform – personal gesehen der Fehlform des Subjektes, in der es pendelt zwischen Verspannung und Auflösung, zwischen Selbstmachen-Wollen und Gar-nichts-mehr-Machen – hin zu einer Wachheit des Daseins, in der er wachen Auges tun kann und geschehen lassen kann, in der er teilhat und behütet ist, zur Form werden und sie wieder anheimgeben kann. Das Leben als eine verwandelnde Kraft bedarf der lebendigen Form. Die lebendige Form ist immer geformte Durchlässigkeit, aber auch durchlässige Form.

Immer wieder bewegt den Menschen die Frage: Was ist die Bestimmung des Menschen? In welcher Weise ist er in der Lage, auf seiner Stufe ein Medium zu werden für das Göttliche Sein, das in ihm und durch ihn hindurch in der Welt offenbar werden möchte? Das ist das Grundthema des Menschen, in dem sich sämtliche Weltreligionen einig sind, die ja letzten Endes zurückgehen auf die *Erfahrungen* derjenigen, die in ihrem religiösen Leben am weitesten gekommen sind, die durchgestoßen sind zur anderen Wirklichkeit. Sich dieser Wirklichkeit zu öffnen und von daher zu leben, darum geht es.

Die Wurzel gültigen Handelns

Meditation, so wie ich sie auffasse, ist nicht eine Übung, die dem Menschen erlaubt, sich seinen Alltagspflichten zu entziehen, um in eine andere Welt zu entschwinden. Sie ist im Gegenteil eine Übung, die ihn befähigt, die überraumzeitliche Wirklichkeit *in* Raum und Zeit, in unserer konkreten Wirklichkeit zu leben. Damit hat ein solcher Übungsweg einen bestimmten Platz im Rahmen der menschlichen Entwicklung in dieser Welt. Man kann sich die Frage stellen, welche natürlichen Verhaltensweisen oder Daseinsformen in unserem menschlichen Leben angelegt sind und dem entsprechen, was nachher in einer Höchstform Meditation ist, Meditation des Menschen, der sich in einer anderen Dimension verankern möchte. Gehen wir einmal aus von der Situation des kleinen Kindes beim Spiel: es ist in einem Tun verloren, ist ihm ganz hingegeben, einem Geschehen zugewandt, und plötzlich werden seine Bewegungen eigenläufig: wir finden das Kind hingegeben an ein Geschehen, das mit ihm geschieht.

In der gleichen Weise ist das meditative Verhalten niemals ein Machen, sondern ein Zulassen und hat als Voraussetzung beim Menschen ein Offensein für den Einstrom, für das Geschehen von etwas, das sich mit ihm vollzieht aus einem *Über*greifen, aus einem *Um*greifen.

Meditation ist immer wie ein Tor zu etwas Umfassendem. Das Wort Meditation bedeutet: ich werde zur Mitte hingegangen, d. h. hingeführt oder hingezogen zu dem, wofür das Wort Mitte steht. Und immer, wenn von Mitte die Rede ist beim Menschen, ist eigentlich das Ganze gemeint. Der Mensch ist dann in seiner Mitte, wenn er in einer Weise geordnet ist, in der die ihm zugedachte Ganzheit in ihm stattfinden, sich formen, artikulieren und sich wieder in eine höhere Dimension verwandeln kann.

Diesen Zustand des Geöffnetseins, den wir in der Meditation üben wollen, sehen wir beim kleinen Kind, aber, da es sein Ich noch nicht ausgebildet und abgesetzt hat, auf einer Stufe, die der des eigentlichen mentalen Bewußtseins vorangeht.

Es gibt aber auch andere besondere Menschen, die dieses prämentale Bewußtsein verkörpern. Ich denke da beispielsweise an einen alten Schäfer auf der Alm, oder an einen Fischer vor seiner abgelegenen Kate. Wem es gegeben ist, einmal in die Augen solcher Menschen zu schauen, der kann wahrnehmen, daß in ihnen ein Wissen liegt, das verlorengeht, wenn man es rational fassen will: Verbundenheit mit dem Kosmos und ein Innewerden von Ordnungen und Gesetzen, die das kleine menschliche Dasein weit übergreifen. Es hat Menschen gegeben, die gerade, weil sie noch nicht im gegenständlichen Weltbewußtsein festgelegt waren, eine Form der Wachheit kannten, in der sozusagen das Universum selbst die Augen aufschlägt. Wenn ich Sie frage: „Sind Sie im Universum?“ – Ja, jeder ist im Universum – wir sind selbst ein Teil des Universums – wir sind das Universum selbst. Wenn der Mensch sich in der Tiefe seiner selbst als Lebewesen bewußt wird, dann wird sich in ihm das Universum seiner selbst in menschlicher Sprache bewußt. Von hier ist nicht nur begreiflich, sondern eigentlich notwendig, daß dem Menschen, wenn er in der Erkenntnis seiner selbst tief genug geht, Grundordnungen und Grunderkenntnisse des Universums bewußt werden.

Wenn wir heute mit einer gewissen Verwunderung feststellen, daß die griechische Mythologie eine ewige Wahrheit über den Menschen enthält, so haben wir ein anderes Zeichen dafür, daß der Mensch Urkräfte in sich selbst spürt, in denen in der Sprache des Menschlichen Grundsituationen des Lebens sichtbar werden. Die griechischen Götter sind gleichsam die in das Bild erhobenen Urzustände des Menschen. Und wir haben in den Religionen etwas ähnliches. In Augenblicken der Not kann der Mensch als umstürzendes, elementares Erleben das Tiefste erfahren: eine Kraft, eine Weisheit und eine Liebe, die von woanders herkommen und ihn von innen her verwandeln. Diese drei in ihm erlebten Kräfte sieht er in allen Religionen als Attribute seiner Gottheit.

Guardini sagte mir einmal: „Wir vergessen sehr oft, daß die religiösen Grundbegriffe einschließlich des Begriffes Gott ursprünglich interpretierte Erfahrungen sind.“

Wenn die Meditation gültig ist, erwacht man aus einem anderen Raum nicht als einer, der nun lebensfern und lebensfremd ist, sondern als einer, der gerade *in* diesem andern Raum etwas erfahren hat, das ihn in der konkreten Wirklichkeit mächtiger, klüger und aufnehmender sein läßt, als er vorher war. Diejenigen von Ihnen, die bei Pater Lassalle waren, wissen, daß dies besonders für die Meditation gilt, die im Zen-Buddhismus geübt wird.

Denn Buddhismus meint nicht Weltflucht, sondern Weltüberwindung. Der Mensch, der die Welt überwunden hat, kann mit der Welt in einem produktiven Sinne umgehen, er ist befähigt, sie auf dem Platz, auf dem er steht, zu meistern. Zen-Meditation ist eine Praxis, die den Menschen in einem besonderen Sinne für die Welt stark macht.

Wer sich dem Zen-Buddhismus nähert, stellt zunächst voll Erstaunen fest, daß es sich hier um eine meditative Praxis handelt, die ihre Wurzeln dort hatte, wo die Samurai-Klasse sich unter der Anleitung von Zen-Meistern auf den Kampf vorbereitete. Die alten Kriegsübungen mit Schwert, Speer und Bogen wurden in den Dienst einer Übung gestellt, nicht nur, um im Kampf zu bestehen, in dem der äußere Feind vernichtet werden sollte, sondern diese Übung richtete sich auch darauf, den inneren Feind zu besiegen.

In früheren Jahrhunderten gingen die Ritter in der Nacht vor der Schlacht zu ihrem Zen-Meister und meditierten, um in der Meditation den Punkt zu spüren, der jenseits ist von Leben und Tod. Aus dieser Haltung heraus waren sie frei zu einem Bogenschuß, zu einem Schwerthieb, in dem der Gegner nichts fand, weil das Ich nicht mehr war – aber *sie* fanden im anderen das Ich.

Es geht im Zen immer darum, einen Menschen zu entwickeln, der in völliger Beherrschung einer Technik – so daß das Ich nicht mehr im Spiel ist – einer tieferen Kraft in sich alles überläßt, die durch ihn hindurch den Stoß führt, den Schuß abgibt. Er selbst wird im Schuß, im Stoß zum Zeugen einer anderen Dimension, die *für* ihn den Kampf führt und den Gegner entwaffnet durch ihre Präsenz, selbst aber nicht berührbar ist, weil nichts zu verteidigen ist. Wo kein Ich ist, da ist auch kein Gegen-Ich.

Sie können dies, was zunächst seltsam klingt, durchaus selbst erleben, etwa wenn ein Wolfshund Sie anspringt:

nehmen Sie sich selbst heraus, halten Sie ihm ohne Angst die Hand hin, dann schleckt er sie. Weichen Sie angstvoll zurück, dann springt er Sie an. Wenn Sie als eventueller Gegner nicht mehr da sind, ist auch der Wolfshund als *böser* Hund sofort nicht mehr da.

Meditation ist immer die Chance, eine Entwicklung zu durchlaufen, die *nicht* regressiv auf den Zustand des Prämentalen zurückführt. Zen ist post-mental; er stößt durch die Schicht des gegenständlichen Bewußtseins nach vorne durch. Aber er legt in diesem Durchstoßen das mentale Bewußtsein nicht ab, sondern er nimmt es gleichsam mit hinüber, macht das gegenständliche Welterkennen zum Hintergrund, vor dem das Übergegenständliche in viel stärkerem Maße gewußt werden kann, als wenn die mentale Bewußtseinsstufe noch nicht erreicht ist.

Meditation als Übung hat zum Ziel das Einüben von Bewußtseinshaltungen, in denen wir wieder Anschluß finden an die zum Menschen gehörende andere Dimension, in der wir unbewußt als Kinder – prämental – schon einmal gelebt haben, die wir erwachsen werdend verlieren mußten, um ein weltkräftiges Ich zu bilden und um deren Wiedergewinnung durch den bewußtgewordenen Menschen es geht. Es gilt hier, eine Schwelle zu überschreiten, und das bedeutet immer: ich lasse etwas zurück, um ein anderes zu gewinnen. In unserem Zusammenhang heißt das: wir treten heraus aus der Vorherrschaft eines gegenständlichen, analysierenden Bewußtseins und treten ein in ein mehr aufnehmendes, einschmelzendes, weibliches – in ein intuitives Bewußtsein.

Dieser Übergang von einer Situation in die andere erfordert immer die Bereitschaft, das eine wirklich zu verlassen und in das andere hineinzugehen.

Es gehört heute zu den Grunderkenntnissen im Rahmen der Wissenschaft, aber auch im Rahmen der menschlichen Führung, daß die Produktivität des Denkens weitgehend abhängig ist von der Fähigkeit des Menschen, diesen Rhythmus von Aufnehmen und Fest-Stellen durchzuhalten. Jeder Wissenschaftler, der um ein Problem ringt, weiß, was es heißt, sich festzufahren; er nimmt dann Abstand, er tritt sozusagen vom Thema zurück, wie der Künstler von seinem Bild zurücktritt.

Das Meditative, wie wir es sehen, muß sich an jede Phase

des menschlichen Bewußtseins anschließen lassen und aus jeder Phase heraus ablesbar sein, und es hat in jeder Phase seinen besonderen Charakter.

Gehen wir nun über den Raum des weltkräftigen Ichs, in dem es darum geht, eine Position zu gewinnen und zu verteidigen, um möglichst reibungslos zu überleben, einen Schritt weiter zur nächsten Stufe, die etwas ganz anderes zum Sinn hat, nämlich die Stufe der *Persönlichkeit*, wie ich das nenne. Der Grundunterschied dieser beiden Phasen ist: in der ersten geht es darum sich durchzusetzen, in der nächsten Phase geht es um das Dienen. Der Mensch wächst, und das gehört zum normalen Menschen, damit er nicht reduziert bleibt auf das weltkräftige Ich, das ist, um sich durchzusetzen, sondern zu dem wird, was man eine geistige Persönlichkeit nennt, die ein Verhältnis hat zu den Werten des Wahren, des Schönen und des Guten. Die Erscheinungsform dieser Entwicklung nennen wir den objektiven Geist oder den Raum der Kultur – all das, was sich abhebt vom Alltag, in dem der Mensch die Not des täglichen Lebens leidet, in der Arbeit schwitzt, zahlen muß mit physischen Schmerzen, Angst hat – eben alles, was man den Alltag nennt. Dem gegenüber erhebt sich das sogenannte Reich der Kultur des Schönen, des Wahren und Guten, wo der Mensch seit Jahrtausenden Gebilde geschaffen hat in der Kunst, der Philosophie, in der Wissenschaft und zum kultivierten Menschen wird. Der Mensch ist das Wesen, das Kraft seines Geistes als einer bestimmten Weise in der Welt zu sein fähig ist, sich über den sogenannten Alltag des Lebens, der beschränkt ist in Raum und Zeit, zu erheben in einen Raum, in dem es keinen Tod gibt, gleichsam in einen Raum der ewigen Geltungen, dessen Repräsentant er selber dann auch ist. Ein Mensch muß einmal sterben – ein Gedicht steht im überzeitlichen Raum.

Es rührt uns durch diese Welt des objektiven Geistes etwas an, das uns heraushebt aus dem anderen, in dem wir dauernd gefordert werden zu einer Leistung. Diese Dinge können uns nur erreichen in einer Verfassung, in der wir nichts mehr für uns wollen. Das kommt zu uns.

Der Mensch ist schon über sich hinaus, wo er nicht nur der objektiven Geistigkeit gegenübersteht, sondern auch in der Gemeinschaft. In dem Augenblick, wo es um das Andere oder den Anderen geht, bedürfen wir einer Haltung des Uns-Aufschließens, in der allein das Andere herein kann. Jeder von uns weiß aus seiner Beziehung zu anderen Menschen, daß eine Beziehung um so tiefer wird, je mehr er sich ihr öffnet, und daß in diesem Öffnen und Vertiefen wiederum ein Größeres in ihm aufgehen kann.

Wir stehen nun heute in einer merkwürdigen Situation. Was ich eben gesagt habe: hier die Seite des täglichen Lebens – hier die Seite der Kultur, das stimmt nicht mehr ganz. Der berühmte Marcuse hat ein Buch geschrieben über den „Eindimensionalen Menschen", in dem er uns zeigt, daß wir zwar alle aufgewachsen sind in diesen beiden Dimensionen, daß aber in dem Maße, als sich heute die moderne Gesellschaft organisiert, als sie den Alltagsbedürfnissen in einem Ausmaß Rechnung trägt, daß eigentlich alle befriedigt sind, der Mensch nur noch in einer Dimension lebt. Er ist bis ins Kleinste versichert, es kann ihm fast nichts mehr passieren, Arbeitsleben und häuslicher Alltag laufen reibungslos.

Der oberste Wert unserer Zeit, die Reibungslosigkeit, setzt sich mehr und mehr durch, alles funktioniert. In jedem von uns ist der Wunsch nach Sicherheit und Reibungslosigkeit, Wohlstand und Annehmlichkeit. Die heutige Konsumgesellschaft erfüllt diese Wünsche. Aber der Mensch fühlt im Zurückgeworfensein auf eine solche Eindimensionalität, daß es im völligen Befriedigen dieser Bedürfnisse zu einem Stillstand kommt, der das eigentliche Leben, dessen Schutz und Entfaltung sie dienen sollten, erstickt.

Unsere Zeit, die auf der einen Seite die größte Entfremdung von der Transzendenz und dem Tiefsten im Menschen anzeigt durch die totale Versachlichung und Säkularisierung des Lebens, ist auch die Zeit, in der das größere Leben im Menschen neu aufwacht. Man spricht heute von dem neuen Äon, in den wir hineintreten, und fragt sich, wodurch er gekennzeichnet ist. Er ist durch den Einbruch der *Transzendenz* in unsere Welt gekennzeichnet. Was meint Transzendenz? Sie meint vor allem *Leben*, das größere Leben.

Das Leben hat zum Feind zwei Grundkräfte: die Erstarrung und die Auflösung. Erstarrung, Stagnation, stellt sich ein, wenn Harmoniebedürfnis, Sicherheitsstreben und Schmerzscheu sich in unserem Leben als absolute Werte etablieren. Aber ist das nicht ein erstrebenswertes Ziel, daß die Sache reibungslos, leidfrei, ungefährdet vor sich geht? Nein, sagt das Leben, das ist es nicht. Daraus entsteht mit Sicherheit eine Verflachung. *Leben* meint einen fortgesetzten Prozeß schöpferischen Erlösens und erlösender Schöpferkraft, einen Prozeß, in dem es immer umfassender wird und größer und Reichtum sich nicht als ein Wert darstellt, dessen angenehme Wirkung das Leben harmonisch und leidfrei macht, sondern Reichtum ist das, was die Tiefe des Lebens erfahren läßt.

Die Tiefe ist immer ein Ausdruck der Ganzheit. Wenn wir nur partiell in einem Erleben sind, sei es nun ein künstlerisches oder sexuelles, hat es keine Tiefe, ist es flach. Um die Tiefe des Lebens zu erfahren und von ihr zu zeugen, müssen wir davon abgehen, das Geistige nur in Werten der Kultur zu sehen. Zum Geistigen, wenn es ganzheitlich ist, gehört das Ganze des Lebens, also außer dem Schönen, Wahren und Guten auch die Gefährdung, deren explosive Tiefe sich in den entsetzlichen Dingen kundtut, die überall in der Welt geschehen, ob das nun Kriege sind oder das Elend in der Dritten Welt oder die atomare Gefahr, und die, obwohl sie den Menschen in Angst halten, von der Dimension des Lebens als Ganzem nicht zu lösen sind. Wir müssen uns in diese Dimension hineinstellen und alles andere tun als die Meditation als etwas anzusehen, durch das wir uns in schöne Stunden entheben können. Dann würden wir sie ja selbst zu einem Instrument machen, in dem sich das Ganze nochmals verharmlost. Diese Welt, in der wir stehen, ist eine Übergangswelt, in die etwas anderes hereinreicht, und das ist charakteristisch für den Menschen, der in dieser zweiten Ebene der Persönlickeit an eine bestimmte Grenze kommt.

Für meine Generation war es das höchste, wenn von einem Menschen gesagt wurde: er kann sich durchsetzen, er steht ganz vorbildlich seinen Mann. Und wenn es diesem Menschen innerlich schlecht ging, sagte man: es ist großartig, wie er trotzdem allen Erwartungen genügt. Der Mensch heute darf nicht nur den Erwartungen genügen, die die Welt an ihn stellt, sondern er muß den Erwartungen genügen, die der tiefste Punkt in ihm an ihn stellt, der auch die Schattenseiten mit umfaßt, mit denen er sich auseinandersetzen, mit denen er fertigwerden muß. Ein Mensch, der sich nur in einer den Anforderungen angepaßten Weise verhält, ohne innerlich mit sich im Einklang und im Reinen zu sein, von dem geht kein Segen aus, von dem gehen keine schöpferischen Impulse aus, um ihn herum kommen die Sachen innerlich nicht in Ordnung. Er muß letzten Endes auf die Macht und den Kompromiß zurückgreifen. Das wird immer so bleiben. Aber der Mensch, der diese Dinge *erkennt*, kann sagen: es geht um die innere Wahrheit, der wir nur in dem Maße genügen, als wir dem Tiefsten in uns, das ich das *Wesen* nenne, entsprechen – nämlich der Weise, in der eine andere Wirklichkeit in uns anwesend ist. Nun beginnt plötzlich überall in der Kunst, in der Religion das Ernstnehmen derjenigen Augenblicke und Erlebnisse, in denen wir von dieser anderen Dimension in uns angesprochen werden, von der her und auf die hin wir erst im eigentlichen Sinne ganz werden können, d. h. die Individualität entwickeln, die uns von der Einzigartigkeit unseres Wesens zugedacht ist.

So geht es im Grunde heute nicht nur um das sich Durchsetzen in der Welt, nicht nur um ein Ordnen in der Welt, sondern um das, was die Wurzel möglicher Gültigkeit des Handelns in der Welt ist. Es geht um eine echte Individuation, um eine Verwirklichung des eigentlichen Selbst, das zum Kern jenes Wesen hat, das der Inder den ›Atman‹, das Meister Eckehart ›das Fünklein‹ nennt. Das ist das Charakteristikum unserer Zeit, das aus dem Raum des bloßen Glaubens *an etwas* heraustritt in den Raum der *inneren Erfahrung*.

Wie aber kommen wir zu dieser Erfahrung? Von Alters her – keineswegs nur im Osten, sondern auch im christlichen Raum – ist Meditation eine praktische Übung, die den Menschen planmäßig zur Möglichkeit der Erfahrung einer tieferen Dimension bereitet. Sie bereitet zur Möglichkeit, sich in dieser Praxis dem Erfahren der anderen Dimension zu öffnen, und sie bereitet zu der Möglichkeit des Ernstnehmens dessen, was er da erfährt. Wir treffen uns hier zur Meditation, damit wir etwas üben, das uns befähigt, all das zu beseitigen, fallenzulassen und zurückzustellen, das der Begegnung mit dieser Tiefe des Lebens im Weg steht.

Was steht dem nun im Wege? Wenn wir ehrlich sind, müssen wir einräumen, daß das nicht äußere Verhinderungen sind, etwa daß wir keine Zeit haben. Was ist das in uns, das uns davon abhält?

Die Buddhisten haben den schönen Satz: „Jede Situation ist die beste aller Gelegenheiten, um auf diesem Weg voran zu kommen." Die Modellsituation für die Weise, wie der Mensch sein muß in dem Augenblick, um sich von dieser anderen Dimension berühren zu lassen und ihr zu gehorchen, die soll eben die Meditation als Übung schaffen. So war Meditation überall dort, wo der initiatische Weg der Weg der Religiosität war, im Mittelpunkt der praktischen Übung. Die östliche Religiosität ist ein Beispiel für eine Religiosität des Erfahrungsgehorsams, im Unterschied zum Glaubensgehorsam christlicher Prägung. Am Anfang und am Ende östlicher Religiosität steht von jeher nicht der Glaube, sondern die Erfahrung einer anderen Dimension, so wie sie von den führenden Geistern vermittelt wird und jeden irgendwie anspricht.

Eine Menschheit, die noch nicht wie die europäische seit der Zeit der Griechen sich primär auf das Ich verläßt, das die Welt als Gegenstand sieht, sondern die primär noch mütterlich eingebettet ist in das Große Ganze, eine solche Menschheit ist einem Geschehen, das vom Umgreifenden herkommt, geöffneter. Sie bedarf nicht des Glaubens an die größere Wirklichkeit, sondern sie hat das in den Gliedern. In *uns*, in der Menschheit des Abendlandes – und das ist vielleicht eine Seitenerscheinung des Entsetzens, durch das das Abendland hindurch gegangen ist in den letzten Jahrzehnten – taucht zum ersten Mal das Nachwirken von Erfahrungen aus einer anderen Dimension auf, ohne die der Mensch durch bestimmte Situationen gar nicht hindurch gekommen wäre. Wir sind aufgerissen, und der Mensch wird hellhörig dafür, daß gerade in bestimmten Grenzsituationen des Lebens, wo er der Vernichtung, der Einsamkeit, dem Absurden ausgesetzt ist, eine andere Dimension auftauchen kann – vorausgesetzt, daß er sich als kleines Ich zurücknehmen kann.

Meditation als Übung ist der Versuch, den Menschen aufzuschließen für dieses Ganz Andere, d. h. ihm eine Haltung zu ermöglichen, in der er offen ist für das, was sich in den numinosen Qualitäten unseres Lebens ankündigt. Es gibt diese besondere Qualität, die nichts zu tun hat mit dem Guten, Wahren und Schönen, auch nicht eigentlich mit dem Heiligen – alles Heilige hat zwar das Numinose, aber nicht alles Numinose gehört zum Heiligen.

Es geht um das Aufschließen des Geistes für das Sakrale als Qualität, das uns anspricht in der Musik, in der Natur, das in der echten Erotik enthalten ist – all das, was uns anspricht auf einer Stufe, wo man nicht mehr sagen kann: das ist ein Wert, denn es ist jenseits aller Wertigkeiten und wird gespürt als Kraft, Wärme und Fülle, die alles durchdringen.

Was kann man tun, um das, was von dorther geschenkt wird, zuzulassen, und um das zu werden, was man im Grunde selbst ist? Das ans Licht des Bewußtseins zu bringen, was man im Grunde selbst ist – das ist der Sinn unserer Arbeit. Wir sind das größere LEBEN in der Sprache unserer Individualität. Nur indem wir unsere Individualität entdecken, können wir das Tor aufmachen zu diesem größeren Leben. Diese Individualität ist nicht das Produkt der Umstände, die für jeden von uns anders sind, sondern es ist etwas, das in uns als das wirkende Geheimnis eigentlich ans Licht möchte.

So ist die Berührung mit diesem letzten Kern, der der Repräsentant einer anderen Dimension ist, das Ziel unserer Arbeit. Was steht dieser Berührung im Wege? Ihr steht alles im Wege, das uns reduziert auf die Dimension, in der wir uns als Ich durchsetzen und uns in den Kreis unseres Ich einschließen. Die andere Dimension ist präsent nicht im Kopf, nicht in der Seele, sondern im Leib. So ist alles Exerzitium etwas, das sich im Leib manifestiert in seinem Erfolg oder Mißerfolg. Wir sind aber eingefleischt auf Formen des Daseins, die uns fern sein lassen von einer Geöffnetheit gegenüber diesem Ganz Anderen. Das erste in der praktischen Übung ist es, diese eingefleischten Formen abzulegen und uns einer Verfassung zu öffnen, in der wir transparent sind, durchlässig für das Ganz Andere. Diese durchlässige Geformtheit für die transzendentale Dimension, die die eigentlich wirkliche ist, ist der Sinn der praktischen Arbeit, die wir hier erproben wollen.

Meditation und meditative Grundhaltung des Menschen im Nicht-Tun und im Tun

Heute ist der Ruf nach Meditation groß, aber viele Menschen wissen nicht so recht, was eigentlich damit gemeint ist. Ich stelle immer wieder fest, daß Menschen, die sich bereits seit einer ganzen Weile irgend einer Form des Meditierens hingeben, das Meditieren noch nicht ganz an seinen richtigen Platz stellen. Ich will heute einmal versuchen, dazu einiges zu sagen.

Das Meditieren ist zu verstehen als ein persönliches Anliegen, das jeder von uns haben muß, sonst soll er es lassen. Wer meditiert, wird einer Notwendigkeit gewahr, die ein Kennzeichen unserer Zeit ist. In dieser Notwendigkeit liegt zugleich ein universelles Anliegen, das zu allen Zeiten Menschen bewegt hat, die aus der Oberfläche des täglichen Daseins in eine Tiefe ihrer eigentlichen Wirklichkeit hineindrängen.

Unsere Zeit ist in besonderer Weise gekennzeichnet durch das Aufeinanderprallen von Gegensätzen. Auf der einen Seite entwickelt sich immer noch jene Form der Existenz weiter, die bestimmt wird durch Ratio, Technik, Organisation, also durch die männliche Seite des Menschen, der auf Leistung in der Welt gestellt ist. Auf der anderen Seite: in dem Maße, als diese Existenzweise einseitig im Menschen herrscht, muß sich, – weil sie nicht der ganze Mensch ist – die innere Seite, die eigentlich menschliche Seite in uns zu Wort melden. So sind wir heute in einer Zeit der größten Entfremdung des Menschen von sich selbst als Mensch – der größten Gottferne, wenn Sie so wollen –, und zugleich in einer Zeit, in der – mehr vielleicht als jemals zuvor – das spezifisch Menschliche in uns, das Gottbezogene in uns sich rührt, weil es zu uns gehört, aber unterdrückt wird.

So ist es zu verstehen, daß wir vor ganz entgegensetzten Entscheidungen stehen: solchen, die wirklich eine absolute Ferne anzeigen von dem, was inneres Leben ist, und anderen Bewegungsformen, die gerade Ausdruck sind für das Erwachen des inneren Menschen in unserer Zeit. Das geht durch alle Kreise, alle Stände, alle Alter; es ist beides vorhanden. Es wird ganz deutlich, daß der Mensch in dieser Welt vor einem zweifachen Auftrag steht: einmal die Welt zu gestalten im Werk und zum anderen innerlich zu reifen auf einem Weg.

Das Bewußtsein der Verpflichtung ist die positive Seite unserer Weltbezogenheit. Es ist uns aufgegeben, uns durchzusetzen und uns zu bewähren in der Welt, im Dienst an einem Werk, jeder an seinem Platz. Auf der anderen Seite aber, und das wird oft zu wenig gesehen, sind wir alle nicht nur auf das Werk bezogen in der Welt, sondern auf dem Weg zu uns selbst, zur Reife dessen, der man in seinem Wesen ist. Aber wir sind es nicht entschieden genug, wenn wir es nicht *bewußt* sind.

Es stehen also die Welt der Leistung in der Welt und die Welt des inneren Reifens einander gegenüber und durchdringen und befruchten sich gegenseitig. Das Werk in der Welt gewinnt an Tiefe, soweit es zugleich den Menschen auf den Weg ruft. Der innere Weg, auf den der Mensch gerufen wird, wird sichtbar im Charakter seines Werkes.

Nun versteht es sich von selbst, daß die Forderung, nach innen zu reifen, sich unterscheidet von einer Ausbildung, einer Übung zum Können, die uns für die Leistung vorbereitet. Die Menschen sagen: ich würde gerne üben, ich würde gerne meditieren, das kostet mich aber Zeit; leider komme ich nicht zu mir selbst, denn die Welt nimmt mich so in Anspruch; ich bin dann auch müde. So stehen einander die Forderungen des Inneren gegen die Welt und die Forderungen der Welt gegen das Innere gegenüber. Immer wieder finden wir uns in dieser Gegensätzlichkeit.

Wir müssen versuchen herauszufinden, ob das wirklich so sein muß, ob es nicht eine Integration der beiden Seiten gibt: des inneren Weges, der ausgeschritten werden kann, wenn wir uns in der Welt bewähren, und des Bewährens in der Welt, das nur dann vollkommen sein kann, wenn wir es zu gleicher Zeit von innen her leisten. Jetzt dämmert schon auf, daß Meditation oder das Meditative nicht notwendigerweise im Gegensatz zu den Forderungen der Welt steht. Viele Übungen wie z. B. das Autogene Training haben das Ziel, zu der Spannungswirklichkeit, die die Leistung uns auferlegt, einen Ausgleich zu schaffen. Aber diese Arbeit an der Entspannung soll letztlich den Menschen befähigen, doch wieder ganz nur der Leistung zu leben, ohne krank zu werden. Es wird nur an eines der drei Leibgewissen appelliert, nämlich an das der *Gesundheit*. Das bedeutet: Funktionieren zur Leistung. Es gibt aber noch das zweite Leibgewissen, das orientiert ist an der guten *Form,* an der Schönheit, und das Wichtigste, das man immer wieder vergißt, ist das Gewissen des Leibes – nicht des Körpers, den man hat, sondern des Leibes, der man ist – das orientiert ist an der *Transparenz*, an der Durchlässigkeit für den in uns anwesenden tiefsten Kern unserer selbst. Zu diesem Kern hin müssen wir offen und durchlässig werden, so daß wir von ihm her wachsen und reifen können und aus ihm heraus jene Frucht des Menschseins bringen können, die das ist, was man den verwandelten Menschen nennen kann. Das ist der Mensch, der durchlässig geworden ist für das in ihm selbst anwesende größere überweltliche LEBEN, für das göttliche Sein; der nicht immer in seinem Welt-Ich gefangen ist, sondern in diesem Welt-Ich durchlässig ist – der aus seinem Innersten heraustönen kann. Er ist auf dem Weg.

Nur wenn man es so sieht, kommt man zu jenen Übungen, die den Sinn haben, auf den WEG zu führen. Zu diesen Übungen kommt man nicht, wenn man sie nur sucht als ein Mittel, das ein schönes Erlebnis herbeiführt. Es kann schädlich sein, wenn man den Sinn der Übung nur in einem Genuß sieht. Der Zauber des Erlebniskultes ist nicht das Eigentliche, weil er in sich selbst genommen den Menschen nicht verwandelt. Es ist das Kriterium für die Legitimität eines Unterfangens, ob es zur Reifung des Menschen beiträgt. Der Rausch etwa, ob durch Alkohol oder Drogen, war zu allen Zeiten eine Form, in der der Mensch aus der Gespaltenheit seiner Seele und seines Daseins ein Einheitserlebnis suchte. Aber er ist nicht legitim, weil er nur ein Augenblickserlebnis ist, das nicht verwandelt. Damit will ich nicht sagen, daß es im Rahmen einer gezielten therapeutischen Behandlung nicht unter Umständen angezeigt sein kann, mit einer Droge das letzte kleine Häutchen zu durchbohren, das noch im Wege ist. Das ist aber nur dann gerechtfertigt, wenn unendlich viel vorangegangen ist. Als Beispiel diene der mittelalterliche Mönch, der durch ein

Gläschen Wein zu seiner großen Gotteserfahrung gekommen ist, aber nicht des Weines wegen, sondern weil er sein Leben lang übte, und weil der Wein die allerletzte Blockade zwischen sich und seinem Innersten fortnahm.

Unter diesen Voraussetzungen müssen wir an die Meditation herangehen. Meditieren ist weder sich konzentrieren noch sich besinnen auf etwas, noch etwas betrachten; das alles mag am Anfang einer meditativen Übung stehen, aber als Verwandlungsübung ist Meditation vor allem eine besondere Weise des Mit-sich-selbst-Umgehens. Indem wir uns auf etwas gegenständlich konzentrieren, uns also versammeln, ist es ein aktives Tun – bis zu dem Moment, wo wir uns nicht mehr mit der Sache *aus*einandersetzen, sondern im Dabeibleiben *in*einandersetzen. Wir fühlen uns ineinander-gesetzt. Nehmen wir einmal den Atem, den wir zunächst konzentrativ anschauen. In dem Maße, als wir uns in diesen Rhythmus hineingeben, fängt der Atem an, *uns* anzuschauen. Während wir anfänglich glaubten, ihn zu steuern, fängt er an, uns zu steuern. Dann sind wir in einem meditativen Zustand. Und dann sind wir ein Stück tiefer in uns hineingekommen zur Mitte hin – meditari, das heißt: zur Mitte unseres Selbst, zur Mitte des Menschseins gegangen werden.

Was ist die Mitte des Menschseins? Wir kreisen in unserem Leben immer um irgend etwas. Wir kreisen um einen geliebten Menschen; unser ganzes Leben kreist um ihn; oder wir kreisen um unser Werk. Wir sind von früh bis spät auf etwas bezogen. Wir sagen: „Das steht im Mittelpunkt meines Lebens." Andere kreisen um sich selbst, um ihr Prestige, ihre Position, ihre Anerkennung, um ein bestimmtes Ziel, das sie in der Welt haben. Aber durch all das hindurch ist etwas anderes am Werk. Die eigentlich Mitte im Menschen ist nie das, worum sein Welt-Ich kreist, sondern das in seinem Wesen anwesende überweltliche Sein, das durch ihn hindurch versucht, in seiner Welt offenbar zu werden. Das ist der Ausdruck einer Erfahrung, die er machen kann, wenn er einmal nachspürt, warum er immer noch nicht zufrieden ist. Vielleicht besinnt er sich darauf, daß er unzufrieden sein könnte, weil er – und das macht sein Menschsein aus – zunächst einmal eine Bewußtseinsform entwickelt, in der er von sich selbst wegbezogen ist und unumgänglicherweise hinbezogen ist auf die Aufgaben und Dinge der Welt.

In dem Maße aber, als er sich als ein Ich-Stand zur Welt der Gegenstände verhält und von diesen immer mehr in Anspruch genommen wird, in dem Maße verdeckt er etwas, das in ihm heranreift und aus ihm herauskommen will. Nehmen Sie das Beispiel eines zuverlässigen Menschen, der, wie er in der Welt dasteht, sich nichts vorzuwerfen hat. Aber wenn dieser gestandene Mann, der er in der Welt ist, abends nach Hause kommt, so weint er vielleicht, schließt sich ein, weil er verzweifelt ist, und keiner weiß etwas davon. Dann ist er der, der nicht von der Welt her bedingt ist. Dann ist das Unbedingte da: „Ich habe dich beim Namen gerufen, du bist mein." Derjenige, der der Unbedingte in ihm ist, wird eingeschränkt, er muß sich zurücknehmen, weil der Mensch sich in der Welt anpassen muß, die anderen sind die Mächtigeren. Der Eigentliche, der man ist, der ist unterdrückt. Der Mensch, der als Person beides umfaßt, das Welt-Ich und das Wesen als der Weise, die als das Ganz Andere da ist, ist eingezwängt und weint.

Das ist die Situation, aus der man eines schönen Tages aufwacht und diesem Anderen, der eigentlichen Mitte in uns, Raum schaffen will. Wenn wir heute sehen, wie die Menschen durch die Straßen gehen, mitten in diesem Überfluß, in dem wir leben, der uns aber nicht ausfüllt, und die Gesichter anschauen, so sehen wir eine Leere in den Augen, als schaute man in ein Nichts. Sie schauen einen beinahe böse, abwehrend an, als stünden sie im Zeichen eines großen Ungenügens. Das Ungenügen bezieht sich auf dieses Ganz Andere, das Eigentliche, das nicht leben kann mitten in diesem äußeren Vielen. Das Viele muß zum Schweigen gebracht werden, damit die Fülle, die in uns ist, die mit dem Wesen verbunden ist, anfangen kann zu sprechen.

Jetzt kommen wir näher an das heran, was Meditation sein kann: ein Weg, auf dem wir uns allmählich frei machen von der Vorherrschaft einer bestimmten Bewußtseinsform, eines gewissen Gebundenseins an die uns aufgegebene Welt, um zu vernehmen und durchzulassen, was unser eigentliches tiefstes Wesen ist. So bedeutet Meditation eine Übung, in der wir fortschreitend abbauen, was dem Eigentlichsten in uns im Wege steht und alle die Bedingungen fördern, die dem Hervorkommen des Wesens dienen können.

Wenn dem so ist, daß Meditation und das Meditative dem Eigentlichen in uns Raum schaffen will, damit es hervorkommen kann und auch mitten in dieser Welt des Leistens und Handelns maß- und richtunggebend sein kann, dann bedeuten sie offenbar mehr, als die meisten – auch meditierenden – Menschen damit verbinden. Meditation bringt uns in die Stille. Hierin kann man den Ausgleich sehen, der in unserer Leistungswelt für den Menschen im Menschen notwendig ist.

Das ist es, was ich heute einmal ganz stark in den Vordergrund rücken möchte: *Meditation* oder *das Meditative als innere Haltung*.

Hier unterscheiden wir Meditation als eine Übung, die man wieder und wieder eine halbe Stunde lang macht, von einer meditativen Haltung, die auch im Hintergrunde unseres Tuns den ganzen Tag über durchgehalten werden kann. Wie ist das zu verstehen?

Wenn wir das Wort Meditation hören, verstehen wir es als Gegensatz zur Welt des Handelns. Meditation meint doch offenbar etwas, das Nichthandeln ist. Man hat etwa das Bild des Stillesitzens vor sich, wie ein meditierender Mönch in einer Betrachtung nach innen gewandt. Nein, das ist nicht das Entscheidende! Es liegt kein Gegensatz darin, daß hier Tun und dort Nichttun ist. Es hat immer Übungen des Handelns als meditative Übung gegeben. Nehmen Sie das Ihnen allen bekannte Beispiel des Bogenschießens. Diese Übung hat nichts von Stillsitzen in sich, sondern fordert den Menschen heraus bis zu seiner letzten Leistungskraft, treibt sie bis an eine Grenze, und das als meditative Übung. Wie das?

Gehen wir aus vom Gipfel, um den es sich bei dieser Übung immer wieder handelt. Der Mensch soll lernen, eine Technik zu beherrschen, bis er es nicht mehr nötig hat, mit seinem Ich immer aufzupassen und es nochmal zu *machen*. Er beherrscht sie so, daß er schließlich die von diesem Ich befreite Technik eines bestimmten Könnens einfach dazusetzt. So schlägt ein Leistungstun um in ein Tun, das durch einen hindurch geschieht.

Es gibt also nicht nur das Tun, das Zug um Zug mit Energie von mir aus alles konzentrativ machen will, sondern in dem Maße, als ich das Tun technisch vollkommen beherrsche, kann es ein von mir ausgehendes reines Geschehen geben, das die Welt verwandelt, oder eine Tat, die gleichsam in einer passiven Haltung des Zulassens erfolgt. Nehmen wir den Künstler. Alle Künstler müssen üben und üben, bis sie etwas können. Das Entscheidende ist, ob sie in der Lage sind, dieses Können im gegebenen Augenblick auch *zuzulassen* oder ob sie glauben, es *machen* zu müssen. Beim großen Künstler haben wir es; er ist völlig verloren in seinem Tun, so daß das Ich nicht mehr da ist; etwas anderes wirkt durch ihn hindurch. Der Mensch ist dann Medium geworden für das Hervorkommen von etwas ganz anderem. Dann kann man sagen, daß er in der Sprache seines besonderen Liedes das ewige Lied des Seins im Dasein heraushebt. Das gilt genauso für den Landschaftsmaler; in aller gegenständlichen Bezogenheit ist die Kraft, die ihn Künstler sein läßt, etwas anderes als die gewöhnliche Konzentration auf die Erfüllung einer Aufgabe.

Paul Klee, den ich sehr gut persönlich gekannt habe, fragte ich einmal: „Warum malen Sie eigentlich so? Was bedeutet denn das alles, was Sie malen?" „Ja", erwiderte er, „man könnte sich doch eine Welt vorstellen, wo es so zugeht, wie ich es auf meinen Bildern male." Das war ein wunderbarer Satz. Auf allen seinen Bildern ist dieses merkwürdige Geheimnis, das den Betrachter in einem eigenen Zauber berührt. Paul Klee hatte eine ganz besondere Art des Nach-innen-gewandt-Seins, aus der heraus er diese Bilder malte.

> Meditation und meditatives Tun meinen letztlich ein Tun, in dem der Mensch diesem Ganz Anderen die Ehre gibt – ob passiv oder aktiv. Im Dienst des Ganz Anderen Ja sagen – ob im Tun oder im Nicht-Tun – darum geht es.

Genauso, wie es ein Tun in meditativer Haltung gibt, gibt es auch ein Nicht-Tun, das alles andere als meditativ ist: jede Form des Dösens, des Schlafens, des Sich-gehen-Lassens, des faulen Sich-Auflösens. Man darf das nicht verwechseln mit jener Haltung, in der wir innen nichts tun, aber die Fühlung mit einer anderen Dimension *aufnehmen* und *pflegen*, die aufzunehmen und zu pflegen auch in der Handlung selbst möglich ist. Wenn man das einmal so begriffen hat, dann taucht vor uns eine andere Form der Existenz auf. Die Inhalte Meditation und meditative Haltung weisen so recht auf die eine Hälfte der Lebensstufe hin, ohne die die andere nichts Wesenhaftes mehr hat.

Sich dem Meditativen hingeben bedeutet eine Entscheidung für eine Form der Existenz, die keineswegs daran hängt, daß wir möglichst oft nichts tun, sondern ausschließlich daran, ob wir *im Tun wie im Nichttun* durch Fühlung mit der anderen Dimension uns in einer Weise bewahren, die es uns ermöglicht, immer mit ihr in einem gewissen Kontakt zu sein, so daß wir auch in unserem Tun nicht aus dieser Haltung herauskommen: in der Weise, in der wir da sind; in dem, was wir selbst im Moment spüren oder schmecken; in der Strahlung, die von uns ausgeht. In der Verwandlung, die fortgesetzt an uns geschieht oder an all dem, was wir anrühren, zeigt sich, ob wir aus dem Meditativen leben. Denn das sind die Kriterien dafür, ob wir wirklich mit der anderen Dimension in Fühlung sind, daß wir selbst in einer anderen Gestimmtheit sind.

Das ganze Leben schmeckt gleichsam anders, hat mit diesem bestimmten Charakter des Numinosen eine ganz bestimmte anders geartete Qualität, die wir in dem Maße zulassen, als wir einen nüchternen, realistischen, empirischen Sinn entwickeln, der sofort verschwindet, wenn wir anfangen, unsere Augen gen Himmel zu verdrehen. Die Qualität des Numinosen ist etwas ganz Handfestes, von der man sprechen muß wie von einem Apfel. Sie ist das Unmittelbare, das Eigentliche, das uns die rechte Kraft, die Frische gibt, freilich auch jenen letzten Glanz zu vermitteln vermag, der überall dort als Ausdruck des großen Lichtes auftaucht, wo uns das Numinose in irgend einer Form berührt.

Es gibt eine Kultur des inneren Lebens, die fortzuführen ist im äußeren Leben, indem wir uns auch im schlichtesten Tun – auch beim Kartoffelschälen – verpflichtet fühlen, Zeuge des Ganz Anderen zu sein; verpflichtet, dieses Ganz Andere zu spüren und uns freizumachen von dem Vorwurf oder dem Gedanken, wir pflegten nur eine subjektive Lust. Was heisst denn *nur subjektiv*? Wo sollte denn das göttliche Sein sich offenbaren im menschlichen Leben, wenn nicht in dem, was der Mensch jetzt spürt, in dem Hauch, den er jetzt als Subjekt durch sich hindurchgehen fühlt? Wir Menschen *leben* unsere menschliche Wirklichkeit im Gefüge dessen, was wir *erleben*. Wirklichkeit hat für uns alles, was uns umgibt, weil es dies und jenes für uns bedeutet.

Die Wirklichkeit des Menschen ist Begegnung. Die Qualitäten, die sich in der Begegnung ergeben, sind die, die den Menschen als Menschen ausmachen. Das Wort Gott bezeichnet eine Realität, die im Innersten des Menschen erfahren wird, als eine Begegnung besonderer Art. Man kann diese andere Dimension, die einen da anrührt, nicht in einen Satz bringen und sagen: das ist das. Hier haben wir es nicht mit einer gegenständlichen Wirklichkeit zu tun, sondern mit der Wirklichkeit der inneren, der immanenten Erfahrung des Menschseins. So können wir uns einer Arbeit zuwenden in uns und an uns selbst, in der wir uns daran gewöhnen, mehr und mehr hinzuhorchen auf dieses Ganz Andere, das uns in gewissen Augenblicken des Lebens ganz eindeutig und unverwechselbar anrührt als eine bestimmte Erlebnisqualität.

Es geht darum, das Organ für das Spüren der überweltlichen Dimension in uns zu entwickeln, ausgehend von jenen Augenblicken, da es uns ganz stark anrührt wie in der Natur, wo man einmal einer Wirklichkeit gegenübersteht, von der man nichts will und die man auch nicht fürchtet. Wenn sie so taufrisch vor uns liegt wie die Schöpfung am ersten Tage und einen so unmittelbar angehen kann, dann plötzlich spürt man etwas, erlebt man eine Qualität, die einen über sich hinaushebt, aber nicht etwa in einem unwirklichen Sinn. Man spürt sich in dieser Qualität plötzlich selbst ganz anders: ach ja, so bin ich eigentlich; wenn ich doch nur so sein könnte, wenn ich mit meinem Kollegen, mit meinem Vorgesetzten spreche, wenn ich in meinem Amte bin. In dem Augenblick, in dem man diese andere Qualität spürt, fühlt man sich auch selbst in seinem Eigentlichsten. Das gibt die Strahlung des Liebenden, das gibt die Strahlung des von etwas Höherem Ergriffenen, des von einer Idee Gepackten. Es geht etwas aus von diesem Menschen.

Und dann das Entscheidende: in dem Maße, als wir in Fühlung sind mit dieser anderen Dimension in uns, läßt sie uns keine Ruhe. Von Augenblick zu Augenblick ist sie daran, uns auf dem Weg zu halten. Wir bleiben von Moment zu Moment auf dem Weg. Auf dem Weg sein bedeutet vom Menschen her gesehen, in jenem Entwicklungsprozeß zu sein, in dem dieses Eigentliche in uns sich fortschreitend durchschafft und in dem umgekehrt wir als die auf die Welt bezogene Kruste durchlässiger werden für den Weg.

> Das Wort Meditation bedeutet also nicht etwas, das man eine halbe Stunde tut und dann nicht mehr tut, sondern weist hin auf eine mögliche Grundverfassung des Menschen, in der dieser Prozeß des Meditari – des zur Mitte hingegangen *werden* – das ganze Dasein durchwirkt und kein Ende hat.

Alles, was man als Sonderübung zu einem Exerzitium macht, bedeutet nichts anderes als das Einspielen einer Verwandlungsbewegung, die uns dann nicht mehr verlassen soll und den Tag über durchhält. Den Fortschritt, den wir da machen, bemerken wir dann an der Geschwindigkeit, mit der uns auffällt, daß wir wieder herausgefallen sind. Denn immer nimmt uns die Welt so in Anspruch, daß wir an sie verloren sind. Man kann sich aber zu einer größeren Geschwindigkeit des Erkennens entwickeln, in der man merkt, daß dieser Grund, in dem man einig ist und mit dem man in Fühlung bleiben sollte, wieder verloren ist.

> Meditation, meditative Haltung als Grundhaltung des Menschen bedeutet jene Verfassung, in der wir nicht mehr einseitig der Welt und der von ihr geforderten Leistung verpflichtet sind, sondern ebenso jener anderen Dimension in uns, um deretwillen jede Leistung überhaupt erst einen Sinn hat.

Der Sinn alles Leistens in der Welt, was auch immer es sei, kann im Grunde nichts anderes sein, als dem Hervorkommen dieser göttlichen Welt in uns Räume zu schaffen. Der Sinn des rationalen Tuns in der Welt ist also der, dem Nicht-Rationalen Räume zu schaffen. Die Haltung, in der das geschieht, muß selbst schon Zeuge der Verbindung mit jenem höheren Etwas sein, dem dieser Raum zu schaffen ist.

Wenn es etwas gibt, das die etwas tieferblickenden Therapeuten in unserer Zeit verbindet, so ist es die Erkenntnis, daß die neurotische Struktur die Struktur eines Menschen ist, in dem dieses eigentliche Wesen nicht hervorkommen konnte. Jede neurotisch bedingte Krankheit ist eigentlich eine Verhinderung des Hervorkommens dieses Wesens – oder auch eine Chance, gerade im Leiden am Fehlen, an der Einbuße größerer Leistungskraft, dieser inneren Entwicklung Raum zu geben. Krankheit bedeutet da nicht nur etwas Negatives, sondern unter Umständen eine Chance der Besinnung und des Sich-Erneuerns, des Wiedergewinnens der Verbundenheit mit dem Ganz Anderen.

Es ist die Frage zu stellen: wie kann ich das ganz konkret fördern? Ich sehe das also ein; wenn dem so ist, dann ist mein kleines Ich im Grunde wesenlos. Alle Handlungen sind wesenlos, die nicht in Verbindung mit dem Wesen erfolgen. Dann müßte ich ja eigentlich üben zu einer Form hin, in der ich das spüre. Ich müßte Übungen machen, in denen ich auf der einen Seite immer mehr das Angerührtwerden vorbereite, auch wenn es nur hauchzart ist und doch qualitativ anders. Ich müßte erkennen, was ganz konkret diesem Anderen im Wege steht. Wie kommt es, daß ich nicht ganz automatisch, wie eine Blume, meinem Wesen entspreche? Was kann ich tun, um das, was meinem Wesen widerspricht, abzubauen? Was kann ich tun, um das aufzubauen, was meinem Wesen hilft, lebendig zu werden?

Das sind die Fragen, die *in der konkreten Übung* beantwortet werden und zwar *nicht denkerisch, sondern im Tun!* So werden Sie verstehen, daß dann eine richtig geübte meditative Übung den ganzen Menschen spiegelt in seiner Grundproblematik. Denn die Grundproblematik des Menschen ist die Diskrepanz zwischen seinem auf die Welt und die Leistung bezogenem Ich und seinem ganz anderen Wesen, in dem es nicht um die Leistung in der Welt geht, sondern um das Reifen zum Zeugen des Überweltlichen, um das Reifen der inneren Frucht, die sich dann auch bemerkbar macht im Segen der Leistung. So hängen diese beiden Dinge zusammen. In der konkreten Übung, die wir leisten dürfen, beginnt dann, wenn man es verstanden hat, diese Verbindung mit dem Ganz Anderen. Nicht erst dort, wo man die Technik beherrscht, sondern im ersten Ansatz schon wird der Lehrer, der etwas von diesen Dingen weiß, den Schüler in einer Haltung hinstellen, die nicht von vornherein das Zusichkommen und das Bewußtwerden des Wesens verhindert. Der östliche Meister sagt: „In der ersten Übung ist auch schon die letzte mit eingeschlossen, wenn man die erste Übung wirklich beherrscht und kennt."

In diesem Sinn wollen wir auch an eine ganz konkrete Übung gehen. Es gibt deren viele. Die eine, die universell ist als meditative Übung, ist die des meditativen Sitzens. Es ist keineswegs so, daß das ein Import aus dem Osten wäre. Als Meister Eckehart gefragt wurde: „Was hast du getan, um ein heiligmäßiger Mann zu werden?" antwortete er als erstes: das hat mein Stillesitzen getan! Und dann: meine hohen Gedanken; und dann: meine Verbindung mit Gott. Es hat früher in unserem europäischen Raum das richtige Sitzen gegeben. Diese Dinge sind nichts Östliches, sie sind Urphänomene des menschlichen Seins, die es in östlicher wie in westlicher Form gibt.

Ich finde es geradezu beschämend, wenn Menschen sagen: Seinserfahrungen, wie der Dürckheim sie bringt, sind ein Import aus dem Osten. Seinserfahrung hat überall in der Welt, wenn auch in verschiedenen Worten, im Grunde all dessen gelegen, was als religiöses Leben gewachsen ist und sich entfaltet, wenn man mit dem Wort ›Sein‹ das göttliche Sein versteht. Das zu erfahren steht am Anfang aller Besinnung auf das Wesen. Heute setzen wir den Begriff Gott, wie er sich verhärtet hat in der überlieferten Tradition der theologischen Interpretation, auf den Menschen drauf und sagen: „Daran müßt ihr glauben!" Das ist gut, solange ein Mensch – und das ist immer noch der größere Teil der Menschheit – noch in der großen Glocke der ursprünglichen Seinsverbundenheit sitzt. Dann wird der Ton des Seins immer erklingen, auch wenn es um harte Begriffe geht. In dem Maße aber, in dem der Mensch aus diesem ursprünglichen Verwobensein herauskommt, wie es heute der Fall ist, und sich zum rationalen Bewußtsein entwikkelt, stellt er die Frage: „Was heißt hier Gerechtigkeit Gottes? Ich merke gar nichts davon in der Welt." Ich auch nicht, wenn ich von diesem Verstand her denke.

Also geht es um etwas anderes. Es geht um jene Erfahrung, die den Menschen wirklich etwas fühlen, etwas erleben lassen kann, das *paradox zu seinem gewöhnlichen Welt-Ich* und seiner Sicht des Lebens steht und ihn plötzlich eine ganz andere Kraft, Ordnung, Einheit fühlen läßt als alles, was er in der Welt sucht. Das ist offenbar viel größer, mächtiger, tiefer, reicher, umfassender als alles, was er sonst erleben kann. Da hat er etwas erfahren und dem gibt er dann einen Namen. Es sind dies jene drei Grunderfahrungen, die der Mensch an der Schwelle seines Ichbewußtseins, seines Welt-Ichs machen kann; eine Kraft, eine Macht gerade dort, wo er in der Welt ohnmächtig geworden ist; oder er fühlt eine Weisheit in sich hochkommen gerade dort, wo er an der Welt, an dieser Sinnlosigkeit verzweifelt; oder er spürt eine Liebe in sich dort, wo er die ganze Grausamkeit erfährt in dieser Welt.

Diese drei Urqualitäten, die der Mensch in sich erfährt, erscheinen in allen Religionen der Welt als Attribute der Gottheit – *Mächtigkeit, Weisheit, Liebe* – und sind ursprünglich die Projektion einer Qualität, die man selbst in sich in jenen Stunden erfährt, in denen man über die Grenze seines gewöhnlichen Welt-Ichs hinausgetragen wird. Um diese Dimension geht es. Um das zuzulassen, bedürfen wir des realistischen Sinnes, der das akzeptiert und dann auf ein Urphänomen des menschlichen Seins kommt, das in den verschiedenen Religionen nur jeweils unterschiedlich bezeichnet wird.

Wenn es eine Wirklichkeit gibt, in der der Mensch immer wieder von dieser Urerfahrung ausgeht, kommt er letzten Endes hin zu einer Erfahrung des Ganz Anderen, die man die *initiatische* nennt – initiare, den Weg zum Geheimen öffnen.

Wenn wir feststellen, daß das im Osten immer der Weg war, so ist das doch nichts ausschließlich Östliches, sondern das ist eine Form eines allgemein-menschlichen Urphänomens, nämlich der Erfahrungsmöglichkeit des Seins und der Verwandlungsmöglichkeit, um diesem Sein gerecht zu werden. Diese Form des Initiatischen hat es auch in der europäischen Tradition gegeben. Sie hat bei den größten Geistern immer im Mittelpunkt gestanden, sowohl die Seinserfahrung wie das Erkennen des Leibes als des Mediums, in dem *Person* in dieser Welt wirklich wird. Während die östliche Tradition den Leib ernst nimmt als Medium für die restitutio ad integrum, hat ausgerechnet der christliche Westen, in dessen Mittelpunkt die Inkarnation steht, den Leib nicht mehr so ernst nehmen wollen. Jetzt wenden sich langsam diese Dinge.

Als ein weiteres Urphänomen möchte ich das nennen, was der Osten als den Schleier der Maja bezeichnet. Das erscheint uns als etwas ganz Östliches, daß die gegenständliche Weltwirklichkeit nichts sein soll als der Schleier, der das All-Eine verhüllt. Aber wir alle müssen langsam erkennen, daß die von uns gegenständlich gesehene und gemeisterte Wirklichkeit – die wir als Menschen auch so sehen und meistern müssen – auch irgendwie das Eigentlichste in uns verwirkt und daß gerade der welttüchtige Mensch, der Weltkönner in der Welt oft derjenige ist, der dem Eigentlichsten in uns Menschen am fernsten ist. Da *ist* gleichsam ein Schleier, den es zu zerreißen gilt, um an das Eigentliche heranzukommen. Das bedeutet nicht, daß man alles Weltliche auslöscht, sondern hier erhebt sich die Frage: *müssen* wir das Welt-Ich verschwinden lassen, um wirselbst zu werden? In einem Exerzitium, dem wir die Treue halten, finden wir die Antwort: es gibt sie, die Form, in der wir in der Welt sein und uns gleichzeitig als Zeugen des Überweltlichen bewähren können.

Der Schlußsatz der Einleitung zum 2.Band des Bi-Yän-Lu (übersetzt von Wilhelm Gundert, der seit 20 Jahren Texte der alten Zen-Meister ins Deutsche überträgt), lautet: „Uns allen wohnt ein geheimes wundersames Vermögen inne, uns aus dem Wechsel der Zeit in unser innerstes, von allem, was von außen dazu kam, entkleidetes Sein zurückzuziehen, und da in der Form der Unwandelbarkeit das Ewige in uns anzuschauen. Diese Anschauung ist die innerste eigenste Erfahrung, von welcher allein alles abhängt, was wir von einer übersinnlichen Welt wissen und glauben.“

Gerade in diesen Zen-Texten wird eine Tiefenschicht in uns angesprochen, wird uns etwas aufgegeben, das nichts nur Östliches ist, sondern etwas allgemein Menschliches; es ist das Bemühen, das bedeutet, daß wir ein Urphänomen des menschlichen Lebens – also unserer Selbst – annehmen.

Meditation als Übung zur personalen Freiheit des Menschen

Heute will ich wieder versuchen, einleitend unsere Arbeit in größere Zusammenhänge zu stellen. Im Mittelpunkt soll wie immer die Praxis stehen, die Einführung in eine bestimmte Technik des Sitzens und Gehens im Stile des Za-Zen, wie ich es einmal nennen möchte. Aber was ich hier tue, ist nicht etwa eine Vermittlung des Zen-Buddhismus, sondern das, worauf ich hinführen möchte, ist etwas allgemein Menschliches, das Anklänge hat an Praktiken, die im Osten gebräuchlicher und selbstverständlicher sind als bei uns. Alles Östliche, das uns angeht, ist nie etwas der Sache nach nur Östliches, sondern ist ein allgemein Menschliches, das der Osten durch die Jahrtausende gepflegt und nie ganz verloren hat. Wenn der Mensch des Westens heute nach dem Osten geht, so ist das so, als wenn die Birke sich eines schönen Tages in den Buchenwald begibt und zu ihrem Erstaunen am Boden unter den Buchenstämmen so sonderbare Wülste findet, die in die Erde reichen, und sie fragt nun die Buche: „Was ist denn das?" und die Buche sagt: „Das sind Wurzeln." Dann fragt die Birke ganz erstaunt: „Ach, ihr braucht Wurzeln, von denen weiß ich gar nichts!" Die Buche antwortet dann: „Ich brauche diese Wurzeln nicht, weil ich eine Buche bin, sondern weil ich ein Baum bin." So können Birken im Buchenwald erfahren, daß es etwas gibt, das bei ihnen unter der Erde ist, in dem Unbewußten, und daß sie sie dort brauchen, um Nahrung zu finden und auch als Birke wachsen zu können. Dieses Bild ist gar nicht schlecht dafür, wie der Mensch des Westens heute mit dem Osten zusammenkommt. Er kann dort Dinge erfahren, die im Schatten seiner Lichtwelt, im Unbewußten, ihm zu lange verloren waren, aber zu ihm gehören, und ohne die er in seiner Bewußtseinswelt wurzellos wird.

Wenn wir uns heute zum ersten Mal in der Geschichte der westlichen Menschheit bestimmten Themen zuwenden, um die sich der Osten seit Jahrtausenden bemüht hat, während sie bei uns eher in Vergessenheit gerieten, dann führen wir nicht östliche Dinge ein, die uns fremd sind, sondern wir werden uns gewisser Seiten des menschlichen Ganzen bewußt, die im Zuge unserer Entwicklung, gerade wegen der uns eigentümlichen Fähigkeiten, bei uns zu kurz gekommen sind. Wenn umgekehrt der Osten heute rationale Wissenschaftlichkeit einführt, dann führt er nichts Westliches ein, sondern er wird sich im Hinblick auf den Westen gewisser Dinge bewußt und entwickelt sie, die zur Ganzheit des Menschseins gehören und die im Zeichen *seines* Geistes durch Jahrhunderte etwas zu kurz gekommen sind.

So vollendet sich das irdische Leben im Menschen hin auf eine Verwirklichung der Ganzheit des menschlichen Seins, wobei in allen Zeiten der Akzent mehr auf der einen oder der anderen Seite des menschlichen Ganzen ruhen mag. Aber der Akzent, der im östlichen Menschen woanders liegt als im westlichen, ist ein Akzent, der in jedem von uns mehr auf der einen oder auf der anderen Seite liegt. Zu jedem Menschen gehört das Weibliche sowohl wie auch das Männliche. Es gibt nicht nur den Mann oder die Frau – im Westen wie im Osten –, sondern es gibt auch das Männliche in der Frau und das Weibliche im Mann. Um ein ganzer Mann zu werden, muß man ein ganzer *Mensch* sein, also auch die andere Seite in sich entwickeln. Um eine ganze Frau zu werden, muß man ein ganzer *Mensch* sein, also auch die andere Seite in sich entwickeln, ohne dabei aufzuhören, ein Mann oder eine Frau zu sein. Im westlichen Geist herrscht mehr das Männliche vor, im östlichen mehr das Weibliche.

Es ist heute eine gemeinsame Erkenntnis der sich streitenden Schulen der Psychologie, daß das Weibliche zum ganzen Menschen gehört. In der Entwicklung des spezifisch westlichen Geistes ist diese Seite der Ganzheit durch Überbetonung des Rationalen zurückgedrängt worden, und sie muß im Zuge der Entwicklung der menschlichen Ganzheit wieder bewußt gemacht und integriert werden.

> Meditation ist nun unter anderem eine Weise, in der der Mensch sich seiner Ganzheit bewußt werden kann, in der er seine Ganzheit wiederfinden kann und mehr und mehr aus *Freiheit* jene Züge

betont, die zu kurz gekommen sind, und jene entläßt, welche die Ganzheit stören. Diese Übung ist ein Sinn dessen, was wir Meditation nennen.

In der Meditation, die wir an uns geschehen lassen, werden wir hingezogen zu dem, was wir unsere Ganzheit nennen, die in uns darauf wartet, wieder verwirklicht zu werden. Stellen Sie sich einmal vor, wir hätten in uns immer das Inbild des vollkommenen Kreises. Alles, was unter den Bedingungen der Welt diesen Kreis deformiert, macht uns zu schaffen, erzeugt Spannungen, weil insgeheim dieser Kreis verwirklicht werden möchte. Wenn ich an einem vollkommenen Kreis aus einem Gummiband etwas ziehe, entspricht die Spannung, die da entsteht, genau dem Maße der Deformation. Wenn diese Deformation ein Leiden wäre, dann wäre die Qualität dieses Leidens die Weise, in der der Kreis zu mir spricht: „Laß mich doch wieder ganz werden;“ Und wenn dieses Gummiband in ein ganzes System von Spannungen verzogen ist, so ist das ein ganzes System von quantitativ und qualitativ verschiedenen Spannungen und Leiden. Nehmen Sie an, Sie könnten sich selbst als dieses Gummibandes in sich bewußt werden: dieses komplizierte System von Qualitäten und Leidensqualitäten ist nichts anderes als der Kreis im Zustande seiner Verspannung. Das wirkt dauernd ebenso in uns weiter wie das Hingezogenwerden zu der in uns *gemeinten* Ganzheit. Nur das eine ist falsch an diesem Bild: es handelt sich nicht um ein Zurückschwingen in die Ausgangsform, sondern um ein Nach-vorne-Schwingen. Der Unterschied zwischen dem Kreis am Anfang und dem Kreis am Ende ist der, daß das, was ursprünglich war und ist und immer noch in unserem Leben wirkt, unbewußt ist und nun durch die Weise unseres Bewußtseins gestört wird. Durch eine Verwandlung unseres Bewußtseins muß erkannt werden, daß die ursprünliche Form gestört ist, und über diese Störung hinweg kann das Inbild in der Weise wieder zurückgewonnen werden, daß es nun mit Bewußtsein und aus Freiheit gelebt werden kann.

Meditation meint als Übung den Weg, der uns befähigt, die in uns angelegte und eigentlich gemeinte Ganzheit unseres Menschseins aus Freiheit wieder herstellen, verwalten und in der Welt bewähren zu können – in der Welt bewähren kraft einer meditativen Haltung, die etwas anderes ist, als die halbstündige oder ganzstündige wiederholte Meditation: nämlich eine Haltung, in der der Geist, der uns während der Übung beherrscht, den Tag über schöpferisch und erlösend weiterhilft.

Niemand begibt sich nur aus Neugier auf den Weg der persönlichen Übung, der ein harter Weg ist, es sei denn, er habe ein persönliches Problem, es brenne ihm wirklich auf den Fingern. Er kann nicht mehr anders. Er weiß, wenn ich nicht etwas mit mir anfange, dann verfehle ich mich. Er kann das eine Weile überspielen. Er kann sich fragen: Warum soll ich mir die Sache schwer machen, wenn ich es auch leichter haben kann? Ich trinke, ich esse, ich lebe gut, ich sichere mich ab gegen die Unbilden des Lebens, ich suche mir Freunde und komme dann schon irgendwie durch, leiden muß jeder. Wer diese Formel wählt – das ist seine Sache! Er ist natürlich fern davon, das zu spüren, was überhaupt in ihm ist und darauf wartet, erlöst und entbunden zu werden. Wer aber ein Organ dafür hat, der merkt auf einer ganz bestimmten Stufe seiner Entwicklung, daß er, wenn er jetzt nicht etwas tut, in einem tiefen Sinne schuldig wird. Dann begibt er sich auf einen Weg planmäßigen Tuns, auf dem es darum geht, nicht etwas zu *machen*, sondern *wachsen zu lassen.* Man kann nie etwas machen, das dem Gesetz des Wachsens untersteht. Wichtig ist der Weg, auf dem der Mensch die Bedingungen schafft, unter denen das, was wachsen sollte, wachsen kann.

Der Mensch weiß von einem bestimmten Augenblick an, daß etwas in ihm ist, das ans Licht will, das sozusagen aus einer anderen Dimension stammt und sich in dieser Welt manifestieren möchte; man kann es sein Wesen nennen. Das macht mich als Menschen aus, daß ich es sowohl verfehlen kann als auch dort, wo ich es verfehlt habe, es aus Freiheit wieder herstellen kann.

So ist die Meditation, das Meditieren eine Weise, Bedingungen zu schaffen, unter denen im Menschen das, was in ihm eigentlich ans Licht möchte – als *er selbst* – in einem tieferen Sinne wachsen kann.

Gerade hier ist eine der Erkenntnisse des Ostens für uns aufzugreifen, nicht als etwas Östliches, sondern als etwas allgemein Menschliches, das dem Westen verloren gegangen ist: das Wissen darum, daß unser gewöhnliches Alltagsbewußtsein festgelegt ist auf ganz bestimmte Vorstellungen darüber, was *wirklich* ist und was *nur subjektiv* ist. Dieses Alltagsbewußtsein ist ein Schleier, der sich über die einzige Wirklichkeit legt, die diesen Namen verdient. Ohne diesen Schleier kann der Mensch, solange er ein Mensch ist, nicht leben. Der Mensch ist aber in der Lage, diesen Schleier als Schleier zu erkennen, der als solcher ihm das Eigentliche verwirkt. Er kann das, was er verschleiert, in sich zu spüren und dann *in* diesem Schleier *durch* diesen Schleier *hindurch* in der Welt zu leben versuchen.

> Meditation in dem Sinne, wie wir sie hier üben wollen, ist nicht ein Weg, sich der Welt zu entziehen in eine subjektive, von den Wirklichkeiten des Tages entfernte Innenwelt, sondern sie ist im Gegenteil ein Weg, sich in der überweltlichen Dimension so zu verankern, daß wir *in der alltäglichen Wirklichkeit* unsern Mann stehen als Menschen, die gerade in der Welt *von dieser überweltlichen Wirklichkeit zeugen.*

Es geht also nicht um ein Entweder-Oder, das sind beides Weisen, sich als Mensch zu verfehlen, sondern um ein Trennen und ein Wieder-Verbinden. Man muß die beiden Ebenen sehen, um dann jenen Weg zu gehen, der als Integration der beiden Pole in ihrem Wechselspiel der Ganzheit des Menschen gerecht wird.

In einem solchen Beginnen wie dem der Meditation zeigt sich immer ein ganz persönliches Anliegen, und in diesem wiederum auch ein Anliegen der Zeit. Jede Zeit mit ihren Anliegen ist immer nur eine besondere Abwandlung vom Universalen, vom Leben, solange die Welt steht und der Mensch ein Mensch ist und immer wieder gesiegt hat. So spielt auch in die Arbeit unserer meditativen Übung immer diese Dreiheit eines *persönlichen* Problems, eines *zeitbedingten* Problems und eines *universellen menschlichen* Problems hinein. Das ist immer da.

Diese drei Problemkreise werden alle berührt durch das Prinzip des Gegensatzes. Unser ganzes Leben ist durchzogen von Gegensätzen, immer wieder. Wir atmen aus, wir atmen ein. Wir essen, werden satt und wir haben wieder Hunger. Unser Leben vollzieht sich im Gegensatz von Wachen und Schlafen, im Gegensatz der Forderung der Welt und der Innerlichkeit, der Forderung des rationalen Denkens – des Denkens überhaupt – und des Gemüts und des inneren Glaubens. Wir stehen im Gegensatz der Pflichten, die wir in unserem ganz persönlichen Bereich zu Hause haben und der Pflichten, die uns bewegen, wenn wir aus dem Haus herausgehen zu unserer Arbeit, in unseren Beruf. Man könnte stundenlang solche Gegensätze aufzählen, und immer hat der Mensch das Gefühl, er kann doch nicht beides gleichzeitig tun, er wird hin und her gerissen. So ganz besonders auch der Mensch unserer Zeit, der sich mehr und mehr auseinandergerissen fühlt, zwischen Aufgaben und Umständen, die ihn umstehen und ganz fordern, und dem, was er in seiner eigentlichen Innerlichkeit spürt und ihn von hier *auch* ganz fordert. Dieses Gegensätzliche, sich gegenseitig Ausschließende enthält in sich die Frage, ob es nicht doch eine Möglichkeit gibt, beides zusammenzubringen.

Mit dieser Frage stehen wir heute wirklich an der Schwelle einer neuen Zeit. Wir alle sind im Laufe der letzten hundert Jahre mehr oder weniger in den Bann eines Wirklichkeitsdenkens geraten, in dem ganz selbstverständlich der vom Objekt-Denken geprägte Wirklichkeitsanspruch der Wissenschaft als der eigentlich maßgebende angesehen wurde, diese Einstellung auf die objektiv feststellbare Wirklichkeit, der gegenüber der Mensch eine Fehlerquelle ist. Heute, da es darauf ankommt, das Ungerechte der Absolutheit dieser Forderung zu erkennen, beginnt der Mensch zu bemerken, daß er sich im Banne dieses Wirklichkeitsbegriffes, der alles andere als subjektiv ist, zurückstellt und zu verlieren droht. Die Welt, in der wir heute leben, die Welt der Organisation, der Technik, des gegenständlichen Erkennens, des rationalen Meisterns der Welt, ist ursprünglich erfunden als eine Weise, die dem Menschen die Bedingungen schaffen sollte, möglichst *frei* zu sein, also wirklich so zu leben, wie er als Mensch leben *möchte*, ihn zu befreien vom Zwang, den das äußerliche Leben auferlegt. Und was ist geschehen? Wir stehen heute vor der Tatsache, daß der Mensch eine Welt und eine

Wirklichkeit geschaffen hat, die anfängt, sein Zwingherr zu werden. Diese Wirklichkeit beginnt, sich nach eigenen Gesetzen zu entwickeln.

Wir können, um das anschaulich zu machen, vielleicht den Vergleich ziehen zu einer Verkehrsordnung, die eigentlich den Menschen in die Freiheit seiner Bewegung stellen will und soll, deren Regeln aber, ohne die es ein Chaos gibt, die Anpassung und Unterordnug aller Verkehrsteilnehmer verlangen. Wenn der Mensch ohne Reibung existieren will, wird er schließlich selbst zu einem System von Regeln, die sich von selbst in ihm verwirklichen. Das ist das Ungeheuerliche, daß der Mensch diesem Monstrum einer von ihm geschaffenen Welt gegenübersteht, und wenn er nicht von diesem Monstrum überfahren werden will, bleibt ihm nichts anderes übrig, als sich anzupassen. Als der Angepaßte wird er nun selbst ein Stück dieses Monstrums, ein Stück Welt, in der kaum noch ein Eckchen bleibt für ihn und seine eigentliche innerliche und immer individuelle Menschlichkeit.

Das ist die Situation, in der er aufwacht, in der er plötzlich merkt, jetzt oder nie! Oder es ist alles aus. Und dann kann man sich fragen: was gibt es denn im Menschen, das der Gewalt dieser Eigengesetzlichkeit des Objektiven pari bieten könnte? Gibt es überhaupt etwas in uns, das uns demgegenüber noch die Freiheit bewahren könnte? Da lautet die Antwort: *Ja!*

Was uns in der Welt beherrscht ist jene Wirklichkeit, die geschaffen worden ist unter Ausschaltung der eigentlichen menschlichen und unter Einschaltung allein derjenigen Funktionen, die weltgemäß sind: die weltliches Beobachten, weltliches Meistern, weltliches Gestalten darstellen, aber alles ausschalten, was das individuell Seelische ist. Da wird plötzlich klar, daß der Mensch eben *zwei* Aufträge hat in der Welt: auf der einen Seite die Welt der Bedingungen, in die er hineingestellt ist, zu gestalten im Werk und in der Organisation; auf der anderen Seite den Weg nach innen zu gehen, zur Verwirklichung jener Tiefe, die in ihm und durch ihn hindurch eine ganz andere Dimension erklingen läßt. Dem Hineingestelltsein in die Welt der Bedingungen und der darin einbegriffenen Beraubung der Freiheit kann nur die Erfahrung und das Ernstnehmen des Unbedingten in uns entsprechen oder entgegengestellt werden, die Begegnung mit unserer eigentlichen Tiefe, mit unserem wahren Selbst, mit dem, was von der Welt der Wissenschaft als das typisch Subjektive, das Mystische, d. h. als das Unwirkliche angesehen wird. Unsere Vergangenheit hat das Mystische an den Rand der Wirklichkeit getrieben als ein Phänomen, zu dem einzelne Menschen begabt sind, deren subjektive Erlebnisse aber, mögen sie auch für sie selbst gut sein, mit der Wirklichkeit eigentlich nichts zu tun haben.

Wir stehen heute vor der Erkenntnis, daß gerade in dieser mystischen Dimension die Erfahrung der für den Menschen verbindlichen Wirklichkeit liegt, und daß *diese* Wirklichkeit ins Zentrum des Daseins gerückt werden muß.

Diese uns mögliche Begegnung mit jener unbedingten Tiefe in uns selbst müssen wir neu entdecken, entwickeln und der sachlich-objektivistischen Wirklichkeit der Naturwissenschaften gegenüberstellen. Aber das heißt *nicht*, daß die Wirklichkeit der Naturwissenschaft etwa abgelehnt würde, als ein Nichts gesehen würde. Es wäre unsinnig, die Erkenntnisse und Möglichkeiten dieser wissenschaftlich rationalen Wirklichkeit des Menschen nicht haben zu wollen, ein Flugzeug nicht bewundern zu wollen, keinen Gebrauch machen zu wollen von den Errungenschaften dieser Welt. Aber es läßt sich von der Innerlichkeit her erkennen und erfahren, daß das nicht das Eigentliche sein muß, sondern daß das Eigentliche in der innersten menschlichen Dimension, das in uns aufbricht, nicht dazu da ist, das andere *aus*zuschalten, sondern es *ein*zuschalten in diejenigen Bedingungen, die dem Aufblühen der Innerlichkeit günstig sein und dienen können. Das Umgekehrte ist zu verhindern.

Im Zuge dieser Entwicklung steht dann auch das, was man meditative Praktiken nennen kann, wie alle geistlichen Dinge überhaupt. Geistliche Übung meint Übung auf jenem Weg nach innen in die menschliche Reife, deren Frucht – wenn man von Reife spricht, muß man nach der Frucht fragen – deren Frucht eben der verwandelte Mensch ist, d. h. der Mensch, der aus der Tiefe heraus ein anderes Ganzheitsprinzip für sich gewonnen hat und fähig ist, es in der Welt zu bewähren. Und so ist Meditation für mich nicht eine Weise der Welt zu entfliehen, in irgend eine Stille hinein, in irgend eine Innerlichkeit, der die Welt nichts mehr bedeutet, sondern im Gegenteil eine Bemühung, jene Dimension in uns zu finden, kraft derer wir die Wirklichkeit, in der wir heute stehen, meistern.

Wenn heute mit vollem Recht von der manipulierten Gesellschaft gesprochen wird, in der jeder einzelne wirklich ein Opfer ist von eigengesetzlich gewordenen Organisationen, die von wenigen Menschen beherrscht werden, und wenn die Frage aufgeworfen wird, wie sich dieser manipulierten Gesellschaft entziehen, so lautet die Antwort nicht: indem man diese gesamte Gesellschaft in die Luft sprengt. Veränderung ist nur möglich, indem Menschen zu Handelnden werden, die dieses Organisationsprinzip, das man nie mehr aus der Welt schaffen kann, bewußt in den Dienst einer anderen Dimension stellen *für* den anderen. Dann braucht nicht mehr die Rede zu sein vom dem armen beherrschten Menschen, sondern dann können wir sprechen von dem freien Menschen, der das, was ihn bisher beherrschte, selbst beherrscht. Und das *ist* möglich!

Freilich kommen an diese Lösungswege nur Menschen heran, die selbst über die Erfahrung der anderen Dimension verfügen. Es ist in unserer Zeit eine Sehnsucht nach dem Kontakt mit dieser anderen Dimension. Aber unter den heutigen Bedingungen wird das eigentliche Sehnen überhaupt nicht gesehen. Erst wenn man begreift, daß der Sinn des Rationalen in der Welt der ist, dem Nicht-Rationalen Lebensräume zu schafffen, entsteht plötzlich ein anderer Blick dafür, was rationale Erkenntnis und Verwirklichung tatsächlich sein können.

> Verwirklichungsmöglichkeit aus Freiheit ist wiederum ein Zentralstück dessen, was meditative Arbeit bedeutet: den Menschen in seine Freiheit stellen.

Freiheit wem gegenüber? Es geht um die Freiheit des Unbedingten im Menschen, das sich gegen die Welt der Bedingungen durchsetzen muß. Auch wenn er von allen Seiten bedingt ist, muß er sein Unbedingtes, seine individuelle Seele, nicht verlieren.

Ich glaube, daß da etwas wichtiges hereinkommt; wir sind heute der Ansicht, daß die Psychologie bisher den Menschen in einem viel zu engen Sinn gesehen hat und ihn reduziert auf ein Wesen, das gleichsam unter seiner Haut lebt, als ob unsere Wirklichkeit ihre Grenzen mit unserer Haut hätte. Wir sind in einer äußeren Wirklichkeit da als körperliche Erscheinung, in der eine Seele sitzt, und nur mit dieser hat man es zu tun.

Wenn ich Sie bitte, die Augen zu schließen, Ihre Wangen zu berühren und die Haut zu spüren, die Sie von der Umwelt trennt, dann gelingt das nicht. Sie spüren, daß die Haut nicht etwas ist, das Sie von der Umwelt trennt, sondern das Sie mit ihr verbindet, das wie ein warmes Medium ist und nicht wie eine Wand. – Wenn ich Sie nun frage: „Wo fängt der Kosmos bei Ihnen an?" werden die meisten antworten: „Unmittelbar bei meiner Haut." – „Und Sie selbst?" – „Ach ja, richtig, ich selbst bin ja eigentlich nur eine Weise des Ganzen in der Sprache einer ganz bestimmten Zuspitzung." Man sagt von einem Wellenkamm, er sei der Wellenkamm, aber da ist doch auch die Welle. Die Frage ist, wo fängt beim Wellenkamm die Welle an? Der Wellenkamm *ist* ja die Welle in ihrer Zuspitzung zum Kamm.

So *sind* wir das Ganze des Universums in einer individuellen Zuspitzung, in der Weise, dieses menschliche Wesen zu sein. Und jeder von uns trägt das Ganze des Universums mit allen seinen Gesetzen, seinen Urstrukturen, Urformeln, seinen Urschwingungen in sich. Jeder von uns ist das Ganze in der Sprache des besonderen Wesens, das er ist.

Das ist auch der Grund, warum heute die Mythologie alter Zeiten als etwas erkannt wird, das nicht eine Projektion von Phantasien ist, sondern Ausdruck eines Erlebens der Wirklichkeit als Ganzes in der Sprache menschlichen Fühlens und Spürens. Die griechische Mythologie ist nicht eine Phantasiewelt von schönen Gestalten und Göttern. Jeder der Götter meint eine Weise, in der im Menschen Leben stattfindet in der Sprache des menschlichen Seins, herausprojiziert auf eine Fläche, auf der es als Bild, als Figur erscheint. Der Mensch erfährt in sich selbst die Grundstrukturen der Welt. Wir können auch in der Naturwissenschaft nur deshalb Gesetze der Welt erkennen, weil wir selbst die Gesetze sind.

In diesem Sinne gilt es zu erkennen, daß jeder von uns ein Schauplatz gewaltiger, mächtiger Bewegungen, polarer Schwingungen, großer Rhythmen ist, die durch uns hindurch gehen. Wir werden uns heute allmählich dessen bewußt, daß die Reduktion der kosmischen Mächte auf kleine innermenschliche Aspekte eigentlich grotesk ist. So wie der *Logos,* jenes Ganze von urgesetzten Bildern, die sich in aller Wirklichkeit manifestieren, sich im Prisma des Ichs reduziert zur *Logik*, wird so *Theos* zur *Theologie, Kosmos* wird zur *Kosmologie*.

Wir reden über alle diese Dinge, aber wir sind nicht mehr mit ihnen verbunden. In dieser Reduktion ist *wirklich* nur noch die begriffliche Wirklichkeit.

Wie fragwürdig jedoch dieser reduzierte Wirklichkeitsbegriff ist, zeigt sich in dem Hang zum Drogengebrauch oder -mißbrauch, den wir heute erleben. Einer meiner Freunde erzählte mir von einem Drogenversuch, er habe einen Zustand ungeheurer Weite erfahren, ein Strömen, eine Fülle und Weisheit, eine Bergung in Liebe, die durch ihn hindurchschwangen. Als er wieder der normale, gewöhnliche Mensch war, fühlte er sich eingesperrt, eingemauert in die Begriffswelt wie in einen Turm aus Ziegelsteinen.

Diese merkwürdige Erfahrung, die hier mit den Mitteln der Droge erfaßt wurde, trägt in sich die Gefahr, daß der Mensch glaubt, seine gewöhnliche Wirklichkeit überspielen und die andere Dimension spüren zu können, indem man in eine solche Drogen-Wirklichkeit geht, in der aber noch niemand glücklich geworden ist.

Es gibt aber diese Erfahrungen nicht nur auf dem Weg der Droge. Wir erkennen heute, daß es die Erfahrung des Anderen auch auf einem legitimen Wege gibt und daß sie dann auf Wahrheit beruht. Das ist die Ur-Erfahrung des initiatischen Weges, daß am Anfang das Erlebnis einer Wirklichkeit steht, die gemessen an unserer normalen begrifflich rationalen Welt eine *unendliche* ist, von völlig anderen Kategorien, die wir verlieren, wenn wir im Zuge unserer Menschwerdung in die Abgesondertheit fallen. Die *Erbsünde* des Menschen ist die ihm tragisch eingeborene Natur, durch die Entwicklung des ihm eigentümlichen gegenständlichen Bewußtseins sich von der eigentlichen Wirklichkeit, von der er eine Weise ist, zu trennen.

> Der Sinn der Meditation beruht letzten Endes auf der Erkenntnis dieser Diskrepanz zwischen einem in seiner gegenständlichen rationalen Weltwirklichkeit stehenden Menschen einerseits und jener Wirklichkeit andererseits, die als Mensch,

als Blume, Tier, Stein, Berg, Tal, als Wolke in der jeweiligen Sprache seines Wesens repräsentiert wird und die sich dann enthüllen kann, wenn das rational-feststellende Bewußtsein zurücktritt.

Und nun die *Möglichkeit* und die *Aufgabe* eines Rückgehens, aber nach *vorne*, zur Erfahrung, Verwandlung und Bezeugung dieser umfassenderen Wirklichkeit in der Sprache seines menschlichen Seins. Und da erlebt sich der Mensch zunächst, wenn er aus eben diesem Ich-Raum, diesem gesicherten, verhärteten, dem befestigten Ich-Raum herausgeht, als Spielball der Mächte.

Der Mensch von heute erlebt wieder, daß der Sexus zum Beispiel eine Macht ist, nicht nur ein kleiner Trieb, die über ihn kommt als etwas Gewaltiges. Der Sexus als Ganzes ist – auch über den Eros als Ausdruck einer ganz personalen Beziehung – mehr als ein Triebchen, das man einfach unterdrücken kann. Aber was mache ich damit?

Alle diese kosmischen, universalen Mächte, die über den Menschen kommen, muß er erst einmal als solche *erkennen,* und zwar nicht, wie es von seiner rationalen Wirklichkeitssicht her erscheint, als etwas, das, weil es nicht rational verständlich ist, also unwirklich ist. Er muß erkennen, daß hier eine Wirklichkeit ist, die *ihn* mehr besitzt als er *sie.*

Da liegt die Aufgabe und die Möglichkeit für den Menschen, diesen Mächten gegenüber *seine eigene Freiheit* zu empfinden. Wir müssen nicht nur erkennen, daß wir im Gefüge von Rhythmen, Schwingungen, Gegensätzlichkeiten, Ausgleichen, Integrationsversuchen großer Mächte sind, sondern daß es uns gegeben und aufgegeben ist, ihnen gegenüber einen Zentralpunkt in uns selbst zu finden, aus dem heraus wir das als Bedingung unserer Existenz erfühlen und als Bedingung unseres möglichen Werdens verwirklichen können.

Und wiederum hat die *Meditation als Übung* nicht nur den Sinn, – indem sie fortschreitend das kleine Ich mit seinen statischen Konditionen einschmilzt, – den Menschen zu öffnen zur Fühlsamkeit gegenüber diesen großen Mächten, die da gewaltig in der Meditation aufrauschen können, sondern auch hinzutasten zu dem Punkt in ihm, aus dem heraus er erstaunlicherweise die Kraft hat, das zu konstatieren, sich von ihm abzusetzen und festzustellen, wie alles, was er fixiert – einschließlich seines eigenen Ichs – im Grunde genommen ja nur ein Produkt eines merkwürdigen rationalen Prozesses ist, dem gegenüber es etwas gibt, das, wenn es erlebt wird, die absolute Freiheit darstellt. Echte Meditation führt in die Freiheit und nicht in ein Gefangensein in einem bestimmten Gedankenkreis. Jeder Bereich unseres Lebens gewinnt für den Meditierenden an Tiefe.

> Meditation als Übung auf eine personale Freiheit des Menschen hin hat nicht nur den Sinn, das weltbezogene Ich einzuschmelzen, sondern auch hinzuführen zu dem Punkt, an dem man der Freiheit gegenüber kosmischen Mächten in der Weise nahekommt, daß man ihnen nicht mehr unterworfen ist, sondern lernt, mit ihnen umzugehen.

Der Mensch ist im Grunde gemeint als eine Manifestation der Freiheit des Lebens, die er aber nur erfährt auf dem Hintergrunde des Leidens unter den Zwängen, unter dem Hartwerden, unter der Übermacht dieser sich seiner selbst bemächtigenden Ströme des universalen Lebens.

Ist er an diesem Punkt angelangt, wird er fragen: „Wie werde ich dieser Dinge Herr? Bald ist es dies, bald ist es das, bald fühle ich mich in der Verzweiflung, dann in der Angst, dann in der Traurigkeit. Gibt es nicht gewisse Prinzipien, nach denen ich das fassen kann?" Dann kann er erleben, daß er in alle Ewigkeit das Wesen ist, das sich in drei Ebenen erfährt: in der Ebene des Leibes, in der Ebene der Seele und in der Ebene des Geistes.

Es gibt so etwas wie ein planmäßiges Herangehen an diese seine eigene Not, an diese seine eigenen Möglichkeiten, über eine Wahrnehmung seiner selbst als *Leib*, der er ist, nicht nur als Körper, den er hat. Er kann an sich herangehen als *seelisches Wesen*, das nicht nur weiß, das fühlt, das Stimmungen unterworfen ist, die ihn stören in der Meditation. Was macht er damit? Er kann sich seiner selbst bewußt werden als *geistiges Wesen*, das zu seiner Wirklichkeitswahrnehmung noch andere Organe hat als die des gegenständlichen Fixierens. Er kann sich also dieser Dreiheit von Leib – Seele – Geist – inne werden und sich von daher fragen: „Wie kann ich das nacheinander in der Meditation in das Gespür bekommen? Wie kann ich mich dessen bedienen, um innerlich weiter und zur Selbsterkenntnis zu kommen?" Die Antwort lautet: indem ich in der Übung zunächst einmal versuche, meine Verspannungen und Blockaden im Leibe zu spüren und aufzulösen; indem ich Gefühle und seelische Stimmungen oder Ver-Stimmungen anschaue, aushalte und mit ihnen umgehe; indem ich mein geistiges Wahrnehmungsvermögen in einer Haltung des Empfangens und Vertrauens den numinosen Qualitäten öffne, die aus jeder Begegnung und in jedem Augenblick zu mir kommen können. All dies kann ich täglich von neuem in meine Übung hereinnehmen.

Der Mensch kann sich vor allen Dingen bewußt werden, daß immer dieses größere LEBEN ihn in einer Dreieinheit anrührt: in *der Fülle, der Kraft,* die ihm von dorther hinzuwächst, in *der Tiefe* und *der Helligkeit* des Sinnes, die ihn von dorther erleuchten können und in der *Einheit*, die durch alles geht und ihn beglücken kann als Wärme und als *Liebe.* Er kann erfahren – und das ist dann das Gewaltige – daß er diese Dreieinheit des Seins ganz anders in sich erlebt, wenn er in der Ebene des Ichs ist, des Welt-Ichs, dessen Wirklichkeit steht und fällt mit dem, was steht oder fällt, oder in der Wirklichkeit des Wesens, dessen Gültigkeit davon abhängt, daß er im Werden bleibt in dem Sinne, in dem Meister Eckehart sagt: „Gottes Sein ist unser Werden."

Er kann sich plötzlich inne werden, daß er diese andere Dimension, die in ihn als Wesen hineinragt, eben gerade dort erleben kann, wo er etwas erfährt, das paradox, senkrecht auf der Horizontale einer bedingten Wirklichkeit steht; daß er die Möglichkeit hat, dieses Paradoxon auszuhalten, daß er also gerade das, was er als Ich flieht – den Tod, den Unsinn, die Einsamkeit – suchen muß, wenn er den Schritt über die Schwelle tun und an die andere Dimension heran kommen will.

> Meditation, insofern sie *dem Freiwerden dieser größeren Wirklichkeit in uns* dienen und hinausführen soll über die Schranken des Ichs, muß erst *hin*führen zu den Schranken des Ichs und dem Menschen Dinge auferlegen, die ihm *als* Ich zunächst sehr unbequem sind, weh tun, Schmerzen bereiten; denn erst an der Grenze

seiner Möglichkeit als Welt-Ich kann das, was über der Grenze liegt, überhaupt in Erscheinung treten.

Das Gewordene und Verhärtete in uns muß *ein*gehen, damit das Ungewordene *auf*gehen kann. Das Ungewordene ist eben jene Dimension des größeren Lebens, das Leben ist von Werden und Vergehen und das eigentlich den Kern dessen ausmacht, was wir als Kinder, als Ungewordene auch selbst *sind*.

So geht es letztlich bei allem *meditativen Tun* immer wieder primär um das Einschmelzen der starren Formen unseres gewöhnlichen Ichs, mit denen wir im täglichen Leben ganz gut zurecht kommen, zugunsten einer Erfahrung, in der wir zunächst vielleicht weniger gut zurecht kommen, die aber der inneren Wahrheit entspricht, d. h. der Forderung des in uns angelegten Ganzen. Und gerade in dem Maße, als wir unseren faulen Frieden mit dem Vermögen gewisser Fähigkeiten gemacht haben, mit denen wir die tägliche Welt meistern und vor allem in der Lage sind, uns gegen alle möglichen unangenehmen Dinge, die das Ganze stören, von außen oder von innen abzuschirmen, in dem Maße haben wir es zunächst schwer, diesen Weg innerlich ernst zu nehmen, der uns herausführt aus dem Wahn, daß der oberste Wert unseres Lebens die reibungslose Existenz sei. Denn das ist tatsächlich das, was die Welt unserer Zeit beherrscht, der oberste Wert: das süße, reibungslose, leidfreie Leben. Das ist der Bürger in uns, in jedem von uns, immer wieder.

Dem steht aber ein tieferes Vermögen in uns gegenüber, dessen Nichtbefriedigung letzten Endes den Menschen, insofern er zur Ganzheit angelegt ist, krank macht. Wir erkennen in der Psychotherapie heute immer wieder, daß die Krankheiten der Menschen, die seelisch bedingt sind, eigentlich alle damit zusammenhängen, daß diese tiefere Dimension im Menschen nicht zugelassen wird insofern, als das Prinzip der nötigen Ganzwerdung ausgeschaltet ist. Wie soll eine der vielfältigen Möglichkeiten, die wir in uns haben, ganz werden, wenn der tiefste Kern in uns ausgeschaltet ist? Das Wort Tiefe bezieht sich immer auf Ganzheit. Ein Erlebnis ist um so flacher, als wir nur mit einem Teil unserer Selbst dabei sind und wird um so tiefer, als wir ihm als ganzer Mensch begegnen.

Wir kommen hier zusammen, um im Üben der Meditation uns unserer Ganzheit anzunähern. Bevor wir nun in die Übung hineingehen, möchte ich einige Hinweise für ihren Vollzug geben.

Am Anfang jeder Meditation steht die *Konzentration*, die mit der Meditation noch nichts zu tun hat, sondern nur Bedingungen schafft.

Zunächst sucht man sich einen Raum, der still ist, richtet sich sein Kissen, nimmt das, was in Unordnung ist, weg. Man schafft sich also rein äußerlich die Bedingungen. Man kann nicht mit vollem Magen meditieren, aber auch nicht ganz nüchtern. Wenn man dann sitzt, so ist das erste, sich konzentrativ auf sich selbst zu versammeln um zu prüfen, ob man richtig sitzt. Das alles ist noch mit dem Verstand gemacht.

In der ersten Phase sammelt man sich ganz *bewußt*, man nimmt sich zusammen. Dann kommt allmählich das *Spüren*, auch immer noch bewußt wird das *Körpergespür* eingeschaltet. Zur Phase der Konzentration gehört, daß man sich auseinandersetzt mit sich selber.

Dann gibt man dem Ich eine *rhythmische Formel*, die allmählich anfängt, das Ich aufzufressen. Wenn wir lange auf den Fluß schauen, so wissen wir nachher nicht mehr, ob der Fluß auf oder ab fließt oder ob wir fließen. Diese Formel kann darin bestehen, daß man die Atemzüge zählt, von eins bis zehn und dann wieder von vorn. Sie kann auch ein Mantra sein, das im Rhythmus des Atems mitgedacht wird – darauf werden wir ausführlicher noch zu sprechen kommen. Man kann auch ein Bild oder einen Spruch als Inhalt vor sich stellen. In der Konzentration auf diese Formel soll die Gedankentätigkeit zurücktreten. Die Formel soll sich in uns bewegen, aber sie darf nicht zum Gegenstand gemacht werden.

Wenn sich ein Problem so hartnäckig festgesetzt hat, daß man es einfach nicht wegbekommt, so nimmt man gerade das zum Inhalt der Anschauung. Man treibt dann also den Teufel mit dem Beelzebub aus. Eben diese Situation muß man als Inhalt annehmen und nicht loslassen, sie frontal anschauen und nicht darüber nachdenken im Hin-und-her-Wenden. Auf diese Art lernt man es allmählich, absichtsvoll – wie Herrigel das formuliert hat – in eine absichtslose Haltung zu kommen. Wir sind, wenn wir anfangen zu meditieren, noch nicht dort, wo wir sein möchten. Es kommt darauf an, den Boden zu bereiten. Es ist dem Menschen möglich und aufgegeben, mit Willen, planmäßig, systematisch sich zu konzentrieren, um Bedingungen zu schaffen, unter denen dann etwas werden kann, in das er nicht mehr hineingreifen kann. Wenn wir einen Samen in die Erde legen, haben wir auch nicht am nächsten Tag die fertige Pflanze. Wir können das Beet anlegen, den Samen sorgsam säen, ihn gießen, den Keimling schützen und hegen. Wachsen muß die Pflanze allein, nach dem ihr eigenen Gesetz. In der gleichen Weise unterscheidet man in der Übung die Phase der eigentlichen Meditation, in der sich etwas ohne unser Zutun von selbst vollzieht.

> Es beginnt die Meditation erst in dem Augenblick, in dem aus der Auseinandersetzung eine Ineinandersetzung wird.

Der Atem, den man beobachtend gleichsam erst vor sich hat, wächst allmählich mit dem Menschen zusammen. So wird der Mensch zu dem, der *geatmet wird*. Hier hat sich das *gegenständliche Bewußtsein* verwandelt in ein *inständliches Bewußtsein*; dann geht es von selbst. Wenn das Ich, weil es nichts mehr festzustellen hat, langsam anfängt zu schweigen, sich zurückziehen, wenn immer weniger von diesem aufpassenden Ich da ist, wenn es von Störungen immer freier wird, dann kommt ganz unwillkürlich der Moment, wo man entweder einschlafen kann, oder man gleitet in eine andere Bewußtseinsform, in die Phase der eigentlich meditativen Haltung. Dann ist man nicht mehr absichtsvoll dabei, sondern nun kommt der Zustand, in dem – wie der Zen-Meister sagt – man den Atem weiterhin beobachtet, ohne ihn zu stören, also einfach wach ist. Diese Art des Bewußtseins ist ein *Mit-Sein,* ein waches *Dabei-Sein, Da-sein,* das einen ganz bestimmten Charakter hat. Dann ist aus dem auseinander-setzenden Tun plötzlich das ineinander-gesetzte Nicht-Tun im Tun geworden. Aufgrund einer absichtsvollen Vorbereitung ist man hineingekommen in diesen absichtslosen Vollzug des rechten Atems, in die Meditation.

Welt der Leistung – Weg des Reifens

Wenn ich Ihnen heute wieder einen kleinen Überblick gebe über die Themen, die im Zusammenhang mit der Meditation stehen, so ziele ich damit nicht auf Bildung oder theoretische Kenntnisse, sondern ich möchte vorbereiten auf das, was in der Praxis der Übungen seine Verwirklichung finden und gleichzeitig eine Basis geben soll für eigenes Üben. Denn es ist ja die Absicht unserer Zusammenkünfte, daß wir eine Gruppe sind, die gemeinsam im Exerzitium steht.

Es gibt eine Form der intellektuellen Teilhabe an geistigen Gütern und Ergebnissen gereifter Menschen, die doch nur ein intellektuelles Spiel ist. Sie trägt bei zur Bildung im alten bürgerlichen Sinn, wo der Mensch seinen Arbeitstag hatte und sich aufgrund seines Sinnes für etwas Höheres außerhalb seiner Arbeitszeit für Kunst, Wissenschaft und Philosophie interessierte, ins Theater ging und Konzerte hörte. Das alles gibt es noch – wir alle sind auch noch dieser Bürger, der so eine Art Zweiweltentheorie lebt: auf der einen Seite das Feld der Arbeit und auf der anderen Seite das Feld des Geistes. Die Zeit, in der diese Dinge als einzig maßgebende gelten dürfen, ist an sich vorbei.

Es geht jetzt um etwas anderes. Wir sind im Ganzen der heutigen Wirklichkeit in ein Stadium getreten, wo Ernsteres auf dem Spiele steht, nämlich das Thema der inneren Wandlung, des inneren Werdens, der Innerlichkeit überhaupt. Wenn Sie fragen: wie wurde die Innerlichkeit denn bisher wahrgenommen? dann lautet die Antwort: sicher nicht durch die Teilhabe am objektiven Geist. Das war eine kultivierte Form, dem Leben eine Abrundung zu geben. Alles, was die Innerlichkeit betraf, war eigentlich Sache der Religion und ist es für viele heute noch. Für diejenigen, für die Religion wirklich eine verwandelnde Kraft hat, ist eigentlich schon das gegeben, was wir hier in unserer Weise suchen.

Wir alle wissen, in welchem Ausmaße Religion als Bekenntnis zu einem geoffenbarten Glauben heute in der

Menschheit im Zurückgehen ist; daß sie in jedem von uns verblaßt, wenn auch noch Reste eines Kinderglaubens vorhanden sind. Dafür kommt etwas ganz anderes in unserer Zeit auf. Das ist nicht eine Religion des Glaubens *an* etwas – sondern eine *Religion der Erfahrung*.

In der Religion der Erfahrung tritt an die Stelle eines *Glaubens*gehorsams ein *Erfahrungs*gehorsam, und es ist ein Faktum, daß heute immer mehr Menschen von innen her angerührt werden als von einer Realität, die sie zu einem bestimmten Weg verpflichtet.

Wenn wir heute in der Therapie immer wieder auf die alten Formen des Krankwerdens stoßen, auf Angst, Verzweiflung, Einsamkeit und Kontaktlosigkeit, so wissen wir, daß der Mensch unserer Tage – in dem Maße, als er herausgefallen ist aus dem Gehäuse ihn tragender und erfüllender Formen des alten Glaubens – auch nicht die Verbindung zu seinem eigensten Inneren, zu dem eigenen produktiven Kern in sich selbst gefunden hat. Deshalb wird Therapie immer mehr ein Weg zur Erweckung dieser uns innewohnenden Kraft, zum Aufschließen zu dem göttlichen Sein, das wir im Grunde unseres Wesens *sind* und das nicht irgendwo hinter den Wolken zu finden ist und an das wir glauben oder nicht glauben können.

In meinen Augen ist es das entscheidende Ereignis unseres ausgehenden 20. Jahrhunderts, daß die westliche Menschheit heute zum ersten Mal in der Geschichte aufwacht zu dem Weg, den man den initiatischen nennt. Diesen Weg hat die Kultur des Ostens seit jeher begangen. Er geht aus von einem Erlebnis, einer unabweislichen Erfahrung einer ganz anderen Dimension in uns und schreitet dann unter der Führung eines Erfahrenen fort zur Erkenntnis der Bedingungen, die einen von dieser anderen Dimension, die man gespürt hat, trennen, aber auch zur Erkenntnis derjenigen, die einem den Weg zu dieser anderen Dimension öffnen.

Es kreist also dieser *initiatische Weg* um die Erfahrung einer anderen Dimension, wie auch immer Sie sie nennen wollen, die göttliche oder die überweltliche oder die Dimension des Seins im Unterschied zum raumzeitlichen Dasein, das auch mit den Mitteln des Intellekts geordnet und beherrscht werden kann. Das ist uns sehr fremd, allenfalls von ferne bekannt, aus Berichten über religiöse Menschen, die man Mystiker nannte – seltsame Menschen, die ungewöhnliche subjektive Erlebnisse hatten. Aber das ist nur für einzelne Begabte und steht in einem gewissen Widerspruch zur Religion des Glaubens, in gleicher Weise verdächtigt von Kirche und Naturwissenschaft. Also eine Randerscheinung des Lebens? Aber sie, die sich auf das Allersubjektivste bezieht, erscheint heute immer mehr als eine Offenbarung, ein Offenbar-Werden einer Wirklichkeit im Menschen, die in Wahrheit im *Zentrum* unserer Wirklichkeit steht und an der gemessen Theologie, alle Logie, alle Philosophie, alle Naturwissenschaften Randphänomene sind. Es dreht sich also heute der Wirklichkeitsbegriff um.

Der Mensch steht heute zwischen der objektiven Wirklichkeitsvorstellung der Naturwissenschaften einerseits und der Glaubenswirklichkeit der Theologie andererseits, und er fragt: „Ist denn die Wirklichkeit, in der ich lebe, nur etwas Subjektives?" Ja, gemessen an diesen Wirklichkeitsvorstellungen sicher. Die Naturwissenschaftler haben recht und auch die Theologen, jeder in einem gewissen Ausmaße, zu sagen: was du rein subjektiv erlebst ist etwas ganz anderes, als was wir dir als objektive Wirklichkeiten hinhalten.

In dem Maße, als der Mensch interessiert ist an einer vom Menschen unabhängigen Wirklichkeit, hat sein Erleben, das als solches eine objektive Tatsache ist, von seinem Inhalt her nur subjektiven Wert. In dem Maße aber, als wir uns ernst nehmen als Subjekt, ist all dieses andere *nur objektiv*, d. h. nur bezogen auf eine objektive Wirklichkeit, die wahrzunehmen von größtem Interesse ist für die Organisation, für die technische Bewältigung der Welt. Aber der Mensch, dividiert durch die Eigenschaften, die ihn befähigen, die Welt organisatorisch, rational und technisch zu bewältigen, geht nicht nur nicht ohne Rest auf, sondern er wird dort gar nicht in seinem Zentrum getroffen. Es gilt heute zu erkennen, daß der Mensch in den letzten Jahrhunderten immer mehr und in unserer Zeit fast ganz zu einem Objekt gemacht wird. Wenn heute von den Forschungsgesellschaften Mittel an die Universitäten gegeben werden, dann beziehen sie sich immer zu 90 % auf die Ausbildung von Menschen zur technischen Bewältigung der Wirklichkeit. Wir haben Hochschulen für alles, wir haben aber immer noch keine Hochschule für den Menschen als den

Menschen, der ja in einem ganz anderen Koordinatensystem steht als dem, worum sich die Naturwissenschaft bemüht, die auf Identität, Kausalität, Raum und Zeit baut. Natürlich, wir sind als das Ich, das der Welt gegenübersteht und ihr gewachsen ist, in diesem Koordinatensystem auch zu sehen. Aber das Koordinatensystem, in dem wir *leben*, in dem wir *er*leben, in dem wir als Menschen uns verfehlen oder treffen, ist ein ganz anderes.

Da geht es um das Glück des Menschen, um sein Erfülltsein, um das, was ihn im Herzen trifft – also auch um Angst, um Verzweiflung, um Einsamkeit und um das, was sie beheben kann. Es geht um Leiden und Erlösung vom Leiden, um ein inneres Potential und um dessen Verwirklichung, um eine Verheißung, die wir in uns spüren und um deren Erfüllung. Es geht letzten Endes nicht um ein gesichertes Pläsier, das uns die Technik geben kann, sondern um das Glück einer inneren Erfüllung, die in den Ausdruck von Liebe einmündet. Der Maßstab für die Gültigkeit der Erfahrung eines Phänomens ist für uns als Menschen der, ob es uns hilft, das zu verwirklichen, was wir eigentlich sind und sein möchten, und ob es uns in die Form bringen kann, in der wir unserem Menschsein genüge tun können und in der wir der Bestimmung des Menschen entsprechen können.

Kann man denn etwas sagen über die Bestimmung des Menschen, ist das nicht immer etwas sehr Subjektives?

Nein – darüber waren sich zu allen Zeiten alle Gereiften dieser Erde einig, ganz gleich welcher Religion sie angehörten, daß der Mensch im Grunde seines Wesens *als Mensch* dazu begabt und beauftragt ist, in dieser Welt ein Überweltliches zu manifestieren. Schauen Sie sich an, was letztlich der Buddhismus meint oder das Christentum oder irgend eine andere Religion, die diesen Namen verdient.

Immer geht es darum, daß der Mensch erkenne, wie er in seinem kleinen Welt-Ich eine Wirklichkeit vertritt, die zwar da ist, daß er Gaben entwickelt, ohne die er sich nicht vom Tier unterscheiden würde, daß er aber zugleich in der Gefahr steht, etwas Tiefes zu verfehlen, das sein eigentlicher Auftrag ist: diesem Überweltlichen in sich eine Offenbarungsdimension in seiner Welt zu eröffnen. Dann kann er auch erkennen, daß alle seine technischen, rationalen Gaben eigentlich nur dazu da sind, diesem Ganz Anderen die Bedingungen zu schaffen, in denen es sich zeigen kann.

Der Sinn der Ratio ist letzten Endes, dem Nicht-Rationalen Räume zu schaffen.

Der Mensch steht immer und überall, wo er ist, im Bannkreis zweier Wirklichkeiten, im Zeichen eines doppelten Auftrags: einmal diese raumzeitliche Wirklichkeit – in der er als dieses vergängliche Wesen lebt und tausend Gefahren ausgesetzt ist – rational zu erkennen und zu meistern im Werk; so zu meistern, daß sie ihm Sicherheit gibt, und zugleich zu gestalten in einer Weise, die den jeweiligen objektiven Ordnungen entspricht.

Ihm ist die Welt aufgegeben als Werk.

Auf der anderen Seite ist er aber *sich selbst* aufgegeben auf einem Weg, auf dem er in seine Innerlichkeit schauend etwas ernst nimmt, das er in seiner tiefsten Tiefe fühlt, mit dem eins zu werden er sich bemüht, und der aus dem Einswerden mit diesem Ganz Anderen in sich heraus reift zu einer Frucht, die letztlich nichts anderes ist als der zur Offenbarung dieses Ganz Anderen in der Welt nicht nur begabte und bestimmte, sondern nun auch befähigte Mensch.

Ihm ist aufgegeben, zu reifen auf dem Weg.

Wir stehen also in dieser Doppelheit der in uns vorhandenen Forderungen, *den* Menschen zu entwickeln, der der Welt gewachsen ist, der in seiner Abhängigkeit ein Maximum von Unabhängigkeit in der Welt zu gewinnen versucht kraft seiner Gaben, die Welt zu erkennen und zu meistern, und auf der anderen Seite *den,* der in seinem Innersten ein ihm eingeborenes Überweltliches repräsentiert, das in ihm und durch ihn offenbar werden möchte in dieser Welt und von dem er zeugen muß in seinem Leben in der Welt.

Diesen WEG zu gehen ist unser gemeinsames Bemühen, und um diesen Weg zu gehen, muß man drei Dinge vor allem pflegen.

Erstens das *Organ,* mit dem man überhaupt dieses Ganz Andere in sich spürt.

Zweitens die *Erkenntnis der Bedingungen,* der Gründe, warum wir von diesem Ganz Anderen getrennt sind, und was wir eigentlich fördern müßten, um uns dem zu öffnen.

Drittens den *Weg des Exerzitiums* erkennen und gehen zu lernen, auf dem man in einer praktischen Übung sich mehr und mehr zu dem hinformt, der dann jene durchlässige Form ist, jene geformte Durchlässigkeit darstellt, die er sein muß, um dieser Verheißung, diesem Auftrag zu genügen.

Schon wenn ich sage ›geformte Durchlässigkeit‹ und ›durchlässige Form‹ spreche ich offenbar etwas an, das nicht nur geistig und mental ist. Das vollzieht sich nicht nur im Kopf, in einem wohlmeinenden Denken. Es gibt kein größeres Mißverständnis der geistlichen Übungen, als daß man sich als der natürliche, gewöhnliche Mensch, der man ist, in guten Stunden hinsetzt und sich mit höheren Ebenen identifiziert. Es gibt Menschen, die das jahrzehntelang tun und sich dann wundern, daß sie im entscheidenden Augenblick der Begegnung mit einem widerwärtigen Schicksal nicht gewachsen sind. Sie haben Angst und Schuldgefühle wie die anderen, fühlen sich genau so einsam wie die anderen, wenn es darauf ankommt. Wohlgemeintes Sich-Erheben auf eine andere Ebene hin ist eben keine Übung! Das ist kein Exerzitium! Hier ist schon ein Mißverständnis, mit dem wir es immer zu tun haben, wenn wir üben, daß wir uns vorstellen, die transzendente Wirklichkeit, mit der eins zu werden unser aller Wunsch ist, die sei da oben – das Höhere sei oben.

Natürlich, das Ich erhebt sich mit seiner Ratio gleichsam über die Ebene der Triebe, entwickelt dann das Gefühl für die Werte des Schönen, Wahren und Guten, und dann kommt das Heilige und ganz oben unsichtbar der liebe Gott. Gott fällt in die Zuständigkeit der Priester, aber wir sind die armen Laien, wir sind in *diesem* Leben. Dieses ganze Schema ist sehr natürlich, es wächst aus der Tatsache, daß wir uns als das bewußte Ich tatsächlich auf einer höheren Ebene als dem Raum der Triebe fühlen. Aber auf das Ganze gesehen ist es eben falsch.

Der Weg zum Himmel hat in dem Maße, als wir aufzusteigen versuchen, zur Voraussetzung, daß wir uns tiefer verankern in der Erde. Der Weg des Geistes ist ein WEG nur in dem Maße, als er auch den Leib verwandelt. Im Mittelpunkt alles dessen, was Exerzitium ist, steht eine Verwandlung im Leibe, wozu freilich die Voraussetzung ist, daß man den Unterschied macht zwischen dem *Körper, den man hat,* und dem *Leib, der man ist.* Über diese Unterscheidung haben wir schon gesprochen.

Der Leib, der man ist, der *sich* in der Welt darleibt, ist die Einheit der Gebärden, in denen man sich gleichzeitig ausdrückt als Person und verwirklicht.

Diese *Einheit der Gebärde,* in der man sich darlebt und verwirklicht, ist die eine Seite des Menschseins. Die andere Seite ist die, daß er sich *er*lebt, daß er sich auch in dem Leibe, der er ist, spürt und fühlt. Der Leib ist also ein Organ des Sich-selbst-Spürens und -Fühlens. Es steht nicht auf der einen Seite der Körper, das Nichtbewußtsein, und auf der anderen Seite steht das Bewußtsein. Der Leib in seinen Gebärden ist selbst das Medium, ist das Erscheinungsfeld dessen, was wir spüren, was wir erleben. Wenn wir hier zusammenkommen, um Übungen zu erfahren, in denen wir uns verwandeln können zu jenem hin, in dem sich das Ganz Andere offenbart, dann müssen wir in erster Linie unseren eigenen Leib auch erkennen und wahrzunehmen lernen als Medium eines bestimmten Erlebens.

Wenn das überweltliche Sein sich in der Welt des Menschseins offenbaren möchte, was steht dann im Mittelpunkt von unser aller Leben als Menschen? Doch wohl das, was wir *er*leben! Also ist das, was wir als Menschen erleben können in seinem Gehalt, in seiner Tiefe, in seinem Glanz, der Grund, in dem Sein in unserem Menschsein sich als allererstes darlebt.

Gefühlswerte also, die im Blickwinkel einer naturwissenschaftlichen Wirklichkeit das allersubjektivste sind, werden hier plötzlich das Zentrum eines der Felder, in denen sich das Ganz Andere in uns und durch uns manifestieren kann: nämlich unser individuelles Erleben.

Wenn wir nach *dem Sinn unserer Existenz* fragen, und fragen: „Wo erfüllt sich dieser Sinn?“, dann ist es immer in erster Linie in diesem Raum der inneren Erfahrung, in der der Mensch allmählich herauskommen kann aus der Enge einer Angst, aus der Oberflächlichkeit eines nur in der Welt-Daseins, aus der Isoliertheit eines Getrenntseins von allem, was ihn umgibt, hinein in eine Geborgenheit, in eine Ordnung, in eine Kraft, die er *als erlebendes Wesen in sich stattfinden* fühlt. Aus diesem Erleben erwächst die Verpflichtung zum WEG, auf welchem dem Menschen die Manifestation des ihm eingeborenen Wesens immer natürlicher wird.

Ich erfahre es immer wieder von den Menschen, mit denen ich arbeite, daß sie sich fragen: „Woher nehme ich denn die Berechtigung, mich in eine Richtung zu verwandeln und an mir zu arbeiten, wenn das, was herauskommt, in erster Linie etwas Wunderbares ist, das *ich* fühle? Ist das nicht Egozentrik?" Diese Frage dringt nicht ganz vor bis zum Kern. Freilich wäre es ein Irrtum, auf die Gefühle des subjektiven Erlebens hinzuzielen oder auf einen Zuwachs von Kraft für das Ich. Überall drohen hier Mißverständnisse, überall legt der Teufel seine Schlingen und hält den Menschen an irgendeiner Stelle auf. Es geht nicht um diese Erlebnisse, sondern um ihren verpflichtenden Charakter und ihre *verwandelnde Kraft.*

Der Mensch fühlt sich zunächst als einer, der von den Bedingungen dieser Welt abhängig ist, und er leidet unter dieser Bedingtheit. Er leidet unter seiner Gebrechlichkeit, unter seinem Krankwerden-Können, letztlich unter seinem Sterbenmüssen. Aber dieser Mensch kann etwas erfahren, das ihn über all diese Nöte hinaushebt – an dem gemessen all diese Nöte einen anderen Sinn haben: nämlich Angelpunkt zu sein für eine Erfahrung, die, weil sie zu diesem Ganz Anderen gehört, ihn unabhängig macht von der Welt. Dann kommt der Punkt, wo er sich wirklich frei fühlt von der Welt und von dem, was sie ihm auferlegt, also befreit ist – ein *Lebensbefreiter,* wie es in der östlichen Tradition heißt – und erfährt, daß die Erfahrung, die er macht, daß dieses Erleben eben die Weise ist, in der das Göttliche LEBEN in ihm *sich seiner selbst* bewußt wird.

Man sagt, der Mensch sucht Gott – man kann auch umgekehrt sagen: Gott sucht den Menschen, er muß sich nur finden lassen. Man kann sagen: der Mensch versucht sich des Lebens in der Tiefe bewußt zu werden. Man könnte auch sagen: das größere LEBEN versucht, sich seiner selbst im Menschen bewußt zu werden. Dann geht es eigentlich mehr um ein Zulassen dessen, was sich in uns durchschaffen möchte, als um ein Machen von etwas, das wir erst nicht sind, aber dann werden können.

> Die ganze Übung auf dem WEG, auch die Übung, wie wir sie hier ansatzweise zu tun versuchen, ist ein Exerzitium zu einer Verfassung des Leibes, der wir sind als eine Einheit von Leib, Seele und Geist, in der wir fähig sind, etwas Göttliches, das sich an sich durch uns durchschaffen möchte, zuzulassen.

Das Wachsenlassen dessen, was *in* uns *ohne* uns wachsen möchte, unterscheidet sich vom Wachstum der Pflanze und des Tieres dadurch, daß es nicht von allein wächst, sondern der menschlichen Fürsorge, Pflege und Bereitung bedarf genau in dem Maße, als wir es als Menschen am natürlichen Wachstum stören.

Die Blume wird an ihrer Vollendung, an ihrem Wachstum nur verhindert durch äußere Einflüsse. Von innen stellt sie dem keinen Widerstand entgegen. Der Mensch dagegen hat eine Weise, seiner selbst, seiner Welt bewußt zu sein, *ohne* die er nur eine Blume oder ein Tier wäre, *durch* die er aber auch immer diese natürlichen Wachstumsprozesse stört. „Wir sind die Ursache aller unserer Hindernisse", sagt Meister Eckehart. Sich über diese Störungen klar zu werden gehört mit auf unseren Weg.

Was liegt da vor? Wir haben auf der einen Seite die Welt des Machens, des bewußten Tuns, des rationalen Erkennens, insgesamt kann man sagen, *die Welt des Leistens*. Auf der anderen Seite haben wir die Welt des Wachsens, des Sich-Verwandelns, *die Welt des Reifens*.

Leistung erfordert ganz bestimmte Fähigkeiten: gegenständlich fixierendes Denken, Analysieren, bewußtes Zusammenfassen, Organisieren, Konturieren. Das erfordert vor allen Dingen eine Kraft des Willens, eine gewisse Härte, kurz, lauter Gaben, die im wesentlichen männlich sind.

Beim Reifen geht es um ganz entgegengesetzte Gaben; scharfes Fixieren ist da von Übel. Wenn man den Atem fixiert, bleibt er stehen. Hier muß man zulassen, muß man warten können. Hier geht es nicht um die Härte des Willens, sondern um das weiche Mitgehen; nicht um das denkerische Durchdringen, sondern mehr um das intuitive Fühlen, überhaupt das Fühlen. Dort sind Kopf und Brust im Spiel, hier das Herz und der Unterleib, auf den wir noch besonders zu sprechen kommen werden.

Wir haben also hier mehr weibliche Gaben und dort mehr männliche. Die Deformationen und Leiden der Menschen unserer Zeit, die ganze Krise unserer Zeit hängen zusammen mit einer Hypertrophie des Männlichen in unserer europäischen Zivilisation. Wir Europäer haben nicht nur eine männliche, wir haben eine mann-männliche Kultur. Wenn wir heute lernen wollen, nicht der Frau, aber dem Weiblichen im Menschen die Ehre zu geben, dann müssen wir uns besinnen auf diesen großen Grundgegensatz, der bis in jede Atemübung hineinspielt: den Gegensatz der beiden Bewegungen, von denen in allem Lebendigen die eine hineindrängt in die Form und ihre Vollendung und die andere alles Gewordene und Besondere wieder heimnimmt in die große Einheit. Dort wird das Gegebene verwandelt und bereitet zu einer neuen Geburt, die wiederum Form wird und sich vollendet. Wenn sie aber hier stehen bliebe, müßte sie verhärten. Sie muß sich wieder heimgeben in einem ewigen Kreislauf, der unentwegt, gleichsam gleichzeitig in uns stattfindet und ohne den das *Leben* verdirbt.

Ich möchte das Beispiel doch noch einmal wiederholen, weil es in unserer Arbeit immer eine Rolle spielt: diese Urbewegung von Yang und Yin, in dem das Tao, das überweltliche Leben sich darlebt – um dieses alte chinesische Zeichen nochmals ins Gedächtnis zu rufen. Das ist das Werden zur Form, die als eine lebendige nur lebendig bleibt, wenn sie immer bereit ist, sich stets zu verwandeln, also sich in ihrer jeweiligen Gestalt anheimzugeben, um sich neu zu entdecken in einem neuen Impuls zur Form. Wenn diese Bewegung stehen bleibt im Yin oder im Yang, so wird daraus oben die Erstarrung und unten die Auflösung. Gerade dies widerfährt dem Menschen unserer Zeit, daß er sich immer wieder in diesem Gegensatz von Verspannung und Auflösung erlebt, weil ihm das Gefühl für das Wechselspiel von Yang und Yin, von Ausformung und Wiederanheimgeben, von richtiger Spannung und Entspannung fehlt. Es fördert den Menschen nicht nur nicht, wenn er seiner Verkrampfung abzuhelfen sucht, indem er durch falsch verstandene Entspannungsübungen in die Auflösung geht, sondern das führt ihn nur tiefer in die Gegensätzlichkeit hinein, die wirklich eine Erscheinungsform des Widersachers des Lebens ist, der darauf aus ist, uns zu zerstören und uns unseres eigentlichen *Lebens* zu berauben.

Die Erkenntnis der Arbeit des Widersachers gehört auf den inneren Weg. Zunächst können wir alle davon ausgehen, daß wir fortgesetzt im Begriff sind, uns in einer Weise zu entwickeln, die letzten Endes nicht dem *Leben* in uns dient, sondern uns eigentlich aus dem Leben heraus eskamotiert. Wir sind unentwegt dabei, uns zu sichern, uns möglichst feststehende Positionen zu schaffen im Theoretischen wie im Praktischen. Das ist, vom normalen Ich aus gesehen, höchst natürlich. In dem Maße aber, als sich das absolut setzt, als wir das Erreichte um jeden Preis festhalten, auch um den Preis der lebendigen Bewegung, werden wir sehr getreue Vertreter des Widersachers in uns, und das ist – man scheut sich heute schon beinahe, das zu sagen – eben jenes berühmte kleine Ich, ohne das wir kein Mensch wären, dessen Vorherrschaft uns aber das göttliche Sein raubt und uns in die Form einer Pseudoeigenständigkeit stellt, die im Grunde die sicherste Garantie eines Absterbens ist.

Wir können Begriffe bilden, Ziele haben an Stelle von Trieben, wir können erkennen, nicht nur spüren, können planen, nicht nur plötzlich uns etwas einfallen lassen. Wir können eine gesicherte Ordnung herstellen, eine Wert-Skala aufstellen, an die wir uns halten, in der ein menschliches Verhalten in einer konventionellen Gesellschaft möglich ist. All das ist notwendig – aber es ist zugleich die Kraft, die uns dauernd gefährdet, wenn wir nicht diese auf dem statischen Prinzip aufgebaute Wirklichkeit in uns mit jener anderen Wirklichkeit zu verbinden vermögen, die auf dem dynamischen Prinzip des Lebens beruht, in dem nichts stille steht. Wo *Leben* ist, gibt es nicht die statische Form, sondern dynamische Bewegung. Wo Leben ist, ist alles in Bewegung.

Jeder Mensch ist in jedem Augenblick das, was er ist, *nicht mehr* ganz und *noch nicht* ganz. Immer nur im Übergang sind wir das, was wir sind. Und doch müssen wir lernen, den Augenblick als *den* Augenblick zu erfahren. Wie bringen wir diese beiden Ebenen zusammen? Wie müssen wir sein, was müssen wir tun, was müssen wir erkennen, um dieses Ich, das per definitionem die Kraft zum Statischen, zum Fixieren und Festgestellten ist, um dieses Ich – anstatt es zum Botschafter des Widersachers zu machen – zum *Diener am Leben* zu machen? Das ist die Frage, die wir uns stellen müssen und die auch am Anfang unserer Arbeit steht, wenn wir uns hier zusammenfinden um zu lernen, was Meditation ist.

Und nun noch einmal zu Yin und Yang. Yin und Yang meint auch den Gegensatz von Materie und Geist, den Gegensatz von Erde und Himmel, von weiblich und männlich.

Männlich ist das Prinzip, das die Form schafft, weiblich ist das Prinzip, das die gewordene Form wieder in sich aufnimmt, verwandelt, erlöst und einer neuen Form Geburt gibt. Männlich-weiblich ist auch der Gegensatz zwischen Tag und Nacht. Wenn die Sonne aufgeht, treten die Formen hervor. Die Nacht nimmt sie heim in ein unbestimmtes Dunkel. So ist auch männlich die Kraft des Bewußtwerdens der Wirklichkeit und weiblich das Unbewußte.

Männlich ist das bewußt tätige, fixierende, formpräzise ins Auge fassende Ich; aber was heute herrscht, ist nicht der männliche Geist, denn Yang ohne Yin ist kein Yang – wie Yin ohne Yang kein Yin ist. Yin und Yang sind zwei Komplementärbegriffe, zwei Weisen, Pole, in denen ein lebendiges Ganzes sich in einem ewigen Dialog darlebt. Wenn aber Yang sich absolut setzt, dann ist es nicht mehr männlich, sondern mann-männlich. Dann ist es sozusagen der kleine Vatergeist, der Ordnung hält dadurch, daß er starr ist; der nicht mehr merkt, wie er herrscht, und der zu Hause sagt: „Kinder, ich weiß gar nicht, was ihr habt mit der Freiheit. In meinem Hause kann doch jeder tun, was ich will." Dieser Geist ist dem Leben im Grunde nicht mehr eingefügt, sondern glaubt in seiner eigenen Starre, selbst das Leben beherrschen und tragen zu können. Es ist sicher einer der Gründe für die Unruhe in unserer Zeit, daß soundsoviele Vertreter gewisser gewordener Formen unter dem Vorwand, das Gegebene schützen und erhalten zu müssen, in Wirklichkeit das Nachwachsende verhindern, so daß etwas hart wird, das immer nur wirklich ist, soweit es im Übergang bleibt.

Nun, dieses männliche Prinzip, das seine Ergänzung finden muß im weiblichen Prinzip – was heißt das im Rahmen unserer Übung? Was heißt das in bezug auf den lebendigen Leib? Was bedeutet reifen mit Bezug auf die Verwandlung des Leibes der Person?

Reifen, dieses Wort ist uns deutlich aus der Natur; wo es fällt, haben wir es zu tun mit dem Hinleben auf eine Frucht. Nehmen wir es im biologischen Sinne, dann bedeutet es: ein junger Mensch wird reif, wenn er fähig ist, sich mit dem Partner zu vereinigen; biologisch ist das Ergebnis das Kind. Es gibt aber auch eine Ebene des Geistes, wo Reifen bedeutet, fähig zu werden, das Ich zurückzustellen und eins zu werden mit einer Sache; dann ist das Ergebnis das vollendete Werk. Die Reife im *tieferen* Sinne jedoch meint die Fähigkeit des Menschen, als dieses auf die Welt bezogene Ich, als das wir uns zunächst alle fühlen – Frau X, Herr Y in der und der Rolle in der Welt – als dieses auf die Welt bezogene und von der Welt abhängige Ich eins zu werden mit jenem Tiefinnersten in uns, das nicht abhängig ist von der Welt, sondern Zeuge ist einer anderen Dimension, von deren Anwesenheit letztlich alle Fruchtbarkeit in der Welt abhängt.

Die Einswerdung unseres bewußten Ichs mit diesem uns zunächst unbewußten, dann aber bewußt werdenden Ganz Anderen in uns zeugt und gebiert schließlich als Kind den verwandelten Menschen als denjenigen, der als ein in der Welt seinen Mann stehender Mensch zugleich dem, was in ihm weiblich ist, die Ehre gibt. Dann nämlich kann er dauernd der sein, der das Gewordene wieder aufgibt, verwandelt und in einem ewigen Prozeß der Verwandlung in der Entwicklung bleibt. Die Frucht also ist dieser Mensch, der als ein ewig sich Verwandelnder wirklich Zeuge dieser anderen Dimension ist *in* diesem Dasein.

Der Leib nun spiegelt dieses Werden. In welchem Sinne kann man sagen, daß der Leib Spiegel ist auf dem Wege des Reifens? Gibt es Erscheinungsformen im Leibe – immer verstanden als der Leib, der man ist – die Zeichen der Unreife sind, und auf der anderen Seite Erscheinungsformen, die Zeichen der Reife sind? Es wird niemand von sich sagen können: „Ich bin ein Gereifter!" Keiner wird bereit sein zu sagen: „Ich bin nur eine Unreifer!" Jeder von uns hat Augenblicke, in denen er dem Bilde des Gereiften entspricht und andere Augenblicke, in denen er dem Bilde des Ungereiften entspricht. Bei den Erscheinungsformen der menschlichen Unreife tauchen Bilder auf z. B. von einem Menschen, der sehr verlegen ist. Wenn er sich nur ein ganz klein wenig in seiner Haltung verändert und etwas aufrechter daherkommt, verändert sich sein Verhalten. Seine Haltung als Gesamt-Verfassung hat immer etwas zu tun mit seiner Gesamtweise da zu sein. An der Haltung sieht man, ob jemand noch ganz in seinem kleinen Ich steckt, also Angst hat und in einer Abwehrstellung ist, die ganze Zeit das Gefühl hat, er wird jetzt angegriffen: es ist Gefahr, es könnte ihm etwas passieren, man muß auf der Hut sein. Oder er wird wohl nicht richtig verstanden. Er wird nicht richtig gesehen und anerkannt. Auch diese Angsthaltung drückt sich im Leibe aus, in hochgezogenen Schultern und einem unnatürlich steifen Genick.

Das schwerwiegendste Zeichen der Unreife sehen wir an dem Menschen, der ohne Kontakt daherkommt, der so in sich verschlossen ist, daß er keinen Zugang hat zu dem, was ihn umgibt. Er steht nicht nur dem Mitmenschen ohne Kontakt gegenüber, sondern er geht auch durch die Natur wie ein Fremdkörper. Er schwingt nicht. Umgekehrt gibt es Menschen, die ein natürliches Wir-Bewußtsein haben, ein Bewußtsein der Zugehörigkeit, das sie in jeden Kreis einbrechen läßt in der Überzeugung, daß sie aufgenommen sind in Liebe. Das ist aber kein Zeichen von Reife. Alles menschliche Reifen zur Person hin läuft immer über den Umbruch einer Form, die zunächst einmal dem Reifen entgegengesetzt ist. Der Mensch muß zuerst ein wirklich kräftiges Ich ausbilden, mit dem er hinstehen kann, aus dem heraus er, wenn ihn jemand auf die eine Backe schlägt, nicht die andere hinhält, sondern zurückschlägt. Er muß etwas haben, um es hinzugeben, dann hat es erst Gültigkeit. Gereift ist nicht das junge Mädchen oder der junge Mensch, der einfach so daherkommt in seiner Ganzheit, von der man ergriffen ist.

Das Zeichen der Reife ist ein Mensch, der im Leibe der Ausdruck dessen ist, daß er vom Ich her keine Angst hat vor der Vernichtung, weil es die Form der Vernichtung, gegen die man sich in dieser Weise schützen kann, für ihn nicht gibt, denn er ist in Verbundenheit mit seinem unvernichtbaren Kern. Je mehr er sich als Ich, das stehen bleiben will, in der Welt gefährdet sieht, desto mehr wird er sich in eine Haltung geben, in der er in Fühlung bleibt mit dem Ganz Anderen, dessen Anwesenheit das Gefährliche entmachtet. Er versucht, diesen goldenen Faden nicht loszulassen, der ihn mit dem verbindet, dessen Zeuge zu sein einen ja sowieso außer Konkurrenz der Iche setzt. Eine japanische Übungsanweisung sagt: „Nur in dem Maße, als du im Fechten kein Ich mehr hast, das der andere treffen kann, bist du von vornherein der, der den anderen besiegt. Er schlägt ins Leere und du bleibst da und weckst allmählich auch in ihm das Ganz Andere – das Schwert, das Leben weckt, anstatt zu töten."

Wenn sich Menschen in dieser Verfassung treffen, dann sind sie plötzlich füreinander da ohne Sorge, wie sie angesehen werden. Wenn wir uns in einem Kreise finden, in dem wir uns gegenseitig kennen und wissen, daß wir uns schätzen, in dem wir miteinander sind, ohne uns gegenseitig in Frage zu stellen, dann sind wir jetzt in diesem quasi ungefährlichen Augenblick auch der Leib, der eigentlich gemeint ist. Es kommt darauf an, daß er nicht nur unter geschützten Bedingungen in Erscheinung tritt, sondern beim Gereiften unter allen Bedingungen.

Das Gereifte und das Ungereifte, das sich im Leibe ausspricht, wird in bestimmten Bezirken deutlich: in der *Haltung,* im Schwerpunkt – ob wir ihn oben oder unten haben, gar keinen oder an der richtigen Stelle – und in der *Atmung*, ob sie oben sitzt oder aber dort, wo sie die die ewige Verwandlungsbewegung repräsentiert, im Zwerchfell. Es wird auch deutlich in dem ganzen Verhältnis von *Spannung* und *Lösung*, das als Wechselspiel von Gespanntheit und Gelöstheit zwei Seiten eines lebendigen Ganzen bildet und nicht zwei sich ausschließende Zustände darstellt wie Verspannung und Auflösung.

Das führt uns schon heran an unsere direkte Übung des Leibes und die Bedeutung der *Leibesmitte*.

Der Raum des *Beckens* ist im Unterschied zu Brust und Kopf der Raum, in dem wir diejenigen Kräfte lokalisieren, die nicht auf das objektivierende Denken und Machen zielen, sondern auf die Verwandlungsvorgänge der Verdauung, des heranwachsenden Kindes, des Atems. Das merkwürdige Phänomen ist, daß der Raum, in dem biologisch gesehen das Kind wird, auch der Raum ist, in dem der andere Mensch wird und *ohne* den der andere Mensch nicht wird. Der Mensch wird nicht vom Kopf, nicht vom Denken her ein anderer, sondern vom Bauchraum her. Wenn wir nur oben sind, schließen wir jenen Raum des Beckens aus, der uns mit den kosmischen Mächten verbindet. Oben haben wir die Kräfte, die uns gleichsam absetzen. Hier sagen wir ›Ich bin Ich‹. Unten im Bauchraum sagen wir ›Ich und Du‹. Oben schließen wir uns ein, unten öffnen wir uns. Oben trennen wir den Menschen als ein Geistwesen von der großen Natur.

In der Praxis erlebe ich immer wieder – wie jeder, der den ganzen Menschen meint –, wie das Aufgehen des Beckens die Voraussetzung für die Verwandlung des Menschen ist. Bis zum Kopfschmerz geht es um das Sich-Öffnen unten.

Ein Problem, das hier hereinspielt, ist die Sexualität. Man erlebt immer wieder den Menschen – männlich wie weiblich – dessen Leiden damit zusammenhängt, daß der Raum der Sexualität ›ungefreut‹ ist, wie man im Schwarzwald sagt. Da ist etwas blockiert, nicht in Ordnung, darf nicht sein, muß verneint werden. In dieser Verneinung schließt der Mensch nicht nur den Sexualraum ab, sondern das ganze Becken. Umgekehrt ist das Heilwerden in diesem Raum der Sexualität nie anders möglich als durch das Aufschließen des ganzen Beckenraumes. Nur in dem Maße, als der Mensch frei ist, geöffnet zum Kosmischen hin, kommen auf der einen Seite die sexuellen Kräfte zurück, und auf der anderen Seite, wenn der Mensch sagt: „Ich will mit Sexualität nicht mehr direkt zu tun haben", beunruhigen sie dann nicht mehr dadurch, daß er sie abwürgt. Indem er diese Kraft anheimgibt, entläßt, kommt sie ihm im Ganzen als ein Teil der Lebenskräfte zurück.

Dieser Raum des Beckens ist also die Brücke zu den großen, still waltenden und uns verwandelnden Kräften der Natur, deren ungehemmtes Wirken die Voraussetzung ist für einen Geist, der sich nicht verklemmt, der nicht verstellt ist, nicht statisch fixiert ist, sondern der auch in seinen Werken durchlässig und lebendig bleibt, ein Manifestationsfeld für das *Leben*, das niemals still steht, sondern immer die ewige Bewegung der schöpferischen Erlösung ist. Sich zu verwurzeln im Hara, in diesem mittleren Raum unserer Vitalität, heißt nicht, im Stofflichen, im Materiellen zu bleiben, sondern *Mater* ernst zu nehmen als das mütterliche Kraftzentrum, ohne das es kein immer neues Sich-Aufnehmen, Verwandeln und Neugebären gibt. In diesem Sinne steht dann auch die Welt der Leistung im Dienst der Welt des Reifens.

Die Arbeit am Hara, dem Beckenraum, meint die Herstellung einer Verfassung, in der wir als das Ich, das wir auch immer sind, doch zugleich verankert und verwurzelt sind in der anderen Dimension, die uns frei macht von der *Vorherrschaft* dieses Ich, indem sie uns von woanders her trägt, immer wieder heimnimmt und erneuert. Diese Verfassung macht uns als Menschen fähig, uns an nichts festzubeißen, sondern auf jeder Stelle, auf der wir gerade sind in der Welt, uns hinzugeben ohne Rest, ohne Angst, daß wir etwas halten müßten, in vollem Vertrauen auf das, was wir als die dem größeren Leben zugehörigen Wesen sind, die dem göttlichen LEBEN nicht anders entsprechen können als in diesem ewigen Prozeß der Verwandlung.

Noch ein Wort zum Leib als Zentrum eines bestimmten Erlebens. Das Reifwerden eines Menschen, der sich dem Zustande des Fruchtseins nähert, wird unter anderem spürbar in dem, was er innerlich erlebt als die andere Dimension, die ihn anrührt in Gestalt von Qualitäten, die wir die numinosen nennen. Wo erleben wir das, wenn nicht in unserem Leibe, in jener Stille des Leibes, die nicht die Stille des Todes ist, wo nichts mehr sich rührt, sondern die Stille des Lebens, in der nichts mehr die Bewegung der Verwandlung aufhält. Im Leibe erfahren wir uns in dieser inneren Schwingung und Beschwingtheit – wir fühlen, daß ein Augenblick aus dem anderen hervorgeht, und eben in dieser nahtlosen Weise des Weiterwerdens erleben wir im Leibe, wenn wir uns ganz wohlfühlen in uns selbst, wie sich das größere Sein in diesem Dasein manifestiert.

Die Leiberfahrung des Wohlfühlens wird spürbar auf verschiedenen Ebenen: auf der Ebene der natürlichen *Gesundheit*, auf der Ebene der richtigen *Form* oder aber in jener geheimnisvollen *Durchlässigkeit*, in der uns im Leibe das Sein in seiner Dreieinheit aufgeht: in seiner *Fülle*, in seiner *Gesetzlichkeit* und in seiner *Einheit*. In dem Maße, als wir mit dem Sein in uns verbunden sind, uns darein einfühlen, können wir im Leibe spüren, daß uns von dort her Kraft zuwächst, die in uns einströmt, uns zur Verfügung steht ohne Überlegung, ohne Willensakt, und gleichsam durch uns hindurch wirkt. Diese Kraft der eigenen Tiefe befähigt uns, der Welt zu *begegnen*, die Welt zu *tragen* und die Welt zu *verwandeln*.

Wenn in einer Bewährungsprobe, in einem Examen, in einem sportlichen Wettkampf das eigene Können nicht zur Verfügung steht, dann deshalb, weil man glaubt, die Leistung selbst machen zu müssen anstatt in der Lage zu sein, in einer Fühlung mit dieser anderen Dimension *ihr* das Tun zu überlassen, so daß, das technische Können vorausgesetzt, durch sie hindurch herausgespielt wird, was von außen her als eine Leistung bewundert wird. Einige unter Ihnen erinnern sich sicher an Bilder großer Sportler vor einer Meisterleistung. Da können wir Bilder sehen von einer unglaublichen Sammlung und ein Gesicht, das nicht einfach konzentriert ist, sondern ein frommes Gesicht ist mit dem Ausdruck einer Form der Fühlungnahme, des Sich-Anheimgebens. Die wissen schon einen Augenblick, bevor sie die Leistung vollbringen, daß sie sie schon geleistet haben. Sie kommt einfach nur so hervor.

Bei der Eröffnung der Gymnastrada in Basel habe ich an einem Podiumgespräch der Leichtathleten teilgenommen. Ich stellte an diejenigen, die einen Langstreckenlauf wirklich gemacht und dafür trainiert haben, die Frage: „Erinnern Sie sich vielleicht an einen Augenblick, wo Sie in herrlicher Verfassung waren, plötzlich gelaufen sind, gelaufen – und Sie wußten gar nicht mehr, wer lief, und Sie liefen Ihre Bestzeit in einem Lauf, an dem Sie eigentlich nichts gemacht haben? Sie fühlen sich als ein ganz anderer und haben ein ungeheures Erlebnis. Das ist es dann eigentlich, worauf es ankommt. Da hat der Mensch die Gabe gehabt, anstatt es noch einmal zu machen, es geschehen zu lassen." – Anschließend sagte mir einer der älteren Sportler: "Wenn ich das nur 20 Jahre früher gewußt hätte. Damals kam ich aus einem Krankenhaus heraus. Es war für mich eine Zeit der körperlichen Erholung, aber zugleich auch der Besinnung. Ich war eigentlich noch kaum erholt, als ich wieder auf die Aschenbahn ging und lief und lief und wußte nicht, was mir widerfuhr, es lief gleichsam für mich. Das war ein unbeschreibliches Erlebnis. Heute erfahre ich, daß das, was ich vor 20 Jahren erlebt habe, eigentlich ein entscheidendes, ja vielleicht das maßstabgebende Erlebnis meines Lebens hätte sein müssen. Jetzt begreife ich erst, worum es eigentlich geht!" Es geht selbstverständlich immer im Wettkampf um Leistung und Steigerung der Resultate, aber im Grunde genommen ist der Sinn der Leistung nicht die 10 cm mehr, sondern der Mensch, der sich in einer Leistung ohne Mühe bewährt.

Von dieser Einstellung sind wir ja noch so weit weg und derjenige, der etwas kürzere Beine hat oder etwas älter geworden ist, kann nur traurig daneben stehen und sagen: da habe ich nichts mehr zu melden. Umgekehrt gibt es eine Weise Sport zu üben, in der man den Leib übt wie ein Instrument, bis er wie ein wirkender Spiegel in den kleinen Abweichungen einer Leistung, deren Technik man beherrscht, sichtbar werden läßt, wo man als Mensch versagt. Die Übung zur Leistung, deren Technik man beherrscht, wird so zur Gelegenheit, sich selbst fortschreitend in Ordnung zu bringen.

Das ist aber nur möglich, wenn der Leib zum Medium des Spürens wird. Es gibt so etwas die Feineinstellung nach innen hin, die sich nicht auf Muskeln bezieht, sondern das Letzte herausnimmt an Widerstand, der durch den falschen Ehrgeiz kommt, es unbedingt richtig machen zu wollen, durch die Angst zu verlieren, und jene Reinheit des Spiegels herstellt, die sich dann in der Bewährungsprobe, die in jedem Augenblick unseres Tages liegt, erweist. Dann gilt Leistung nichts, wenn sie in einer deformierten Haltung erbracht wird. Beim japanischen Wettschießen gilt der Schuß nichts, auch wenn er ins Zentrum trifft, wenn sich im Augenblick der Auslösung das Auge verkleinert, der Unterkiefer hervortritt – denn das ist unrein.

Es geht doch eigentlich nicht um das Maß, das erschossen, ersprungen, erlaufen werden muß, das man messen kann mit einem Metermaß, sondern um das *Ebenmaß*, in dem der Mensch sich in seiner Ordnung, d. h. in seiner Übereinstimmung mit dem Ganz Anderen in sich im Augenblick der Leistung bewährt.

Das kann in der Übung des Sitzens ebensogut geübt werden, wie es sich in der Stille nach innen hin abtasten läßt. Das beginnt mit der Feststellung gewisser Spannungen in einem objektiven Sinne, aber mehr und mehr wird jede kleine Störung, die wir noch spüren, jede Abweichung von der richtigen Haltung, sei es nach oben oder nach unten, zum Spiegel einer inneren Unordnung, der zeigt, daß wir innerlich noch nicht richtig eingestellt sind. Nach und nach wird sichtbar, daß wir immer noch etwas von uns wollen oder uns noch nicht in der richtigen Weise zur Verfügung stellen, noch nicht offen sind, noch nicht die Schale sind. Diese Schale muß offen sein, aber auch Wände und Boden haben, so daß wir uns in das Geöffnete hinein lassen können, aber nicht durchfallen, sondern uns aufgefangen fühlen. Auf dieser Schale müssen wir sitzen wie auf einem Wurzelstock, der den Baum trägt und die Kräfte der Erde immer wieder verwandelt in Säfte des Stammes, von wo es dann aufwächst zur Krone und wieder heimgeht. In dieser Feineinstellung im Leibe geht es um ein Spüren des Leibes nicht als Instrument für eine Leistung, sondern als Medium des Erlebens, das als solches gereinigt werden muß, um durchlässig zu sein. Das hat freilich immer zur Voraussetzung, daß wir eben dieses mit unserer Gesamteinstellung suchen: einer zu werden, der als dieser Mensch in der Welt – als der einfache, wieder ganz natürlich gewordene Mensch – durchlässig ist für dieses Ganz Andere, der, ohne daß er mit seinem Ich dazwischen steht, einfach herauskommen kann, auch in der Sprache einer von der Welt her notwendigen Leistung.

Es ist wohl jedem klar, daß unsere Arbeit nicht einem Menschen dient, der sich aus der Welt zurückziehen muß, um seiner Innerlichkeit zu leben, sondern einem Menschen, der in der Welt da ist, aber in einer Weise, die dadurch segensreich werden kann, daß er selbst sich der Reifung nähert.

Die Welt der Dinge und die Wirklichkeit der Person

Ich habe von einigen von Ihnen Bedauern gehört darüber, daß sich immer wieder neue Teilnehmer in unserem Kreise einfinden, so daß es notwendig wird, immer wieder das Gleiche zu sagen, das die ›Fortgeschrittenen‹ schon kennen. Es ist aber so, daß es in der Praxis, die wir üben, immer wieder um das Gleiche geht. Ich hörte gerade von unserem Aikido-Meister in Todtmoos, daß er, als er bei seinem Meister anfing zu üben, ein halbes Jahr lang nichts anderes zu tun bekam, als in dem Übungsraum auf und ab zu gehen – nichts als zu gehen. Er dachte sich, er sei doch hierher gekommen, um eine Kunst der Selbstverteidigung zu lernen und nicht um spazieren zu gehen. Erst viele Jahre später hat er erfahren, was es bedeutet, in Gegenwart des Meisters einfach richtig gehen zu lernen.

Wir Europäer haben eine seltsame Vorstellung davon, was üben bedeutet. Wenn wir aufgefordert werden, eine Viertelstunde lang eine bestimmte Bewegung zu machen, sagen wir: das kann ich – was kommt dann. Für uns Europäer bedeutet *üben* immer üben zu einem *Können*, und wenn man das dann kann, kommt etwas Neues. Üben im Sinn des Exerzitiums beginnt erst dort, wo man etwas kann, wo man nicht mehr aufzupassen braucht, wo das gegenständlich fixierende Ich ausgeschaltet werden kann. Wo der Verstand und der Wille schweigen, kann die Seele anfangen zu sprechen.

Ich selber erlebe es an mir, wie ich mir beim Üben jeden Tag immer wieder dieselbe Litanei vorsagen muß, damit ich dann *vielleicht* manchmal in jenen Zustand komme, den wir alle beim Üben suchen und der uns dann befähigt, mit etwas mehr Kraft, etwas richtiger und etwas wärmer im Alltag zu stehen.

Wenn sie einen japanischen Meister fragen: worum geht es eigentlich bei dem, was Sie ›Satori‹ nennen? dann können Sie die enttäuschende Antwort hören: Satori ist eine natürliche Art, normal zu sein. Es ist jener Zustand, in dem der Mensch als ein Erleuchteter in einem unmittelbaren Kontakt mit dem Sein stehend fähig ist, in seiner eigentlichen, normalen Natur zu verweilen. Es ist schwer, auf natürliche Art normal zu sein.

Dazu gehört, daß wir uns darauf einstellen, gewisse Dinge zu wiederholen, ohne etwas dazuzutun, ohne etwas wegzunehmen, etwas zu verdecken oder angeben zu müssen, ohne etwas fürchten zu müssen – einfach *wir selbst* zu sein, so wie wir von der Natur her sind. So wollen Sie das bitte auffassen, wenn wir immer wieder in dem Übungsteil, um den es uns hier geht, dasselbe tun.

> Wo von Übung die Rede ist, geht es nicht um das Üben eines Könnens, sondern *aufgrund* dieses Könnens um das Sich-Einspielen einer Verfassung, deren Sinn nur auftaucht, wenn wir uns auf dem WEGE befinden oder zumindest uns um den Weg bemühen. Der Sinn des Übens ist eine Verfassung, dank derer etwas ganz anderes in uns ans Licht kommen kann, das wir im Grunde in unserer ursprünglichen Natur sind.

Es geht nicht darum, daß *wir* freier werden, sondern daß *etwas in uns* befreit wird. Man muß es umdenken: nicht Gott soll uns helfen, daß wir frei werden, sondern wir müssen so werden, daß das Göttliche in uns frei werden und hervorkommen kann.

Dazu ist vieles wegzuräumen, und als erstes muß man gewisse Haltungen einspielen wie z. B. das richtige Stehen, Sitzen und Gehen. In einer Haltung, in der man weiß, daß man sich nicht bewegen darf, wie in einem Konzert, hört man anders als sonst; man ist sozusagen ›ganz anders da‹.

Ich möchte heute mit Ihnen eine Reise machen in ein unbekanntes Land. Wir haben jetzt eine zweite Mondlandung erlebt, dieses unbekannte Land des Mondes. Es gibt aber ein anderes Land, das ganz unbekannt ist, das sind die uns allzu bekannten Dinge. Das Allzubekannte, das uns täglich umgibt, unser Haus, unser Zimmer, die Straße, die wir jeden Tag gehen, unsere unmittelbare Umgebung kennen wir so genau, daß wir sie nicht mehr sehen und eigentlich gar nicht wissen, was in diesem Raum, der uns unmittelbar umgibt, an Dingen und Möglichkeiten enthalten ist für den WEG. Das heutige Thema möchte ich nennen: Die Welt der Dinge und die Wirklichkeit der Person.

Auch wenn ich in einem ersten Abtasten dieses Themas nicht sehr in die Tiefe gehen kann, hoffe ich doch, daß jeder von Ihnen irgend ein Beispiel, eine Anregung mitnimmt, um die Welt der Dinge zu nutzen, sowohl als Quelle der Erkenntnis für den WEG wie auch als Feld der Übung auf dem WEG.

Wir leben unser Leben in der Welt und wenn wir sagen ›in der Welt‹, dann denken wir an eine Wirklichkeit, die unabhängig ist von uns selbst. Auf der einen Seite sind wir der Mensch, der seiner selbst und seines Lebens bewußt ist, der etwas fühlt, der in einem ganz bestimmten Koordinatensystem existiert zwischen Potential und Verwirklichung, zwischen Leiden und Erlösung vom Leiden, zwischen Verzweiflung und Hoffnung. Das alles sieht von der objektiven Seite her betrachtet subjektiv aus, macht aber sein Leben als Subjekt eben aus. Demgegenüber haben wir alle die Vorstellung einer von uns unabhängigen Wirklichkeit der Natur, der anderen Menschen und der Dinge.

Wir lassen heute die Natur weg und stellen auch den anderen nicht in den Mittelpunkt, sondern die Dinge und die Sachen. Wir meinen mit einer Sache, mit einem Objekt etwas, das von uns her gesehen nichts erlebt, das das, was es ist, in sich selbst ist und zwar im Zusammenhang eines Gefüges von Dingen, dem im Prinzip eine begriffliche Form der Erkenntnis angemessen ist. Der *erlebende Mensch* einerseits – die *Welt,* die aus sich unabhängig von ihm ist, andererseits.

Die Welt als eine von uns unabhängige Welt – oder von uns als unabhängig vorgestellte Welt – ist eine Wirklichkeit, in der in ganz anderem Ausmaß, als wir uns das zunächst denken können, der Mensch immer hineinverwoben ist. Das können wir an den Anfang stellen, denn, wie wir später sehen werden, ist es wichtig für die Bedeutung, die die Dinge für den WEG haben. Der Mensch ist immer mit drin in der Welt, die er erlebt, auch wenn er sie als eine objektive wähnt. Natürlich gibt es von uns her gesehen Dinge, die für alle gültig sind, da gibt es einen Himmel und eine Erde, oben und unten; es gibt Raum und Zeit, es gibt Tag und Nacht, es gibt Jahreszeiten.

Es gibt also Erscheinungen, von denen wir sagen: das ist für alle Menschen so.

Andere Erscheinungen sind in ihrer Erscheinungsweise gebunden an eine subjektive Ausgangslage, die nur jetzt für einen individuellen Menschen an seinem augenblicklichen Ort besteht. Ein Düsenflugzeug am Himmel zum Beispiel scheint still zu stehen, man sieht keine Bewegung. So sehr ist die von uns als objektiv gesehene Welt bezogen auf unser ganz spezifisch menschliches Auffassungsvermögen. Wir wissen von Wellen, von Vibrationen, die eine Fliege spürt oder ein Vogel, wir aber nicht mehr. Wir wissen, daß es Töne gibt, die wir nicht mehr hören. Das muß uns zu denken geben, wenn wir vom Objektiven sprechen, wie sehr wir in dem, was wir für objektive Wirklichkeit halten, immer auch subjektiv beteiligt sind. Ebenso hat die Naturwissenschaft, die sich um eine Erkenntnis bemüht, die unabhängig ist vom Menschen, immer mehr erkennen müssen, daß bei aller Bemühung im Beobachteten doch immer noch der Beobachter mit drin ist.

Innerhalb unserer menschlichen Wirklichkeit gibt es vieles, in dem wir uns begegnen und dann doch sagen: „Das ist objektiv. Das ist ein Haus, ein Tisch, ein Baum" – aber nur für den Menschen. Für die Heuschrecke ist das kein Haus. Alles, was irgendeine Bedeutung für uns hat, hat sie für uns als *Menschen.* Landen wir nun in einem großen Subjektivismus? Natürlich nicht, denn so ist die Struktur unserer Wirklichkeit, innerhalb derer man sehr wohl unterscheiden kann zwischen Dingen, in denen der Mensch in einer ganz bestimmten *persönlichen* Weise einbezogen ist, und den anderen, die er unter Absehung seines Persönlichen als *sachliche* Wirklichkeit zu erfassen vermag.

So muß man wohl an den Anfang einer Betrachtung des Themas *Der Mensch und die Dinge* das Faktum stellen, daß wir in diesem Leben in einem doppelten Aspekt existieren: in einem persönlichen Aspekt und einem sachlichen Aspekt. Im sachlichen Aspekt meinen wir und verhalten wir uns nach Kräften zu einer Wirklichkeit, die von uns und unserem persönlichen Erleben, unseren Wünschen, unserem Wollen unabhängig ist. Unter dem persönlichen Aspekt finden wir uns umgeben von Dingen, die das, was sie sind, für uns sind kraft der persönlichen Bedeutung, die sie für uns haben. Nehmen Sie irgend eine Vase, die ein

Andenken ist. Sie ist objektiv, läßt sich als solche beschreiben, messen, wiegen, aber darüber hinaus auch noch als Kunstwerk beschreiben in einer für einen relativ großen Kreis gültigen Form, die natürlich gewisse menschliche Grundmöglichkeiten, vielleicht auch eine gewisse Bildung voraussetzt, aber doch objektiv gefaßt werden kann. Auf der anderen Seite ist es vielleicht ein Andenken, und als Andenken, das Sie von einem ganz bestimmten Menschen bekommen haben, ist das Gewicht, die Bedeutung, die Qualität, die diese Vase als Andenken für Sie hat, ungleich wichtiger als die Frage, ob sie 1 000 Mark oder 1 Mark wert ist. Es gibt ein Sehen und ein Umgehen mit den Dingen unter dem persönlichen wie unter dem unpersönlichen Aspekt, das *heilvoll* ist für den inneren Weg oder nutzlos, wenn nicht heillos.

Schauen wir uns zunächst die objektive Wirklichkeit an, die Wirklichkeit im sachlichen Aspekt. Es ist nicht selbstverständlich, daß man eine Sache als Sache, als Objekt sieht. Das Kind hat noch keine objektive Welt, sondern nur seine Um-Welt. Alles ist auf das Kind bezogen und ist eine Antwort auf seine Bedürfnisse, Instinkte und Triebe. Kinderzeichnungen sprechen mehr als vieles andere auch für einen Dritten davon, wie sehr Wirklichkeit für das Kind das Insgesamt dessen ist, was wirklich eine persönliche Bedeutung für es hat. Ein Schutzmann zum Beispiel bestand früher aus einer Pickelhaube und seinen glänzenden Knöpfen. Ich habe vor vielen Jahren einmal eine Arbeit über das plastische Gestalten des Kindes zwischen dem 3. und 6. Lebensjahr gemacht. Ein Specht war ein Schnabeltier, er bestand nur aus einem Schnabel, einem roten Klecks und langen Beinen. Das ist der Specht für das Kind. Erst später kommt das Interesse an der Sache, die so ist und nicht anders. Heute wissen wir, daß das Künstlerische ganz wesentlich davon abhängt, daß der Mensch diese Weise, die Dinge zu sehen als Antwort auf ihn selbst, nicht ganz verliert.

Es gibt nichts Schlimmeres als Eltern, die die Kinder loben, weil sie schon beinahe zeichnen wie Erwachsene. Dadurch wird das schöpferische Potential aus der unmittelbaren Bezogenheit, der persönlichen Verbindung mit etwas, zerstört und vorzeitig abgelöst. Wenn das Kind die berühmte „Was-ist-das"-Frage stellt und plötzlich Abstand nimmt und wissen will, „das ist das“, einen Namen sucht und „ich bin ich“ sagt, dann beginnt in einer ersten Phase das, was wir das Rationale nennen: die Vorstellung einer Objekt-Welt, die unabhängig ist vom Subjekt und so und so heißt, begrifflich so und so eingeordnet werden kann. Das setzt sich später fort in einer weiteren Stufe des Menschen, wo er nicht nur in der Lage ist, überhaupt ein anderes als ein anderes zu erkennen, sondern auch noch dieser Sache sich zur Verfügung stellt, indem er ihr dient. Er weiß nicht nur, das ist ein Instrument, mit dem ich das und das tun kann, sondern er nimmt wirklich sich selbst als Subjekt heraus, um einer Sache als solcher zu dienen. Nun fängt er an, wirklich sachlich zu denken, sachlich zu werden. Die Welt der Werte ist eine Wirklichkeit, die aus sich heraus den Anspruch an den Menschen stellt, sich ihr gegenüber in einer ganz bestimmten Weise zu verhalten.

In dieser Forderung der Dinge, die ihre eigene Bedeutung haben, ihre eigene Würde und eigene Ordnung, und in dem Eingehen auf die Eigenordnung, die Eigenstruktur der Dinge, mit denen wir umgehen bis in die Sprache hinein, liegt ein besonderes Feld nicht nur der Erkenntnis, sondern der Übung auf dem WEG: den Dingen ihre Ehre zu geben, uns demgegenüber, was wir als objektiv wähnen, wirklich so zu verhalten, wie es erforderlich ist.

Diesen Gegensatz: die Dinge für mich, in einem egozentrischen Sinne, und die Dinge für sich, diesen Gegensatz übergreift eine dritte Dimension. Novalis sagt: „Alles Sichtbare ist ein in einen Geheimniszustand erhobenes Unsichtbares.“ Man kann auch sagen: „Alle Oberfläche ist eine in einen Geheimniszustand erhobene Tiefe.“ Es ist also eigentlich gerade umgekehrt, als wir gewöhnlich meinen. Wir meinen, daß wir die Oberfläche kennen und dahinter ist dann noch etwas. Wir kennen sie aber gerade nicht in ihrer eigentlichen Bedeutung, nämlich in der Möglichkeit, durch die Oberfläche hindurch eine Tiefendimension zu erspüren, die nur in dem Maße erspürt werden kann, als man selbst offen dafür ist, als sie hier ansprechen kann. Schon wenn ich das sage spüren Sie, daß darin eine unglaubliche Aufgabe enthalten ist. Wenn es so ist, daß alles, was uns unmittelbar umgibt und uns in seiner Oberfläche begegnet, eigentlich ein in den Geheimniszustand erhobenes Tieferes ist, dann müßte ja, eine bestimmte Einstellung vorausgesetzt, alles was uns umgibt, ob es ein Stein, eine alte Mauer, eine schmutzige kleine Sackgasse in der Stadt, irgend ein stehengebliebener alter Karren, ein Stück Papier oder eine alte Wand sei, aus einer unglaublichen Tiefe heraus zu uns sprechen, wenn wir nur in der richtigen Einstellung sind. Wir treten in eine völlig andere, neue Beziehung zu den uns umgebenden Dingen der objektiven Wirklichkeit, wenn wir dahin gekommen sind, uns einzuspielen auf eine Haltung, eine Verfasssung, die unmittelbaren Bezug hat zu jenem WEG, dessen Sinn es letzten Endes ist, in einer Weise da-zu-sein, in der wir durchlässig, transparent sind für das in uns anwesende Sein – für unser Wesen als die Weise, in der das Sein in uns anwesend ist.

Damit habe ich schon einmal einen Bogen geschlagen über den Zusammenhang des Themas, das uns heute beschäftigt.

Gehen wir noch einmal zurück zur sachlichen Form, zum sachlichen Aspekt des Lebens. Es wird immer wieder gesagt, und das stimmt, daß wir uns heute in einer Entwicklung der Versachlichung unseres Lebens befinden. Die Welt, die durch die Kraft unserer Wissenschaft und Technik geschaffen ist, und zwar zum Freiwerden des Menschen geschaffen ist, fängt an, sich nach eigenen Gesetzen zu bewegen und zu entwickeln. Dem Menschen, wenn er nicht ganz davon überfahren werden will, wenn er das in der Hand behalten will, bleibt nichts anderes übrig, als sich darauf einzustellen, sich dem anzupassen, d. h. selbst immer mehr ein Stück Welt zu werden und das auf Kosten dessen, was eben nicht Welt ist, sondern Subjekt-Sein, Person-Sein im tiefsten Sinne.

Das Ausmaß dieser Entwicklung der Versachlichung des Lebens aber ruft heute seinerseits eben das durch diese Versachlichung Unterdrückte im Menschen auf den Plan, und es erhebt sich nun die Frage: wie weit müßten wir versuchen, dieser um sich greifenden Versachlichung des Menschen eine Vermenschlichung der Sachen entgegen zu setzen?

Das ist eines der Grundthemen, wenn es darum geht, das Verhältnis des Menschen zur Sache im Hinblick auf den WEG anzuschauen.

Was wird denn nun unterdrückt bei der Versachlichung? Der Mensch wird zum Funktionär, zu einem austauschbaren Glied. In ihm wird die Ganzheit unterdrückt, er wird nur partiell in Anspruch genommen – im wesentlichen in seinem männlichen Aspekt. In seiner Individualität ist er störend, nicht eigentlich zugelassen, am wenigsten in seinem metaphysischen Wesen. Und gerade das sind Probleme, die heute aufbrechen: der Protest der Tiefe gegen die den Menschen an der Oberfläche haltende Versachlichung.

Auf der anderen Seite ist es natürlich sinnlos, über die bewunderungswürdigen Taten der Wissenschaft hinwegzugehen, über die Möglichkeiten, den Menschen zu einem neuen Leben zu verhelfen, in dem die Schwerarbeit nicht mehr die Rolle spielt, die sie durch die Jahrtausende gespielt hat. Darüber hinaus darf man nie vergessen, daß der eigentliche Impuls des großen Naturwissenschaftlers ein metaphysischer ist. Aus seiner irrationalen Sehnsucht heraus sucht er die große Einheitsformel, in der es dann wieder stimmt. Am Anfang wie am Ende steht ein rein irrationales – ein subjektives, wenn Sie so wollen – Erlebnis. Gerade durch die Kraft dieses metaphysischen Potentials, das in der wissenschaftlichen Forschung steht, hat er überhaupt die Möglichkeit durchzuhalten. Es ist nicht irgend ein persönlicher Gewinn oder ein rationales Interesse; letzten Endes ist ein *ir*rationales Interesse die Wurzel der rationalen Entwicklung.

Umgekehrt kann man sagen, der Sinn der Ratio in ihrer wissenschaftlichen und technischen Anwendung ist letztlich der, dem *Nicht*-Rationalen in unserem Leben Räume zu schaffen. Man darf nun nicht in der Kritik stecken bleiben, daß der Mensch auf dem Wege dahin in seinem Menschsein unterdrückt wird, sondern muß die Dinge in größeren Zusammenhängen sehen. Es liegt immer beim Menschen selbst, auf welche Seite er den Akzent legt, ob er fruchtbar bleiben will, nach vorne gewandt, oder aber in einer rückwärts gewandten Romantik immer nur das sieht, was im Weiterwachsen des Lebens auch an Schönem zerstört wird.

Über diese rein sachliche und den Menschen gefährdende Wirklichkeit der Dinge hinweg gehen wir jetzt zu dem persönlichen Aspekt der Dinge über.

Stellen Sie sich vor, es stehen einige Menschen vor einem blühenden Kirschbaum: ein Obsthändler sieht das Obst, ein Holzhändler das Holz. Ein Maler sieht das Ganze als

Motiv für ein mögliches Kunstwerk, er sieht wieder etwas ganz anderes. Für den Bauern, dem dieser Baum gehört, ist er auch etwas anderes, er hat seine Geschichte. Ein Japaner, der vor einem blühenden Kirschbaum steht, sieht darin vielleicht das Symbol einer Jugend, die sich in ihrer Reinheit auf dem Schlachtfeld opfert. Das ist das Grundsymbol der fallenden Kirschblüte für den Japaner. So sehr ist das, was man sieht, abhängig von dem, der sieht. Je nachdem, wer wir sind, sehen wir *anders* und infolgedessen auch *anderes*. Und der, der sieht, unterscheidet sich von einem anderen in vielerlei Hinsicht, so in der Rolle, in der er den anderen begegnet, wie wir das in unserem Beispiel sahen. Wir begegnen uns im Leben meistens nur in einer Rolle und sehen den anderen immer nur in bezug auf diese Rolle.

Der Lehrer sieht im Schüler den Träger einer Zensur. Oder die Eltern sehen in den Kindern oft nur den Sohn, die Tochter, aber nicht den Joseph oder die Maria. Der Chef sieht in der Sekretärin jemanden, der funktioniert. Im Grunde genommen sehen wir uns wechselseitig immer nur in einer bestimmten Rolle und es bedarf eines ganz besonderen Zusammenkommens von Umständen, daß einmal zwei Menschen sich wirklich als Person begegnen und nicht als Rollenträger.

Der Mensch sieht die Welt in seiner Rolle, in der er jeweils ist. Er sieht sie anders je nach seinem Charakter. Er sieht sie anders je nach seiner Biographie. Wir wissen heute, in welchem Ausmaße das nicht gelebte Leben, das Unbewußte im Menschen, das Leben, das uns umgibt, färbt. Der Mensch sieht anders je nach der Entwicklungsstufe, auf der er steht: ob er noch auf der Stufe des egozentrischen Ichs steht, oder auf der der sachlich sehenden, wirkenden und dienenden Persönlichkeit, oder auf der schon zur Person hin sich entwickelnden Stufe, auf der es ihm um die Transzendenz geht. Wir sind aber nie nur dies oder nur das, sondern alle drei Stufen sind in uns und wechseln. Es kann uns aber an der Qualität der Bedeutung, die Umwelt und Dinge für uns haben, vieles deutlich werden über uns selbst. Man kann die Welt, die uns umgibt, in den Qualitäten, die Bedeutung für uns haben, deuten wie einen Traum.

Der Mensch ist immer drin, begegnet sich in allem selbst. Das hat seinen Grund in einem Phänomen, das man lange als ein Privileg der Kinder, der Primitiven und der Künstler ausgelegt hat: nämlich die Tatsache, daß wir die Welt zunächst einmal physiognomisch sehen. Die Dinge schauen uns an, und es ist ein Faktum, daß, wenn wir nicht ausdrücklich die Dinge im sachlichen Aspekt wahrnehmen, alles, aber auch alles uns als ein Wesen begegnet, das uns in irgend einer Weise anmutet, anspricht.

Auch Einstein, wenn er sich bemüht, eine vom Menschen unabhängige Wirklichkeit zu sehen, muß lächeln, wenn er aufblickt und sein Blick fällt zufällig auf das Sofa, wo drei Kissen liegen – wie das eine so behäbig ist, das andere ihn so einlädt, das dritte etwas abstoßend ist, durch seine Form vielleicht oder durch seine Farbe. Die Goethesche Farbenlehre beruht auf diesem Phänomen der uns persönlich anmutenden Qualitäten der Sinne. So hat eine nackte Wand einfach ein rotes Viereck – was es auch sei, es hat seine physiognomische Qualität. Dann zu sagen: „das ist ja ein hineinprojiziertes Gefühl" hat zur Voraussetzung für denjenigen, der so etwas sagt, daß er die Vorstellung von einer vom Menschen und seiner Sicht unabhängigen Wirklichkeit hat. Das aber ist die Abstraktion von der Wirklichkeit, in der wir faktisch leben. Es bedurfte einer Entwicklung von tausend und mehr Jahren, bis der Mensch eine Bewußtseinsform und eine Vorstellung vom Leben gewonnen hat, in der er nicht mehr das, worin er unmittelbar lebt, als das Wirkliche ansieht. Er kann auch etwas, worin er gar nicht lebt, von dem er nur weiß, objektiv weiß, für wirklich halten, das als ein objektiv Vorhandenes ihn freilich auch hat und angreift. Aber es wird ihn immer nur angreifen in einer Weise, in der er sich wieder selbst begegnet. Zwillinge können die Mutter vollkommen verschieden erleben, obwohl es doch dieselbe Mutter ist. Ja, ist es dieselbe Mutter? Wer ist man eigentlich an sich? Läßt sich das überhaupt sagen mit Bezug auf die Person? Oder sind wir nicht drin in der Wirklichkeit der *Begegnung*, und ist *das* nicht die Wirklichkeit, in der wir leben?

Noch eine wichtige Frage stellt sich hier: ist die Welt, in der wir leben, wirklich grundsätzlich physiognomisch gebaut? Begegnet sie uns in Form von Wesen, die uns ansprechen, und nicht anders? Bis hin zu abstrakten Begriffen – die Gerechtigkeit, die Liebe, der Haß – ich brauche sie nur auszusprechen, und jeder dieser Begriffe hat für Sie den Charakter der Wirklichkeit, in der wir faktisch leben.

Wenn das so ist, dann wird ein grundlegendes Problem auf eine andere Stelle gerückt, nämlich die Frage, ob Gott Person ist oder nicht. Diese Frage so zu stellen hat zur Voraussetzung, daß man auch dann, wenn man an Gott denkt, an eine vom Menschen unabhängige Wirklichkeit denkt, die absieht von dem Phänomen der Begegnung. Wenn man einen Moment nachsinnt, wird diese Überlegung vollkommen unsinnig. Das Göttliche *kann* dem Menschen gar nicht anders begegnen als wesenhaft, als Wesen. Ob man das, was ich jetzt als Wesen bezeichne, das uns angeht, anspricht, anruft, das Angst macht oder Bergung verspricht, ob man das wiederum mit einem bestimmten Bilde versieht, das ist eine zweite Frage.

In der Wirklichkeit, in der wir leben, gibt es überhaupt nur die Begegnung mit Wesen, die uns ansprechen und anmuten. Und auch dann, wenn wir wissen, daß wir da mit drin sind, mutet es uns in einer bestimmten Weise an. Wenn wir durch den Wald gehen und auf einmal schaut uns eine Wurzel an, daß wir erschrecken wie vor einem Gespenst, dann haben wir gut sagen, das projiziere ich; zunächst hat es mich so angesprochen und erschreckt. Wenn es so ist, daß die Qualität der Dinge ihren Ursprung hat im Menschen, dem diese Dinge begegnen, so ist die grundsätzliche Erkenntnis darin enthalten, daß sie deshalb in keiner Weise weniger wirksam auf uns ist. Obwohl wir mit unserer Ängstlichkeit in einem Angstmachenden drin sind, *macht* uns das *Angst,* bis zur tödlichen Angst. Neulich waren zwei Männer in einem Eiswagen und die Tür klappte zu. Sie wurden am nächsten Tag erfroren aufgefunden – das Kühlsystem war aber gar nicht in Betrieb gewesen. Wenn also die Wirklichkeit, die uns begegnet, auch abhängig ist von dem, was der Mensch sieht, sind wir eigentlich nicht nur die Ursache, sondern mitverantwortlich für das, was uns begegnet als Qualität, und darinnen liegt eine ganz große Chance. Durch die Weise, wie wir an uns selbst arbeiten, können wir die Wirklichkeit der Dinge, die uns begegnen, selbst zum Mitarbeiter an unserem Werden machen.

Wenn es sich um das Werden, um den WEG handelt, um das Vorangehen auf dem WEG, um das Initiatische in unserem Leben, so kreist alles im Grunde genommen um die Möglichkeit einer Erfahrung der anderen Dimension und einer Verwandlung aus dieser Erfahrung heraus. Diese – von der anderen Seite her gesehen subjektive – Wirklichkeit betrifft aber nicht nur den Menschen in seiner Innerlichkeit, sondern auch die Welt, die er kraft seines jeweiligen Standes erfährt und die auf ihn, je nach seiner Weise zu sein, zurückwirkt. Und ich wiederhole es von neuem:

> Die Arbeit, wie wir sie hier einleiten mit unseren Übungen, meint niemals den Zustand einer besonderen, in sich und von der Welt abgeschlossenen Innerlichkeit, sondern eine Verfassung, die sich gerade im Sehen der Dinge und im Umgang mit den Dingen bewähren muß und bewähren kann. Wir üben also auch an den Dingen. Wenn wir von Übung sprechen, meinen wir die Übung auf dem WEG, die Übung zu einer Verfassung hin, in der wir transparent sind, so daß wir das in uns und – fügen wir das gleich hinzu – das in den Dingen anwesende Sein vernehmen können und es auch in der Weise, wie wir in der Welt wirken, offenbar werden lassen können in der Welt.

Wenn wir von Übung sprechen, so meinen wir nicht eine Sache, die man von 7 bis 7.30 Uhr macht.

> Ist man auf dem Weg, so ist man ein Übender und nicht einer, der manchmal eine Übung macht.

Darin liegt die ganze Schwierigkeit. Wie oft hört man: die Übungen sind leicht, aber es ist schwer, ein Übender zu werden. Fragen Sie sich immer wieder: ist es mir überhaupt ernst, oder interessiere ich mich nur?

Es geht um die Verfassung eines Übenden, der sich dann bewährt und nicht nur gelegentlich etwas nippt. Wenn ein Mensch transzendental begabt ist, wenn er das Gespür hat für das Überweltliche in der Welt und einmal den WEG der Übung begonnen hat und dann aufgibt, das bekommt ihm schlecht. Das habe ich oft erlebt. Er wird krank oder kommt aus einer Krankheit nicht heraus. Meist kann er den Augenblick seines Versagens selbst bezeugen, in dem er sozusagen seine Seele verkauft hat, in einer Fehlentscheidung etwa, in der er sich für seine

Weltwirklichkeit entschied, anstatt seiner inneren Stimme zu folgen.

Wer einmal sich eingelassen hat, muß weitergehen und wissen, ob er sich von innen her gerufen und existentiell verpflichtet fühlt, den Weg zu gehen, oder ob es ihn nur theoretisch interessiert. Es sind ja auch gar nicht alle dazu bestimmt, daß sie diesen Weg zu gehen haben, nicht alle sind berufen, nicht alle sind begabt dafür, über den Weg des Aufschließens eines Erfahrungsraumes an jenen Kern heranzukommen, der das religiöse Leben aller Religionen immer mitträgt.

Es gibt aber auf der anderen Seite den Glauben als eine überzeitliche Weise einer religiösen Existenz, und zwar gerade im Raum des Christentums in einer Form, wie ich ihr im Osten nie begegnet bin. In diesem Glauben tut sich jene Wirklichkeit dort auf, wo der Mensch ohne Rest und voller Vertrauen sich hineinbegeben kann in das Unbekannte und dort seinen Halt hat, im Mysterium des *Nicht*-Begreiflichen.

Ein Glaube, der angerührt werden kann mit einem Zweifel, hat ebensowenig mit dem Glauben zu tun, wie eine Freiheit, die angegriffen wird durch Kausalität. Das ist eine Vermischung der Sphären. Wenn Ihnen plötzlich jemand auf die Schulter klopft und sagt: kommen Sie mal mit – und Sie sitzen dann im Gefängnis, dann sind Sie nicht frei. Aber Sie sind frei, dazu ja oder nein zu sagen, es zu akzeptieren oder nicht.

So ist der Glaube etwas, das in unserer Zeit zu einem Für-wahr-Halten von etwas geworden ist, auf Grund von Argumenten. Weil die Argumente nicht mehr stimmen, bricht der Glaube zusammen. Das *war* aber nie ein Glaube. Der Glaube fängt dort an, wo dieses ›Credo quam quam absurdum‹ ist – das hat seinen guten Sinn. Diesen Glauben gibt es, Gott sei Dank. Das ist auch etwas, woran man arbeiten kann, um das man ringen kann im Gebet. Das ist ebenfalls ein WEG, und hier liegt auch eine Erfahrung zugrunde. Es wird heute manchmal so getan, als ob die im Glauben verankerte Wirklichkeit erledigt wäre; das ist falsch. Es geht heute vielmehr um die Frage, wie diese beiden Dinge, Glaube und Erfahrung, zusammengehören. Der Glaube *ist* selbst eine Erfahrung und schließt als Grundverfassung des Gemütes den Menschen für Erfahrung auf. Im

Glauben fangen Geheimnisse an zu sprechen, ohne daß man den Wunsch hat, sie rational zu verstehen; das ist eine Realität in uns als Menschen.

Für den Menschen nun, der in dieser Glaubenswirklichkeit nicht verankert ist, gibt es allerdings so etwas wie ein Ernstnehmen von Erfahrungen, die eine numinose Qualität haben. Dazu ist der Abendländer nicht erzogen, das hat es in seinem Raum nur beim Mystiker gegeben. Wir stehen aber heute in einer Zeit der Wiederentdeckung der Mystik.

Ich kenne viele intelligente Menschen, die seit Jahren diese Dinge lesen und zugeben müssen, daß sie noch niemals eine Sternstunde erlebt haben, im Sinne eines wirklichen Berührtwerdens von einer anderen Dimension. Sie wissen etwas darüber, sie haben es aber nicht selbst erlebt. Und hier setzen wir nun ein mit einer planmäßigen Arbeit daran, die Bedingungen zu verbessern, unter denen wir von der anderen Dimension her fühlbar, spürbar angesprochen werden können. Erzwingen können wir es niemals.

Diese Arbeit bezieht sich zunächst einmal auf eine andere *Bewußtseinseinstellung*. Die Wirklichkeit der objektiven Dinge wird erkannt über ein Feststellen und Erklären. Die Wirklichkeit im Raum des Lebens, des Miteinander-Lebens, überhaupt des Lebens im personalen Aspekt kommt nicht zustande durch ein Feststellen von Tatsachen, deren Dasein nach einer Erklärung ruft. Im Französischen gibt es einen Ausdruck dafür: reconnaissance par explication und eine reconnaissance par résonance. Man resoniert, man schwingt an, man schwingt mit dem, was einen anspricht. Wenn eine connaissance und eine *re*connaissance zwischen zwei Menschen entsteht auf dem Wege der résonance, dann hat der Franzose den schönen Ausdruck: Alors on s'entend. Dann hört man sich, dann versteht man sich.

Man versteht *sich* – wobei ›sich‹ das *sich selbst* sowohl wie *den anderen* bedeutet. Wo die Erkenntnis auf dem Wege einer Resonanz dessen kommt, was mir begegnet, bin ich mit dem Geschehen eins. Dann kann man nur in dem Maße erkennen, als man drin ist und nicht mit Abstand draußen ist. So erkennt die Mutter das Kind. So erkennen wir uns wechselseitig, je näher wir einander sind. So erkennen wir uns nicht, wenn wir Abstand nehmen. So erkennt der Arzt den Menschen nicht, wenn er ihn nur als Objekt nimmt. So unterscheidet sich der Körper, den man hat, für den Arzt, der den Körper sieht, von dem Leib, den ich meine, wenn ich sage: der Leib, der man ist. Wir arbeiten aneinander, miteinander an dem Leib, der man ist. Den muß man spüren von woanders her, nicht im Abstand, sondern im Anklingen-Lassen.

Hier ist zunächst als Übung fällig, daß wir offen hören, so wie man Musik wahrnehmend hört. Denn das Wahrnehmungsorgan, mit dem wir wahrnehmen wollen, sitzt im Nacken und in der Wirbelsäule. Da geht dann eine ganz andere Wirklichkeit auf, in der wir auf einmal wieder drin sind. So hört auch das Kind, so vernimmt der Künstler, der Primitive, der Weise.

So sind in allen Zeiten Urwahrheiten wahrgenommen worden über das Leben, so ist es angeklungen. Natürlich kann sie nur der verstehen, der selbst so anklingen kann.

Das Wort von Christus „Wieder werden wie die Kinder" meint also nicht eine Regression, sondern eine Progression über eine Phase des abständigen sachlichen Sehens der Welt hinweg zu einer neuen Phase, in der wir wieder aus einer Einheit heraus zu hören lernen. Nur so können wir einmal spüren, wie der Ton des Seins immer da ist und es nur darauf ankommt, ob wir auf ihn gestimmt sind, so daß er bei uns anklingen kann. Und wenn er anklingt, begleitet er unser Leben wie ein Kontrapunkt, der auch die Geräusche, die uns umgeben, zu Melodien verwandelt, die uns etwas über die andere Dimension sagen. Im Wahrnehmen der Dinge in diesem Sinne, der förderlich ist für den WEG, liegt die Möglichkeit der Entwicklung dieser Bewußtseinsform, in der wir durch Resonanz – durch Anklingen, Anschwingen – vernehmen, weil wir richtig gestimmt und nicht *ver*stimmt sind vom Sein her.

Wenn es aber um das Sein geht, gehört zu dieser Gestimmtheit das Herausnehmen eines ganz bestimmten egozentrischen Anspruchs, in dem man wieder zu nahe dran ist. Das Auge, das in die Tiefe sieht, kommt von weit her. Es gibt Menschen mit einem indiskreten nahen Auge, die sehen nie eine Dimension des Seins. Die ziehen den Menschen aus.

Was heißt ›von weit her‹? Es bedarf der Übung eines gewissen Abstandes zu dem, was uns unmittelbar berührt. Das bedeutet ein Einklammern jenes Ichs, das alles, was ihm begegnet, nur pragmatisch sieht, als Feind oder Freund, als nützlich oder unnützlich. Darum ist von jeher auch eine der Grundregeln das Lassen, um geben zu können, in allen religiösen Ethiken.

Das Einswerden und der gewisse Abstand sind zwei wesentliche Aspekte. Das dritte ist : jedes Ding steht in seiner Ordnung und verlangt den Respekt vor seiner Ordnung. Sehen wir, wie ein Arbeiter sein Handwerkzeug in die Hand nimmt. Ich kenne einen Schreiner, der Parkinson hatte. In dem Moment aber, in dem er den Hobel in die Hand nahm, war die Hand ruhig und er war in seinem Tun ganz er selbst. Im Einswerden mit dem Handwerkszeug gibt es die Möglichkeit eines Fließens dieses Seinsstromes, der dem, der sich da hineingeben kann, etwas Unglaubliches gibt. Jeder hat einmal einem Bauern zugesehen, der seine Wiese mäht, einem Pianisten, der sich ans Klavier setzt oder der Sekretärin an der Schreibmaschine, wie sie eins werden können mit ihrem Instrument und wie in diesem Einswerden die Dinge erst in ihrem Sinn zutage treten. Ein Federhalter wird erst wirklich zum Federhalter in der Hand, die ihn zum Schreiben braucht. Dann steht er in seiner Ordnung und ist darin zu respektieren. – Aber wie wenig sind wir eins mit dem, was wir täglich in der Hand haben!

Ein weiteres Feld bei der Arbeit an denjenigen Bedingungen, die uns die andere Dimension vernehmen lassen, ist die Schulung der Sinne. Alle Sinne haben ihren eigenen Tiefencharakter. Ich entsinne mich eines Gesprächs mit Guardini. Wir sprachen über Nord und Süd und ich sagte ihm: „Es ist mir nicht immer ganz wohl, wenn ich in Süd-Italien bin, dieses Licht – da sind keine Schatten, da ist kein Nebel, da ist dieses Geheimnis nicht." Gleich antwortete er: „Vergessen Sie nicht, daß im Licht selbst eine ungeheure Tiefendimension enthalten ist." Das Licht selbst kann Tiefe haben. So ist es mit allen Farben, sie können Tiefe haben, aber sie haben sie nur in dem Maße, als das rein Begriffliche, in das sie eingeordnet sind, wegfällt. Huxley beschreibt von seinem ersten Meskalin-Versuch, wie er plötzlich ein ungeheures Schwarz erlebte, ein wunderbares Grün von großer Tiefe. Nachher war das Grün ein häßlich bemalter Gartenstuhl und das Schwarz war eine Falte seiner Hose. Er sagte: „Offenbar bewirkt diese Droge ein Einklammern jenes Ichs und seines ganzen Kontextes von begrifflichen Ordnungen, die so dominant sind, daß die Eigenqualität der Farbe nicht mehr in die Erscheinung tritt."

Wo also etwas erlebt wird, weil eben die Begrifflichkeit, dieses begriffliche Ich wegfällt, kann die Tiefendimension der Sinne erlebt werden. Man kann das durchspielen für alle Sinne, für Sehen und Hören, für den Geruch, den Geschmack, vorausgesetzt immer, daß wir darauf eingestellt sind. Sie können einen Wein einfach kippen, oder Sie können seine Tiefendimension angehen lassen. Oder denken wir an das Tasten – die Zärtlichkeit, la tendresse humaine – die in der Erotik eine Tiefendimension bekommen kann, in der man den Unterschied zur Intensität spüren kann.

Jede Form, jede Gestalt hat in dieser Beziehung ihr Geheimnis als Möglichkeit der Verwirklichung dessen, was sie von dem ihr eigenen Sinne her verkörpert. Wir müßten in der Lage sein, in jedem Augenblick, wo immer wir uns bewegen, das Geheimnis einer ganz bestimmten Gestalt vor uns zu sehen. Durch die Weise, wie wir es als Verwirklichung einer Innerlichkeit sehen, einer Tiefe, werden wir auch selbst in der Tiefe angesprochen, so daß da etwas aufgehen kann. Und wenn Sie fragen: "Ist denn das nicht nur etwas Subjektives? Das ist ja das reine Erleben", dann frage ich Sie: Wo kann denn das Sein im Menschen aufgehen, wenn nicht in seiner Weise, das *Leben zu erleben*?

Hier geht es um die Wirklichkeit von uns allen als Subjekt, die wir erlebende Wesen sind und nicht nur Photoapparate, die etwas Objektives festhalten.

Es ist wichtig, das Leben nicht nur in seiner sinnenhaften Fülle, in seiner Form, sondern auch als die allumfassende Einheit bis in das einzelne hinein zu erfahren. Dort, wo wir eins werden mit einem Gegenstand, haben wir die Möglichkeit, zugleich das Eingebundensein in die andere Dimension zu erfahren.

Das wurde mir deutlich, als ich mir neulich einmal wieder den Tee machte. Ich merkte, wie ich mit dem Deckel an den Teekessel stieß. Warum setzte ich ihn nicht direkt darauf? Und einmal aufmerksam geworden fiel mir auf, daß von diesen 25 oder 30 Bewegungen, die zum Teemachen notwendig sind, höchstens 5 fehlerlos waren. Es ist unbeschreiblich, wie wir mit den Dingen umgehen und wie schwer es ist, ein paar Bewegungen im Umgang mit den Dingen richtig zu machen. Beim Anziehen, Ausziehen, Frisieren, Rasieren, wenn wir die Dinge im Raum richten; es ist kein Unglück, wenn wir ein bißchen anstoßen, aber alles ist unpräzise. Ich sage das nur um hinzuzufügen, daß dort, wo wir in der Lage sind, in vollem Umfang das Gesetz der Handlung, um die es geht, mit den Dingen in der Hand voll zu erfüllen, etwas Wunderbares entsteht als Stimmung, als Atmosphäre. Das gilt für *alle* alltäglichen Handlungen. Mein Meister in Japan hatte als Hauptübung für sich selbst das tägliche Rasieren. Man lernt gerade in Japan, daß die eigentliche Übung erst anfängt, wo man etwas technisch beherrscht. Denn hier ist erst Vollendung möglich, in der der Mensch als *ganzer* Mensch eine Handlung zu vollziehen und ihrem Bedeutungsgehalt zu erfahren vermag.

Das ist auch der Sinn der Teezeremonie. Als ich das erstemal in Japan an einer Teezeremonie teilnahm, war eine kleine Bäuerin da, die als Assistentin der Nonne half. Ich fragte die Bäuerin, was für einen Sinn das Ganze wohl für sie habe. Sie meinte, daß alle Gegenstände in ihrer Küche eine völlig andere Bedeutung bekommen haben – im Umgang, nicht wie sie da stehen, im Umgang – seitdem sie bei der Teezeremonie der Teemeisterin helfen durfte. Die Teezeremonie ist, wie ein alter Zenmeister sagt, „einfach Tee-Machen und Tee-Trinken, weiter nichts." Weiter nichts – eben auch nicht die kleinste Bewegung anders. Wenn man im Laufe von ein paar Jahren gelernt hat, die Bewegungen, die zur Zeremonie gehören, so zu vollziehen, daß sie wirklich ineinander übergehen und fließen wie ein Gebirgsbach, ohne Aufenthalt, dann entsteht in diesem Raum eine ungewöhnliche Atmosphäre. Man weiß nicht, was einem eigentlich geschieht. Das Gespräch, das traditionell zur Teezeremonie gehört, bewegt sich um ganz einfache Dinge: „Woher haben Sie diese Schale, wer war der Besitzer vorher, erinnert sie Sie nicht an eine ähnliche Schale?" oder „Dieser Kuchen ist gut." Es sind die allereinfachsten Dinge, die ganz natürlich herauskommen, ohne jeden Anspruch. Nur der Mensch auf seine einfachste Formel gebracht mit seinen Dingen ist in der Teezeremonie engagiert und findet sich selbst in ihr wieder in diesem vollendeten Einssein mit der Sache.

Es gehört zu den schönsten Übungen, einmal den Versuch zu machen, eine Handlung, die man täglich tut, ohne

Fehler zu machen; einmal zu versuchen, die Schuhe anzuziehen, ohne erst einmal mit dem Fuß daneben zu treten. Das bringt einen in eine Verfassung, eine Haltung ganz eigener Art. Dann merkt man plötzlich, wie es an einem selbst liegt und nicht an den Dingen. Die Tücke des Objektes liegt hier, nicht bei den Objekten. Es gibt Tage, an denen einem alles aus der Hand fällt, daran sind nicht die Dinge schuld, sondern man selbst ist es. Wir können 100 Kurven im Auto wunderschön rund fahren und eine ist plötzlich eckig – das war ja unglaublich – man versucht es wieder und bringt es nicht mehr fertig. Es gibt manchmal eine Weise, eine Kurve zu fahren – die Autofahrer wissen, was ich meine – daß etwas Numinoses darin liegt. Es geht darum, darauf aufmerksam zu werden.

Nun der Mensch, einfach als ein sich bewegender, der die Quelle ist für die Qualität, die ihm aus dem Raum begegnet. Da möchte ich noch eine Übung empfehlen: die meisten kennen das Erlebnis, wenn sie in einem Raum zu Hause sind, sich bewegen und plötzlich etwas spüren, das ein Gefühl auslöst, das unsinnig und seltsam erscheint. Aber man muß sich jetzt behutsam bewegen, als ob man ein köstliches Gefäß trüge. Eigentlich ist es verkehrt, es ist unerklärlich – und dann ist plötzlich etwas da, und das ist einer jener vielen Momente, in denen wir immer wieder gerufen werden.

Das Sein ist treu, es wartet immer auf den kleinen Augenblick, in dem wir eine Lücke in unserer Bewußtseinsstruktur haben und dann kommt es hervor. Über so einen Moment dürfen wir nicht hinweggehen, da müssen wir uns Zeit lassen, damit etwas geschehen kann, das den Raum verwandelt.

Man kann den Schreibtisch aufräumen, dabei Vivaldi hören und einmal versuchen, die Bewegungen ganz langsam zu machen, oder ganz klar nach der Musik zu tanzen, nur fünf Minuten. Das bringt einen in eine andere Verfassung und verwandelt auch die Dinge um einen herum.

Es gibt ein langsames zeremonielles Gehen, das den Raum, in dem man geht, verwandelt – aber auch den, der geht: in einer Weise nach innen gewandt, in der das Innen auch außen ist. Das ist die Weise, die wirklich macht, die Novalis meint, wenn er sagt: alles Sichtbare, alle Oberfläche, auch des Gehens, ist ein in einen Geheimniszustand erhobenes Unsichtbares. Dieses Unsichtbare, diese Tiefe ist jetzt zu spüren, und in diesem Augenblick verwandelt sich um einen herum alles. Es hängt davon ab, wie weit der Augenblick, den wir erleben, wirklich als dieser Augenblick ausgelebt wird; daß wir ganz mit dem, was wir tun, verbunden sind und es nicht nebenbei tun. Das Ganz-dabei-Sein bei dem, was man im Augenblick tut, ist etwas, das wenigen Menschen selbstverständlich ist. Nur dann aber hat man sich meditativ bewährt im Tun.

Das erinnert uns noch einmal daran, daß der Gegensatz zur meditativen Haltung nicht die Aktivität ist, das ist ein grundsätzliches Mißverständnis. Das Bogenschießen im Sinne von Herrigel ist eine meditative Handlung. Man kann z. B. als Buchhalter von früh bis spät Zahlen schreiben. Das ist eine unglaubliche Möglichkeit zu einer Meditation – ich kenne so einen Buchhalter. Dies meint Meister Eckehart mit dem Wort: Tun, als täte man nicht. Der Unterschied liegt nicht im Tun oder Nichts-Tun, sondern in der Haltung, die Dinge lebendig werden zu lassen. Der Unterschied liegt darin, ob wir den goldenen Faden zur anderen Dimension hin in der Hand behalten oder aus der Hand gleiten lassen, ob wir noch in dieser Geöffnetheit sind – der Engel steht hinter uns – ob wir uns von diesem Schutz, der uns abschirmt gegen etwas, das uns widerfahren könnte, befreit haben, oder ob der Sinn auf diese andere Dimension gerichtet ist. Dadurch ändert sich die Handlung. Dadurch, daß wir die Dinge in einer bestimmten Weise sehen, in einer bestimmten Weise mit ihnen umgehen und sie lebendig machen im Hinblick auf die in ihnen verborgene Tiefe, als Antwort auf die in uns aufgehende Tiefe, haben wir die Möglichkeit zu einem meditativen Tun.

„Wer die Dinge erkennen will, der muß sie in ihrer Ursache erkennen", sagt Meister Eckehart. Nur das, wofür wir aufgegangen sind, kann zu uns kommen. Nur das, was wir anrufen, kann uns antworten.

Es kommt also darauf an, daß wir den Tag über als Horchende und als Rufende leben den Dingen gegenüber.

Weg der Übung – Geschenk der Gnade

Der Sinn unserer Zusammenkünfte ist eine Einführung in die Praxis der Meditation im Stile des Za-Zen. Ich sage ausdrücklich ›im Stil des Za-Zen‹, denn wir treiben hier kein Za-Zen. Ich bin kein Zen-Meister, und der Osten hat mich interessiert nur insofern, als wir dort Dinge von allgemein menschlicher Bedeutung finden, die bei uns im Schatten unserer spezifisch westlichen Gaben zu kurz gekommen sind. Wir befinden uns heute in einer Zeit, in der immer mehr Menschen feststellen, daß die Gaben, die uns zu unseren spezifisch westlichen Leistungen befähigen – auf dem Gebiet der Naturwissenschaft und Technik, der Organisation der Gesellschaft – daß eben diese Gaben, die etwas so Überzeugendes haben in ihren Leistungen, den Menschen des Westens zu lange abgeblendet haben von der Seite, die nicht auf das Leisten bezogen sein soll, sondern auf das Reifen. Wir stellen doch immer wieder fest, daß die großartigsten Projekte, auch im Reiche der zu gestaltenden Welt, scheitern an der Unreife derer, die mit ihnen betraut sind. Heute kommt aus dem Bereich des uns unmittelbar als westliche Menschen angehenden Leistens der Ruf nach einer Veränderung der Voraussetzungen, unter denen diese Leistungen erstens zustande kommen und zweitens dann segensreich sein können.

Der Mensch hat nun einmal *zwei Aufträge* in dieser Welt: Die Welt zu gestalten im Werk – aber auch sich selbst zu finden – zu reifen – auf einem inneren Weg im Leben.

Diese beiden Dinge gehören unabdingbar zusammen. Es besteht kein Zweifel darüber, daß der Mensch des Westens zu einseitig den Weg in die gegenständliche Erkenntnis und technische Meisterung der Welt gegangen ist und darüber den inneren Weg weithin vergessen hat. Weil er merkt, daß auch die objektive Leistung darunter leidet, wenn er als Mensch nicht in Ordnung ist, kümmert er sich nun um den inneren Weg, um das Menschliche im Menschen. Aber nicht, damit er noch mehr und noch Sichereres leistet, soll der Mensch sich üben, sondern es geht darum, daß man die Eigenwürde dieses inneren Weges erkennt, nicht um am Schluß mehr zu *können,* sondern um mehr man selbst, oder überhaupt mehr zu *sein,* womit zugleich auch eine neue Produktivität erwächst.

Damit ist auch die Übung der Meditation, wie wir sie hier suchen, schon in einer gewissen Hinsicht gekennzeichnet. Wenn wir im allgemeinen von Übung sprechen, so geht es um die Übung eines Könnens, das zu einem bestimmten Leisten befähigt. Und wenn man etwas kann, dann übt man etwas Neues, und so wird es auch immer wieder geschehen, wenn ein auf die Leistungswelt bezogener Mensch ein Exerzitien-Buch liest. Das eigentliche Exerzitium der Übung fängt überhaupt erst dort an, wo man etwas schon kann.

Das ist die Übung *aufgrund* eines Könnens, die gerade dort, wo man eine Technik meistert, zeigt, wo es noch an einem selbst fehlt.

Wenn Sie beispielsweise ein guter Geiger sind, können Sie die Tonleiter zu einem Exerzitium machen. Es wird Ihnen nie gelingen, diese Tonleiter für Ihr Ohr glockenrein zu bringen, Sie können ein noch so guter Geiger sein. Der geringste Fehler aber, den Sie machen, hängt weder mit dem Bogen zusammen, noch mit der Geige, noch mit Ihrer Technik, sondern mit den menschlichen Voraussetzungen, aufgrund derer Ihnen diese Technik dann mehr oder weniger zur Verfügung steht. So können Sie eine gemeisterte Technik in den Dienst des inneren Werdens stellen. Das vollendet Gemeisterte wird gleichsam zu einem wirklichen Spiel – ganz gleich, um welche Technik es sich handelt, um Bogenschießen, Schwertfechten, Schreibmaschinenschreiben, Zimmer aufräumen, Kartoffeln schälen, stricken. Wo immer es sich um Handlungen handelt, die einfach und wiederholbar sind, ist, wie der Japaner sagt, eine religiöse Chance enthalten. Eben darin, daß Sie *in* diesem Tun dann Ihr kleines Ich zurücknehmen, das ehrgeizig ist, dem nichts mißlingen soll, das auch das Gekonnte immer noch einmal *machen* will, ist die Chance enthalten, daß *im* Tun etwas ganz anderes in Ihnen auftaucht. Dieses Ganz Andere in Ihnen – im Bilde sei es gesagt – singt dann in der Sprache der jeweiligen besonderen Leistung die ewige Melodie des Seins in seiner schöpferischen Kraft heraus, und Sie können in diesem ganz gewöhnlichen Tun plötzlich etwas erfahren, das Sie darauf aufmerksam macht, daß in Ihnen noch eine ganz andere Wirklichkeit ist, die darauf wartet, daß Sie ihr die Gelegenheit geben, in die Erscheinung zu treten.

> Meditation in dem Sinn, wie wir sie hier üben wollen, bedeutet eine Praxis, in der wir die Voraussetzungen verbessern wollen, unter denen diese andere Dimension in uns in Erscheinung treten kann, d. h.: von uns vernommen, gespürt werden kann.
> Der Sinn einer meditativen Praxis, wie ich sie sehe, ist also die große *Durchlässigkeit* des Menschen für sein Wesen, für das in seinem Wesen anwesende überweltliche Sein, das sich so gerne in ihm und durch ihn offenbaren möchte in der Welt.

Zunächst einmal ist es eingesperrt in unsere menschliche Struktur, in der wir als in einem statischen Ich verankerte Menschen auf eine statische Ordnung hin gebaut sind, die allein schon dadurch, daß sie statisch ist, der Transzendenz als LEBEN – und was könnte Transzendenz – das Göttliche – denn anderes sein als LEBEN – den Weg versperrt. Ohne diese Gabe zu theoretischen oder praktischen Positionen, die wir im Leben immer suchen und dann verteidigen, ohne die Fähigkeit zum Erkennen und Planen wären wir keine Menschen. Aber was den Menschen vom Tier, von der einfachen lebendigen Natur unterscheidet, ist *auch* seine Gefahr in dem Maße, als es sich absolut setzt und seine ursprüngliche Natur, nämlich Leben vom LEBEN zu sein, verhindert. Seine *ursprüngliche Natur:* das ist ein Wort aus dem Zen-Buddhismus.

Wir alle befinden uns in einem Zustand, der nicht unserer ursprünglichen Natur entspricht. Wir sind alle nicht in unserer ursprünglichen Form, sondern leben in der Deformation, die dem Menschen als Erbsünde, aber auch zugleich als Erbchance in die Wiege gelegt ist – als Erbchance insofern, als man nur etwas erkennen wird auf dem Hintergrunde dessen, was es *nicht* ist.

Also einerseits ist das, was wir suchen, der Normalzustand, aber wir finden ihn als Bewußtseinswesen nur auf dem Hintergrund eines Abweges. Auf diesem Abweg stehen wir heute als Menschen des Westens in einem solchen Ausmaße, daß einfach ganz natürlich in jedem von uns, aus unserer Zeit heraus, dieses universale menschliche Problem des Durchstoßens durch seine menschlich allzumenschliche Kruste sich stellt, hin zur Erfahrung des Eigentlichen, hin zu einem WEG, den man den initiatischen nennt, auf dem dieses Eigentliche als unsere ursprüngliche Natur – nun aber bewußt geworden – in die Erscheinung treten kann.

Diese Übung *zum* WEG und dann *auf* dem WEG hat ganz bestimmte Voraussetzungen. Es ist hoffnungslos, wenn sich jemand nur dafür interessiert. Die erste Voraussetzung ist ein echtes *inneres Bedürfnis* zu dem, was dem Menschen aus dem Raum der Meditation winkt.

Dieses Bedürfnis kann zwei Ursachen haben: einmal eine *Not* bzw. eine Leere. Sie empfinden in sich einen Mangel. Da fehlt mir etwas, ohne das mein Leben keinen eigentlichen tiefsten Sinn hat. Sie leiden unter etwas – unter der Sinnlosigkeit Ihres Lebens, wenn Ihnen plötzlich klar wird, daß alles Tun, alles oberflächliche Vergnügen, alle interessanten Dinge Sie eigentlich nicht in der Tiefe befriedigen können.

Die andere Quelle ist das Gegenteil eines Mangels, also nicht eine Not, sondern eine *Verheißung*. Das ist das Gespür, daß man in sich einen leuchtenden Kern hat, der sich entfalten möchte. Von dort her fühlt man den Ruf, an sich selbst zu arbeiten, um diesem inneren Kern den Weg frei zu geben.

Die zweite Voraussetzung besteht in einem bestimmten Charakter. Es gibt Menschen, die diese Verheißung oder diese Not fühlen, sie haben aber nicht die charakterlichen Eigenschaften, sich auf einen Übungsweg zu begeben. Der Weg der Übung erfordert große Beharrlichkeit und viel Durchhaltevermögen. Wer sich einmal zur Übung entschlossen hat, der muß wissen, daß es nur zu etwas führt, wenn er mit Stetigkeit dabei bleibt und der Verpflichtung zu diesem Weg den Vorrang einräumen kann gegenüber den äußeren und inneren Hinderungen, denen er immer wieder ausgesetzt sein wird.

Wer die Gabe hat zur Transzendenz, wer die Ohren hat, um zu hören und also dazu berufen ist, sich auf diesen

WEG zu begeben, der muß weiter wissen, daß es ihm schlecht bekommt, wenn er wirklich begonnen hat, diesen Weg zu gehen, und dann wieder aufgibt.

Eine dritte Voraussetzung für die Übung ist eine Art unabweisliche *innere Ahnung* um das Ganz Andere, aus dem heraus – und nicht aufgrund eines bloßen Glaubens – man zu dem hindrängt, worum es in der Übung geht.

Es gibt kaum einen differenzierteren Menschen, der nicht einmal von der Qualität angerührt wird, die als Qualität ein Hinweis darauf ist, daß jetzt ein Hauch dieser anderen Dimension uns anweht. Diese Qualität, das Numinose oder Sakrale, begegnet uns in der Natur, in der Kunst, in der Erotik und im religiösen Kult. Wenn man einmal verstanden hat, worum es geht, dann ist sie im Grunde in allem.

Es geht daher in der Übung um die Entwicklung des Organs, um das Ganz Andere zu spüren, es zu schmecken, zu riechen, zu hören, zu tasten – und die in ihm enthaltene Verpflichtung zu erkennen. Das Seh-Organ kommt ganz zuletzt, denn das Sehen des Anderen ist immer gefährdet dadurch, daß unser Geist, so wie wir nun einmal beschaffen sind, ein Bild, sobald er eines hat, fixiert, und dann ist das Andere schon weg. Die grenzen- und konturlosen Sinne des Geruchs, Gehörs, Geschmacks und des Tastens sind dem viel näher. Wir müssen lernen zu *merken,* wann wir angerührt werden von diesem Ganz Anderen, und müssen lernen, dabei zu *verweilen,* es *ernst zu nehmen* in dem, was es bedeutet. Wenn wir nur sagen: ach, wie schön war das gerade, dann gehen wir daran vorbei. Entscheidend ist, daß wir uns dem, was uns von dorther anspricht, auch wirklich öffnen. Dem Wahrnehmen und dem Ernstnehmen muß das Hinhören folgen, das Hinhören auf den Ruf, der von dort ertönt.

Wie in jedem echten Werterleben nicht nur etwas auf uns zukommt, das dann schön und angenehm ist, sondern uns zugleich verpflichtet, so liegt in jeder Berührung mit dem Ganz Anderen die Chance, einen Ruf zu hören: nun werde so, daß du das, was du jetzt so zufällig erfährst, als etwas hast, mit dem du in einem gewissen Dauerkontakt bleibst. Aber dann diesem Ruf folgen – das ist schwer.

Das ist dann die vierte Voraussetzung, der *Gehorsam* gegenüber diesem Ruf: etwas zu tun, damit man so wird, daß das, was da in uns am Werk ist und hervorkommen möchte, das von uns wahrgenommen, ernstgenommen und gehört wird, daß das nun auch *befolgt* wird. Das ist die *Entscheidung* zum Gehorchen. Für den, der einmal auf diesen WEG kommt, wird das alles nicht von oben diktiert, sondern kommt von innen. Es ist das Entscheidende dieses Weges, daß er im Unterschied zu traditionellen Wegen nicht aufgrund einer äußeren Autorität uns auferlegt wird, sondern daß er auf der inneren Erfahrung beruht, auf dem Ernstnehmen der eigenen inneren Erfahrung und dem Gehorsam gegenüber dem, was uns von dort anspricht. Hat man sich einmal für den WEG des So-Werdens entschieden, dann gehört als letzte und notwendige Voraussetzung dazu: die *Treue zur Übung,* die nicht nachläßt, sich nicht entmutigen läßt und sich dort bewährt, wo man mal keine Lust hat.

> Das Vernehmen, das Ernstnehmen, das Hören des Rufes, das Akzeptieren des Rufes in der Entscheidung zum WEG, auf dem man diesem Ruf gehorcht, und die Treue zu der Übung, die einem das auferlegt: all das gehört zu den Voraussetzungen, den Bedingungen dafür, daß Meditation als eine Übung auf dem initiatischen WEG wirklich werden kann.

Was heißt initiatischer WEG? Initiare heißt: den Weg zum Geheimen öffnen. Wir haben schon einmal darüber gesprochen, in welchem Sinne uns der Begriff Initiation geläufig ist. Dort geht es um eine Grundverwandlung des Menschen, der das Überweltliche, das jeder von uns als Mensch in sich trägt, in dieser Verwandlung, in diesem Durchbruch, in der Metanoia lernt zu erfahren und hinfort in den Mittelpunkt seines Da-Seins zu stellen.

Man kann bescheidener sein und nicht von Initiation sprechen, aber doch nicht so bescheiden, daß man es sich verwehrt, vom initiatischen Weg zu sprechen, bei dem es um etwas ähnliches wie Initiation geht, um das Öffnen des Zugangs zu einem Geheimen. Es geht darum, von vornherein Zugang zu haben zu einem bestimmten Wirklichkeitsbereich, der von außen her gesehen etwas Geheimes ist und den Sinn hat, einer Tiefe das Tor zu öffnen, die zunächst auch für uns selbst geheim ist. Dieses Geheime ist nicht etwas, das man in sich hineinredet, sondern es geht darum, ermutigt zu werden, das Innerste, Geheimste unseres Lebensgesetzes als solches zu vernehmen und sprechen zu lassen in der Erfahrung, im Erleben.

Der *initiatische Weg* geht aus von einer bestimmten Erfahrung dieses innersten Seins, besteht in einer Entwicklung von Techniken, in denen diese Erfahrung vertieft wird, in denen der Weg für eine noch größere, tiefere Erfahrung bereitet wird. Wo der Mensch diese Erfahrungen macht, befähigen sie ihn, sich aufgrund dieser Erfahrungen zu verwandeln in einen Menschen, der einen immer gesicherteren Kontakt hat zu jener Wirklichkeit, die *in* dieser Erfahrung uns anspricht.

Auf dem initiatischen Weg ist also nicht der Mensch, der das Göttliche aus einem Munde vernimmt, der ihm autoritär davon kündet, und nun im Glauben daran ein bestimmtes Leben beginnt, sondern auf dem initiatischen Weg ist der, der zunächst einmal eine bestimmte Erfahrung von einem Wissenden bestätigt bekommt und dem geholfen wird, die Voraussetzungen *für* diese Erfahrung und eine Verwandlung *aus* dieser Erfahrung zu erweitern und zu vertiefen.

Es hat immer die Führung auf dem initiatischen Weg gegeben, nicht nur im Osten, sondern auch im Christentum.

Nehmen Sie die spanische Mystik mit der heiligen Theresa von Avila und Johannes vom Kreuz, denken Sie an Ruysbroeck, den Schüler von Meister Eckehart: hier ist eine ganz differenzierte Kenntnis und Technik des initiatischen Weges vorhanden. Wo in der christlichen Welt von Gnaden-Erfahrung gesprochen wird als von Erfahrungen, von denen man nicht mehr sagen kann, der Mensch habe sie durch seinen Fleiß herbeigeführt, sondern wo es sich um etwas handelt, das gleichsam in den Menschen einbricht, ihm als Geschenk zuteil wird – unter der Voraussetzung eines Vorbereitetseins – da stoßen Sie auf Beschreibungen, die in vielem mit dem übereinstimmen, was der Osten über Seinserfahrungen berichtet. Nur die Interpretation, die Bebilderung der Erfahrungen erfolgt natürlich im Sinne der geistigen und religiösen Tradition der Lehre und des Glaubens. Wenn man aber die *Qualität* anschaut, so finden wir in *ihr* ein Gemeinsames.

Ich glaube, es war im Jahre 1940, daß ich ein Büchlein über Meister Eckehart in Japan veröffentlichte. Einige Zeit darauf kam ein Japaner zu mir und sagte: „Ich bin sehr bewegt, sehen Sie, auf diesen Zettel habe ich Sätze aus Ihrem Buch abgeschrieben und Sätze alter Zen-Schriften, und sie stimmen im Wortlaut überein." Das war mir sehr verwunderlich, denn Buddhismus und Christentum sind ganz verschieden, abgesehen von einer Ethik, die für einen anständigen Menschen wohl überall gleich verpflichtend ist. Aber man kann so sagen: wenn der Mensch durchstößt durch die verschiedenen Krusten, in die sein innerstes Wesen eingehüllt ist – die Krusten seines Charakters, seiner Rasse, seiner geistigen Tradition, seiner Reife – dann kommt er irgendwann einmal auf einen Kernpunkt und wird so berührt, daß, wenn er von dort hochkommt und erst einmal nur stammelt – noch nicht interpretiert – dieses Stammeln über Zeiten und Zonen immer das Gleiche ist: das Stammeln der Mystik.

Mystik war für Theologen und Naturwissenschaftler eine Art Tummelfeld seltsamer Geister, die es mit besonderen Erlebnissen der Innerlichkeit hatten. Aber erstens ist das nicht für jeden, zweitens ist es fragwürdig und drittens ist es wohl am besten, man stoppt das etwas. Zugegeben, wir haben viel davon gehabt, aber obacht, gefährlich! Heute läßt sich die Woge des mystischen Erlebens nicht mehr zurückhalten. Wir stehen in einer Zeit, in der – gerade weil wir wieder zur Wirklichkeit der menschlichen Erfahrung stoßen – uns allmählich klar wird, daß das, was im mystischen Erleben für den Mystiker im Zentrum steht, nicht nur für ihn, sondern überhaupt ins Zentrum der geistigen Wirklichkeit des Menschen gehört. Nehmen wir den Menschen als Menschen, als Person ernst, so ist alles, was die Naturwissenschaft gewinnen kann, bestenfalls die Möglichkeit für Bedingungen, unter denen er als Mensch in dieser tiefsten gottnahen Wirklichkeit und in dieser Welt wachsen und reifen kann. Dieses Ernstnehmen des uns als Menschen aufgetragenen Aufgabenbereiches, dessen Voraussetzung die innere Erfahrung ist, welche zu ermöglichen, zu erleichtern und dann zu vertiefen der Sinn einer Meditation ist – dies alles rückt heute in den Vordergrund.

In dieser Wende, in der wir heute stehen, wirken und arbeiten wir an uns selbst, wenn wir dieser Meditation nachgehen. Wir müssen immer wieder sagen: Meditation kommt von meditar*i*, d. h. zur Mitte hingegangen *werden.* Man kann nicht nur sagen: Ich meditiere etwas. Man müßte auch sagen: Ich *werde* von etwas meditiert.

Nehmen Sie das Bild eines eindrucksvollen Menschen, sagen wir ein Heiligenbild oder das Bild eines indischen Weisen – es kann auch ein heiliges Wort sein – und Sie hätten die Aufgabe, das zu meditieren. Es fängt damit an, daß Sie sich darauf konzentrieren. Am Anfang der meditativen Arbeit steht die *Konzentration.* Ohne diese beginnt keine Meditation. Sie müssen sich erst einmal auf eine Mitte hin sammeln. Sie müssen Ihre Sinne, die überall herumschweifen, zusammennehmen, sie hereinnehmen. „Die zersplitterten Sinne zur Mitte hin sammeln", sagt Meister Eckehart.

Das ist ein aktives, willentliches Tun. Sie werden sich auf dieses Bild hin richten und schauen, was Sie da sehen. Da sind die und die Augen, die und die Hände, der und der Ausdruck. Das ist also eine konzentrative Auseinandersetzung mit dem Bild. Das hat aber mit Meditation noch nichts zu tun.

Die *Meditation* fängt in dem Augenblick an, in dem dieses Bild, dieses Auge anfangen, *Sie* anzuschauen und *Sie* plötzlich in den Bann dessen kommen, auf das Sie sich konzentrativ eingestellt haben und das nun anfängt, mit *Ihnen* umzugehen und beginnt, *Sie* in Richtung dessen, was Ihnen hier als ein beherzigenswerter Gehalt erscheint, zu beeinflussen, umzumodeln, zu formen, zu verwandeln. Menschlich können wir uns nur verwandeln lassen von dem, das mehr und mehr mit uns eins wird. Sie werden immer weiter in eine Mitte hinein getrieben, um die es Ihnen eigentlich geht. Und dann *kann* der Moment kommen, in dem kein Ich mehr da ist und kein Du, weder ein Ich, das *macht,* noch ein Du, das *macht,* sondern beides fällt in eins zusammen. Mit einem Mal ist – vom Ich her gesehen – nichts mehr da. Von der anderen Seite her gesehen ist alles da.

Die Vielheit der Dinge ist verschwunden, es entsteht Leere. Aber was von dorther gesehen Leere ist, ist von hier das Tor, in dem die Fülle aufgehen kann.

Hier ist nun etwas, das als menschliche Weisheit im Zen liegt – das Wissen um die *Leere.* Die Leere bedeutet für den Menschen oft den Schrecken. Aber es gibt nicht nur den horror vacui, sondern auch die benedictio vacui.

Es geht um das Erfahrenkönnen der Fülle, die aufgeht, wo das Viele eingeht; die Fülle, die anfängt zu sprechen, wo das Viele anfängt zu schweigen. „Das ledige Gemüt vermag alles“, sagt Meister Eckehart. „Das ist ein lediges Gemüt, das an nichts gebunden ist und in nichts das Seine im Sinn hat, sondern völlig im liebsten Willen Gottes versunken ist und sich des Seinen entäußert hat“.

Hier stehen wir an der Schwelle einer eigenartigen Erfahrung in der Praxis der Meditation, wenn es ganz still wird und auf einmal etwas anderes anfängt in uns zu sprechen. Das ist vielleicht auch der tiefste Sinn des Betens. Es gibt einen Satz von Kierkegaard, ich glaube, ich zitiere ihn am Ende meines Buches „Japan und die Kultur der Stille“: „Er meinte erst, Beten sei reden, er lernte aber, daß Beten nicht bloß Schweigen ist, sondern Hören. Und so ist es: Beten heißt nicht, sich selbst reden hören. Beten heißt stille werden und stille sein und harren, bis der Betende Gott hört.“

So ist es in der Meditation. Wenn Sie an einen bestimmten Punkt kommen und in der Lage sind, das zu halten, nicht wieder auszuweichen – und das ist eben die Kunst – dann kann plötzlich etwas in Ihnen aufgehen, das in jener Sprache spricht, die, wenn man sie laut sprechen könnte, so klänge, als könnte man in tausend Zungen reden. Das ist die Sprache dieses Ganz Anderen, dieses *Mu,* wie der Japaner es nennt, dieses *Nichts,* das doch im Grunde genommen alles ist.

Was *können* wir in der Meditation üben, was *müssen* wir üben? Wenn es sich um das Herüberkommen aus dem Vielen in die Leere handelt, und durch die Leere in die Fülle, dann sprechen wir von dem, was uns inhaltlich bewegt. Hier ist aber nicht gemeint, daß man einen Inhalt, der verschwinden soll, durch einen anderen neuen Inhalt ersetzen soll, sondern die Voraussetzung für dieses inhaltliche Bewegtsein ist eine bestimmte geistige Haltung und Bewußtseinsform.

Wir haben schon wiederholt von der Gefährdung gesprochen, der die Ganzheit des Menschen unterliegt, wenn das einseitige gegenständlich fixierende Erkenntnisstreben vorherrscht. Es geht in der Entwicklung unserer geistigen

Bewußtseinsform um eine Erkenntnishaltung, die nicht diese gegenständlich-fixierende ist, die nicht den männlichen Charakter des Pfeiles, des Konturierens hat, sondern den mehr weiblichen Charakter der Schale, des Aufgehens, in dem die Konturen sich lösen und wir uns aufmachen für etwas anderes, das nicht die Hypertrophie des Yang ist, sondern das Empfangende des Yin.

Der erste Schritt in der Entwicklung des Bewußtseins zu einer Bewußtseins-Erweiterung hin läuft also über die *Überwindung* des konzentrativen Hinschauens, mit dem wir beginnen, um zu einem meditativen, aufnehmenden Bewußtsein zu gelangen, das mehr weiblichen als männlichen Charakter hat.

Während das statisch gegenständliche Denken hinter der Stirn lokalisiert ist, sitzt die Bewußtseinsform, in der wir offen sind zum Aufnehmen von etwas, das durch dieses fixierende Denken nicht erfaßt werden kann, nicht vorn, sondern im Hinterkopf. Es mag für einige von Ihnen eine Überraschung sein, wenn man sagt, das Bewußtsein, um das es in der Meditation geht, sitzt als *Erlebnis* nicht in der Stirn – wo es physiologisch sitzt, ist nicht so wichtig – sondern es sitzt im Nacken und in der Wirbelsäule. Der ganze Mensch ist das Organ für das Ganz Andere. Hört man Musik und horcht man von vorn, angestrengt, dann will man wissen, von wem die Komposition ist, was das für Themen und Motive sind. Will man die *Musik* in der Musik hören, so horcht man zurückgelehnt und macht die Augen sogar zu. Will man einen Menschen erkennen, gegenständlich, dann betrachtet man ihn scharf mit Stirn und Augen. Will man ihn in sich aufnehmen, so nimmt man sich zurück und horcht auf seine Stimme. Je mehr man etwas *spüren* will vom Anderen, je mehr es einen in der tiefsten Tiefe bewegt, um so mehr schaut man von innen aus der Mitte. Hier hat man eine ganz bestimmte Bewußtseinshaltung. Von diesem einfach nur schalenmäßigen Dasein aber hin zu jener Weise des Geöffnetseins, die uns nun zum Numinosen hin öffnet, das ist noch ein weiterer Schritt. Ob er getan wird, das hängt davon ab, ob und in welchem Ausmaße in uns selbst auf dem inneren Weg etwas erwacht ist, ein tieferer Sinn, eine tiefere Wirklichkeit, die uns zu einem anderen macht. Denn nur in dem Maße, als hier ein *anderer* wird, weil eine andere Dimension von uns Besitz ergreift, können wir *anders* sehen und dann auch *anderes* sehen. Wir werden im anderen immer nur so viel Tiefe fühlen, als in uns selbst momentan präsent ist.

Es gehört zu den Mißverständnissen im Bereich der Lehre der Meditation, wenn man glaubt, man könne als der Gleiche dadurch, daß man sich höheren Sphären zuwendet, anders werden. Man kann sich identifizieren mit einem hohen religiösen oder geistigen Gehalt, aber solange es immer dasselbe kleine natürliche Ich ist, das nichts anderes sucht, als seinen Frieden in einem gesicherten Gehäuse – so wie ein Mensch von den schwindelnden Höhen der Berggipfel schwärmt, sie aber nur von unten gesehen hat, nie oben war – solange wird man immer nur Projektionen dieser Wünsche, dieser Ängste sehen, aber sich selbst nicht verwandeln.

Es geht also darum, daß der Mensch gerade *nicht* versucht, sich von seiner natürlichen Ebene mit höheren Ebenen zu identifizieren, sondern daß er versucht, ganz langsam und bescheiden ganz kleine Schritte zu machen auf dem Wege des *inneren* Weiterwerdens. Das ist einer der Grundgehalte einer gelingenden Meditation, daß man, wenn man aus ihr herausgeht, sich einfach innerlich etwas größer, weiter, breiter fühlt, und das bedeutet, daß man etwas näher seiner ursprünglichen Natur, innerlich einfach etwas natürlicher ist. Wenn man aus einer richtigen Meditation herauskommt, ist man nicht irgendwo über den Wolken. Man fühlt sich mehr *man selbst:* etwas kräftiger, etwas lichter, etwas wärmer – der Welt nicht ferner, sondern der Welt geöffneter. Aber seltsamerweise ist fühlbar, daß die Wärme, das Licht und die Kraft nicht von dieser Welt sind, sondern von woanders her einen beseelen.

Diese Entwicklung des Bewußtseins bedeutet, daß es am Ende nicht auf die Inhalte ankommt, sondern daß jeglicher Inhalt aus einer Tiefe heraus etwas anderes ist als vorher.

Man kann jahrelang meditieren, indem man als der immer Gleiche hohe Werte ins Auge faßt, und es ändert sich nichts. Und man kann richtig meditieren, und nach der Meditation fängt ein Stein an, von innen zu leuchten.

Das hängt aber ganz wesentlich davon ab, in welchem Ausmaße man den Leib als eigentliches Medium der Meditation erfahren hat und schließlich zu üben vermag. Jedes meditative Tun kann sich nur auf allen drei Ebenen des Menschen abspielen: auf der des Leibes, der der Seele und auf der Ebene des Geistes. Es gibt kein Exerzitium, das nicht auch ein Exerzitium des Leibes wäre – des Leibes, der man *ist,* nicht des Körpers, den man *hat.* Sitzt einem ein Mensch gegenüber, so spricht man nicht von einem Körper und durch gleichsam schlußfolgerndes Denken sieht man eine Seele dahinter, das ist Unsinn! Denn das ist eine Einheit.

Wenn Sie einen Schrecken haben, dann erschrecken *Sie,* und das bedeutet zweierlei: erstens erstarrt der Körper und zweitens bleiben zu gleicher Zeit die Gedanken stehen. Es gibt also diese Person in uns, die auf der einen Seite *er*-lebt und auf der anderen Seite – das gehört zu unserer Wirklichkeit – sich *dar*-lebt. Der Leib ist nichts als die Weise, in der jeder von uns sich als Person darlebt, darleibt. Und dieser Mensch, der sich darleibt, erscheint in der Einheit der Gebärden, in denen er sich ausdrückt und zugleich verwirklicht oder verfehlt.

> Meditation bedeutet die Praxis zur Entwicklung einer ganz bestimmten Gesamt-Gebärde, zu einer bestimmten Weise hin, in der Welt da zu sein und für die Welt in ihrer Tiefe offen zu sein.

Dieser Leib, diese Gebärde hat in alle Ewigkeit drei Weisen, an denen man ansetzen kann: die *Haltung,* der *Atem* und alles, was mit *Spannung* und *Lösung* zu tun hat. Sie werden das nur verstehen, wenn Ihnen bei den Worten Haltung, Atem und Spannung nicht gleich wieder etwas Körperliches einfällt.

Die *Haltung* ist wesentlich für jede Meditation als die Grundhaltung, die dem Wesen gemäß ist im Leibe, der wir sind. Es geht um die Herstellung einer leibhaften Verfassung, in der wir durchlässig werden für die überweltliche Dimension, so daß sie in uns offenbar werden kann als Erleben und wir von ihr zeugen können in unserer Weise, der Welt zu begegnen.

Die *äußere* Haltung betrifft das *aufrechte* Sitzen (oder Knien), das Sich-Loslassen in den Schultern und die Sammlung und Verankerung im rechten Schwerpunkt, dem Bauch-Beckenraum oder Hara als dem Wurzelraum, aus dem der Mensch in die Aufrechte aufwächst. Man hält sich nicht oben fest, läßt sich aber auch nicht schlampig zusammensinken. Man ist gelöst und zugleich in der richtigen Spannung *da*.

Die körperliche Präsenz ist Ausdruck einer geistigen Präsenz als des Gegenwärtigseins des Meditierenden, der auch *innerlich* zentriert ist – auf den Atem, ein Mantra, ein Gebet oder einfach auf ein empfangendes Geöffnetsein, in dem er nicht mehr vom Ich besetzt ist.

In der Übereinstimmung von äußerer und innerer Haltung ist der *ganze* Mensch gesammelt, nimmt in dieser Gebärde, die er leibhaft zum Ausdruck bringt, das innere Wahrnehmen gleichsam vorweg und kann so an den Punkt gelangen, an dem er das Erlebnis einer inneren Bewegung der Kraft von unten nach oben erfährt.

Bei dem Wort *Atem* fällt uns in unserem Abendland zunächst eine Einrichtung ein zum Luft holen und Luft hergeben. Sicher, das auch. Aber dieses Luft-Bekommen und Luft-Hergeben meint *personal* gesehen etwas anderes als den physischen Vorgang. Es meint die Weise, *sich* zu geben, herzugeben, aufzugeben und zurückzuempfangen. Jeder Atemzug bringt die Möglichkeit zu einer Verwandlung des ganzen Menschen und der Welt, in der er lebt. Wenn er *sich* wirklich ganz hergegeben hat, kann er als ein nicht mehr Gleicher die Welt wieder neu empfangen. Das ist eigentlich der Ur-Atem, der alles Leben durchwirkt und die Formen werden läßt: dieses sich Geben und sich wieder Zurückempfangen; sich öffnen und wieder schließen; Yin und Yang, die ewige Bewegung, in der das LEBEN die Formen entwickelt, eine jede in ihrer Besonderheit und Vollendetheit, und wieder heimläßt in das Große Eine.

Eine jede Form läuft in ihre Vollendung und nimmt sie wieder heim in das große All-Eine, das sie in die Freiheit entläßt, von wo sie wieder hochkommt. Diese Bewegung: die männliche in die Form, in den Geist, und die weibliche wieder heim in das seelisch Lösende.

> Meditation, wenn sie gelingt als Übung, ist eine Übung, in der diese Bewegung garantiert wird. *Transparenz* meint eine Verfassung des ganzen Menschen, in der die Bewegung der Verwandlung in die Form und heim in das Große Eine nicht mehr aufhören kann.

Die beiden Bewegungen erfolgen gleichsam gleichzeitig, wenn wir es unterlassen können, die Bewegung entweder oben – Erstarrung – oder unten – Auflösung – festzuhalten. Weil es uns heute darum geht, die Verhärtung, das Dominieren des Yang im Menschen des Westens zu durchbrechen und wieder zu lösen, wird das, was vom Osten kommt, für uns so bedeutsam. Es ist eine Notwendigkeit, daß wir aufhören, alles zu fürchten, was – rein geographisch – von dort kommt. Denn nur dann wird es fruchtbar, wenn wir es nicht als einen Fremdkörper empfangen, sondern uns angesprochen fühlen von etwas, das wir selbst sind – das zu uns gehört, das wir aber blockieren.

Als Fremdkörper empfangen wir es, wenn wir ohne Überlegung irgendwelche Techniken nachahmen, die *dort,* aber nicht bei uns, gewachsen sind. Yoga beispielsweise bedeutet Anjochen an das Absolute, wieder hinfinden zur Ganzheit.

Die Übung muß aber im Zusammenhang mit dem jeweiligen Menschen gesehen werden, der sie ausführen will. Dem einen fehlt das Aufrechtstehen, für den ist das Yoga das, was ihn erst aufrichtet. Der andere, wie der westliche Mensch, ist zu starr auf die Vertikale ausgerichtet. Für ihn ist das richtige Yoga, erst einmal nach unten in die Horizontale zu gehen. Wenn Menschen des Westens, die zum Festhalten im Schulter- oder Brustbereich neigen, bei einem Lehrer Yoga üben, der mit der Yoga-Atmung der Spannung arbeitet, kann es passieren, daß sie zusammenbrechen. Weil sie sich in ihre Urform hineinsteigern, können sie nicht mehr ausatmen und bekommen Asthma. Soviel zum Atem.

Nun zum System der *Spannungen.* Wir sehen heute, wenn uns Menschen auf der Straße oder wo auch immer begegnen, nicht eine gewisse Spannung und Gelöstheit, die als zwei Seiten in einem lebendigen Ganzen schwingen, sondern Menschen, die hin- und herpendeln zwischen Zuständen der *Ver*spannung und der Aufgelöstheit. Das muß eintreten, wo der Mensch zum Opfer des fixierenden Prinzips wird, das dort, wo es statisch fixiert, den Menschen auf Positionen festnagelt und ihn so an einen Punkt bringt, wo er nicht mehr kann und dann explodiert und auseinanderbricht.

Übung, Meditation meint eine Modellsituation schaffen, in der wir ganz von innen her spüren, was es heißt, in der Gespanntheit zugleich gelöst zu sein und in der Gelöstheit nicht aufgelöst, sondern zugleich zur rechten Form hin gespannt zu sein.

Noch ein paar Worte über eine Form, über die am wenigsten gesprochen wird in der Meditation. Hier handelt es sich nicht darum, den Raum des geistigen Daseins in Gestalt einer bestimmten Bewußtseinsform auf eine neue Stufe zu heben und auch nicht mehr darum, die heile, reine Gebärde zu erzeugen, die dem Wesen, also dem Lebendigen gemäß ist. Ich komme jetzt darauf zu sprechen, was es heißt, im *Seelischen* richtig dazusein, seelisch in der rechten Weise mit sich umzugehen in der Meditation.

Die Seele ist das Organ, in dem wir *Stimmungen* spüren, *ver*-stimmt oder recht *ge*-stimmt sind. Der Ton des Seins erklingt immerzu. Die Frage ist, wie weit wir als Instrument gestimmt sind, sodaß der Ton widerklingen kann, um dann wie ein Kontrapunkt in uns zu schwingen und das Geräuschhafte dieser Welt in Melodien zu verwandeln. Um diese Stimmung geht es also: die seinsgemäße Stimmung unserer selbst als Instrument des Seins, um es zu vernehmen und widerklingen zu lassen. Diese rechte Stimmung ist nun durch *Ver*-stimmungen gestört.

Wenn man von Verstimmungen spricht, so meint man natürlich etwas Negatives: Zustände, in denen wir unlustig sind, in denen wir leiden, anstatt Lust oder Freude zu erleben, in denen wir unglücklich sind, anstatt uns im Glück zu spüren. In diesem Zusammenhang stoßen wir immer wieder auf die drei Ur-Nöte des Menschen: die Angst vor der Vernichtung, die Verzweiflung am Absurden und die Traurigkeit in der Verlassenheit, in der Ungeborgenheit.

Stimmungen schwanken immer zwischen zwei Polen. Wir fühlen uns eng, kommen in die *Angst* oder sind weit und befreit. Oder wir haben Stimmungen, in denen wir uns verdunkelt fühlen, verdüstert – die Sache stimmt nicht, das gibt keinen Sinn, das ist ja eine Ungerechtigkeit; dieses *Unstimmige* in der Welt, das uns wurmt. Da sind wir mehr oder weniger verdüstert – wenn unsere Welt in Ordnung ist, mehr oder weniger hell. Dann die Verstimmung dort, wo wir auf die *Lieblosigkeit* dieser Welt stoßen; wo wir glaubten, einen Freund zu haben und das Gegenteil erfahren; wo uns plötzlich ein liebster Mensch von der Seite gerissen wird, wo wir auf uns selbst zurückgeworfen sind und die Traurigkeit der Einsamkeit uns packt. Im Gegensatz dazu fühlen wir uns warm geborgen in einer Liebe – also kalt – warm.

Wie geht man um mit dem, was uns als negative Stimmung bewegt und in die Übung hinein begleitet? Wie geht man um mit einer Angst? Wie geht man um mit einer düsteren Stimmung, in der sich die Verzweiflung an irgend einem Widersinn unseres Lebens meldet? Wie geht man um mit einem Gefühl der Enttäuschung?

Es sind im wesentlichen drei Wege, die wir hier einschlagen können. Wir können *erstens* das Negative *überspielen,* indem wir bewußt positive Gedanken an seine Stelle setzen. Habe positive Gedanken und du spülst weg, was negativ ist in dir. Da gibt es keine Krankheit, kein Leiden, nur immer diesen Versuch, das vorhandene Negative zu überspielen, gleichsam als einen Akt des positiv gerichteten Willens, etwas Lichtes dagegen zu setzen. Es geht mir jeden Tag besser und besser, nach der Methode Coué. Das wird immer wieder geübt, und es besteht kein Zweifel, daß es Menschen gibt, denen man sagen kann: nun hör doch mal auf, immer nur negativ zu denken, da muß ja alles schlimmer werden, sondern versuch doch einmal, dich auf das andere zu besinnen, heb dich einmal in das Positive hinein. Es kann diese Art aber auch dazu führen, sich in eine Lüge hineinzumanövrieren und in einen Zustand sonniger Erscheinungsformen, hinter dem alles sehr dunkel ist und das Ganze überhaupt nicht stimmt.

Eine zweite Form, mit dem Negativen umzugehen, ist genau umgekehrt. Wo Leiden ist, läßt man das *Leiden auf sich zukommen,* wo Kränkung und Ungerechtigkeit ist, läßt man sie auf sich zukommen. Man tut genau das Gegenteil dessen, was unser natürliches Ich an sich tut – und darin liegt die Chance. Unser natürliches Ich reagiert auf alles, was negativ ist, negativ. Was uns gefährdet darf nicht sein; Leiden, Krankheit sollen nicht sein.

Wenn es einen Weg gibt, der zur Transzendenz hinführt – also zu jener Wirklichkeit, die über den Horizont hinausgeht, den das Ich beherrscht – dann immer durch eine Haltung, die paradox ist zu der des Ich. Wenn Sie gerade das tun, was für das Ich unmöglich ist, nämlich etwas Furchtbares, anstatt es abzuwehren, auf sich zukommen lassen – eine Todesgefahr nicht abweisen, sondern sie meditieren – so kann etwas geschehen, das nie geschehen kann, solange Sie abwehren.

Ich kenne mehr als einen Menschen, der sich mit der Angst vor Krebs auseinandergesetzt und gesagt hat: „Also, ich werde Krebs haben." Und indem er diese grausige Krankheit meditiert, läßt er sie zu. Wo der Mensch das meditiert, was ihn vom Ich-Verstand her gesehen vernichtet – aber aus einer Haltung heraus, die das zuläßt – kann es ihm widerfahren, daß er *in sich* den Punkt erfährt, an den kein Krebs herankommt. Indem wir paradoxerweise – vom Ich her gesehen – das zulassen, was wir als Ich gar nicht zulassen können, übergehen wir die Instanz des Ich und bewähren uns in der Tiefe eines Subjektes, das in der östlichen Welt der *Zeuge* genannt wird: der Zeuge, dieser Letzte in uns, der nichts zu tun hat mit unserem sterblichen Ich und der die Anwesenheit des Absoluten meint.

Eine *dritte* Form gibt es noch, die gerade diesem Zeugen in uns unter Umständen den Weg in unser Bewußtsein hinein bereitet. Man sagt sich: „Ich habe Angst. Das ist also Angst – *Angst*!" Man distanziert sozusagen diese Gefühle als Gefühle von dem Subjekt, das sie hat. Es gibt eine Übung, die den Schmerz wie einen Gegenstand nimmt, wie den Schmerz beim Zahnarzt, den man sich ansieht und ihn geschehen läßt, und *darin* eine ganz bestimmte Freiheit des Menschen bezeugt. Indem er sich von dem Schmerz distanziert, wird er sehr schnell ruhig, und dieses Ganz Andere kann in ihm gefühlt werden.

Zum Schluß möchte ich zusammenfassend sagen: alle Übung hat den Sinn, uns transparent zu machen für das überweltliche Sein. Aber Transparenz steht letzten Endes nicht im Dienst von uns, sondern im Dienst des ›Großen Dritten‹. Und wir sind dann auf dem rechten WEG, wenn wir uns bereiten zu einer Verfassung, die uns befähigt, dieses Ganz Andere in uns zu vernehmen und durch unsere Durchlässigkeit auch sichtbar werden zu lassen in der Welt. Also denken wir daran:

Meditation bedeutet ein Unterfangen, in dem wir uns ein für allemal *in den Dienst geben.* Es geht letzten Endes nicht darum, daß wir *uns* befreien, sondern daß wir dieses Ganz Andere – oder diesen Ganz Anderen – befreien, der in uns in der Form, in der wir heute sind, nicht frei, sondern gefangen ist.

Die Qualität der Transzendenz im Erleben

Echte Meditations-Arbeit hat nur Sinn im Rahmen des initiatischen Weges, der ein Weg des Erlebens, der Entwicklung und der Führung ist und sich weitgehend unterscheidet von dem Weg, den wir alle als ganz gewöhnliche Erdenbürger gehen.

Unsere Erziehung, die ja eigentlich die Wegführung sein sollte, strebt im allgemeinen und ganz selbstverständlich danach, daß der Mensch sich im Leben durchsetzen kann, daß er fähig ist zu dienen und zu arbeiten, also ein sinnvolles Leben zu führen, und daß er fähig ist zu lieben, in Gemeinschaft zu leben, einen Partner froh zu machen – überhaupt einem anderen Menschen sich öffnen können.

Diese Voraussetzungen sind nicht selbstverständlich jedem von uns mitgegeben. Wir erleben in der Psychotherapie, daß es diese drei Dinge sind, die, wenn sie in der Kindheit nicht richtig vorbereitet sind, später zu den Nöten des Lebens führen, die man Neurosen nennt und die den Menschen beeinträchtigen in seiner Fähigkeit, ein Leben zu führen, das wir ›normal‹ zu nennen gewohnt sind. Jeder einzelne von uns hat seine individuellen neurotischen Ecken, die sich im wesentlichen zurückführen lassen auf drei Grundformen der Neurose, die ich hier einmal ganz kurz beschreiben möchte.

Es gibt einmal die *Angstneurose,* in der der Mensch jene *Ur*sicherheit dem Leben gegenüber *nicht* hat, die ihm eigentlich zugedacht ist. Er glaubt, sich dauernd gegen Gefährdungen schützen und sichern zu müssen und hat trotzdem immer noch Angst, obwohl er eigentlich nicht recht weiß, wovor. Da zeigt es sich meistens, daß die im Menschen angelegte ursprüngliche Kraft zum Bestehen dieses Lebens in der Kindheit gebrochen worden ist, meistens durch Menschen und Umstände, die das Kind im entscheidenden Augenblick nicht *er*mutigen, sondern *ent*mutigen. Das bricht nicht nur frühzeitig das kindliche Kreuz, sondern wirft auch jenen ursprünglichen Lebensimpuls zurück. Die meisten Angstneurosen sind Ausdruck für eine verdrängte, auf den Menschen zurückgeworfene Kraft, die eigentlich nach außen drängt, aber nicht heraus kann. Die nicht zugelassene Lebenskraft fällt auf den Menschen zurück und bewirkt diffuse Angst, die er oft gar nicht als Angst erkennt – das ist etwas anderes als Furcht vor etwas Konkretem.

Die zweite Neurose, die *Sinnlosigkeitsneurose,* entsteht nicht aus der Gefährlichkeit des Lebens, sondern aus einem Mangel an Sinn, an Stimmigkeit. Menschen leiden darunter, daß Sinn und Wert in ihrem Leben nicht stimmen. Sie haben das Gefühl, daß sie nicht geschätzt werden, daß sie ungerecht behandelt werden, daß ihr Leben nicht in Ordnung ist – daß das Leben überhaupt nicht stimmt und es sich eigentlich nicht lohnt, dem zu dienen, was ihnen als Arbeit und Gemeinschaftsleben vorgegeben ist. Dann ist die Stimmigkeit des gesamten Lebenszusammenhanges nicht gegeben. Das geht meistens darauf zurück, daß Kinder von ihren Eltern nicht verstanden wurden.

Es gibt die wirklich liebende Mutter und das die Mutter liebende Kind, für das die Mutter trotzdem ein Unheil ist, weil sie aus einem ganz anderen Holz geschnitzt ist. Sie braucht nur im Zimmer zu sein, und das Kind kann nicht in seiner Welle leben, fühlt sich von vornherein nicht verstanden.

Das nicht-zugelassene Eigenständige, Eigenwertige bewirkt dann eine Neurose, in der der Mensch sich selbst gewissermaßen umbringt, auslöscht – beispielsweise durch eine Magersucht –, weil er sich als diese ganz bestimmte Gestalt nicht leben kann, weil das Leben so keinen Sinn für ihn hat.

Die dritte Form der Neurose ist die *Kontaktneurose.* Der Mensch hat keinen Zugang zum anderen Menschen. Er hat ein unbewußtes Absicherungsbedürfnis, und wenn wir uns gegen etwas absichern – wenn wir uns überhaupt der Welt gegenüber absichern, weil wir Angst haben vor der Welt, die auf uns zukommt – so errichten wir uns selbst eine Mauer, die wir dann selbst nicht mehr überwinden können. Wenn ein Mensch keine Kontakte zu anderen aufnehmen kann und andere Menschen auch nicht an sich heranläßt, ist das immer ein Zeichen für eine Kontaktneurose. Das geht meist zurück auf einen Mangel an Liebe und

Wärme in der Kindheit. Ein Kind, das sich gesund entwickeln soll, braucht also diese drei Dinge: Ermutigung, Verständnis und Liebe. Wo es an ihnen fehlt – aus Mangel an Einfühlung, vielleicht auch aus eigenem menschlichem Unvermögen bei Eltern und Erziehern – besteht die Gefahr von Störungen, die sich auf das spätere Leben auswirken.

Die *richtige* Persönlichkeit also, wie wir sie uns vorstellen und zu der jedes Kind erzogen werden sollte, ist der Mensch, der sich durchsetzen kann, der eine sinnvolle Existenz aufbauen kann und der auch in Gemeinschaft ein zuverlässiges Glied des Ganzen ist. Dazu gehört ein bestimmtes Leistungsvermögen, es gehören dazu bestimmte Gaben, ein bestimmter Charakter, ein gewisses Gespür für Werte, für Ehre, die darin besteht, daß er in der Lage ist, ein Versprechen zu geben und zu halten.

Wenn man in diesem Sinne eine Persönlichkeit ist, was gibt es dann noch darüber hinaus? Für die meisten natürlich nichts, denn es ist schon großartig, wenn man diese Eigenschaften hat. Was will man eigentlich noch mehr, als Sicherheit, Sinn und Liebe zu haben und zu genießen in diesem Leben?

Hier komme ich nun wieder zu sprechen auf die Entwicklung des Menschen, die ihn über die Fähigkeiten hinausführt, deren er bedarf, um in dieser Welt zu bestehen, und die im Zeichen des initiatischen Weges verwirklicht werden soll: das Angeschlossenwerden und das Angeschlossensein an eine andere Dimension, die im Westen unter dem Namen der christlichen Religion ihren Platz hatte. Aber der Inhalt dieser Religion – der Glaubensinhalt – verlor dadurch an Kraft, daß er mehr und mehr ein Opfer des Verstandes wurde. Der Glaube, der ein ursprüngliches Vertrauen darstellt, das unbedingt und ohne Gründe sozusagen à fond perdu gegeben wird, wurde kraft dieses dominierenden Verstandes immer mehr auf Argumente gestellt und verlangte nach Beweisen, die es natürlich in diesem Sinne nicht gibt.

Wenn dem Kinde gesprochen wird vom ›*Lieben* Gott‹, auf den wir uns verlassen können, ohne dessen Willen nichts geschieht, vor allem nichts Böses, und wir eines schönen Tages feststellen, daß es den so nicht gibt, dann wird klar, welche Irreführung darin liegt, uns von einem Gott in einer Weise zu erzählen, die sich notwendigerweise hinterher als Schwindel erweisen muß. Denn „was man von Gott sagt, das ist er nicht", so Meister Eckehart; „was man von Gott *nicht* sagt, das ist eigentlicher als das, was man von ihm sagt."

Wenn ich frage: „Wie stehen Sie zu Gott?" kommt oft eine Floskel als Antwort: „Ja, es muß doch einen Schöpfer geben, aber wenn ich denke, meine Tante im Konzentrationslager, da kommen mir doch Zweifel an der Gerechtigkeit, ja, an der Existenz Gottes." Da braucht man nur zu antworten: wenn Sie die Welt anschauen, wie sie faktisch ist und mal ohne Scheu hinschauen, was um uns alles geschieht, dann können sie nur sagen, diese Welt ist nicht von einem Gott gemacht, sondern von einem Monstrum. Dann sehen viele Menschen, wie sie diese andere Dimension identifiziert hatten mit einem Bild ihres eigenen Wünschens und Fürchtens einer überweltlichen Macht, die eigentlich so gebaut sein müßte wie ein guter Mensch; wie ein besonders guter und seine Güte noch mit besonderer Macht lebender Mensch, den man natürlich versteht. Man denkt nicht daran, daß im gewöhnlichen Leben das Vertrauen, das man einem Menschen schenkt, sich erst in dem Augenblick als Vertrauen erweist, in dem er von einem etwas verlangt, das man *nicht* versteht. Bis dahin braucht man ja kein Vertrauen. Vertrauen kommt erst in dem Moment ins Spiel, in dem man einem Menschen folgt, wo man ihn nicht mehr versteht, weil es eben dieser Mensch ist. In gleicher Weise liegt in der Wirklichkeit des Religiösen ein Faktor, der nichts mit rationalem Verstehen zu tun hat. Womit aber dann?

Eben nicht mit einem Hirngespinst, einer Imagination, sondern mit ganz bestimmten Erfahrungen, die den Menschen gerade *hinausheben* über die enge Schranke rationalen Verstehens. Diese Erfahrung, die ihn hinaushebt, stand im Osten von jeher im Mittelpunkt der Erziehung. Aus ihr heraus *wird*, so möchte ich sagen, der Mensch auf eine andere Ebene hin gelebt, als es die gewöhnliche ist.

Der *initiatische Weg* ist der Weg, der ausgeht von der *Erfahrung* einer anderen Dimension, die senkrecht auf unserer horizontalen weltlichen Dimension steht. Sie läßt den Menschen erleben und erkennen, was zwischen ihm und dieser seiner tiefsten Dimension als Blockade steckt und zeigt ihm Wege, wie er diese Blockade durchbrechen kann, die er zwischen sich als Weltwesen und sich als überweltliches Wesen empfinden lernt.

Zu welchem Ende? Das ist wiederum entscheidend: nicht zu *seinem* Ende, sondern im Dienste des *Nicht*-Endlichen. Der initiatische Weg mündet letzten Endes in einem Erwachen, im Aufbrechen und Aufgehen des Tores, das man selbst ist, für eine andere Wirklichkeit.

> *Meditation* ist *ein* WEG, *eine* Übungsform, die uns aufmachen soll als Tor, durch das dann das Ganz Andere in diese Welt einströmen kann.

So müssen wir vor allem unsere Arbeit hier verstehen. Nur dann, wenn wir unser eigenes Selbst zu fühlen lernen als eine Weise, in der etwas viel Größeres in uns und durch uns in die Welt gehen will, nur dann sind wir auf dem Wege des Exerzitiums, wie ich das verstehe.

> Es ist der Sinn eines Exerzitiums, daß wir transparent – durchlässig – werden für die Transzendenz.

Was bedeutet das: die *Transzendenz?* Man kann sich diese Frage nicht oft genug stellen. Man ist so schnell bereit, sich mit einem flüchtigen Augenblicksverständnis zufrieden zu geben und zu sagen: das weiß ich nun. Es ist aber gerade hier in diesem Bereich große Präzision vonnöten, nicht ein vages Fühlen, Meinen und Sich-Erinnern an bestimmte Augenblicke, auf denen man dann sein Leben lang ausruht und schließlich einschläft. Es geht um ein täglich neues Entdecken und Erarbeiten dessen, worum es eigentlich geht.

Wenn wir von Transzendenz sprechen, müssen wir uns ganz schlicht immer wieder an den Sinn des Wortes erinnern: das Überschreitende, das Übergreifende, das ursprünglich einfach gegebene Umgreifende.

Wo dieses Ganz Andere unseren gewöhnlichen Horizont überschreitet, stehen wir vor dem, was wir das Wunder oder die Gnade zu nennen pflegen. In unserer Zeit muß, wie ich glaube, der Sinn für die Gnade wieder geweckt werden, für die Gnade als das rational nicht begreifbare Wort aus einer anderen Dimension, das uns durchaus erreicht, aber dann sich wieder in seinem Sinn zurückzieht, wenn wir es rational klären wollen. Diese Gnade umgibt und trägt uns unentwegt und es gehört zur Arbeit auf dem WEG, sich immer wieder der Gelegenheiten bewußt zu werden, die diese Qualität der Gnade haben.

Hier berühren wir wieder einmal das Verhältnis von Meditation und Alltag.

Wir haben schon mehrmals gesagt: wir müssen nicht nur *im* Alltag immer wieder Gelegenheit nehmen zu üben, sondern *den Alltag selbst* als Übung zu leben lernen.

Umgekehrt kann man sagen: in der Meditation unseres Sitzens, wie wir sie hier miteinander pflegen, kann wie in einem Hohlspiegel noch einmal all das zusammengerafft erfahren und geübt werden, was wir eigentlich den ganzen Tag über üben könnten. Der Tag, richtig auf Transzendenz hin gelebt, besinnt sich noch einmal selber in den Augenblicken, in denen wir uns zur Übung in der Stille hinsetzen. Zu den Inhalten, die sich in der Meditation wieder entdekken lassen, aber den ganzen Alltag begleiten können, gehört die Begegnung mit der Gnade, das heißt: mit dem Unerklärlichen, das uns unmittelbar ergreift, anspricht und Segen spendet. Alles, was eigentlich rational nicht mehr auflösbar ist, wird für uns Westeuropäer vor dem Hintergrund dieser rational geordneten Wirklichkeit immer von neuem zu einem Wunder.

Schauen Sie zum Beispiel auf eine Farbe, auf das Phänomen der Qualität, die Sie wahrnehmen, aber nicht erklären können. Man kann einem Blinden nicht erklären, *wie* eine Farbe *ist.* Oder hören Sie auf einen Ton. Sie wissen, daß man jedem Ton eine bestimmte Zahl von Schwingungen zuordnen kann. Was der Ton aber als Qualität, als Erlebnis *ist,* das weiß man damit nicht. Qualität kann nur erlebt, nie durch Beschreibung vermittelt werden.

Jeder Ton, jede Farbe, jeder Geruch oder Geschmack ist als erlebbare Qualität ein letztlich Unerklärbares. Wir sind im Westen hineingeraten in eine Wirklichkeitsvorstellung, die in ein Netz von rational fixierbaren Begriffen eingefangen ist. Wir müssen uns freimachen von der Beherrschung unseres Wirklichkeitsbewußtseins durch rationale Begriffe, um zurückzufinden zu unserem lebendigen Wahrnehmungsvermögen für das, was nicht mehr in das Netz hineingeht. Dazu gehört alles, was Qualität ist. Ich nehme an, es ist wohl jedem von Ihnen so ergangen, daß er einmal plötzlich einer solchen Qualität gegenüberstand und ganz betroffen innehielt. Gerade in der initiatischen Therapie wird es immer deutlicher, wie wichtig die fünf Sinne sind, die Gott wesentlich näher sind als die Gedanken, falls sie noch taufrisch und unverdorben uns aus unmittelbarer Lebenstiefe heraus ansprechen.

Sie können sich irgend etwas heraussuchen: ein Parfum, die Textur eines schönen Stoffes, einen Ton, den sie anschlagen, um nur diesem Ton nachzuhorchen, und es kommt etwas Besonderes in den Tag. Oder achten Sie darauf, wie wir uns als bewegte Wesen in ganz bestimmter Weise qualitativ zu erleben vermögen, die etwas Wunderbares haben kann, nicht unter dem Gesichtspunkt der Leistung, sondern ob wir uns selbst leiden mögen im bewegten Leib, ob wir in der Weise der Bewegtheit so sind, daß wir eine tiefere Verbundenheit zu allem Lebendigen erfahren können.

So ist schon im Alltag vieles vorhanden, das wir in der Meditation dann spüren können, wo es immer wieder darum geht, das *innere* Ohr, das innere Auge, den inneren Geschmack, das innere Riechen, das innere Tasten zu entwikkeln im Unterschied zum äußerlich-gegenständlichen.

So ist das Reich der Qualitäten eines der Reiche des Alltags, die wir in der Meditation wiederfinden, indem wir aus dem Außen zu seinem Inneren finden und darin seine Qualität entdecken. Die Hitze ist ein theoretischer Begriff; ihre Qualität spüren wir, wenn wir sagen müssen: da brennt mich etwas.

Es wird uns aus dem Alltag heraus etwas in die Meditation hereingereicht, einfach unter dem Gesichtspunkt der Tiefe – im Unterschied zur Oberflächlichkeit –, die schon den ganzen Tag durchwirken kann. Das Unerklärliche hat eine andere Tiefe. Die Erlebnistiefe, die Tiefe, in der wir als Subjekt etwas erleben, so daß es des Erlebens wert ist, gehört einem anderen Lebensbereich an als es derjenige ist, in dem die Transzendenz nur deswegen aufblitzt, weil es wunderbar ist und nicht erklärt werden kann.

Hier kommen wir in Berührung mit einer anderen Kategorie, in der es nicht um Raum und Zeit, um Identität und Kausalität geht. Herausgenommen aus diesem Koordinatensystem kommt jetzt das Reich des Subjektes, des lebenden, erlebenden Menschen, der leidet und Erlösung vom Leiden sucht; der in sich eine Verheißung spürt, auf deren

Erfüllung er hinlebt; der frei sein möchte; der einen rational nicht zu benennenden, qualitativen Sinn sucht, in dem er sich erfüllt – aber in einer Weise, die ihn nicht in jeder Alltagsnot wieder verläßt. Und da taucht plötzlich diejenige *Wirklichkeit des Subjektes* auf, in der das Überweltliche, das Transzendente etwas ganz anderes bedeutet als das Unerklärliche, nämlich das Eigentliche, das der Mittelpunkt des höheren Sinnes ist, den das Leben für uns haben kann.

Da bedeutet Transzendenz, das Überweltliche, das uns Verwandelnde, das uns in einer besonderen Weise Befreiende, welches uns von woanders her *in* der Welt trägt, formt, birgt, das uns mit Sinn erfüllt und uns in einen Frieden versetzt, der nicht der Friede einer Friedhofsstille ist, der nicht die Stille des Todes meint, sondern die Stille des erfüllten Lebens, das nun ungestört seinen Prozeß der Verwandlung in uns und durch uns hindurch fortführen kann.

Wir sehen nun: Transzendenz steht nicht dort, wo es sich um die Erziehung zum guten Bürger handelt – den wir weiß Gott nicht abwerten wollen – sondern um die Entwicklung jenes Menschen, dem es um das Initiatische geht als Sehnsucht, Möglichkeit und Verpflichtung. Dieser Mensch ist kraft seiner besonderen Gabe und Reife an diesen Punkt gekommen, an dem er sich nicht mehr genügt, der sich nicht mehr begnügt mit dem, was ihm in der Welt möglich ist, sondern der auf etwas in der Welt Unmögliches hinschaut als Chance seines eigensten innersten Werdens. Dieser Mensch hat dann die Ohren, um zu hören und etwas zu vernehmen, das aus einer anderen Ordnung, aus einer anderen Einheit kommt und alles, was wir hier in dieser Welt unter den Bedingungen von Raum und Zeit erleben, in den Schatten stellt und zurückläßt, so daß es eben dadurch uns in dem Maße, wie wir in dieser Welt unter der Welt leiden, frei machen kann.

Die Transzendenz des Menschen als Subjekt ist so gesehen die ihm eingeborene Verheißung und Verpflichtung zu einer Verfassung, in der er sich seiner *Teilhabe am Ganz Anderen* bewußt wird und fähig wird, dieses Ganz Andere durch sich hindurch wirken zu lassen in seinem täglichen Tun, in seinem Schlafen nicht weniger als in seinem Wachen, in seinen kleinsten Bewegungen nicht weniger als in großen Aktionen, in denen vieles auf dem Spiel steht. Gemessen an diesem Maßstab fallen Unterschiede im weltlichen Sinne weg. Wer einmal wirklich hineingeschaut hat in die Werkstatt dieser Dinge, der weiß, daß das, was sich in irgend einer kleinen Seele vollzieht, was an irgendeiner Stelle in der Welt hervorleuchtet, auch wo es niemand sieht, von dieser anderen Dimension her gesehen genau dieselbe Bedeutung hat wie irgendeine spektakuläre Tat in der Welt, die vielleicht vom Standpunkt der Ordnung in der Welt oder der Wohltätigkeit sehr viel mehr zu bedeuten hat.

An dieser Stelle möchte ich kurz ein Argument erwähnen, auf das man immer wieder stößt: es sei ungerecht, daß es nur ein bestimmter Teil der Menschen ist, der von der Möglichkeit einer höheren Ordnung erfahren kann. Das kann so weit gehen, daß ein junger Mensch, wenn er ganz ehrlich ist, zugeben muß, daß er eigentlich verzichten müßte auf das ihm eingeborene Organ zum Vernehmen einer anderen Dimension, wenn er sich von diesem Schuldgefühl befreien sollte. Er müßte sich zurückschrauben auf das jeweils niedrigste Maß der größeren Masse, der gegenüber er sonst immer schuldig wird, sobald er sich einer höheren Dimension nur nähert, anstatt dafür zu sorgen, daß wieder einige Menschen mehr zu essen und zu trinken haben.

Um dieses Problem ein wenig anschaulicher zu machen, möchte ich Ihnen von einem Erlebnis erzählen, das ich unlängst hatte. Ich war vier Tage in einem belgischen Trappisten-Kloster mit zwanzig Mönchen aus sechs verschiedenen Klöstern zusammen. Es waren natürlich Menschen, die ausgesucht waren, weil sie ein Organ für Meditation haben und danach verlangen, herauszukommen aus der Enge eines etwas festgefahrenen Religions-Systems. Das größte Erstaunen, die größte Freude wurde ihnen bereitet durch die Erfahrung, daß es so etwas gibt wie ein ›Sitzen in Stille‹ (bei den Trappisten!), eine wirkende Stille in einer gemeinsamen Meditation, die vielleicht durch ein Summen eingeleitet ist. Sie haben mir alle gesagt: „So haben wir das noch nicht erlebt." Sie kennen das als Betrachtung, als Gebet, als gemeinsamen Gesang oder als Stille während der Messe; aber daß man das Denken an Gott draußen lassen kann aus einer Meditation und dann die Weise, in der man dasitzt, jene Durchlässigkeit und Reinheit der Gebärde darstellt, durch die hindurch *Er* dann wirken und präsent sein kann, das ist etwas Neues gewesen. Sie erzählten mir, daß die Unruhe, welche die religiöse Welt des Abendlandes ergriffen hat, in manchen Klöstern eine Bewegung hervorgerufen hat, die verlangt: diese Kultur der Innerlichkeit ist unsinnig und asozial; laßt uns hinausgehen und die Armen und Bedrängten pflegen, *dann* werden wir dem Auftrag der Kirche gerecht.

Aber das ist ein Trugschluß. Dann verwandelt man die Kirche in ein Rotes Kreuz, dessen Segen und Wert für die Welt unbestritten ist, aber hier geht es um einen Wert anderer Art.

Die Sonne steht höher als die Erde, und ohne Sonne hat die Erde kein Licht! So gibt es im menschlichen Leben Dinge, die höher zu bewerten sind als andere, und es gibt Menschen, die ein tieferes Erlebnisvermögen haben als andere. Von *ihrer* Strahlung aber hängt es ab, daß die anderen nicht nur zu essen und zu trinken haben, sondern außerdem teilhaben dürfen an der anderen Dimension, an der teilzuhaben freilich nur in dem Maße gelingt, als das Ausdrücken dieser anderen Dimension nicht zu einem Wortgebilde verhärtet, das schließlich kein Leben mehr hat, sondern nur machthungrigen Menschen als Schild und Schwert dient, um sich selbst in der Welt durchzusetzen.

> Unsere Arbeit hier ist der Versuch, überzeugend zu werden in unserer Weise, das Bemühen um Kontakt zu unserer größeren Wirklichkeit zum Ausdruck zu bringen, so daß es auch von denjenigen wahrgenommen und verstanden wird, für die das Anpacken sozialer Not die vordringlichste Aufgabe ist.

Wenn Ihnen jemand mit dem Argument der Unvereinbarkeit von sozialer Not und religiöser Innerlichkeit kommt, können Sie zwei Fragen stellen: In welcher Weise arbeiten Sie eigentlich an sich selbst? Es ist erschütternd, wie schnell da ein Schweigen eintritt. Und dann: Ist Ihnen nicht deutlich geworden, daß viele gute Pläne zur Verbesserung der Welt immer wieder scheitern an der Unreife derer, die damit betraut sind, und daß eine nur welt- und zweckbezogene Organisation sehr schnell ein Tummelplatz wird für wechselseitig sich bekämpfende Machtmenschen?

Es geht bei der Transzendenz – im Hinblick nicht auf das sachliche Gefüge der Welt, sondern in bezug auf das personale Erlebnisgefüge des Menschen – um eine Instanz, die ihn hinausträgt über die Ebene seines gewöhnlichen Verstandes, seines gewöhnlichen Wertbewußtseins und gewöhnlichen Liebenkönnens in ein Lebensgefühl hinein, das ihn erst wirklich fähig macht, nicht nur in den Urnöten des eigenen Daseins, sondern angesichts jeder menschlichen Not stark zu bleiben und gerade gegenüber diesen Nöten zeugen zu können von der anderen Dimension. Das ist die Dimension, von der her diese Kraft ihm zufließt.

Das Ganz Andere geht immer nur dort auf, wo wir an die Grenze des Diesseitigen gelangt sind und uns an dieser Grenze stoßen. Es gibt Menschen, die in ihren Grenzen ganz ruhig sind, die sich nicht daran stoßen. Das müssen wir uns immer wieder fragen: stoßen wir uns eigentlich daran, oder suchen wir die Transzendenz als Deckenbeleuchtung, die ein komfortables Haus noch ein wenig schöner machen soll? Das genügt nicht. Das hat den Charakter der bürgerlichen Welt, jener Kultur, in der die Welt auseinanderfiel in profane Arbeitsleistung einerseits und die Belohnung im Genuß kultureller Werte andererseits. Das ist keine Absage an gute Bücher und Musik, das alles kann *auch* da sein; aber wenn *nur* das da ist, erzeugt es letzten Endes eine Fehlform des Menschen, in der es ihm nicht mehr darum geht, als Subjekt, als *Er,* sich zu verwandeln.

Ich versuche immer wieder aufzuzeigen, daß die Arbeit, die uns hier zusammenführt, nicht im *Gegensatz* zu einem herkömmlichen Kulturbewußtsein steht. Was wir suchen, *ist etwas anderes.* Man muß sich immer wieder die Frage stellen, ob man wirklich das *Ganz Andere* meint, ob man sich ganz bewußt in den Dienst der anderen Dimension stellt. Wenn man ›Ja‹ dazu sagt, dann ist zu fragen, in welcher Weise man sich tagtäglich um diese andere Dimension bemühen kann, soll und muß.

Immer wieder, wenn wir uns fragen, in welcher Weise wir uns tagsüber darum bemühen sollen, können wir, wenn wir auch nur eine kleine Ahnung haben von der anderen Seite, uns spüren als diejenigen, die offenbar gar nicht so verwurzelt sind. Sonst hätten wir nicht so viel Angst; sonst legten wir nicht so viel Wert auf die Anerkennung der Person; sonst verstrickten wir uns nicht so selbstverständlich in das Netz des rationalen Argumentierens; sonst begnügten wir uns nicht so selbstverständlich mit ganz bestimmten Freuden und vergäßen nicht immer wieder, worum es eigentlich geht während des Tages.

Von daher hat auch unsere Arbeit hier in unserem Kreis einen Sinn. Von daher können Sie dann in die Meditation hineingehen und voller Erstaunen feststellen, daß ein Mensch in Schwierigkeiten gerät, wenn er nur richtig dasitzen und diese einfachen Anweisungen befolgen will: aufrecht, im richtigen Schwerpunkt, die Knie tiefer als das Becken, entspannt und hingegeben dem richtigen Atem. Plötzlich merkt er, in welcher Schwäche, Unordnung, Isoliertheit er in diese Übung *immer wieder* hineingeht. Aber auf dem Hintergrund der Unordnung und Ungeordnetheit, in der wir die Übung beginnen, können wir auch immer wieder spüren: ach ja, es gibt so etwas wie eine Wurzelkraft anderer Art.

Im Vollzug der Übung kann ich die drei Grundformen, in denen das Sein sich im Dasein verwirklicht – als Fülle, als Ordnung und als Einheit – im Leibe erleben und sie aus dieser Erfahrung heraus ein-verleiben. Ich fange an, mich aus eigenem Willen hinzusetzen, dann ist mein Sitzen eine Leistung. Wenn ich das in der richtigen Weise tue, kann ich erleben, daß eine Kraft von anderswo her in mich hineinströmt – die Kraft, die dem ersten Aspekt des Seins entspricht. Ich kann mich erleben am Anfang der Übung, hier und dort entweder aufgelöst oder verspannt, zu offen oder in mich verschlossen, also in einer Gestalt, die der Form widerspricht, von der ich schon ahne, wie sie eigentlich sein könnte. Dann erlebe ich plötzlich den zweiten Aspekt des Seins, spüre ich als lebendiges Wesen, wie mein innerstes Wesen nicht ein In-*Bild,* sondern ein In-*Weg* ist, der mich zu einer bestimmten Gestalt hintreibt und fordert – einfach in der Weise, wie ich dasitze. Ich spüre, wie dies und das nicht stimmt – und dann kann ich auf einmal erfahren, wenn ich einen Augenblick ganz richtig da bin, im richtigen So-Sein, wie ein Leuchten in mir ist und von mir ausgehen kann.

Während ich in der Kraft die erdhafte, saftige, sinnliche Fülle des Lebens erfahren kann – in der Weise, in der ich reine Gebärde bin und Gestalt – kann ich das Sein in seinem Aspekt als Gesetz in der Verpflichtung zur Form erfahren.

Ich kann mich im Sitzen selber mehr oder weniger verschlossen oder getrennt spüren von dem, was um mich herum ist. Am Anfang friere ich manchmal – natürlich, wenn man zusammengezogen ist und genau das Gegenteil darstellt von einem Wesen, das Zeugnis ablegt von der Einheit des Seins durch die Ganzheit, die es mit sich und mit allem erlebt. Unversehens kann es uns dann warm werden in der Meditation – eigentümlich warm, von einer Wärme, die anders ist als die sinnliche Wärme, die man mit einem Thermometer messen kann; sie ist Ausdruck für ein Ganzwerden von woanders her, Zeichen für das Teilhaben an einer universalen Ganzheit. Ich spüre mich dann als Teilhaber eines größeren Ganzen und bin dann in dem Maße, als ich das spüre, richtig.

Bis in die kleinsten Dinge, die wir während der Meditation rein technisch erfüllen müssen, spiegelt sich das ganze Leben im Zeichen der Dreieinheit des Seins. Darüber hinaus können wir uns dann auch *in* der Meditation einmal zum Bewußtsein bringen, was die letzten Rangordnungen sind, deren der Mensch als Subjekt fähig ist.

Vor einer Reihe von Jahren veröffentlichte ich den Aufsatz: Mächtigkeit, Rang, Stufe des Menschen im Durchbruch zum Wesen.

Der Mensch – jeder von uns, sofern es ihm bewußt wird – ist von einer bestimmten *Mächtigkeit,* die nicht auf einem Können, Wissen oder Haben beruht. Der Mensch hat einen *Rang,* der nichts zu tun hat mit dem, was von der Welt her ihm an Werten zugeschrieben wird. Und der Mensch ist von einer bestimmten *Stufe*, die eine Qualität zum Ausdruck bringt, die wir nicht aus *diesem* Leben haben, die der Hinweis ist auf die Teilhabe an einem höheren Leben. Das sind drei Richtungsbestimmtheiten, die in der Meditation, wie ich auch immer wieder von anderen höre, auftauchen können, wie Sterne an einem noch von Nebel verdeckten Himmel manchmal aufleuchten.

Ach, so müßte ich eigentlich sein: diese *Mächtigkeit* haben, die Ausdruck einer unerschöpflichen Fülle des Lebens ist, die aus mir aufbrechen kann und Dinge vermag, die ich mit meinem menschlichen Können nicht kann; sein wie ein Baum, der aus den Urkräften der Erde aufwächst, sich zu einer Krone entfaltet und doch immer wieder ganz fest in der Erde begründet ist; sein, wie ich in seltenen Augenblicken meines Lebens sein kann, wenn, ich weiß nicht warum, Menschen sich an mich lehnen, mir folgen, plötzlich kann ich ihnen helfen, ich weiß nicht, woher diese Kraft kommt; auf einmal ist diese Mächtigkeit aus der Tiefe da.

Es gibt Menschen, die eine ursprüngliche Mächtigkeit haben – eine Art elementare Erdwesen. Sie sind unter Umständen gefährlich in ihrer Unbefangenheit und Selbstverständlichkeit, mit der sie alles meistern, man weiß eigentlich nicht, wie sie alles schaffen. Aber was sie als besonderer Typ repräsentieren, ist in jedem von uns als Keim angelegt. Immer wieder erlebt man in der Therapie, wie Menschen, die bis dahin ganz zarte, schüchterne, zurückhaltende Wesen waren, sich als gewaltige Kraftwesen entpuppen können, wenn sie plötzlich in die Lage versetzt werden, dieses innere Tor aufgehen zu lassen. Wenn nichts Kraftvolles herauskommt bedeutet das nicht, daß nichts da ist, sondern daß es blockiert ist. Denn wir alle haben das in uns.

In der gleichen Weise hat jeder von uns in der Gestalt seines ihm vorgeformten Wesens einen ursprünglichen besonderen *Rang,* der als geformte und formend ausstrahlende Kraft mehr überzeugt als alles Reden. Fühlen Sie sich in gewissen Augenblicken als Träger dieses Ranges, dann wird die Welt um Sie herum durch Ihre eigene Form mitbestimmt. In dem Maße, als Sie aus dem ursprünglichen Rang, der Ihnen durch die Ihnen eingeborene Gestalt verliehen ist, herausrücken, werden Sie selbst von der Welt her bedingt und die Welt prägt *Sie* anstatt umgekehrt. Wir alle können diesen Unterschied immer wieder spüren. „Heute bin ich ganz ich" – dann sagt der andere: „Weil du du bist, kann ich ich sein."

Fühlen Sie sich in diesem Rang Ihres Wesens, der Form von woanders her ist, dann haben und halten Sie zu dem, was Sie umgibt, einen ganz bestimmten Abstand, halten die Welt in einer bestimmten Distanz, aus der heraus allein Sie ihr ganz nah sein können im Wesen, auch den Menschen. Sie können dem Menschen wirklich nahe kommen im Wesen in dem Maße, als Sie von seiner Privatperson Distanz halten. Umgekehrt gibt es eine Art des Hineingehens in die Privatwirklichkeit eines Menschen, vor der er sein Wesen zumacht. Es gibt ein fernes Auge in jedem von uns – das wir sicher nicht immer haben –, das von weit her kommt und durch den anderen gleichsam hindurchschaut in eine Dimension, in der man verbunden ist im Sein. Von diesem Rang her rufen wir den anderen unwillkürlich in sein bestes Bild hinein, stellen etwas Forderndes dar, das nicht belehrend aufgelegt wird, auf das der andere wartet. Auch die Jugend unserer Zeit will nicht immer nur verstanden werden, nicht mit erhobenem Zeigefinger belehrt über die Werte der Väter, sondern von dort her angerufen werden.

Das Dritte ist dann die *Stufe.* Jeder von uns hat eine bestimmte Stufe, kraft derer er es mit dem Reifen schwerer oder leichter hat. Die innere Stufe des Menschen bedeutet das Maß seiner ihm ursprünglich mitgegebenen Überwindungskraft, der Kraft, in der er sein kleines Ich, das ihn trennt von der Welt, einklammern kann und infolgedessen offen ist für die Schwingungen, in denen sich das Leben immer auch als Möglichkeit zur Bezeugung von Liebe manifestiert, aus der heraus er Welt und Leben versteht.

Je mehr ein Mensch ursprüngliche Stufe hat, um so mehr scheint er schon viele Leben gelebt und einen Erfahrungsreichtum gesammelt zu haben, aufgrund dessen es leichter wird, gewisse Dinge zu verwinden, zu überwachsen, eben zu reifen. Es gibt Menschen, die brauchen ein einziges Erlebnis und schon sind sie einen Sprung weiter, und es gibt Menschen, die können immer wieder dasselbe erfahren und sie lernen nichts daran.

Die Stufe eines Menschen drückt sich vor allem aus durch seine Güte, die nichts zu tun hat mit Sympathie und Antipathie, denn das gehört wiederum in das Welt-Ich.

Ich spreche jetzt von Qualitäten, die wir vom Wesen her haben. Sie sind alle angelegt in uns. Jeder hat *sein* Maß an ursprünglicher Mächtigkeit, ursprünglichem Rang, ursprünglicher Stufe. Was uns unterscheidet als Charaktere in bestimmten Epochen unserer Entwicklung ist das *Maß,* in dem das, was wir vom Wesen her sind, uns *bewußt* werden kann und, indem es uns bewußt wird, auch eingehen kann in das Ganze unserer Weise, dieses Leben zu bestehen, zu gestalten und liebend zu durchwirken.

Die *Mächtigkeit* als Ausdruck des Besitzes der *Fülle* des Lebens; der *Rang,* der die uns eingeborene *Form* unseres Verhaltens als verpflichtende und verheißende *Kraft* zur Wirkung bringt; und die *Stufe,* die uns eingeboren ist als die in uns ursprünglich angelegte, die Vielspältigkeit der Welt zu fruchtbarer Einheit verbindende lösende *Reife:* diese drei Dinge können, wenn wir uns manchmal ihrer erinnern, auch innerhalb unserer Meditation uns als Richtpunkte dienen, die es uns erleichtern, weiter zu kommen auf diesem Weg der Verwandlung, den Meditation meint.

Stufen des Menschseins
Stufen der Übung

Dieselben Anweisungen, dieselbe Folge von Schritten, die wir bei jeder Übung durchlaufen müssen, bedeuten in jeder Übung etwas anderes. Sie selbst müssen, wenn Sie diese Übungen machen und immer wieder das Gleiche tun, es immer wieder als etwas Neues erleben. Es ist immer wieder neu, es ist immer wieder schwer. Sowie Sie etwas dazugewonnen haben, sind Sie selbst ein anderer geworden. Infolgedessen sehen Sie anders und sehen anderes in dem, was von außen her gesehen das Gleiche ist.

Hiervon ausgehend möchte ich heute einiges wiederholen zu der Stellung der Übung im Rahmen des ganzen Lebens, Ihnen also etwas sagen von den Voraussetzungen des Übens.

Was bringen wir mit an Voraussetzungen, um uns überhaupt auf den Weg der speziellen Übung der Meditation zu begeben? Diese Voraussetzungen, deren Übergänge aber fließend sind, sind einmal *universeller Art,* d. h. mit der Situation des Menschen sich selbst und der Welt gegenüber gegeben.

Sie sind immer *zeitbedingt,* haben also heute einen anderen Grund, einen anderen Sinn als gestern, und sie sind für jeden von uns immer *persönlicher Art.* Nur wenn eine ganz persönliche Notwendigkeit besteht, ist eine Grundvoraussetzung für das Üben gegeben.

Worin bestehen im einzelnen diese Voraussetzungen? Welches grundsätzlich gegebene Moment der Situation des Menschen kann ihn eines Tages hinführen zu dem, was man ein Exerzitium nennt? Diese Voraussetzungen sind damit gegeben, daß jeder Mensch, der heranreift, eine Folge von Stufen durchläuft. Wenn er aus der Kleinkindphase herauskommt, in der er noch eins ist mit der Welt, wenn er der Erwachsene ist, der seiner Ratio bereits mehr oder weniger etwas zu verdanken hat für sein Überleben, dann ist er zunächst einmal ein Ich.

Auf der *ersten Stufe* ist er zunächst einmal das primäre Ego, das um sich selbst kreist und das Bestreben hat, zu leben und zu überleben, ungefährdet, gesichert und genußreich zu leben, möglichst reibungslos in der Gemeinschaft zu existieren. Dieses Ich hat ganz bestimmte Feinde. Der Hauptfeind ist all das, was dieses Ich in Frage stellt, was seine Position in Frage stellt, was mit Vernichtung droht. Hier geht es also um Leistung, in der man seine Position findet und festigt, es geht um Freunde, die Kameraden sind, und die Feinde auf der anderen Seite. Es geht um die ursprünglichsten Triebe, die nun einmal zum Menschen gehören, und die Möglichkeit, sie zu leben. Es dreht sich alles in diesem Sinne um das Ego als der Weise, in der primäres vitales Leben im Menschen zu seinem Selbstbewußtsein kommt und den Menschen fordert, dieses ursprünglichste Leben zu schützen und auszudrükken. Wir werden uns heute immer klarer darüber, wie wichtig es ist, daß dieses primäre Ego leben darf.

Daß die Frage, ob es leben darf, sich in dieser Form stellt, beruht darauf, daß auf einer *zweiten Stufe,* die wir alle durchlaufen müssen, wenn wir wirklich Mensch sind und Mensch werden wollen, es nicht um dieses Ego geht, sondern um das ›alter‹, um den anderen. Aus dem *Egoismus* soll ein *Altruismus* werden.

Auf der zweiten Stufe des Menschen, die zum Menschen gehört, geht es nicht darum, daß nur Ich bin, sondern es dreht sich das Leben um das andere. Das andere kann ein Werk sein, eine Idee, ein Mitmensch, eine Gemeinschaft. Das bedeutet zugleich die Notwendigkeit, dieses Ich, das sich nur um sich selbst drehen möchte, zu unterwerfen, es diesem anderen zu unterstellen, unterzuordnen, es ihm einzupassen und einzufügen. Das Leben hat dann *Sinn* dadurch, daß es einem Objektiven oder den Mitmenschen dient und im *Dienst* dieses anderen sich zurückzustellen vermag. Dann sind die Werte des Schönen, Wahren und Guten von Bedeutung. Der Mensch ist das Wesen, das in der Lage ist, sein ganz primäres Bedürfnis, zu leben und das Leben in Sicherheit zu genießen, zurückzustellen und einem anderen unterzuordnen. Das macht dann den Menschen aus, er wird dann das, was man nicht nur ein Ich nennt, sondern eine Persönlichkeit, die fähig ist zu dienen.

Die Definition der zweiten Stufe ist die Fähigkeit zum Dienst. Um dienen zu können, geht es um ein ganz bestimmtes Verhalten. Ein Gefüge von Regeln und Weisungen zielt darauf ab, den Menschen einem anderen unterzuordnen: die Verhaltensethik. Ethik, Ästhetik, Logik sind alle drei nur möglich, wenn der Mensch sich als Ich zurückstellt. Auf der einen Seite ist der Mensch ein Ich, auf der anderen Seite darf er dieses Ich nicht in den Vordergrund treten lassen. Daraus entstehen bestimmte Konflikte für das Ich des Menschen, für sein Triebleben – Konflikte, deren Auswirkungen bis zur Krankheit führen können und die Grundlage sind dafür, daß die Menschen zum Psychotherapeuten gehen. Wir wissen heute, in welchem Ausmaße der Zwang dieser drei – Logik, Ästhetik, Ethik – Ursprüngliches im Menschen in einer Weise niederhält, die über das hinausgeht, was gesund ist. Ein Großteil der Psychotherapie besteht darin, den Menschen zu befähigen, das einmal leben zu dürfen, was er im Dienst am anderen an seinem Ich unterdrückt hat.

Dieses Unterdrücken fängt an mit den ersten Regeln der Erziehung. Eine Theorie (von Schultz-Henke) führt die Neurosen darauf zurück, daß die Urinstinkte des Kindes zurückgedrängt werden, zum Beispiel das Vorstoßen im natürlichen Angriff, im natürlichen Losgehen auf etwas, das im Wege steht. Das Kind kann nicht mehr angreifen, denn das ist böse; es darf nicht nehmen, denn das ist egoistisch. Später ist das dann der Mensch, der bescheiden ist, der, wenn nur noch ein Stück Kuchen auf der Platte liegt, sagt: „Nein danke." Er hätte es gern, er *kann* nur *nicht nehmen.* Dieses Nicht-nehmen-Können ist eine der Grundlagen von Neurosen. Ein anderer Mensch ist so ungeheuer freigebig – er gibt alles her. Das sieht sehr schön aus, aber im Grunde ist das ein Mensch, der nichts bei sich behalten kann.

Diese Dinge, die zweifellos zum Menschen gehören – man soll dem anderen *nichts Böses tun,* man soll *geben können, bescheiden sein* –, können in einer übertriebenen Weise und vorzeitig dem Menschen abverlangt werden, die dann später zu Neurosen führt.

Jede Neurose ist eine verhärtete Fehlantwort auf das Leben, eine Weise, geantwortet zu haben, die dem ursprünglichen Sein nicht entspricht, die sich verhärtet und später wie ein Mechanismus, wie eine Platte abläuft und uns an unserer eigentlichen Wirklichkeit hindert.

Wir erkennen heute, daß mit der Verhaltensethik, die orientiert ist am anderen, an der Gesellschaft, der Sache, am Werk, der Mensch hineingezwungen wird in ein Gefüge von Regeln und Ordnungen, in denen er als Subjekt kaum noch stattfindet. Er wird schließlich sich selbst als Individualität, als Mensch in seiner Ganzheit entfremdet. Ich wiederhole hier, was ich schon öfters gesagt habe: diese Ganzheit des Menschseins wird in unserer Zeit gerade dadurch gefährdet, daß das andere – die Gesellschaft, die Kultur, in der wir stehen – ganz bestimmte Dinge im Menschen fordert und betont, die er leben, bewähren und beweisen muß, sonst kommt er überhaupt nicht mehr mit. Der Mensch hat aus seiner Ratio, aus seiner Gestaltungskraft heraus eine Wirklichkeit rationaler Ordnungen und technischer Möglichkeiten geschaffen, ursprünglich zu seiner Freiheit erfunden. Dieses System fängt heute an, sich wie ein Monstrum nach eigenen Gesetzen zu bewegen, und der Mensch kann des Monstrums nur Herr werden in dem Maße, als er fähig ist, sich ihm anzupassen. In dieser Anpassung aber wird er selbst ein Stück Welt, entfremdet sich immer mehr von seinem Menschsein. Schließlich besteht seine Freiheit darin, daß er seine Unfreiheit, in der er ist, gar nicht mehr bemerkt, ähnlich dem Verkehrsteilnehmer, der den roten, gelben und grünen Lichtern mechanisch gehorcht.

Eines schönen Tages aber merkt er eben doch, daß in dieser Unfreiheit, die aus der Anpassung kommt, ein wesentlicher Anteil, der zur Ganzheit des Menschen gehört, unterdrückt wird. In dieser rein männlich ausgerichteten Kultur wird das individuelle Besondere eines jeden von uns in der Vermassung, in der Überbetonung des Kollektivs, wie es heute heißt, unterdrückt. Es wird das Tiefe der Oberfläche zum Opfer gebracht, das Nicht-Rationale in uns dem Rationalen, obwohl es eigentlich der Sinn des Rationalen ist, dem Nicht-Rationalen Lebensräume zu schaffen. Das bedeutet, daß das *Ganze* des Menschseins zugunsten *besonderer Aspekte* zum Opfer gebracht wird. Da es sich aber hier um Seiten handelt, die *unabdingbar* zur Wirklichkeit des Menschseins gehören, meldet sich dieses lebendige Ganze unweigerlich früher oder später in der Sprache der vernachlässigten Aspekte.

Dann entstehen Bewegungen, die regressiv erscheinen, Bewegungen, in denen der Mensch anscheinend auf primitivere Stufen seines Menschseins zurückfällt. In Wahrheit aber geht es darum, daß wir einer umfassenden Betrachtung das Wort reden müssen anstelle einer linearen, die den Fortschritt immer nur in der Entwicklung einzelner Seiten sieht. Wir müssen das Ganze sehen, und es wird dann häufig notwendig, daß der Mensch zurückgeht auf eine frühere Stufe, um gewissen Seiten seiner selbst die Möglichkeit zu geben, sich zu entwickeln. Das sieht regressiv aus, meint aber eine *kreative Regression,* ein kreatives Zurückgehen im Dienst des nachwachsenden Ganzen. So sehen wir heute beispielsweise, wie das Weibliche, das als solches mehr und mehr zurücktrat, im Menschen – im Mann genauso wie in der Frau – plötzlich in Erscheinung tritt. Da gibt es auch komische Erscheinungen, Übertreibungen äußerlicher Art, aber in Wirklichkeit ist das nur eine Betonung dessen, daß Ja gesagt wird zum Weiblichen und das nicht nur in einem äußeren Sinne. Es werden auch alle möglichen Formen weiblichen Fühlens, weiblichen Schauens, musischen Daseins erfahren, die lange Zeit im Schatten des rein rationalen Fixierens, Konturierens, Feststellens, Unterscheidens, Formens und Organisierens zu kurz kamen.

In diesem Zusammenhang taucht heute auch das Meditative auf als ein Verhalten, das mehr einen weiblich empfangenden, passiven Charakter hat als das aktiv-männlich vorstoßende Tun. Und damit stehen wir an der Schwelle des Überschritts zur *dritten Stufe* der menschlichen Entwicklung, denn hier taucht als etwas ganz Neues notwendig die Tiefe des *persönlichen* Wesens auf, im Unterschied zu dem der Gemeinschaft, der Sache dienenden Persönlichkeits-Ich.

Der Mensch, der immer mehr zum Funktionär reduziert worden ist und sich immer im Dienst unterordnet, kommt eines Tages zu der Frage: „Wer bin *ich* denn eigentlich?" Das ist ein allgemein-menschliches Phänomen, das sich besonders gut darstellen läßt am Beispiel von Frauen in der Lebensmitte. Die Kinder sind erwachsen, der Mann ist vielleicht gestorben oder weggegangen mit einer anderen Frau. Sie ist allein. Nun stellt sie fest: sie war Tochter, Studentin, Braut, sie war Geliebte, die Frau des Mannes, sie war Mutter der Kinder – wann aber war sie eigentlich sie selbst, mit ihrem Vornamen zu nennen? Sie stellt plötzlich fest, daß sie immer nur in einer Rolle war, in einer Funktion, bestimmt durch einen Kreis von Pflichten, dem sie sich einordnete, unterordnete. Diese Situation fällt häufig zusammen mit dem Klimakterium. Viele Frauen in diesem Alter sehen nun das Leben, das sich reduziert, und gerade in diesem Augenblick ist oft die erste Chance für ihr eigenes Leben gegeben. Die Rollen, die sie ausgefüllt hat, waren wichtig und notwendig, und sie hatte auch immer wieder Befriedigung darin, aber etwas war sie eben nicht – sie selbst.

Mit der Frage: „Wer bin *ich* eigentlich?" meint der Mensch heute nicht das Ego, das er den Forderungen des Gefüges hat unterwerfen müssen, sondern etwas viel Tieferes. Der Mensch, der in dieser Verhaltensethik aufgeht, hat nicht nur sein kleines Ich dort eingeordnet – was ja recht ist – sondern auch sein Wesen, seine transzendentale Tiefe – das *tiefere Ich* – und das ist etwas anderes.

Es gibt Ego-ismus und Altru-ismus, das ist für den anständigen Menschen kein Problem. Es gibt aber darüber hinaus noch etwas anderes: das sind *Wesenstreue* und *Gemeinschaftsverpflichtung. Das* ist ein echtes Problem. Sicher wird der Mensch sich zunächst für die Gemeinschaftsverpflichtung entscheiden, um sicher zu gehen, daß er nicht Egoismus übt. Aber wenn er merkt, da stimmt etwas ganz Tiefes nicht, dann vergiftet er nicht nur sich, sondern auch seine Umgebung, seine ganze Familie. Denken wir an den Fall der letzten Tochter, die zu Hause bleibt, weil die Mutter krank ist, diese pflegt und darüber versauert. Eines schönen Tages denkt sie: „Es ist doch egoistisch, wenn ich mein eigenes Leben hätte leben wollen – die arme Mutter." In Wirklichkeit verschlingt die Mutter die Tochter, und die Tochter wird schuldig nicht nur an sich selbst, wenn sie nicht ihren eigenen Weg geht, sondern auch an der Mutter, indem sie sie schuldig werden läßt. Wenn man fragt: „Wie oft haben Sie in letzter Zeit gesagt: wann stirbt die Alte endlich?" erschrickt die Frau entsetzlich. „Woher wissen Sie? Natürlich kommen mir solche Gedanken!" Das ist nicht böse, das ist ganz natürlich. Jedesmal, wenn ein solcher Mensch den Mut hat, mit der Mutter zu sprechen, gibt es erst einen Schrecken und dann eine Dankbarkeit dafür, daß das Kind der Mutter verwehrt hat, weiter an ihm schuldig zu werden. Dann findet sich immer eine andere Lösung.

Es tritt heute als neue Forderung das Wahrnehmen und das Ernstnehmen unserer Wesentiefe auf, im Dienste nicht des Ich und nicht des anderen, sondern jener überweltlichen, überpersonalen transzendenten Wirklichkeit, im Zeichen der Wahrheit. Es geht um die innere Wahrheit, die man ist.

Wie oft sagt mir eine Frau: „Wissen Sie, mein Mann ist so schlecht zu mir.“ Ich sage: „Was machen Sie dann?“ – „Ich ordne mich unter in der Liebe.“ Dann kann man nur sagen: „Das ist für einen Mann sehr angenehm, aber wie lange wollen Sie das noch fortsetzen?“ – „Ich kann manchmal gar nicht mehr; ich bete dann.“ – „Um was beten Sie dann?“ – „Um die Kraft.“ – „Um welche Kraft? Um in der Lüge zu bleiben?“

Das ist immer wieder die Situation: ein Mensch wagt nicht, sich in die Wahrheit zu stellen und im gegebenen Augenblick einmal kundzutun, daß er ein Anrecht hat, sich selbst zu leben und nicht aus schmerzscheuer Verhaltensethik für den anderen in der Unwahrheit bleiben.

Wir lernen alle auf der zweiten Stufe, daß Harmonie, Reibungslosigkeit und das Gutsein für den anderen entscheidend sind. Das ist auf einer bestimmten Ebene notwendig, um das Ego zu zügeln. Aber Harmonie als oberstes Prinzip kann zur verführerischsten Waffe des Teufels werden, der im Zeichen der Harmonie die Menschen in eine Lüge manövriert, in der man nicht mehr den Mut zur Ehrlichkeit hat, nicht mehr riskieren kann, dem anderen die Wahrheit zu sagen, weil sie vielleicht weh tut. Zum Leben in seiner Wirklichkeit gehören Kampf und Konflikte dazu. Hüten Sie sich vor der Harmonie, hüten Sie sich vor der Schmerzscheu, stellen Sie sich in die Wahrheit dessen, was von Ihrem innersten Inneren gefordert wird. Mit diesem innersten Inneren ist nicht nur die Individualität gemeint, als Unterschied zum Ego – daß jeder seinen eigenen Stil hat, seine eigene Besonderheit – sondern in dieser Individualität taucht auch jene Tiefe auf, die sich ausdrückt in der Qualität, die man das Numinose nennt, in der wir uns plötzlich von etwas ganz anderem berührt fühlen. Einige von uns erinnern sich vielleicht daran aus der Zeit der Pubertät – über dieses Thema haben wir schon einmal gesprochen.

Es gibt Fälle von Männern, die in der Welt bekannt sind und eine große Rolle spielen, die ihre Pflicht taten, die einwandfrei waren, die völlig aufgingen in ihrem Werk und dann zusammenbrachen, weil eben diese zentrale Tiefe nicht einbezogen war.

Warum das gerade heute? Früher war der Mensch mehr oder weniger nicht nur in seinem Ego einbezogen in ein Ganzes, sondern weil diese Ganzheiten – wie der *Stand* des Arztes, der *Stand* des Kaufmanns, die Gemeinde, der *Stand* des Offiziers – einen numinosen heiligen Kern hatten, war er mitgeborgen mit seiner zentralen Tiefe. In dem Maße aber, als diese in einem heiligen Kern zentrierten Organismen sich weitgehend zu Organisationen wandeln oder eine Stellung in einer Organisation zu einem Job wird – wie heute beispielsweise das Soldatentum – ist der Mensch in seiner Tiefe nicht mehr gerufen und nicht mehr darinnen geborgen, sondern auf sich selbst zurückgeworfen. Es ist schwieriger, den Gehorsam über den eigenen Willen zu stellen, wenn er in einer nicht mehr im Numinosen wurzelnden Wirklichkeit gefordert wird. Er kann sich nicht mehr auf den heiligen Kern dessen beziehen, in dessen Dienst er als Gemeinschaftswesen da ist. Der Mensch steht heute zum erstenmal vor dem Rätsel seiner ureigenen Wesenheit. In dem Gefühl, daß der Bezug zum Höheren fehlt in dem, woraufhin man nach außen lebt, taucht die Forderung auf, diesen Kern in sich selbst zu entdecken und zu entwickeln.

In dieser Situation sind wir heute, und in dieser Situation taucht plötzlich das Ganz Andere auf, jene transzendente Tiefe als *Erfahrung,* und damit die Frage: „Jetzt habe ich etwas ganz anderes *gespürt.* Gibt es nicht einen Weg, um so zu werden, daß ich dem, was ich einen Moment von woanders her – mich erlösend, befreiend und in neuer Weise verpflichtend – gespürt habe, wirklich konsequent nachgehen kann?" Diesen Weg gibt es. Das ist es, was man den WEG nennt.

Das ist der WEG einer systematischen Arbeit an der fortschreitenden Erkenntnis dessen, worum es heute für uns geht, und der systematischen Einübung einer Verfassung, in der wir diesem Ganz Anderen gerecht werden können, indem wir es vernehmen und es bezeugen. Dann sind wir an der Stelle, wo aus der *Not* eine *Notwendigkeit* wird: der Gehorsam dem Wesentlichen gegenüber. Aus der Not des auf den Funktionär reduzierten Menschen tut sich etwas anderes auf als eine *Verheißung*. Aus diesen beiden Faktoren: aus der *Not* – die zwingt, aus dem bisherigen heraus zu treten – und aus der *Verheißung* – die einem verspricht, einem anderen Weg folgen zu dürfen – wächst dann die Weise der Existenz, in der die *Übung* und das *Exerzitium* eine besondere Bedeutung haben.

Das ist die Stelle, an der *jeder* Mensch auf einer bestimmten Stufe der Entwicklung einmal ankommen kann, und zwar einmal dann, wenn er auf der zweiten Stufe sich in seinem Wesen unterdrücken muß, und zum anderen, wenn er zu denen gehört, die das Organ haben, das Ganz Andere zu spüren. Jeder von uns, das ist die ontologische Voraussetzung, hat im Grunde seines Wesens teil am transzendenten Sein. Jeder von uns macht als Mensch eine Entwicklung durch, in der er, indem er ein gegenständlich fixierendes Bewußtsein entwickelt, einen Schleier legt über das, was er im Grunde ist. Jeder von uns hat im Prinzip die Chance, am Leiden unter dem Getrenntsein von dieser Tiefe zu erwachen zu der Möglichkeit des Ernstnehmens von Erfahrungen, in denen diese Tiefe plötzlich aus ihm hervorbricht, und dort erfährt er sich dann selbst als einer, der zum Zeugen von etwas anderem bestimmt ist. Alles Handeln wird dann ein Bezeugen.

Ich fasse die *Voraussetzungen für die Meditation* nochmals zusammen: Es muß vorhanden sein

- eine *Not;*
- die *Erfahrung* einer Dimension, in der etwas aufleuchtet – wenn es auch nur flüchtig und vorübergehend ist – was aus dieser Not herausführen könnte;
- die Möglichkeit, diese Erfahrung zu *vernehmen* als einen *Ruf,* als die Möglichkeit einer *Verpflichtung;*
- die Bereitschaft zu dem Entschluß, diese Verpflichtung *auf sich zu nehmen,*
- und dann der *Gehorsam,* in Treue den WEG dieser Verpflichtung zu gehen.

Das sind die Voraussetzungen für den Menschen, der das vollziehen will, was man meditieren nennt.

In der Unterwerfung der eigenen Freiheit unter eine Verpflichtung kann bereits ein überweltliches Moment liegen, denn gehorchen ist etwas, das das Gewöhnlich-Menschliche übersteigt. Durch den *Inhalt* der Verpflichtung kommt hier etwas Numinoses herein, denn der Verpflichtung zum eigenen Gottgemäß-Werden auszuweichen würde bedeuten, dem Sinn des Lebens überhaupt auszuweichen.

Im Verständnis der *Übung* nun müssen wir in gleicher Weise verschiedene Stufen unterscheiden wie bei den Voraussetzungen der Übung.

Die Übung auf der *ersten* Stufe meint die *Leistung.* Ich übe mich zu einer Leistung, kraft derer ich mich im Leben durchsetze, kraft derer ich Tod, Krankheit, Leiden möglichst hinausschiebe. Mit dieser ersten Übung muß die Erziehung beginnen. Ein Kind, das nicht erzogen wird, ein kräftiges Ich zu bilden, sich in diesem Sinne zu üben bis in seine physische Kraft hinein, ist falsch erzogen. Wenn man damit *anfängt,* daß das Kind sich unterordnen muß statt sich zu bewähren in seiner ursprünglichen Potenz, ist man auf dem falschen Wege. Dieses Herauskommenlassen der ursprünglichen Form, dem Vitalen sein Recht zu geben, ist Übung zur Leistung. Das Verhindern dieser vitalen Ursprünglichkeit ist ein Verbiegen des ganzen Menschen, mit dem man später als Psychotherapeut zu tun hat. Am Anfang müssen verschiedene Leistungen stehen: das Durchsetzen, das Nehmen-Können, das Sich-wehren-Können, das Sich-ausleben-Können, das Ja zum Trieb, das Ja zur Sinnlichkeit. Gerade die Entwicklung der Sinne entscheidet über das Maß der Freude an der sinnlichen Fülle des Lebens. All das will geübt werden.

Auf der *zweiten* Stufe gibt es eine Übung ganz anderer Art, das ist die Übung zum *ethischen Verhalten*, die Übung, *Disziplin halten* zu können. Es ist die Übung, den einseitigen und zu starken Ansprüchen des Ichs Widerstand leisten zu können. Das ist das Üben zu einem bestimmten Verhalten, einer bestimmten Form – des Schön-Seins, des In-Form-Seins – zu einem bestimmten konsequenten Denken – zum rationalen Denken also – zur Konsequenz im Gestalten. Disziplin allein befähigt uns, eine Sache zu Ende zu führen und Vollendung zu suchen in jedem Tun. Das sind alles Übungen, denen wir uns unterwerfen müssen von der Kindheit an, angefangen mit den guten Manieren. Man tut dies nicht, man tut jenes nicht, bis zu den sublimen Formen des Sich-Unterwerfen*können*s unter die Notwendigkeiten eines Werkes, das man zu führen hat oder das man als Künstler zu schaffen hat. Diese Disziplin vermissen wir heute so häufig, weil unter Berufung auf das Recht der Ursprünglichkeit in Wirklichkeit nicht mehr die Kraft da ist, eine Disziplin durchzuhalten.

Die Freiheit, die heute gesucht werden muß als die Freiheit dessen, der einer Verhaltensethik unterworfen war, hat beide Stufen zur Voraussetzung. Erst der, der wirklich ein Ich entwickelt hat und Kraft hat, auch die Kraft dazu zu stehen, kann einmal den Weg, den Gandhi ging, gehen. Ein radikaler Libertinismus, der niemals die Disziplin gekannt hat, ist unfruchtbar. Erst in dem, der einmal die Disziplin gelernt hat, kann die Freiheit aus dem Wesen wirklich echte Früchte bringen. Erst im *post*mentalen Zustande wird das Nichtrationale fruchtbar.

Aus diesen Bemerkungen geht schon deutlich hervor, daß Üben auf der *dritten Stufe,* auf der es um die innere Wahrheit geht, wieder etwas völlig anderes bedeutet. Da ist es nicht die Übung zu dem sich selbst in der Welt durchsetzenden Ich; es ist nicht die Übung zu einer sich dem anderen Mitmenschen, der Gemeinschaft unterordnenden Persönlichkeit, sondern es ist die Übung zur *Wahrheit des eigenen Seins.*

Das ist die Übung, in der der Mensch allmählich hingelangt zur *Durchlässigkeit* für die in ihm, in seinem individuellen Wesen anwesende Transzendenz, zu einer Durchlässigkeit, die sich bemerkbar macht in der Möglichkeit, diese Transzendenz zu *vernehmen* in der besonderen Qualität des Numinosen in unserem Erleben, und sie dann in der Welt zu *bezeugen,* auszudrücken, auszustrahlen als eine *verwandelnde Kraft.* Hier geht es um die *Verwandlung* zur Verantwortlichkeit gegenüber einem überweltlichen Sein, dessen Maßstab die *innere Wahrheit* ist. Dann stimmt das, was ich in der Welt darstelle, mit dem überein, was ich im Grunde meines Wesens *bin,* nämlich *eine Weise jenes überweltlichen Seins.*

Daß das überweltliche Leben sich in mir und durch mich in der Welt manifestieren kann, das ist die in mir angelegte

Wahrheit meines Seins. „Du mußt aus dir selber in dich selber gehen", sagt Meister Eckehart, „da liegt und wohnt die Wahrheit, die niemand findet, der sie in äußeren Dingen sucht." *Das* ist die Wahrheit, die zugleich der Weg und das Leben ist. Das Wesen in unserer Tiefe ist nicht ein In-*Bild,* sondern ein In-*Weg,* auf dem, wenn man ihn geht, das In-Bild sich verwirklicht. Das Wesen einer Blume ist die Weise, in der in ihr ein bestimmter Entwicklungsweg angelegt ist, vom Samen zur Knospe, zur Blüte, zur Frucht. So ist auch in jedem Menschen, in seinem Wesen ein bestimmter Weg angelegt, dem zu entsprechen seine gelebte Wahrheit ist. Das ist dann sein LEBEN im tiefsten Sinne. Dieses Leben fängt erst dort an, wo die Stufe eins und zwei gelebt, aber dann überschritten werden.

Der Mensch auf der ersten Stufe meint sich selbst; auf der zweiten ordnet er sich unter; auf der dritten Stufe überschreitet er sich zu jener anderen Dimension einer überweltlichen Existenz, der zu dienen dann der Sinn des Lebens wird.

Übung meint also hier das Hinleben zu einer Verfassung, in der ich fähig bin, diesem Ganz Anderen zu dienen, fähig bin, es zu vernehmen und es zu bezeugen in der Welt.

Üben bedeutet also in jedem Fall das Abbauen dessen, was dieser Transparenz im Wege steht und das Fördern dessen, was ihr Erleben ermöglicht. Das sind ganz präzise Aussagen, die auch ganz präzise Schritt für Schritt erläutert werden müssen. Ich lege großen Wert darauf zu sagen: *Das sind präzise Aussagen!*

Es wird heute so oft gefragt, ob hier überhaupt noch eine wissenschaftliche Möglichkeit ist, diesen Dingen nachzugehen. Aber es handelt sich hier um das Erleben einer übergreifenden Wirklichkeit, die sich in einer ganz präzisen Weise beschreiben, systematisch erkennen, systematisch Schritt für Schritt verfolgen läßt, dauernd mit dem Ohr an der inneren Stimme des Menschen. Man schwebt nicht in der Luft, man steht hier auf sicherem Boden.

Alles, was im Laufe der Jahrtausende unter dem Gesichtspunkt, den Menschen als Subjekt mit seinem Gefühl auszuschalten, erforscht und erkannt worden ist – also das, was die naturwissenschaftliche Erkenntnis brachte – war immer nur von einer begrenzten Lebensdauer, um dann überholt zu werden von einer weiterführenden Erkenntnis. Die Wahrheiten des Laotse, die sich auf das Innerste des Menschen bezogen, sind heute noch so wahr, wie die von Buddha und Christus bis heute wahr sind. Man steht hier auf einem ganz bestimmten Boden, der sicher ist und nicht dadurch unsicher wird, daß – je tiefer man an die Dinge herankommt – ein immer kleinerer Kreis von Menschen versteht, wovon überhaupt die Rede ist. Aber ist das nicht in der Naturwissenschaft genauso? Dort nehmen wir als selbstverständlich hin, daß das, was heute auf den Höhen der Physik oder der Chemie erforscht wird, eigentlich nur noch wenigen zugänglich ist. Genau so ist es, und vielleicht noch mehr im Bereich des menschlichen Seins. Je tiefer die Wahrheit, um die es geht, um so kleiner der Kreis der Menschen, der versteht. Wir dürfen uns da nicht irre machen lassen. Wenn ein Kleinkind nicht versteht, was ein Junge sagt und ein Junge in der Pubertät nicht versteht, was ein Erwachsener sagt, so wird das Gesagte dadurch, daß sie alle es in einer gewissen Altersstufe nicht verstehen und daß das Verständnis eine gewisse Reife voraussetzt, am Ende nicht weniger zugänglich, nicht weniger wissenschaftlich und nicht weniger wahr.

Ich bitte Sie sehr, immer wieder dann, wenn Sie an diese Dinge herankommen, sich zu verlassen auf das, was Sie selbst erleben. Machen Sie zum Kronzeugen Ihrer Aussage die *Wirklichkeit Ihres Erlebens* und nicht die Möglichkeit, dieses Erleben rational in ein beweisbares System einzuordnen und es in begrifflichen Kategorien zu beschreiben.

Auf der Lindauer Psychologentagung wurde ich beispielsweise gefragt: „Wie ordnen Sie das überweltliche Leben in die Libido-Theorie von Freud ein?" Wie ordne ich das Unbedingte in ein Gefüge von Bedingtheiten ein? Wie ordne ich einen Diamanten in die Mannigfaltigkeit der Kieselsteine ein? – Das ist eine falsch gestellte Frage, weil sie am Kern vorbeigeht.

„Woher wissen Sie etwas vom Unbedingten?" Da muß man dann den Mut haben zu sagen: „Ich weiß etwas von ihm aufgrund ganz bestimmter Erfahrungen, für die ich keine andere Kennzeichnung habe, als daß sie einen unbedingten Charakter haben."

„Welche Kriterien haben Sie dafür, daß diese Erfahrungen nicht subjektive Hirngespinste sind, nicht individuelle psychologische Projektionen, nicht eine Inflation aus dem

Unbewußten und dergleichen mehr?" – Darauf kann man eine ganz präzise Antwort geben: zwischen diesen Erscheinungen und der Erfahrung des Unbedingten besteht eindeutig und unmißverständlich ein grundlegender Unterschied in der *Qualität.* Sie unterscheiden sich voneinander wie Musik von Farbe. Und die Menschen, die auf einer ähnlichen Stufe das Gleiche erleben, werden Ihnen sofort zustimmen.

Sie wissen, daß Ihnen, wenn Sie diesen Dingen nahe sind, der Zustand einer ganz bestimmten *Strahlung* zuteil wird. Wer überhaupt ein Organ dafür hat, weiß sofort, was das heißt: ich bin heute in einer gewissen Strahlung oder bin es nicht; oder ein anderer ist in einer bestimmten Strahlung oder ist es nicht.

Aber das Entscheidende ist, daß Sie selbst ein anderer werden in dem Maße, als Sie zu dieser anderen Wirklichkeit eine Fühlung gewinnen und der Stimme Ihres Gewissens, die Sie auf den Weg der Verwandlung ruft, folgen. Im Erwachen dieses neuen, absoluten Gewissens und seiner verwandelnden Kraft unterscheiden sich auch die legitimen Formen dieser Erfahrung von den illegitimen.

Was durch Drogen erlebt wird, kommt sehr nah an das heran, was in einer transzendenten Erfahrung erlebt wird. Das ist auch wirklich eine Erfahrung, die uns über den Raum des gewöhnlichen Ichs hinausträgt, vielleicht in ein Meer von Wahrheit, Schönheit und Gesetzlichkeit, in einen Zustand der Zustände, unglaublich reich an Fülle, Wärme, an Gesetzlichkeit und Ordnung. Das kann himmlisch, überirdisch sein. Brauchen wir aber dazu Drogen? Und was dann? Es bleibt davon nur eine Erinnerung. Es erwächst daraus keine Verpflichtung, es entsteht in diesem Erlebnis kein neues Gewissen.

Die Legitimität einer Erfahrung aus der Berührung mit dem Sein läßt sich immer ablesen an dem besonderen neuen Gewissen, das daraus entsteht. Wenn die in der Erfahrung sich kundgebende Verpflichtung zu einer Arbeit an sich selbst wird, dann ist es ein echter Ruf gewesen, nicht nur ein Moment der befreienden Lösung und Auflösung. Es kann in einer therapeutischen Führung in einem ganz bestimmten Augenblick ein einmaliges Haschisch-Erlebnis von großer Bedeutung sein. Man hat es beispielsweise mit einem Menschen zu tun, der jahrelang sucht und sagt:

„Ich bin ganz nah an etwas, ich fühle eine hauchdünne Wand, aber ich weiß nicht, ob wirklich etwas dahinter ist." Wenn er dann einmal Haschisch raucht oder LSD nimmt, kann es sein, daß er auf einmal fühlt: es stimmt doch, ich habe es jetzt erlebt. Er kommt abgesichert aus der Rauscherfahrung zurück, er hat mit dem Mittel eine Wand durchbrochen und weiß nun, daß es sich lohnt, an der Arbeit zu bleiben. Wenn er aber glaubt, die Arbeit, die ihm da aufgegeben ist, durch weiteres Einnehmen von Drogen ersetzen zu können, ist er auf dem Irrweg und verloren für die eigentliche Wirklichkeit.

Warum ist das so? Es gibt Drogen, die jenes Ich auslöschen oder einklammern, das mit dem Netz seiner Begriffe das Ganz Andere von unserem Bewußtsein ausschaltet. Dieses Netz wird zerrissen und das Andere taucht auf. Seit alter Zeit gibt es den inneren Weg, den Weg der Initiation, auf dem das Zerreißen dieses Netzes, das Zerbrechen dieser Schale des Hartgewordenen, des geistigen Establishments der Sinn des Exerzitiums ist.

Das steht im Mittelpunkt des Zen. Zen meint als Praxis nichts anderes als die Zerstörung des geistigen Establishments – wenn ich heute einmal dieses Wort gebrauchen darf –, in dem wir wohlgeordnet uns in einem Gefüge durchsichtiger, erkennbarer und zu meisternder Ordnungen bewegen und, indem wir das tun, das niemals zu ordnende, das niemals zu fixierende, das in ewiger Verwandlung sich bewährende Leben zurückdrängen.

Transzendenz meint primär LEBEN, aber nicht jenes Leben, das zwischen Geburt und Tod ist, sondern das Ganz Andere als die sich ewig verwandelnde, schöpferisch erlösende Kraft, die in einer dauernden Bewegung das große Gegenspiel ist zu dem statischen Fixieren von Positionen, in dem wir als Menschen, als sogenannte Erwachsene leben.

> *Übung* – verstanden als *Exerzitium ad integrum*, d. h. zur ursprünglichen Reinheit unseres Daseins – meint Arbeit an einer Verfassung, in der wir fähig sind, immer wieder von neuem die Kruste des Gewordenen zu durchstoßen, Fühlung zu nehmen mit dem Ungewordenen und von dorther immer wieder neu schöpferisch erlösend für uns selbst und die Welt sein zu können.

Ein großes Wort. Das Ziel ist groß, vor ihm werden wir ganz klein, und daß wir diesem Ziel näher kommen, erkennen wir daran, daß es immer ferner rückt. Das sind Paradoxien, und doch liegt hier etwas ganz klar Erlebbares, Spürbares, unmittelbar zu Schmeckendes vor, dem wir Vertrauen geben müssen und das uns in der Übung trägt.

> Übung, und eine davon ist die Meditation in Stille, meint also Arbeit an einer Verfassung der Durchlässigkeit zu diesem Ganz Anderen, so daß wir fähig sind, es vernehmend, spürend zu *erleben,* uns daran *auszurichten* und zugleich in unserer Weise dazusein und zu wirken es zu *bezeugen.*

Übung gibt es aber nicht nur als Meditation in Stille, sondern auch als aktives Tun. Das Meditative hat nicht zum Kriterium das Stillsitzen, sondern die bleibende Fühlung mit der Transzendenz. Es ist die bleibende Fühlung mit der eigentlichen Mitte, die das meditative Übungsmoment vom nicht-meditativen unterscheidet. Man kann nichts tun, faul dasitzen, das hat wirklich nichts mit Meditation zu tun. Bogenschießen, Speerstoßen, Schwertfechten, um Höchstformen der Aktivität zu nennen, auch der Dauerlauf, der dem Meditativen so entgegengesetzt zu sein scheint, können meditativen Charakter haben, wenn sie sich vollziehen im Dienst am Werden einer Verfassung, in der wir durchlässig sind für das Ganz Andere, das dann durch uns hindurch eintritt in die Welt.

Aktive Übung meint das Erwerben einer Technik, die uns zur Verfügung steht ohne Einmischung des Ichs, so daß wir sie als eine vom Ich gereinigte Technik dieser anderen Tiefe zur Verfügung stellen können. Dann kann sie durch uns hindurch und ohne unser Zutun das jeweils Geforderte gleichsam herausspielen, herausblühen lassen wie die Natur eine Blume. Dann werden wir nicht nur zum *Zeugen,* sondern zum *fühlenden Medium* einer tieferen Dimension, die sich durch uns hindurch in der Welt ausspricht.

Das LEBEN, die Transzendenz, versucht, sich seiner selbst durch uns hindurch bewußt zu werden in menschlicher Weise; aber etwas in uns steht im Wege. „Wir sind die Ursache aller unserer Hindernisse“, lesen wir schon bei Meister Eckehart. Erst dort, wo wir Transparenz gewinnen, geschieht ein Stück dieser Bewußtwerdung. Der

Mensch spürt es dann selber an einer ganz bestimmten Weise da zu sein, an einer ganz bestimmten Weise, in Kontakt zu sein – in Kontakt mit jenem Wesen, das nicht nur mein Wesen ist, sondern zugleich das Wesen ist von jedem von uns, das Wesen aller Dinge, mit dem wir im Grunde eins sind. Meister Eckehart sagt: „In Gott sind aller Dinge Urbilder gleich, aber sie sind ungleicher Dinge Urbilder. Der höchste Engel und die Seele und die Mücke haben ein gleiches Urbild in Gott." Wir haben hier wiederum eine jener großen Weisheiten des Lebens, daß der Mensch in seinem Wesen – also in der Weise, wie sich ein größeres Leben in ihm ausspricht – immer ganz *er selbst* ist, und daß er in dem Maße, als er ganz er selbst ist, in individueller Form *das* ist, worin er mit allen anderen eins ist.

Wer also fragt: „Ist dieses Arbeiten an sich selbst nicht etwas Asoziales, gibt das nicht einen verfeinerten Individualismus, so daß sich am Schluß jeder nur um sich selbst kümmert?" – wer so fragt, hat noch nichts gespürt, denn eines ist wirklich und sicher: wenn Sie an dieses in Ihrem Wesen sprechende Sein herankommen, fühlen Sie etwas, das Sie in eindeutiger Weise mit den Mitmenschen verbindet und Sie in einer Weise liebesfähig macht, daß das Wort Liebe nicht das Haften meint, das Habenwollen, Besitzenwollen und nachher Nicht-mehr-loslassen-Können, sondern ein echtes Schenkenkönnen bedeutet. Dann schenken gar nicht *Sie,* sondern *durch* Sie *hindurch* wird das, was Sie umgibt, beschenkt, Sie sind ganz unschuldig daran. Jeder von uns kennt solche Augenblicke, daß jemand Ihnen dankt dafür, daß Sie in einem bestimmten Augenblick da waren, ihm etwas gegeben haben; Sie wissen gar nichts darum. Sie waren nur in diesem Augenblick richtig da – richtig, d. h. in jener reinen Gebärde, die dadurch rein ist, daß kein kleines Ich dazwischen ist, das Angst hat oder sich in den Vordergrund stellt oder haben will oder nicht loslassen kann.

Das Einswerden-Können mit dem eigenen Wesen bedeutet *nicht* den Kult der eigenen, ach so wertvollen Persönlichkeit, sondern im Gegenteil ein Freiwerden von dem, was uns vom anderen trennt. Die Frage also: wo bleibt das Wirken im sozialen Raum, in der Not, die uns umgibt? ist eine falsch gestellte Frage. Es gibt nicht den Widerspruch, *entweder* an sich selbst zu arbeiten *oder* Not und Elend in der Welt zu lindern. Im Gegenteil: nur durch die Menschen, die in der Lage sind, sich in ihrem Ich endlich einmal zu überspielen, zu überschreiten, wird etwas in der Welt sich verändern können. Aber die Arbeit an der eigenen Menschwerdung muß auch noch in einem höheren Sinn verstanden werden: es gibt zu allen Zeiten den Heiligen, der vom Pferde steigt, um seinen Mantel dem Armen zu geben, der ihn darum bittet. Es gibt auch den Ritter gegen Tod und Teufel, der geradeaus reitet und gar nicht bemerken darf, daß rechts und links vom Wege die Menschen stehen und um eine Gabe bitten. Es gibt immer die Maria und die Magdalena, oder immer das Mißverständnis, das Kreuz Christi in ein großes Rotes Kreuz zu verwandeln. Man sieht heute, da der Glaube nachläßt, daß die Menschen fragen: haben die Klöster noch einen Sinn, sollen wir nicht hinausgehen zu den Armen? Sicher, wenn man bis dahin einem heiligen Egoismus gefröhnt hat, ist das besser; aber das Eigentliche ist damit verfehlt.

Es geht darum, zur Tiefe des Wesens vorzudringen, und das kann man nicht ersetzen durch gute Werke. Wer jedoch in seine Mitte kommt, der kann nicht mehr anders, als etwas auszustrahlen, etwas zu geben, das nichts anderes ist als eine der Weisen, in denen dieses überweltliche Sein sich bezeugt als Fülle, als Gesetz und als umfassende Einheit. Sichtbar wird dieses Bezeugen in der nicht willensmäßig hervorgerufenen, sondern selbstverständlich fließenden Nächstenliebe.

So steht das Gesetz der Übung im Zeichen des Findens des Überweltlichen, das sich dann nicht nur für den Übenden, sondern auch in seinem Lebenskreise auswirkt: in unserem täglichen Leben, in unserem Alltag, in dem wir uns immer wieder sehen müssen, immer wieder zurücknehmen müssen in die drei Stufen, in denen wir sind. Bin ich noch ein normales Ich? Kann ich mich noch an einer sinnlichen Wirklichkeit erfreuen? Bin ich noch jemand, der leben und überleben will? Kann ich mich wirklich noch kräftig irgendwo durchsetzen? Sie sollten sehen, in welchem Maße die Meister des Ostens sich durchsetzen können, ihr Recht verlangen, wie sie das, was sie als Ich sind, als selbstverständliche Voraussetzung auffassen. Sie haben das, sie sind das und es wird ihnen zugestanden.

Dann müssen wir uns fragen: „Kann ich mich denn noch unterordnen? Kann ich noch einem anderen dienen – kann ich mich wirklich den Bedürfnissen einer Gemeinschaft, in der ich bin, einfügen? Kann ich all das tun, was man von der Ethik, Ästhetik und Logik erwartet?" Ich kann nicht nur, ich muß – von innen her, aus eigenem innerem Antrieb. Aber es stellen sich auch diese Fragen: „Werde ich darin nicht festgehalten, ist es nicht so, daß ich einfach dort verschlungen werde?"

Karl Marx hat mit Recht gesagt: „Der Mensch in seiner Weise dazusein ist ein Produkt der Umstände." Die Umstände sind heute so, daß sie den Menschen deformieren.

Ein Betrieb zum Beispiel kann heute nur leben, wenn er wächst und sich erweitert. Sowie er stehenbleibt, wird er im Konkurrenzkampf überflügelt. Der Mensch, der in diesem Gefüge arbeitet, ist gekoppelt an eine Teufelsspirale, die aus der Eigengesetzlichkeit von Betrieben wächst, die überleben wollen. Zugleich erzeugt dieses Konkurrenzsystem ein Menschentum, das Opfer der Auseinandersetzung mit menschlichen Unzulänglichkeiten wird, die bei dieser Art von Konkurrenzgeist sich entwickeln. Wie soll man ausbrechen aus diesen äußeren Zwängen?

Die Antwort darauf ist immer wieder die: „der Mensch, sofern er nicht aus dem gleichen Gefüge oder aus einer solchen Tretmühle heraus kann, *kann* in einer solchen Situation nur überleben, als er insgeheim und im Grunde angeschlossen ist an das Ganz Andere. Den Automatismus seines täglichen Lebens, in dem, was ihm aufgetragen ist und wofür er leben muß, nützt er aus einer ganz anderen Wurzel heraus als Gelegenheit, jene Wirklichkeit zu bezeugen, zu bewähren und auch immer wieder neu zu erleben, die mit der ganzen Welt der Bedingtheiten nichts zu tun hat.

In dem Maße, als der Mensch an die Dimension des Wesens angeschlossen ist, bedeuten negative Vorzeichen der primitiven Stufe Chancen für den Übertritt zur höheren Stufe.

Der Überschritt zu einem neuen Wirklichkeitsbewußtsein

Was verstehen wir, die wir hier zusammengekommen sind, unter Meditation oder meditativer Arbeit? Wir verstehen darunter nichts, das in den Bereich der Erbauung fällt. Es gehört gerade zu den Fehlformen des Suchens, wenn es um Erbauung oder schöne Erlebnisse geht. Meditation ist keine erbauliche Angelegenheit. Bei der praktischen Übung soll man nicht erbaulich aussehen, sondern eher gefährlich, entschlossen. Es ist eine ernste Sache, die, richtig verstanden, auf Leben und Tod geht. Alle geistliche Praxis meint auch nicht das Erwerben von Fähigkeiten, die anderen Menschen dann wunderbar vorkommen. Das fällt vielleicht nebenbei ab, ist aber nicht der Sinn der Übung. Der Sinn jeder geistlichen Übung ist immer wieder die Ermöglichung, Vertiefung und Festigung einer religiösen Existenz. Und das ist etwas anderes.

Eine religiöse Existenz im weitesten – nicht nur im christlichen – Sinne meint ein Leben, in dem der Mensch nicht um sich selbst kreist, auch nicht um den anderen, auch nicht um die Gemeinschaft oder die Menschheit, sondern in dem er durch all das hindurch um das Überweltliche kreist, um das göttliche Sein – um Gott.

Es gehört zu den Mißverständnissen unserer Zeit, daß man glaubt, eine etwas blaß werdende Form der Religiosität dadurch mit Leben zu füllen, daß man ins Soziale geht. Dann wäre das Christentum ein großes Rotes Kreuz. Das kann *auch* darin enthalten sein, ist aber nicht der eigentliche *Sinn* einer religiösen Existenz. Es geht vielmehr in der religiösen Existenz um die Verankerung, die Verwurzelung des Menschen in der Transzendenz. Damit ist nicht Rückkehr zum Glauben im traditionellen Sinn gemeint, aber auch nicht die Aufhebung des Glaubens. Wo heute der Glaube blaß wird und anfängt, in sich zusammenzusinken, verwandelt er sich in dieser Verankerung und wird so erst wieder möglich: dann ist Glaube nicht mehr Für-wahr-Halten *von* etwas, sondern ist die Existenz *aus* einer erfahrbaren anderen Dimension heraus. In der Begründung der Existenz in der anderen Dimension ist die Entwicklung der Liebeskraft eingeschlossen.

Es ist das Seltsame, daß der Ruf nach Meditation und die Möglichkeit des Wiederaufnehmens von geistlichen Übungen damit zusammenhängen, daß der Mensch heute all dem so weitgehend entfremdet ist bzw. war, so gottfern, und damit auch sich selbst entfremdet wie noch nie.

Weil aber der Kern seiner selbst – das Wesen als die Weise, in der das Göttliche in uns anwesend ist – der eigentlich zentrale Faktor unseres Menschseins ist, muß notwendigerweise, aus dem Gesetz des Seins heraus, in dem Maße, als dieses Zentrum vernachlässigt wird, etwas in uns erwachen, muß aufsteigen als Not, Sehnsucht, Wunsch, als Drang, schließlich als Wille, einer Seite in uns nachzugeben, die vom Gang der Zeit mehr oder weniger übergangen wird. Der Sinn dieser Bewegung des menschlichen Geistes ist es, die ursprüngliche, gottgewollte Ganzheit des Menschen dort, wo sie gefährdet ist, wieder herzustellen.

> Meditation als Übung hat hier ihren ganz bestimmten Platz, denn sie führt hin auf das Zentrum dieser Ganzheit, auf den Tiefenpunkt in uns, von dem her und auf den hin eine religiöse Existenz möglich wird, die mehr ist als ein wohlmeinendes Sich-Identifizieren mit religiösen Inhalten, das zusammenbricht, wo die Nöte des Seins an uns herantreten und wir mit Vernichtung bedroht sind, vor dem Unbegreiflichen stehen oder in die Einsamkeit gestoßen sind. Es geht um das Wiederentdecken dieses sinngebenden, wirklich lebendigen Zentrums, das durch die Entwicklung der Zeit, die sich in vielfältiger Hinsicht am Menschen versündigt, immer mehr in den Schatten gedrängt worden ist.

Einige von Ihnen werden nun sagen: er wiederholt sich ja immer wieder. Ja, das tut er auch. Es ist merkwürdig: in diesem existentiellen Bezug, in den Dingen, die unsere Existenz treffen, geht es um etwas anderes als um die Mitteilung intellektueller Richtigkeiten; die kann man einmal auswendig lernen, dann weiß man sie, und dann kommt etwas anderes. Sobald es sich aber um Dinge handelt, die uns persönlich angehen, bedeutet das wirkliche *Aufnehmen* einer solchen Wahrheit, daß man sich dabei verändert. Wir werden das immer wieder sehen, auch bei den ganz kleinen Anweisungen zur Meditation.

> Jede Meditation beginnt so:
> Sie sollen sich lassen – am Anfang jeder Übung *sich* lassen; sich richtig setzen – immer wieder nach den gleichen Anweisungen. An jedem Tag aber, an dem Sie das machen, werden Sie ein anderer, sehen anders und hören dann auch anderes aus der schlichten Wendung: Lassen Sie sich doch los.

Das bedeutet morgen etwas anderes als heute und heute abend etwas anderes als heute früh, wenn ich es in der Frühe wirklich gemacht habe. So fällt das gleiche immer wieder auf einen neuen Boden. Wer ein Weisheitsbuch liest, etwa die Predigten von Meister Eckehart oder Laotse oder die Bibel, kann 30 Jahre lang dieselben Weisheiten lesen und wird jedesmal mit Beglückung etwas ganz Neues darinnen hören und vernehmen, obwohl man weiß, was jetzt kommt. In dem Moment fällt es anders in Sie hinein. Sie können es auswendig wissen und jedesmal, wenn Sie es wirklich lesen, ändert es etwas in Ihnen, und das nächste Mal bedeutet es etwas anderes.

So auch, wenn wir uns Rechenschaft ablegen darüber, woran es in unserer Zeit fehlt, also auch an uns fehlt, denn wir selbst sind ja gemeint. Das meditative Leben, der initiatische Weg, um den es uns hier geht, betrifft ein spezifisches Problem sowohl *universeller* Natur in den Gegebenheiten des Menschseins, wie auch ein *zeitbedingtes* Problem, das in unserer Zeit besonders brennend ist. Und wenn es überhaupt ein Problem ist, dann ist es für jeden von uns ein *persönliches* Problem.

Nur wenn diese drei Dinge zusammenkommen, haben sie in unserem Denken, Üben und Bewähren im Alltag den Rang und die Tiefe, um die es hier geht.

Wir müssen uns immer wieder darauf besinnen, daß wir heute, ganz gleich, was für ein Leben wir im einzelnen führen oder welchen Beruf wir haben, mancherlei Gefährdungen ausgesetzt sind und in unserer menschlichen Ganzheit gefährdet sind. Wir alle sind in der Gefahr, mehr oder weniger verschlungen zu werden vom Moloch unserer technisierten, rational durchdachten Wirklichkeit. Indem wir uns reibungslos einem objektiv funktionierenden System anpassen – die einzige Möglichkeit, darin zu bestehen –, werden wir selbst ein Stückchen dieses objektiven Systems und hören auf, der Mensch als erlebendes Subjekt zu sein. Wir werden Funktionäre im Gefüge der sogenannten Gesellschaft, die über den einzelnen hinweggeht und eine Sache sui generis wird, die sich wesentlich unterscheidet von einer Gemeinschaft, die mit bezug auf den einzelnen lebt und wirkt und als gewachsener Organismus einen numinosen Kern besitzt, der den einzelnen zugleich birgt und trägt. Gesellschaft als Kollektiv ist eine organisierte Summe, aber kein gewachsener Organismus. Wo unsere Gemeinschaften aus gewachsenen Organismen zu Organisationen werden, wird der einzelne für sein Innerstes auf sich selbst zurückgeworfen.

Er entdeckt plötzlich, daß er eigentlich keine Möglichkeit mehr hat, sich bis in seinen Wesenskern da hineinzugeben. Das Kollektiv hat keinen Kern, auf den hin der Wesenskern des einzelnen sich ausrichten könnte. Man kann heute nicht mehr einem jungen Menschen sagen, wie mir noch mein Vater gesagt hat, nachdem ich das Abitur gemacht hatte: „Du gehst jetzt in den Dienst, und wenn Du komische Gefühle hast, wo *Du* ganz persönlich etwas willst, dann geh noch mal in den Dienst, dann wird Dir das schon vergehen.“ Das vergeht einem eben nicht, wenn aus dem persönlichen Dienst ein unpersönlicher Job wird. Aber nun stellt sich – und das ist die Kraft, die stets das Böse will und doch das Gute schafft – zum ersten Mal unserer Generation, jedem einzelnen von uns die Frage: „Wer bin ich denn eigentlich in dem Ganzen? Habe ich das Recht, mein Menschsein einfach vertun zu lassen?“

Da bricht vor allem in unserer Jugend die Sehnsucht nach einer Beantwortung der innersten Fragen auf, die dort nicht gegeben wird, wo der Mensch nur auf das Leisten und das Funktionieren in der Welt vorbereitet wird. Das erzeugt dann diese Welle des Aufstandes gegen eine unmenschliche Welt, gegen das Manipuliertwerden im Sinne eines selbstverständlichen Verschlucktwerdens in den großen Apparat, was alles unter dem Vorwand, das Leben zu schützen, es gerade erstickt.

Jetzt wurde mir auf der Lindauer Psychologen-Tagung, an der auch eine Gruppe von Jugendlichen teilnahm, gesagt: „Wenn man früher von solchen Dingen erfahren würde, von denen der Dürckheim gesprochen hat, dann brauchten wir keinen Haschisch zu rauchen."

Haschisch rauchen, LSD sind ja Ausdruck einer Sehnsucht zum Durchbrechen der Grenzen des Rationalen in das Überrationale hinein, in das Unsichtbare, ins Metaphysische, das nicht mehr durch den Glauben, wie er überliefert wird, eröffnet wird. Wir wissen, daß es heute auch in Kreisen der Priester anfängt, im Gebälk zu knistern. Was ist da? Eine Sehnsucht entsteht hier wie überall nach Verankerung in einer Religiosität, die nicht in festgefügten Formen überliefert ist, sondern – was auch immer an Überlieferung noch lebendig ist – doch letzten Endes verwurzelt ist in einer ganz persönlichen Erfahrung und im Exerzitium vertieft werden kann. Hier hat Meditation ihren Platz. Das Religiöse im Menschen sehnt sich hin zu jener Urerfahrung, die – ganz gleich, ob er in einer christlichen, buddhistischen, hinduistischen, jüdischen oder islamischen Welt aufwächst – die Erfahrung ist, die jeder Religiosität zugrunde liegt und ohne die keine Religion leben kann. Um diese Form religiöser Erfahrung geht es uns auch hier.

Sie wissen alle, daß ich auf christlichem Boden stehe und nicht Buddhist bin. Es geht mir um das, was jenseits der institutionalisierten Religionen ist. Man kann sagen: Religionen als festgewordene Lehren trennen, aber die Religiosität des Menschen verbindet. Man braucht nicht erst Ost und West einander gegenüber zu stellen, sondern wir haben in unserer eigenen christlichen Welt genügend Gegensätze, die sich die Köpfe einschlagen, wenn sie sich an die Worte klammern und sich plötzlich verstehen, wenn sie vom Erleben ausgehen.

Die ganze ökumenische Bewegung ist zum Tode verurteilt, solange es nur darum geht, Worte aufeinander abzustimmen. Wo jedoch die Menschen sich begegnen können im konkreten Erleben, verstehen sie sich plötzlich. Dort müßte man ansetzen, wenn man wirklich vorankommen möchte: bei der gemeinsamen Erfahrung im Erleben und ihrem Ausbau in einer Übungspraxis.

Die tiefste Entfremdung des Menschen von sich selbst besteht darin, daß er aus seiner Ganzheit herausgelöst und Funktionär geworden ist, daß nur das ernst genommen wird, was ihn als Funktionär wertvoll und leistungsfähig macht und ihn sich einfügen läßt in den Zusammenhang objektiver und rationaler Systeme. Das ist eine reine Versachlichung unserer Wirklichkeit, die im Gegensatz steht zu dem, was uns heute not tut: eine neue Humanisierung des Lebens, ein Wieder-Hinfinden zum Menschen als Subjekt, der mehr ist als ein Wesen, das sich an einen objektiven Zusammenhang anpaßt.

Das Tiefste, das uns heute widerfährt – im negativen wie im positiven Sinn – ist, daß die Säkularisierung des Lebens nun an die Grenze gekommen ist, an der im Gegenschlag das Ganz Andere in uns aufwacht, das uns wieder auf ein neues Wirklichkeitsbewußtsein hinstößt.

Die moderne Zeit hat das, was Wirklichkeit ist, mehr und mehr der cartesianischen Vorstellung von Wirklichkeit unterstellt. Wirklichkeit hat nur das, was ich mit meinen menschlichen Gaben erkennen, was ich machen und in der Welt meistern kann; was rational zu fassen und zu fixieren ist und sich einem vorgegebenen Gefüge von Begriffen einordnen läßt. Was sich nicht einordnen läßt in ein solches Gefüge hat keine Wirklichkeit, ist nur subjektiv – ist Gefühl, Befindlichkeit, Hoffnung, Sehnsucht, aber keine Wirklichkeit, die als solche anerkannt werden kann.

Was sich heute wirklich vollzieht, das ist eine Wandlung, eine Neuorientierung unseres Wirklichkeitsbewußtseins. Wenn ich sage *heute,* dann meine damit ich die Phalanx jener Menschen, in denen das Morgen schon lebt. Das Heute, in dem das Gestrige sich hält, interessiert hier nicht. Wenn ich vom Menschen unserer Zeit spreche, so spreche ich von dem, der getroffen ist durch das, was ihn in seinem hergebrachten Wirklichkeitsverständnis in Frage stellt und der darauf antwortet, indem er nicht einfach festhalten will, was war, sondern sich als ein Träger der Zukunft fühlt, der offen bleibt für die Chancen und Entwicklungen seiner Zeit. Der ist es, der dann auch, so wie wir hier, zu neuen Lebensformen kommt, in diesem Fall zur Form des Meditativen.

Was sich heute an Anzeichen findet im Aufbrechen einer Sehnsucht nach dem Ganz Anderen, das sind nicht nur einsame Blüten in einem von Dornengestrüpp überwucherten Weltgelände, sondern schon zukunftweisende Pflänzchen, an denen wir alle als Gärtner mitwirken wollen.

Was bedeutet das nun konkret? Es bedeutet konkret, daß wir gezielt daran arbeiten können, um wegzukommen von der Vorstellung, daß Wirklichkeit nur das hat, was sichtbar, greifbar, kausal erklärbar ist, was im Experiment wiederholbar ist, also nur das, was naturwissenschaftlich erkannt und technisch dann verwirklicht werden kann.

Ich habe früher schon gesagt, daß es in diesem Zusammenhang sich nicht darum handelt, einem generellen Feldzug gegen die Ratio und die Errungenschaften von Naturwissenschaft und Technik das Wort zu reden. Es gäbe nichts Unsinnigeres. Aber es gibt eben über die Ratio hinaus ein Erkenntnisbewußtsein anderer Art, eine Gabe des Menschen, das Überwirkliche wahrzunehmen, es *als eine Realität* zu vernehmen und zu erkennen, nicht nur daran zu glauben.

Die Vernunft im tiefsten Sinne ist die Gabe, etwas zu vernehmen, das der feststellende Verstand allein nicht zu vernehmen vermag. Sonst hätte es keinen Sinn, das Postulat zu erheben, daß wir uns in unserem Wirklichkeitsbewußtsein eben *nicht* auf das beschränken sollen, was rational erkennbar, technisch zu machen und dann zu meistern ist, sondern daß wir im Gegenteil unser Wirklichkeitsbewußtsein als Menschen auf etwas zu gründen haben, das weder sichtbar ist noch gemacht, noch gemeistert werden kann. Wir können es aber dann erkennen, wenn wir das Organ entwickeln für das Innewerden einer Wirklichkeit, die vom Rationalisten her gesehen das Unwirklichste von der Welt ist. Meister Eckehart sagt: „Sein und Erkennen [sind] ganz eins, denn was nicht ist, das erkennt man auch nicht; was am allermeisten Sein hat, das erkennt man auch am allermeisten." Umgekehrt kann man sagen: was man am stärksten erkennt, das hat auch die tiefste Wirklichkeit für den Menschen.

Das Unsichtbare, das Ungewisse, das Beunruhigende, das niemals zu Fassende, das ist die feste Grundlage einer religiösen Existenz.

Das ist zunächst ein Paradoxon. Glaube fängt dort an, wo der Zweifel nichts mehr mit ihm zu tun hat. Es geht aber eben hier nicht um einen Glauben, der auf Argumenten steht und durch Gegenargumente zu erschüttern wäre. Solange Glaube und Zweifel in eine Ebene gestellt sind, bleiben sie der Ratio unterworfen. Es geht hier um den Glauben als einer Verfassung des Gemütes, die sich dort verankert, wo von vornherein nichts verstanden werden kann, die aber dem Menschen erst die Möglichkeit echter Verankerung im Leben gibt. Der Glaube steht, nicht nur im christlichen Raum, immer auf einem Ärgernis für den Verstand, auf dem Unbegreiflichen, das aber dann, wenn es als das die Wahrheit tragende Geheimnis angenommen wird, dem Zweifel keinen Raum mehr läßt.

Umgekehrt ist es im Osten; wo das Begreifbare beginnt, fängt der Schleier der Maya an, gewebt zu werden. In dem Maße, als der Mensch sich im Begreifbaren aufhält, ist er sozusagen für Gott verloren. Erst wenn er *daran* zu leiden beginnt, besteht die Chance, daß er sich darangibt, diesen Schleier wieder zu durchlöchern, einsehend, daß er zum Menschen gehört, aber im Grunde genommen nur die Funktion hat, in ihm das Leiden an der Getrenntheit vom Unsichtbaren zu erwecken. Über dieses Leiden muß er einen Weg suchen, in der inneren Erfahrung an jene Wirklichkeit heranzukommen, die durch das menschliche Wissen verschleiert wird. In dem Maße, als die vom Menschen erkannte und gemeisterte Wirklichkeit sich absolut setzt, wird er von dem, was die eigentliche Wirklichkeit, die eigentliche Wurzel seiner Existenz ist, getrennt. Das hat der Osten immer gewußt. Deshalb ist Sünde im Osten nicht primär moralische Verfehlung, sondern das Stehenbleiben auf einer Weise, sich von der Realität des Göttlichen zu trennen, die begründet ist im ›Selber-wissen-Wollen‹. Das Leiden, von dem wir erlöst werden müssen, ist von dort her gesehen Ignoranz, Nicht-begriffen-Haben. – Das Leiden im christlichen Sinn lassen wir einmal beiseite, es steht in einem anderen Zusammenhang und wird dadurch nicht in Frage gestellt. – Das Leiden, an dessen Beseitigung wir mitwirken können, ist das Leiden an der Sackgasse, in die wir uns verrennen, wenn wir den Gaben den Vorzug geben, die uns vom Tier unterscheiden: das rationale Denken, das uns zu Zielsetzungen, zu Kultur und Zivilisation befähigt, zu technischen Leistungen bis zu einer Mondlandung, das aber gleichzeitig die Gefahr enthält, daß wir in der Entfaltung nach außen unseren eigenen Innenraum vernachlässigen und dadurch gefährden.

Es geht heute darum, ganz schlicht zu erkennen, daß der Mensch, insofern er ein *Mensch* ist, im Grunde genommen genau von *den* Dingen bewegt wird, die er rational *nicht* fassen kann. Der Mensch als Anhängsel der rationalisierten Objektwelt, die ihn in seiner menschlichen Tiefe nicht mehr würdigt, hört auf, ein Subjekt zu sein; ja, das Subjekt-Gebundene ist von der Naturwissenschaft her gesehen per definitionem eine Fehlerquelle. Aber ich bin *nicht nur* das, sondern mit dem, was ich als Subjekt bin, das leidet, das sucht, das zweifelt, das eine Verheißung in sich spürt, das erlöst werden will, eine Erfüllung sucht, eine Verwirklichung seiner selbst, an diesen Menschen, der als Subjekt in einem ganz anderen Koordinatensystem steht, an den kommt ihr überhaupt nicht heran. Ein Arzt, der seine klassische Medizin und nichts anderes hat, kann glänzend sein im Diagnostizieren und Heilen einer rein objektiv feststellbaren Krankheit, aber doch den Menschen als Person überhaupt nicht sehen.

Wir dürfen uns nicht schämen, ein Subjekt zu sein, also etwas, das von der Naturwissenschaft her nicht faßbar ist – nur subjektiv – sondern müssen uns dazu bekennen, daß die Wurzel der menschlichen Existenz das Leiden ist als Ausdruck dafür, daß wir gerufen werden, nach innen zu hören auf jenes Tiefste in uns, das von der Ratio her unfaßbar ist und doch ein ganz gesicherter Boden.

> Das ist die Dimension, um die es uns hier in dieser Arbeit geht – die innere Erfahrung einer Realität, die weder erklärbar noch aussagbar ist und die Grenzen des Verstandes übersteigt, über die man sich aber dennoch verständigen kann.

Wenn ich sage: ich habe Hunger, dann verstehen Sie, was ich meine. Sie können das *Gefühl,* das Sie dabei haben, aber niemals als solches naturwissenschaftlich erklären. Sie können sagen, unter den und den Bedingungen kommt das, aber Sie können es als Gefühl nicht beschreiben. Eine Farbe – rot – Sie können sagen, die und die Schwingungsfrequenzen müssen da sein, damit rot entsteht; damit ist aber noch nicht erklärt, wie rot aussieht. Sie hören einen Ton. Sie können dann sagen: er hat die und die Wellenlänge. Damit ist aber dieser Ton *als* Ton, als Qualität, weder beschrieben noch erklärt. So gibt es viele Bedingungen, unter denen der Mensch so wird, wie er geworden ist. Aber auch die vollständigste Ausforschung und Aufzählung dieser Bedingungen kann nichts Gültiges darüber aussagen, was dieser gewordene Mensch in seiner subjektiven Ganzheit wirklich *ist.* Denn wenn ich weiß, woher etwas kommt, weiß ich doch noch nicht, was es *ist.*

Wir sehen heute auch in der Entwicklung der Psychologie und der Psychotherapie, je tiefer die Arbeit hier dringt, daß der Ansatz von Freud, die neurotischen Verhinderungen eines lebendigen Lebens nur zurückzuführen auf Kindheitstraumata und Biographie, nicht genügt. Die Tiefenpsychologie stößt in der von ihr entwickelten Therapie auf eine Schicht, die allenfalls durch bestimmte biographische Erfahrungen geprägt oder gestört, verdeckt sein mag, die aber nichts mehr mit dem Biographischen zu tun haben muß, die etwas anderes *ist.* Und diese Schicht ist das, worum es uns hier geht.

Zu dieser Schicht hin kommt der Mensch im Zuge einer ganz bestimmten Entwicklung, wenn diese Entwicklung seiner inneren Wahrheit entspricht, in der sein eigentliches Wesen sich auswirken kann. Wie das Wesen einer Blume ein ihr eingeborener Weg über die Stadien ihres Lebensablaufes ist, so ist dem Menschen eingeboren – jedem Menschen in individueller Weise – ein ganz bestimmter Weg. Unser tiefstes Wesen ist nicht ein In-*Bild,* sondern vor allen Dingen ein In-*Weg,* eine Weise, voranzuschreiten zu ganz bestimmten Stufen. Die Blume nun entwickelt sich über den Samen, die Knospe, die Blüte zur Frucht, zu der sie nur kommt, wenn sie getrost ihre Blätter fallen läßt und den Fruchtknoten als solchen zuläßt, der die neue Blume in sich trägt. Der Mensch bleibt merkwürdigerweise in unserem bisherigen Denken bei der voll entfalteten Persönlichkeit stehen und darüber hinaus gibt es wohl eigentlich nichts mehr. Hier tritt heute eine Wendung ein. Wir Menschen sehen, daß diejenigen, die weiß Gott vollentwickelte Persönlichkeiten sind, noch lange keine *Personen* sein müssen, noch nicht jene Menschen, durch die das Ganz Andere hindurchtönt. Wir sehen, daß die eigentliche Bestimmung des Menschen ist, so transparent zu werden, daß so wie in der Blume in der Sprache der Blume, wie im Tier in der Sprache des Tieres, im Menschen in der Sprache des Menschen das Ganz Andere, das Göttliche manifest, offenbar werden kann in der Welt. – An der Stelle sind wir heute: am Übergang von der Persönlichkeit zur Person.

Wir haben über die verschiedenen Stufen der Entwicklung des Menschen zur Person schon gesprochen, und ich rufe Ihnen davon jetzt nur dies in die Erinnerung: am Anfang steht, wie wir alle wissen, das Ich, das sich behaupten, das *über*leben und sich zur Geltung bringen will. *Ohne* dieses Ich ist nichts zu wollen. Wir sehen in der Therapie immer wieder Menschen, die keinen Zugang mehr zum Lebenssinn haben, weil sie nicht genug Ich haben, weil sie sich selbst nicht ernst nehmen können; Menschen, die frühzeitig moralisch deformiert sind, meinen, sie müßten, bevor sie die linke Backe haben, sie schon hinhalten für den nächsten Streich. Das ist eine Fehlzündung in der Erziehung. Aber leben um zu überleben – ist das der Sinn, den wir suchen?

Viktor Frankl erzählt aus der Zeit, als er im Konzentrationslager vergast werden sollte, welche furchtbare Angst er hatte – es kam immer näher, jetzt sollte es sein – und plötzlich in all der Angst fiel ihm der Satz ein: „Ein Leben, dessen Sinn das Überleben ist, hat keinen Sinn". In dem Moment, als ihm dieser Satz kam, war alle Angst weg. Es vollzog sich in ihm eine Wandlung, die ihm eine solche Strahlung verlieh, daß das Schicksal an ihm vorüberging. Hier ist eine echte, die Not des Augenblicks überschreitende – transzendierende – Erfahrung einer anderen Dimension. Die Frage ist dann immer, ob man den Rang, den man in einem solchen Augenblick hat, später auch behält.

Auf der Stufe des Ich's, das wir alle noch haben, ist das Göttliche die Macht, die mich bedroht oder errettet. Mit mehr oder weniger magischen Praktiken versuche ich, diese Macht zu bestimmen, in meinem Sinne zu sein. Solange der Mensch im Ich ist, ist ihm das ganz selbstverständlich, und er hat Angst, Angst vor Strafe. Das Gewissen dieser Stufe ist die Art Angst vor Strafe, die das kindliche Gewissen ausmacht, das dann kein schlechtes Gewissen ist, wenn es sicher sein kann, daß nichts rauskommt. Aber der liebe Gott sieht alles, da ist die Angst vor Strafe – komme ich in die Hölle? Da ist das niedrigste, einfachste Gewissen am Werk, das Angst vor Strafe hat.

Eine andere Stufe ist die, auf der der Mensch sich nicht nur um sich dreht, sondern sich dem anderen zuwendet als einer Sache, einer Idee, einem Wert, einem Werk, einem Du, einer Gemeinschaft. Da ist die Not nicht: „Ich kann nicht überleben" sondern „Mein Leben hat keinen Sinn ohne Erfüllung von der Welt her, vom anderen her." Mit dieser Entwicklung, in der das Dienen, das sinnvolle Werk oder die Idee im Mittelpunkt steht, wandelt sich auch die Vorstellung der überweltlichen Macht. Der Träger des Sinnes ist das liebende Du, das sich erst in dem Maße in mir auswirken kann, als ich mich zurückstelle mit meinem Ich, als ich mich ganz hineingebe – um eines Werkes, einer Idee willen, um der Liebe willen, um des anderen willen. Wo ich mich an einem Werk verfehle oder nicht automatisch altruistisch im Sinn einer Gemeinschaft reagiere, bricht die Stimme des Gewissens in mir auf, das Gemeinschaftsgewissen. Das Sein des Ganzen, dem ich angehöre, ruft das Sollen in mir wach. Das ist schon eine außerordentliche Höhe der Entwicklung, die letzten Endes sich auch erfüllt in einem echten Glaubensleben. Hier ist der Mensch nicht mehr das Tierchen, nicht mehr das Ich, das seine tierische Existenz schützt, sondern wirklich Persönlichkeit.

Nun kann man fragen: Gibt es denn darüber hinaus noch etwas? Ja! Unsere Zeit ist dadurch gekennzeichnet, daß der Mensch plötzlich noch etwas anderes weiß. Am Überschritt von der Persönlichkeit zur Person, wie ich sie eben charakterisiert habe – durch die die andere Dimension hindurchtönen kann, die transparent ist auf eine größere Wirklichkeit hin –, gibt es noch eine dritte Ebene des *absoluten Gewissens.* Dieses absolute Gewissen zwingt den Menschen unter Umständen, im Gegensatz zu handeln zu einer Gemeinschaft, in der er steht, aus einer Tiefe, einer Erfahrung heraus, die ihn in einer bestimmten Richtung ruft und zwingt. Er weiß, ich vergehe mich jetzt an mir selber, wenn ich das tue, was die anderen von mir erwarten. Wie es Egoismus und Altruismus gibt, so gibt es den Gegensatz von Wesenstreue und Gemeinschaftsverpflichtung. Das ist nun ein echter Konflikt! Dann kommt der Moment, wo man hier horchen muß: was sagt die Stimme da drinnen? Man weiß plötzlich, das ist nicht das kleine Ich, sondern das ist in der Sprache meines eigenen Selbst etwas Überweltliches, eine andere Dimension.

Dann fragt der Mensch nicht nur: wie kann ich überleben, wie kann ich dienen, sondern: wer bin ich eigentlich in dieser Tiefe, die mich mit dieser verpflichtenden Kraft ruft, so daß ich nicht daran vorbeigehen kann?

Wir fangen heute an, innere Erfahrungen ernst zu nehmen, die durch ihr völliges Anderssein und durch die verpflichtende Kraft, die ihnen innewohnt, durch die Evidenz ihrer inneren Gültigkeit, keinen Zweifel aufkommen lassen, daß hier eine andere Dimension uns anruft und daß wir diesem Ruf gehorchen müssen. Und damit stehen wir wirklich an der Schwelle zu einer neuen Zeit. Während die Theologen von gestern und die Naturwissenschaftler von gestern nichts mehr belächelten als Erlebnisse, die die objektive Wahrheit der Naturwissenschaft, das objektiv Vorgegebene des dogmatischen Glaubens in Frage stellen könnten, so weiß man heute, daß letzten Endes die Tiefe der menschlichen Erfahrung nicht nur die naturwissenschaftliche Erkenntnis auf deren höchsten Spitzen erst möglich macht, sondern auch die religiöse Wirklichkeit erst mit echtem Leben erfüllt.

Es gibt zwei ganz verschiedene Formen der Erkenntnis, die eine betrifft das Wissen, die andere die Weisheit – oder die Bestimmung des Menschseins –, zwei Erkenntnismöglichkeiten, die sich nur erfüllen können, wenn sie sich nicht ausschließen, sondern einander ergänzen.

Carl Friedrich von Weizsäcker sagte mir eines Tages: „Ich schreibe jetzt an einem Buch, das ich vor Jahren begonnen habe. Ich weiß heute nicht mehr als damals, und doch weiß ich, es fehlte mir damals etwas. Wir kommen heute in der Naturwissenschaft an eine Spitze, wo das Menschliche des Schaffenden, des Suchenden eine Rolle spielt. Wir brauchen eine Reinheit des Blickes, die nicht mehr durch den Intellekt gegeben ist; der Mensch als Ganzer muß in Ordnung sein. Ich habe die letzten Ferien damit verbracht, mich mit allen Mitteln, die ich kenne, innerlich in Ordnung zu bringen. Um es einfach zu sagen: um heute an der Spitze des Erkennens zu sein, muß der Mensch im Grunde genommen fromm sein."

Es gab eine Zeit, da ein Student der Theologie zu mir sagte: „Ich muß Ihnen doch eines sagen: hier gibt es etwas, womit ein Student der Theologie sich verdächtig machen kann, nämlich wenn er in den Geruch kommt, fromm zu sein." Wo Theologie zu einer nur theoretischen Wissenschaft wird, objektive Erkenntnisse und Auslegungen zu einer rein rationalen Sache werden, läuft sie sich tot. Heute sind wir auf dem Wege zu Erkenntnissen, die auf einer anderen Weise des Ernstnehmens der tiefsten Erfahrungen beruhen. Frömmigkeit ist heute eigentlich die Bedingung für die Möglichkeit eines Wissens im Raum des Religiösen.

Als Beispiel diene ein einfaches Bild: wir sind das Universum. Wie die Wellenspitze Teil des Meeres ist, so ist das Meer in der Sprache, in der Form dieser Wellenspitze immer noch das Meer. Wenn sich diese Wellenspitze selbst erkennen will, kann sie das nur als ein Teil des Ganzen. Wenn sie sich aber wirklich selbst erkennt, erkennt sie damit auch eine universelle Gesetzlichkeit.

Bei Meister Eckehart lesen wir das so: „In Gott allein ist das göttliche Sein. In einem Menschen ist nicht die ganze Menschheit, denn *ein* Mensch ist nicht alle Menschen. Aber in Gott erkennt die Seele die ganze Menschheit und alle Dinge im Höchsten, denn sie erkennt sie da nach dem Sein."

> Wenn es in der meditativen Praxis darum geht, dieses neue Wirklichkeitsbewußtsein zu entwikkeln, rauszukommen aus dem rationalisierten Wirklichkeitsbegriff und zu jener innersten Wirklichkeit vorzurücken, nicht nur glaubend, nicht nur spürend, sondern auch erkennend, so bedarf es dazu einer anderen Grundhaltung als der des konzentrierenden Fixierens, des rationalen Denkens. Deshalb fängt die Meditation genau dort an, wo die Konzentration aufhört.

Es gibt keine meditative Praxis ohne ein konzentrierendes Sammeln auf etwas hin. Solange ich mich auf etwas konzentriere, spitze ich mich auf etwas zu, fixiere ich etwas, halte ich etwas fest – mache etwas, setze ich mich auseinander.

Aber machen Sie das einmal mit: erst kommt die *Aus*einandersetzung, dann wird daraus die *In*-einandersetzung. Das, worauf ich mich einstelle, stellt sich auf mich ein. Nehmen Sie ein Heiligenbild, das Sie zunächst konzentrativ anschauen. Die Meditation fängt dort erst an, wo dieses Bild anfängt, *Sie* anzuschauen. Wenn es dann noch weiter geht und immer noch weiter, dann kommt der Moment, in dem weder Sie noch ein Bild da sind, sondern da ist ein Zustand – der seligen Beschauung, wenn Sie so wollen, die Contemplatio, das, was im Zen-Buddhismus als weißer Kreis dargestellt wird.

Dieser Kreis hat folgende Bedeutung: „Der Himmel stürzt auf die Erde. Und wenn dann der Mensch seinen Tod gestorben ist, sind alle Dinge im Umkreis wieder, was sie ursprünglich sind: Träger des Lichtes." Und wenn Sie östlich sind, dann versinken Sie in dieser Erfahrung. Sind sie westlich, so kommen Sie von dort zurück, geladen mit einer Kraft, die sie befähigt, Ihren Alltag von ganz woanders her zu bewältigen. Dann bewährt sich das meditative Element im Alltag.

Damit sind wir wieder vor einem neuen Problem in Bezug auf ein anderes Verhältnis zu unserer konkreten alltäglichen Wirklichkeit. In unserem herkömmlichen Wirklichkeitsbewußtsein hat nicht nur das Bedeutung, was man rational erkennen, machen und meistern kann, sondern auch das, was historisch in der Zeit steht. Was historische Wirklichkeit hat, das hat Wirklichkeit! Nein, sagt die religiöse Weisheit aller Zeiten und Zonen, die eigentliche Wirklichkeit ist eben nichts Vergängliches, nichts Historisches. *Es gibt eine überhistorische, überzeitliche Wirklichkeit.*

Ich bin ehe Abraham war. – Ehe Abraham *war, bin* ich – das ist kein Druckfehler. Das ist eine Realität, die *senkrecht* auf der Zeit steht. So ist in allem, was west, dieses ›Ich bin, ehe Abraham war‹. In jedem von uns ist das die entscheidende Dimension. Ist das eine These, was soll man dazu sagen? Nein, das ist erfahrbar, dieses Ganz Andere, Überzeitliche, demgegenüber das Historische, Biographische quasi eine Relativierung ist. Das ist eine Erkenntnis, die die gesamte östliche Weisheit trägt, die aber auch im Christentum angelegt ist. Eines der Koâns, die japanischen Zen-Schülern als paradoxe Fragen zur Lösung aufgegeben werden, lautet: „was ist mein Urantlitz, das war vor der Geburt meiner Eltern?" Und Meister Eckehart sagt: „Nach der Weise meiner Ungeborenheit kann ich niemals sterben. Nach der Weise meiner Ungeborenheit bin ich ewig gewesen und bin ich jetzt und werde ich ewiglich bleiben. Was ich meiner Geborenheit nach bin, das wird sterben und zunichte werden, denn es ist sterblich; darum muß es mit der Zeit verderben."

Das ist der Gegensatz des historisch Wirklichen und des Übergeschichtlichen. Ohne ein Ernstnehmen-Können, ein Spüren-Können dessen, was dieses ›Ich bin‹ bedeutet, gibt es keinen Eingang in die eigentliche religiöse Wirklichkeit; das ist kein inhaltlich bestimmter Glaube, sondern eine überweltliche Erfahrung und Erkenntnis. Wiederum müssen wir ein Organ entwickeln für das Wahrnehmen jener Momente, in denen, wie zwischen Liebenden, plötzlich die Zeit stillsteht. Das ist nicht nur ein Wort! Das gibt es, daß die Zeit still steht. Das ist nicht nur eine rationale, philosophische Überlegung, daß das Seinshaltige über dem Historischen etwas Überzeitliches ist, nein, es hätte alles keinen Sinn, wenn man es nicht erfahren könnte.

> Alle echte Meditation führt den Übenden in die Dimension des Überzeitlichen. Im Vollzug der Übung kann sich ein Zustand einstellen, in dem der Ablauf der Zeit aus dem Bewußtsein verschwindet – ich bin nicht mehr da, nicht mehr in der Zeit – aber ich bin gerade jetzt erst wirklich da. Diesen Augenblick, in dem die Zeit stillsteht, gilt es wahrzunehmen, ernstzunehmen und sich im Verweilen darein zu vertiefen, um nun die geschichtliche Wirklichkeit zu erkennen als eine Weise und eine Möglichkeit, in der sich das Übergeschichtliche im Vorübergehen manifestiert.

Darüber hinaus hat für den Christen selbst das Moment des Geschichtlichen noch den weiteren Sinn, daß es sich im christlichen Glauben um eine spezifisch geschichtsbezogene Wirklichkeit handelt, insofern mit dem Christus-Kommen in die Welt Gott sich in der Welt gezeigt hat. Damit gewinnt das Verhältnis übergeschichtlich-geschichtlich noch einmal Bedeutung in bezug auf die historische Erscheinung Christi. Aber die Tiefe dessen, was das bedeuten *könnte,* ist nur von einem Menschen auszuschöpfen, der das Verhältnis von übergeschichtlich-geschichtlich ganz unabhängig von der Gestalt Christi *in sich* erfahren kann.

Das Raumzeitliche einer übergeschichtlichen Wirklichkeit, die in ihrem Wert, in ihrer Würde, in ihrer Geltung nicht abhängig ist von historischen Gesichtspunkten und rationalen Bedenken und Betrachtungsweisen, daran wollen wir miteinander arbeiten: Wie machen wir uns auf, damit uns dieses Übergeschichtliche anrühren kann?

In welcher Weise können wir das im Alltag hereinnehmen in dem Sinne, daß alles raum-zeitlich Gegebene ein in einen Geheimniszustand erhobenes Über-Raumzeitliches ist?

Meister Eckehart sagt: „Nichts hindert die Seele so sehr an der Erkenntnis Gottes wie Zeit und Raum. Zeit und Raum sind Stücke, Gott aber ist Eines. Soll daher die Seele Gott erkennen, so muß sie ihn erkennen oberhalb von Zeit und Raum."

> In der meditativen Arbeit müssen wir also erst einmal unser Ich lassen können in ein Nichts hinein – nicht nur der Inhalte ledig werden, sondern auch dieses Ich ohne Angst anheimgeben können auf etwas hin, das nicht mehr faßbar ist, aber jenes Tiefste ist im Sinne eines überpersönlichen, überraumzeitlichen Seins. Mit Mut sich ganz da hereingeben!

In diesem überpersönlichen, überraumzeitlichen Sein fällt alles zusammen, das Wesen einer Streichholzschachtel und das Wesen eines Heiligen – oder in Meister Eckeharts Worten: „Gott hat alle Dinge auf verborgene Weise in sich selbst, aber nicht in der Verschiedenheit, sondern als Eins in der Einheit." Es gibt im Grunde genommen als Wirklichkeit nur *eine* Wirklichkeit, und die Teilhabe an dieser einen Wirklichkeit ist das, was das Tiefste eines jeglichen Wesens, einer Sache oder eines Menschen ausmacht. Es kommt darauf an, daß ich mich als Welt-Ich immer mehr zurücknehme und in meinem Erleben allmählich an diesen Punkt herankomme. Dann habe ich zugleich mein eigentliches Selbst gefunden, wenn ich in ihm mit allem zusammenfalle.

Das Selbst ist letzten Endes eine Weise, in der das Göttliche in uns anwesend ist, in einer immer individuellen Gestalt, in einer Integration des Wesens als der Manifestation des All-Einen mit dem Welt-Ich. Erst wenn ich das Ich ganz preisgeben kann, kann jene tiefste Wirklichkeit in uns – die ›Tiefenperson‹, wie Pater Lotz sagt – in uns aufwachen. Die hat immer einen individuellen Charakter; die kann dann ernst genommen werden, denn sie ist etwas ganz anderes als das Ich. Das wahre ›personale Selbst‹ in seiner Individualität läßt sich nur verwirklichen, wenn wir einmal dieses Ich ohne Rest anheimgegeben haben und dann an jenes All-Eine kommen, um von dorther geladen die eigentliche Verwirklichung unseres wahren Selbst zu ermöglichen.

Die Wirklichkeit dieser Welt ist der Raum, in dem wir vom Überweltlichen zeugen können. Das ist der Punkt, an dem wir uns mit dem Zen-Buddhismus treffen, für dessen große Erfahrung, das ›Satori‹, charakteristisch ist, daß der Mensch nicht nur das kleine Ich als den Sünder, den Sonderer vom all-einen göttlichen Sein erkennt, sondern auch als den Hintergrund, ohne den wir das Andere nie erfahren würden, um dann in der Welt, in der wir leben, von dem Ganz Anderen zeugen zu dürfen. Das ist die Verbindung, die uns den Zen-Buddhismus näher bringt als irgend eine andere Religion des Ostens: daß dieses Moment des Bewährens des Über-Wirklichen in der konkreten Wirklichkeit ein wesentliches Element ist.

Das Erleben der Drei-Einheit des Seins auf den drei Stufen menschlicher Entwicklung

Der Sinn unserer Zusammenkünfte ist der Versuch einer Einführung in die Praxis der Meditation, und zwar einer bestimmten Art von Meditation, der Meditation im Stile des Za-Zen. Ich bin kein Zen-Meister und versuche auch nicht, Zen als solchen hier einzuführen. Aber in der Weise, in welcher der Zen-Buddhismus seine Meditation entwickelt hat, liegt eine Besonderheit, die allgemein richtig und allgemein gültig ist. Das gilt nicht nur für die Zen-Meditation. Auch wer Yoga treibt oder die transzendentale Meditation übt, kann von diesen Übungen eine vergleichbare Wirkung feststellen. Der Sinn dieses Übens ist insofern von allgemein menschlicher Bedeutung, als man durch das fortschreitende Ausschalten unseres gegenständlich-rationalen Bewußtseins die Chance hat, in eine Bewußtseinshaltung zu kommen, in der man aufgeschlossen ist für das rational nicht mehr Faßbare, für das Geheimnis. Das ist auch der Grund, warum immer mehr Christen diese – wie sie zunächst meinten, buddhistische – Form des Meditierens üben. Sie haben begriffen, daß nicht nur Buddhisten, sondern allen Menschen dieser Weg der Annäherung an das Geheimnis offensteht, und zwar in Gestalt des Einübens einer Verfassung, in der man frei wird von der Notwendigkeit, alles rational verstehen zu müssen und auch noch den Glauben auf rational einsichtige Elemente zu begründen. Der meditierende Mensch des Westens wie des Ostens wird aufgeschlossen für das Unsagbare, das Umgreifende, eben das Transzendente, also für das, was den Horizont unseres verstehenden Ichs überschreitet.

Der Versuch, uns in diese Form der Meditation einzuüben, steht im Mittelpunkt dieser Arbeit als die Praxis. Gerade Zen-Buddhismus ist eine Form, den Buddhismus zu lehren, die ganz und ganz auf der Übungspraxis beruht.

Zen-Buddhismus ist keine Lehre, sondern eine Praxis – ein praktischer Existenzialismus, wenn Sie so wollen.

Trotzdem haben alle Meister des Zen, wie alle Meister des inneren Weges, niemals ganz verzichtet auf die Lehre, die Einweisung – auf den Versuch, den Menschen auch geistig hinzulenken auf das, worum es geht.

Zunächst einmal ist der Glaube da, verankert im Hinnehmen und im In-sich-Hineinlassen einer übernatürlichen Offenbarung. Der Glaube wird nicht erklärt durch die Philosophie. Aber der Mensch, weil er ein denkendes Wesen ist, hat den natürlichen Drang, das, was für ihn im Glauben feststeht, so weit wie möglich mit seinem Bewußtsein, seinem Verstand zu sehen, zu erkennen und rational zu begründen.

In diesem Sinne haben die Meister aller religiösen Traditionen immer neben der religiösen Praxis das Bestreben gehabt, die Bestärkung des Menschen in dem, was für ihn im *Glauben* – die Menschen im Osten sagen: in der Erfahrung – feststeht, durch eine *Lehre* vorzubereiten, einzuleiten, zu erhellen und zu begründen.

Diese Lehre ist im Osten etwas anderes als bei uns. Die östliche Tradition hat bezüglich dessen, was wir die Weltanschauung nennen, nicht eigentlich eine Philosophie als geistige Grundlage, sondern *Philousia, die Liebe zur Weisheit,* die nicht ein Produkt des Denkens ist, sondern die ans Bewußtsein gehobene Erfahrung.

Was ist der Unterschied? Wenn wir Europäer anfangen, über die Grundlagen unseres Lebens, unserer Weltanschauung nachzudenken, dann ist unser Geist beunruhigt durch alles, was in einem an sich verständlichen Zusammenhang nicht stimmt. Wir drängen zu einer übersichtlichen, einsehbaren, zusammenhängenden Ordnung unserer höchsten Begriffe, so daß es am Schluß ein System gibt, in dem alles seinen Platz hat. Die großen philosophischen Systeme sind entstanden als Resultat einer Bemühung, die Grundlagen unserer Existenz auf dem Wege einer unerhörten begrifflichen, denkerischen Arbeit zusammenzuschauen in einer Ganzheit, die unseren suchenden Geist beruhigt und alles, was unser Leben betrifft, an seinen Platz stellt und ihm dadurch Sinn gibt. Das Merkwürdige ist, daß von den Philosophen, die diese Systeme entwickeln und lehren, noch gar nicht gesagt ist, daß sie durch die Erkenntnis als solche in ihrer persönlichen Reifung weitergekommen sind, obwohl man das anzunehmen berechtigt wäre.

Es gibt den ›unreifen Philosophen‹ – vom Osten her gesehen ist das eine paradoxe Erscheinung. Gemeint ist der Philosoph, der sich noch ärgert, der noch Angst hat vor dem Tod, der noch abhängig ist vom Beifall der Welt. Östliche Tradition fragt: „Wie kann man Philosoph sein, ohne weise zu sein?" Philosophie meint im Osten nicht nur das theoretische Nachdenken, sondern immer auch eine bestimmte Lebenshaltung. Reifung und das Bemühen, auch in der Besinnung dieser Reifung zu helfen, kommen erkenntnismäßig in einer anderen Weise zustande als mit Hilfe eines Denksystems. Hier hat der Osten von vornherein einen anderen Ansatz.

Sich des Lebens bewußt werden kann zweierlei bedeuten. Es kann bedeuten: ich reflektiere mein Leben auf einer begrifflichen Ebene, indem ich mir Rechenschaft ablege darüber, wie das Leben an sich und *unabhängig* von mir ist; wie da alles zusammenhängt. Es kann aber auch bedeuten: ich versuche, in mein *persönliches* Leben Ordnung zu bringen und auszugehen von den Dingen, die mir nahe sind, unter denen ich leide, um die ich mich bemühe, zu denen ich hindränge. Ich kann mich selbst begreifen nicht nur als den Menschen, der sich unterscheidet vom Tier, sondern als ein lebendes und leidendes Subjekt. Dann stehe ich in einem anderen Koordinatensystem. Dann stehe ich in der Wirklichkeit, deren Gefüge und Ordnung sich auf mich beziehen, wo alles, was mich umgibt, einen Stellenwert hat durch die Bedeutung für mein persönliches Leben. Leiden – Erlösung vom Leiden; Verheißung, Erfüllung – Angst, Unsicherheit; Liebe – Haß; Unstimmigkeit – Stimmigkeit; Einsamkeit – Geborgenheit: diese Dinge sind für mich persönlich bedeutsam und in deren Ordnung muß ich mich fügen – aber Ordnung nicht in einem begrifflichen Sinn, sondern in einem ganz lebensnahen Sinn elementarer Grundgegebenheiten.

Hier entsteht das System, wenn Sie so wollen – denn auch darin läßt sich Ordnung machen – nicht im Abstand zu einer gegenständlich begriffenen, von meinem Ich abgetrennten Wirklichkeit, in die ich mich irgendwie einfügen muß, sondern aus der Nähe, der Unmittelbarkeit meines ganz persönlichen Lebens und Leidens. Es ist die *Liebe zum Wesen* – dem Wesen meiner selbst und aller Dinge – in dem ich mit allem zusammenfalle, eins bin, die Philousia, hier auf der Basis der Besinnungsarbeit. Lehre im östlichen Sinn meint die *Zusammenschau* derjenigen Faktoren, die das Leben eines jeden von uns ganz persönlich betreffen, ihn ganz persönlich verstehen in seiner Not und ihn ganz persönlich auffangen in seinem Bedürfnis, aus dem Leiden in die Erlösung vom Leiden; aus der Verdunkelung seines Geistes in die Erleuchtung; aus dem Schlafen seiner Seele in ein Erwachen zu kommen. Kurz gesagt: Besinnungsarbeit aufgrund der Philousia hat das Ziel, den Menschen zu fördern in seinem Bemühen, der zu werden, der er seinem Wesen nach eigentlich schon ist, von dem er aber durch die besondere Form seines menschlichen Gewordenseins getrennt ist – die Erbsünde. Aber im Durchstoßen dieser Trennmauer, dieser Schallmauer des Ichs, kann er in einer zweiten Unschuld wieder einmünden in die Einheit mit dem Wesen aller Dinge, aus der er ursprünglich herausgewachsen ist. Das ist gemeint mit dem Satz: „So ihr nicht werdet *wie* die Kinder . . ."

Lehre bedeutet Kenntnisnahme dieser Situation, über die man allgemein etwas sagen kann, wobei das Allgemeine aber den Charakter hat eines Wissens um die Grundformen unserer ganz persönlichen Existenz und nicht einer objektiven Betrachtung der Wirklichkeit, zu der auch die Menschen mit ihren Problemen gehören.

Unter diesem Aspekt versuche ich, vor unseren Übungen einleitend etwas zu geben, das den Geist sammelt und auf den Sinn der praktischen Übung hinführt. Mit der Einsicht in diesen Unterschied zwischen einer durch objektivierendes Erkennen gewonnenen Sicht des Lebens und der ganz personalen Ordnung der Grundlagen unserer Existenz muß es überhaupt anfangen.

Wir wollen uns erst einmal fragen: Woher kommt die Gegensätzlichkeit dieser beiden Weisen zu sehen? Sie sind angelegt in der Struktur des Menschen. Als Kind erwachen wir eines schönen Tages zu der Frage: „Was ist das?" und erfahren uns plötzlich als ein fragendes Wesen, das eine Antwort sucht, die so lautet: „Das ist das. Das ist ein Auto, ein Ball, ein Haus." In dieser Antwort liegt die Trennung des Ich von dem Gegenstand, den es benennt. Für uns Erwachsene ist das selbstverständlich. Für das Kind, wie auch für den Primitiven auf der magischen Stufe seiner Existenz, ist die Trennung von Ich und Welt noch nicht vollzogen. Das ist die Einheit, aus der der Mensch heraustritt im Erwachen zu seinem spezifisch menschlichen erwachsenen Bewußtwein. Er wird ein Ich, dem etwas gegenübersteht.

Das erste, das ihm gegenüber tritt, dem er sich gegenüber sieht, ist die Mutter. Die Mutter ist kein Es, sie ist ein Du, wie man später formulieren kann. Das bedeutet: man kann von Ich und Du nur sprechen im Gefüge einer verbleibenden Einheit. Wenn ich jemandem das Du anbiete, dann bedeutet das: er ist mir persönlich nahe gekommen; wir sind auf einer Welle; nicht nur das, wir gehören irgendwie zusammen. Wir bilden ein Wir, und das Du ist das andere im Gefüge eines Wir-Bewußtseins. Hier ist also die Einheit noch vorhanden. Aber mehr und mehr arbeitet sich aus dieser Einheit heraus, daß man unterscheidet zwischen Ich und Du, die aber doch liebend aufeinander bezogen bleiben. Man ist im anderen geborgen, der andere versteht einen. Es ist ein Schwingungssystem, in dem eine ganz bestimmte Form des wechselseitigen Sich-Fühlens und Erkennens vorhanden ist – dieses Ich und Du.

Zu dem Ich und Du gesellt sich dann aber noch ein weiteres, nämlich das Es. Dann ist das andere nicht ein Du, mit dem ich in einer Einheit verwoben bin, sondern es ist eine Sache, ein Ding, von dem ich Abstand habe, das seine eigene Bedeutung in sich hat. Eines der ersten Dinge, die das Kind heute fragt, wenn es hupt: was ist das? fragt es schon so, wie es bezogen ist auf etwas, mit dem es nicht mehr in diesem Sinne eins ist. Das bedeutet den Beginn einer völlig anders gearteten Wirklichkeit, die charakterisiert ist durch einen Abstand, eine Distanz, durch die Anerkennung der Eigenwirklichkeit des anderen, durch die Kraft des Auf-sich-selbst-Stehens. Diese Es-Wirklichkeit ist anders als die Du-Wirklichkeit, ist eine gegenständliche Wirklichkeit, die sich am Ich-Stand bildet, der das andere als den Gegen-Stand vor sich hat.

Es ist ein Faktum, daß in der Entwicklung des Menschen zwei Dinge nebeneinander hergehen: einmal eine Wirklichkeit, in der das andere dem Menschen zutiefst verbunden ist, mit dem er gleichsam eine Einheit, eine Familie bildet, die darauf gegründet ist, daß man ineinander schwingt, in der also der Zentralfaktor die *Einheit* ist. Sie bleibt als eine gelebte, gefühlte, gespürte Einheit derart, daß der eine fühlt, was der andere fühlt. Wenn das Kind leidet, leidet die Mutter, wenn die Mutter leidet, leidet das Kind darunter. Hier ist im Gefühl und im Gemüt die ganze Wirklichkeit *bezogen* auf den fühlenden, leidenden Menschen und nimmt auf ihn Rücksicht, geht auf ihn ein, versteht ihn.

Umgekehrt ist das Erkennen auf dem Gebiet des Sachlichen gerade dadurch bestimmt, daß von dieser ganz persönlichen Leidenswirklichkeit in das andere nichts mehr eindringt, sondern daß es, *unabhängig* vom persönlichen Subjektsein, als das *andere* erkannt wird, für das der Mensch nur noch das erkennende, das sachlich objektivierende Ich ist, das sich möglichst aller persönlichen Gefühle, aller Anliegen, aller Wünsche begeben muß, um das andere als solches erkennen zu können.

Diese beiden Wirklichkeiten, die des erlebenden Subjektes und die andere, in deren Mittelpunkt die Welt steht, ringen um den Vorrang.

Es ist wichtig, daß wir jede dieser beiden Wirklichkeiten in ihrer Eigenheit, Unterschiedenheit und jeweiligen Bedeutung wahrnehmen, und daß wir sie im lebendigen Miteinander in ein ausgewogenes Verhältnis zu setzen vermögen.

Wenn wir uns miteinander über irgendwelche Wirklichkeiten unterhalten, dann beginnen wir gewöhnlich mit Aussagen über objektive Gegebenheiten: mein Haus steht dort und dort – in meinem Zimmer ist das und das – mein Kind geht in die und die Schule, ist in der und der Klasse. Was aber das Kind, was Ihre Wohnung, die Gegend der Stadt für Sie persönlich bedeutet, kommt unter Umständen gar nicht zur Sprache. In Ihrem persönlichen Leben aber sind diese individuellen Besonderheiten das Entscheidende.

Ich glaube, daß am Anfang unserer ganzen Arbeit dies stehen muß: das Ernstnehmen unserer *personalen Wirklichkeit.* Wir alle sind so stark in der Entwicklung des westlichen Geistes auf die *objektive* Wirklichkeit der Gesellschaft, des Staates, der Dinge, der Natur bezogen, daß uns dieses persönlich Wirkliche beinahe wie ein noch vorhandener Luxus erscheint. Das ist so weit vorangetrieben, daß in unserer Zeit allmählich der Mensch unter dieser völligen Entfremdung von sich selbst zu leiden beginnt und dagegen aufbegehrt, bisweilen in einem Ausmaße, das den

Charakter der Ablehnung alles dessen annimmt, was Erkenntnis, was Ergebnis des rationalen Verstandes ist.

Es darf aber nicht nur die den westlichen Menschen von sich selbst entfremdende Tendenz zur objektiven Erkenntnis und zum Ernstnehmen der gegenständlichen Wirklichkeit gesehen werden, sondern auch das Großartige, das damit verbunden ist. Es gibt so etwas wie die Gnade des naturwissenschaftlichen Denkens, das Aufbrechen des Menschen zur Erkenntnis des Mysteriums, das in den geheimnisvollen Zusammenhängen der Natur obwaltet. Die moderne Wissenschaft hat ihren Anfang genommen, als Nikolaus von Cues aufbrach, Gott in der Natur zu suchen. Erst in der Entwicklung des Geistes – der notwendig ist als der beobachtende, der Ding um Ding vergleichende Geist – hat sich allmählich dieses Netz des objektivierenden Denkens in den Vordergrund gespielt, so daß der Suchende selbst, dem es ursprünglich um ein religiöses Anliegen ging, mehr und mehr in den Hintergrund trat und an die Stelle eines religiösen Anliegens ein säkulares trat, das als großer Fortschritt empfunden wurde. In bestimmten Sinne war es das auch. Auguste Comte sagt: „Am Anfang die Religion, dann die Philosophie und dann die reine Verstandeswirklichkeit."

Wenn das höchste Erreichbare der Begriff sein soll, dann ist das Heraustreten aus dem Geheimnis des Fragens nach dem Göttlichen in der Welt natürlich ein Fortschritt. Heute merken wir, daß in jedem Fortschritt bis zu einem gewissen Grade das Ganze als Ganzes zu sehr zurücktritt und wir immer wieder zurückgreifen müssen auf das, was im Zeichen einer Seite zwar zurücktreten mußte, aber, weil es zum Ganzen gehört und das Ganze bedeutet, doch immer wieder hinzu genommen werden muß. In diesem Sinne müssen wir uns heute besinnen auf diejenige Wirklichkeit, die im Dienste des begrifflichen Erkennens zunächst zurücktreten mußte. Aus diesem Grunde wird für uns die östliche Form des Denkens und Suchens so wichtig, in deren Mittelpunkt das Streben steht, den Menschen zu sich selbst zu bringen durch einen Prozeß ständigen *Reifens*.

Reifen meint einen Prozeß, der in sich die Chance trägt, daß der Mensch am Ende seines Lebens zur Frucht seiner möglichen Existenz kommt: nämlich ein Wesen zu werden, das *in* dieser Welt das in ihm und in allem enthaltene Überweltliche zum Ausdruck bringen, bekunden und offenbar werden lassen kann.

Der Mensch merkt, daß die Antworten, die ihm die objektivierenden Philosophen geben, nicht genügen. Er fragt – aber nein, er muß es selber *spüren*. Und in alle Ewigkeit wird der Mensch als Antwort auf seine Frage etwas *ahnen*, das letztlich immer als Antwort auf diese Frage gefunden wurde: in mir ist ja eine unglaubliche Möglichkeit enthalten. Da ist etwas, welches das kleine Ich, als das ich mich bisher empfand, weit übergreift. Da *ist* in mir das Umfassende, in mir ist die Möglichkeit, das Leben selbst in seiner Totalität zu verkörpern.

Da taucht die Idee auf, die zu allen Zeiten den Menschen bewegt hat, die Idee des universalen Menschen, des integralen Menschen, des homo maximus, der als individuelle Person eine Bezeugung, Bekundung ist des *Lebens* in seiner Totalität. Dieser Mensch ist ein Offenbarwerden des Seins in Gestalt des Menschen, d. h. in seinem Bewußtsein und aus Freiheit.

Wenn wir die Frage nach dem Sein in seiner Totalität stellen, können wir nicht umhin, dieses Sein, das als solches ein abstrakter Begriff ist, aufzugliedern in jene Drei-Einheit, in der es immer und überall in der Welt begriffen worden ist: das Sein in seiner Fülle; das Sein verstanden als Gesetzlichkeit, und das Sein verstanden als eine allübergreifende Einheit.

Das sind die drei Aspekte des Seins, die Grundweise, in der *Leben* gegenwärtig ist. Wenn wir nicht diese drei Weisen hätten, in denen Sein sich in der Welt manifestiert, könnten wir kein Wort über das Sein sprechen.

Das Leben des Lebendigen, das Sein des Seienden erscheint immer und überall in dieser Dreieinheit. Es erscheint die *Fülle* des Seins in der das Leben ermöglichenden, vorantreibenden und erhaltenden Kraft. Es erscheint in seiner *Gesetzlichkeit* in allem Lebendigen als der Drang zu einer ganz bestimmten Gestaltwerdung, die diesem Leben überhaupt erst den Sinn gibt, ein Gewissen erzeugt im Menschen und den Sinn aufschließt. Und es erscheint in allem, was lebt, zu gleicher Zeit als eine Macht, eine Kraft, die das einzelne Lebendige mit allem, was es umgibt, verbindet und mit sich selbst zur *Ganzheit* werden läßt.

Nehmen Sie eine Blume: da ist eine Kraft, die von Fülle zeugt; da ist eine Form, die von einem Urgesetz zu einer Gestalt hin zeugt, und da ist ein Verwobensein mit der umgebenden Atmosphäre, ohne das die Blume stirbt.

Die Fülle erscheint als Kraft, das Gesetz als Verpflichtung zur Gestalt, die Einheit als übergreifende Ganzheit.

Jeder von uns will in seine Vollkommenheit gehen, will wirklich das werden, was er im Grunde ist. In jedem ist ein Bild des, der er werden soll, und eh' er das nicht ist, so wird sein Glück nicht voll.

In jedem von uns ist das Sein anwesend als Prinzip der Einheit mit uns selbst und mit allem, was uns umgibt. In jedem von uns klingt das alles durchdringende, das alles umgreifende Eine an.

Wenn wir einmal diesen Schlüssel haben, gehen uns Welt und Leben in anderer Weise auf, und wir können uns zielgerichtet fragen:

Wie kann ich das in mir selbst entdecken, fördern und weiterentwickeln?

Wir müssen uns immer wieder von neuem darauf besinnen, und das ist auch für die Übung so wichtig, daß das Leben des Menschen sich in bestimmten Stufen entwickelt. Wir beginnen mit der ersten (primitiven) Stufe des nur sich selbst und seine Lust und Kraft in rein physischem Sinne suchenden Ichs, mit dem *primären Ego.* Immer wieder muß gesagt werden: dieses primäre Ego, das seine Lust, seine Sicherheit sucht in seiner Gesundheit, in seiner Kraft, dürfen wir nicht gering schätzen und als Egoismus oder Materialismus abtun. Ein Mensch, der dieses natürliche Ich nicht entwickelt hat, ist nicht gesund und kann niemals etwas werden.

Das zweite ist jenes Ich, das über sich selbst hinaus ein anderes in sich einschließt. Da bricht schon jene Struktur auf, von der ich vorhin sprach – der andere. Der Mensch begnügt sich nicht mit dem, was er möglicherweise als Lust erfährt, sondern er sucht die Freude in der Möglichkeit der Teilhabe an einem anderen, an einer Sache, einem Werk, einem anderen Menschen, an der Gemeinschaft. Hier steht im Mittelpunkt die Möglichkeit zu einem sinnvollen Dienst. Der Mensch ist von Natur ein soziales Wesen. Weil diese andere Seite in ihm selbst erwacht, wird er nur glücklich in der Freude an der Teilhabe an einem anderen. Auch das gehört zur Menschwerdung hinzu und wer das nicht hat, kann auch nicht weitergehen.

Auf dieser zweiten Stufe sprechen wir von der Persönlichkeit, auf die man sich verlassen kann in ihrem Versprechen zu einem ganz bestimmten Dienst, den gewissenhaft zu erfüllen das Gefühl für Ehre von uns verlangt. Es ist merkwürdig, daß dieses Wort heute einen antiquierten Klang hat. Es meint eigentlich nichts anderes als diejenige Eigenschaft des Menschen, die ihn befähigt, zuverlässig ein Versprechen einzulösen, das er gegeben hat. Man kann sich auf einen Schuster verlassen, daß er einen Schuh liefert, an dem die Nähte halten und die Sohle aus Leder ist und nicht aus Papier. Er verliert seine Schuster-Ehre, wenn er pfuscht! Das bleibt für alle Zeiten gültig, das ist nicht antiquiert und erledigt. Jede Gemeinschaft existiert letzten Endes davon, daß der einzelne, der zu ihr gehört, seine Ehre hat und sie nicht verletzt sehen will. Er will sich nicht nachsagen lassen, daß er es fehlen läßt am Einsatz für die Allgemeinheit.

Diese zweite Stufe, auf der es darum geht, bestimmte Tugenden zu üben, gilt überall da, wo der Große Weg gelehrt wird, als grundlegende Voraussetzung dafür, den Weg zur dritten Stufe zu beschreiten.

In Indien durfte der gelbe Mantel, das Mönchsgewand, nur von dem getragen werden, der seinen Stand in der Welt nachgewiesen hatte. Das heißt, er hatte eine Familie gegründet, einen Sohn gezeugt, einen Baum gepflanzt und ein Buch geschrieben. Das war die alte Formel der Voraussetzungen. Gerade unsere Generation muß wissen, daß sie an die dritte Stufe nicht herankommt, wenn sie nicht auf der Ebene der zweiten, auf der es sich um das rechte Verhalten in der Gemeinschaft handelt, gelernt hat zu dienen, sich unterzuordnen und eine Disziplin auf sich zu nehmen.

Dieses Moment der Disziplin ist sehr wichtig. Wenn heute ein Mensch dazu kommt, sich einer Übung, einer Disziplin zu unterwerfen – ob es Autogenes Training ist oder Hatha-Yoga im Sinne einer Gymnastik oder ein Waldlauf, den er in der Frühe macht – irgend eine Disziplin, die er in sein tägliches Leben einbezieht, muß er sie durchhalten, unabhängig davon, ob er Lust dazu hat oder nicht, ob er ausgeschlafen ist oder nicht, ob er „Zeit hat" oder nicht. Eine solche übende Disziplin gehört unabdingbar zum

Leben. Ohne eine solche Disziplin gibt es nicht den zuverlässigen Zeitgenossen. Der Mensch muß gelernt haben, dieses kleine Ich, das mal Lust hat, mal nicht, das immer nur sein Behagen sucht, zu überwinden.

Es gibt dann aber Momente, in denen der Mensch merkt, daß das Unterordnen des kleinen Ichs unter die Forderung einer Sache, eines anderen, einer Gemeinschaft noch nicht das Letzte ist. Es gibt noch etwas anderes. Es gibt die Möglichkeit, in mir selbst noch einen anderen Rang zu gewinnen, eine andere Stufe zu erreichen, eine noch umfassendere Wirklichkeit in mir anklingen zu lassen, die nicht nur in der Welt ist, sondern auch in mir. Das ist das Menschwerden in der Verwurzelung mit einem viel tieferen Wesen, das den Horizont nicht nur meines primären Egos, sondern auch den der Mitmenschen und der Gemeinschaft überschreitet und aus diesem Grunde transzendent, religiös genannt werden kann. Dieses tiefere Wesen kann ich in seiner Eigenwirklichkeit daran erkennen, daß es mich aus den Verpflichtungen, die ich meinem Ich oder den anderen gegenüber habe, noch einmal heraushebt und in eine noch tiefere Verpflichtung hineinstellt: in die Verpflichtung, jener ganz anderen Dimension des Überweltlichen in mir zu dienen – in der Arbeit an meinem Leibe, im Dienst am anderen und am Ganz Anderen.

Dann sind wir auf der dritten Ebene.

Nun können wir in bezug auf diese drei Ebenen die Dreieinheit des Seins, Fülle, Ordnung und Einheit, verfolgen. Das ist wichtig, weil wir alle, die wir den WEG suchen, nach Anhaltspunkten suchen, an denen jeder an sich selbst und für sich selbst arbeiten kann.

Es wird heute oft die Frage gestellt: „Wer führt uns denn? Wo sind die Meister? Wir haben Professoren, aber keine Meister." Sicher, dieser Ruf nach dem Meister ist durchaus legitim, aber er ist nur in dem Maße gerechtfertigt, als der Mensch einmal dies begreift:

Wär' nicht das Auge sonnenhaft,
Die Sonne könnt es nicht erblicken.
Wär' nicht in uns des Gottes eigne Kraft,
Wie könnt' uns Göttliches entzücken?

Wenn wir nicht den Meister als inneren Meister in uns selber hätten, würden wir auch niemals einen äußeren Meister erkennen, niemals ihm gegenüber treten können, geschweige denn ihm folgen. Wir haben gewisse Dinge in uns selbst, die uns nur einmal *aufgehen* müssen, um dann wirksam werden zu können – immer vorausgesetzt, daß wir sie suchen. In diesem Sinne ist in uns das Wissen schon angelegt, wie die Dreieinheit des Seins sich auf diesen drei Ebenen bemerkbar macht.

Auf der Stufe des *primären Ichs* haben wir die Fülle einfach als Bewußtsein der physischen Kraft und des Durchsetzungsvermögens, die Gesetzlichkeit im natürlichen Ablauf von Gesundheit und Krankheit, Jugend und Alter, und die Einswerdung mit dem anderen in der naturgegebenen Form der Mutter-Kind Beziehung oder der Sexualität, im einfachen Zusammenschwingen und Sich-geborgen-Fühlen im Behagen. Das Kriterium dafür, daß es in Ordnung ist, ist die Lust, der Schmerz oder die Unlust, wenn es nicht in Ordnung ist.

Auf der zweiten Ebene der *Persönlichkeit* fühlt man das Sein in seiner Fülle als Kraft und Möglichkeit zum Dienst. Als Form und Gesetzlichkeit erscheint es in der selbstverständlichen Gebundenheit an die Grundwerte des Schönen, Wahren und Guten. Wir finden die Einheit des Seins in unserer Form als Persönlichkeit in einer gültigen Gemeinschaft mit anderen: in der Familie, im Arbeitsteam, in der Kommune, wo wir uns einzufügen, einzuordnen vermögen in ein größeres Ganzes.

Die Gemeinschaft lebt davon, daß das Ganze als Ganzes im Auge behalten wird, und der einzelne wiederum gilt in seiner Individualität nur dann, wenn er wirklich als Glied des Ganzen sich bewährt. Indem der Mensch hier und in dieser Weise seine Vollendung sucht, genügt er auf der zweiten Ebene.

Und nun die dritte Ebene, die uns in der Praxis der Meditation bewegt. Was bedeutet da die Dreieinheit des Seins? Was bedeutet da das Wahrnehmen des Seins als Fülle, Gesetzlichkeit und Einheit?

Hier erhebt sich wieder einmal die Frage, wie weit wir in der Lage sind, in uns jenen Sinn zu entwickeln, der uns das Ganz Andere spüren läßt. Hier müssen wir immer wieder die Qualität vernehmen, für die wir heute das Wort *das Numinose* haben: dieses Ganz Andere, das nicht der Superlativ eines Weltgefühls ist, wie schön-schöner-am schönsten, oder gut-besser-am besten. Es geht hier nicht mehr um den Ausdruck einer Steigerung von Werten oder Kräften. Es ist eine Kraft, die sich oft gerade dort zeigt, wo wir von der Welt her gesehen der Schwache oder Sterbende sind.

Das Zeugnis, das Sie ablegen, indem Sie nach Meditation suchen, hat überhaupt nur einen Sinn in dem Maße, als in Ihnen das *Organ* für diese andere Dimension da ist. Das ist ungleich schwerer als man meint. Aber viele Menschen empfinden heutzutage ein Ungenügen, sie *suchen* aus dem Gefühl heraus, daß sie an einem Mangel leiden. Viele Menschen, die in ihrer Religiosität als gute Christen aufgewachsen sind und, wie sie meinen, im Glauben und im Bekennen stark sind, entdecken in sich plötzlich eine Enge, die Unruhe schafft, die Grenzen fühlbar macht. Sie ahnen: jenseits dieser Grenzen gibt es noch etwas, das muß man doch spüren können!

Dann ist dieses Suchen da. Und die Antwort auf dieses Suchen ist eben die Begegnung mit diesem Ganz Anderen, das uns hauchzart nur manchmal anrührt, manchmal aber auch über uns hereinbricht in Augenblicken eines plötzlichen Außer-sich-Seins – Augenblicke von einer ungeheuren Intensität, wo das Wort Schönheit nicht mehr paßt, und von einem überwältigenden Sinn, den man aber nicht aussprechen könnte. Es packt einen vielleicht gerade in einem Moment größter Sinnlosigkeit, wie beispielsweise beim unerwarteten Tode eines nahen Menschen, wenn man sich überhaupt nicht mehr auskennt: man spürt sich plötzlich in einer größeren Ordnung oder Geborgenheit dort, wo man eben noch ganz allein und verzweifelt war.

Was ist das? Darauf gibt es keine Antwort. Eben diese Frage dürfen wir nicht stellen. Denn dann wollen wir es ja wieder einordnen.

Jeder lebt in irgend einer bestimmten Ordnung und für ihn hat nur das Wirklichkeit, was er in dieses System einordnen kann. Der erste Schritt in die andere Dimension ist dadurch bedingt, daß wir *jede* Form des Systems, in dem wir das einordnen könnten, *hinter uns lassen.*

Da gibt es nur noch das *Staunen,* das *Hinnehmen des Geheimen.* Das meint das Wort Initiation. Ein initiatisches Erlebnis meint ein Erlebnis, das uns das Tor, den Zugang zum Geheimen öffnet.

Wir stehen heute an der Schwelle der Möglichkeit eines initiatischen Lebens und Übens, in dem es darum geht, bewußt und angstfrei über die Schwelle des Bekannten hineinzugehen in das Unbekannte und uns einfach überzeugen zu lassen von dem, was uns da anrührt, das wir als solches aber nicht mehr beschreiben können.

Man kann sagen, wo immer das Numinose uns trifft, sind zwei Qualitäten vorhanden, das *Faszinosum* – das uns Anziehende – und das *Tremendum* – das uns Erschreckende. Natürlich ist da etwas, das uns unwiderstehlich anzieht, weil es unser größeres eigenes Selbst ist, in das wir eigentlich hineingehören. Wir leben ja alle im Exil; es geht darum, in die Urheimat zurückzufinden. Wenn wir so etwas spüren, ist immer dieses Lockende dabei: komm, hier bist du eigentlich zu Hause! Das ist eine echte Erfahrung. Aber zugleich erleben wir sie als etwas, vor dem wir erschrecken. Warum? Weil wir als Voraussetzung dafür, daß wir da eingelassen werden, unser altes Ich draußen lassen müssen. Das Ich muß sterben, damit dieses bestimmte Selbst aufgehen kann. Es gibt keinen Initiationsritus, der nicht in irgendeiner Weise auch ein Todeserlebnis wäre.

Bei den primitiven Völkern werden die jungen Burschen in den Initiationsriten in eine Art Tod hineingetrieben, aus dem sie dann auf einer anderen Stufe herauskommen. Es ist seltsam, daß das bei uns nur noch theoretisch gewußt, aber in seinem existentiellen Sinn nicht mehr eigentlich erfaßt wird. Theoretisch weiß man: der alte Adam muß sterben, damit der neue aufgehen kann. Das sagt man so leicht. Aber hier handelt es sich um ein Todes*erleben.*

Die großen Erfahrungen – die *Seinserfahrungen* – von denen ich spreche, in denen uns in der Not plötzlich die Kraft aufgeht, im Absurden der Sinn und in der Verlassenheit die Geborgenheit, haben jedesmal den Tod des alten Adam zur Voraussetzung. Das Ich muß über sich selbst hinwegspringen, muß aufgeben, was es für Leben, Sinn, Geborgenheit hält, damit es das Leben, den Sinn und die Geborgenheit auf der anderen Ebene findet. Wir dürfen uns das nicht zu leicht machen.

> Darauf beruht in der Übung der Meditation die Forderung: wir *müssen* hindurchgehen durch die totale Leere. Ohne den Schrecken, den wir

manchmal erleben: – ich war ja eben gar nicht mehr da, was ist da geschehen? – besteht keine Chance, auf die andere Seite zu kommen. Wir dürfen keinesfalls festhalten wollen, was uns bei der Stange hält. Der Verlust unserer gewohnten Sicherheit ist die Voraussetzung für das Wurzelfinden in einer tieferen Sicherheit.

Es gibt immer wieder in den Reihen der Vertreter des Christentums die Angst, Christus als *Bild* aus den Augen zu verlieren und sich einem unpersönlichen Es zu überlassen. Diese Angst ist unheilvoll. Gerade das Christus*bild,* das der Mensch sich gemacht hat, an dem wir uns bisher immer verankert haben, müssen wir aufgeben, um die durch dieses Bild vermittelte *Wirklichkeit* in der Erfahrung erleben zu können. Meister Eckehart sagt: „Dem Menschen soll es nicht genug sein, einen *gedachten* Gott zu haben, denn wenn der Gedanke vergeht, dann vergeht auch der Gott." Alles, woran wir uns bisher haben festhalten können, muß man fallen lassen können, um auf die andere Seite zu kommen. Wir müssen das Vertrauen haben, daß dieses Überweltliche wirklich da ist und uns gerade in Weisen des Erlebens aufnimmt, von denen wir vorher nichts wußten. Sonst kommen wir nie über den Schatten unserer rational anerkannten Wirklichkeit hinweg.

Das Numinose schlechthin, dieses Ganz Andere, Überweltliche hat als Erlebnis zur Voraussetzung die große Leere, das Preisgeben aller Inhalte: das Sich-Lösen von einer Bewußtseinsform, die davon lebt, daß immer etwas da ist, woran man sich halten kann; das Preisgeben eines jeglichen Haltes an eigenem Können. Es ist wirklich der Mut zum totalen Nichts, der die Voraussetzung dafür ist, daß die ganze Fülle des Seins aufgehen kann.

Das Viele muß schweigen, damit die Fülle sprechen kann. Das Ich muß verschwinden, damit die Seele anklingen kann – die Seele in diesem tiefsten Sinn. „Nirgends", sagt Meister Eckehart, „ist Gott so eigentlich Gott wie in der Seele. In allen Kreaturen ist etwas von Gott, aber in der Seele ist Gott göttlich, denn sie ist seine Ruhestatt."

So wollen Sie bitte auch versuchen zu verstehen, worum es geht, wenn wir hier miteinander üben. Das ist eine Arbeit, die zu leisten ist nicht nur als eine geistige Prozedur, sondern auch als eine Arbeit im Leibe. Wir müssen uns das immer wieder sagen. Die Disziplin, die wir in der Übung des Stillsitzens, im Ruhigstellen unserer äußeren Aktivität und körperlichen Bewegung einhalten, sammelt auch den Geist auf die innere Stille hin, in der das Ganz Andere uns berühren kann.

Auf dieser dritten Stufe, auf der wir *Person* werden, durch die das Überweltliche hindurchtönen kann, auf dieser Stufe nehmen wir die Dreieinheit des Seins wahr in seiner Fülle als eine überweltliche Kraft, die uns gerade dort zuwächst, wo wir in der Welt in der Angst vor einer Vernichtung sind. Wir erleben das Sein als sinngebende Ordnung dort, wo der gewöhnliche Sinn in der Welt wegfällt und in der Sinnlosigkeit, im Absurden uns ein viel tieferer Sinn aufgeht. Das Sein in seiner Erscheinungsweise als alles umgreifende Einheit erfahren wir in der Verlorenheit der Welt als Aufgehobensein in der Überwelt einer tieferen Geborgenheit.

Sehen Sie immer das Üben unter dem Gesichtspunkt des Sich-Aufschließens für dieses Ganz Andere. Sammeln Sie in sich die Augenblicke, in denen Sie das gefühlt haben. Jeder von uns hat Augenblicke, in denen ihn, wie er jetzt allmählich zu ahnen beginnt, das angerührt hat. Es gibt Sternstunden des Lebens. Erinnern Sie sich an sie. Vielleicht sind es drei, vielleicht auch vier. Mehr sind es meistens nicht. Wiederholen Sie sich täglich die Erinnerung daran, lassen Sie sie durch die Finger gleiten wie eine Perlenschnur, immer wieder – da war es – man kann es nicht noch einmal herstellen, und doch kann man den Geist darauf einstimmen. Achten Sie auf die Gelegenheiten, bei denen Sie plötzlich merken, daß die Qualität, in der Sie die Welt erleben, abhängt von Ihnen selbst, von Ihrer Art und Weise, da zu sein. Stellen Sie sich einen leeren Raum vor. In Ihrer Weise, durch diesen Raum zu gehen, verwandeln Sie ihn entweder in einen Stall oder in eine Kirche. Denn er ist so, wie *Sie* sind. Es hallt von dort zurück, wie Sie hineinrufen. *Sie* verwandeln den Raum. Obwohl Sie wissen können, daß Sie es sind in Ihrer Haltung, die plötzlich den Wänden diesen sakralen Charakter gibt, wirkt diese Sakralität der Wände auf Sie zurück.

Der Ton des Seins erklingt unentwegt. Es ist nur die Frage, ob wir als Instrument so gestimmt sind, daß er in uns widertönt. Dieses Einstimmen ist die Arbeit im Exerzitium. Wir müssen immer wieder versuchen, das Sein zu packen, wo es in den kleinsten Formen da ist. Ein Bild: denken Sie an den Jagdhund, den man in den Wald schickt. Ihm entgeht, weil er dauernd in der Witterung ist, nicht die Spur des Wildes, die seinen Weg kreuzt. Er nimmt die Fährte auf. Das göttliche Wild kreuzt unentwegt unsere Spur, wir nehmen aber die Fährte nicht auf, weil wir gar nicht in einer dauernden Witterung sind.

Es ist eine gewichtige Einsicht, wenn wir uns einmal klar machen, daß – im Rahmen der persönlichen Welt, in der wir unser Leben leben – *wir* es sind mit unserer Haltung, die die Welt so verwandeln, daß sie auf uns als ein Göttliches zurückwirkt oder nicht; denn sie ist es im Grunde, nur verdeckt durch sehr vieles, bedingt in Raum und Zeit, in denen wir leben. Ob die Welt für uns göttlichen Charakter gewinnt, liegt an uns und nicht an der Welt. Die raum-zeitliche Bedingtheit unserer Existenz mit allen ihren sozialen und anderen Nöten ist nicht eine Verhinderung dieser Sicht, sondern sie ruft diese Sicht geradezu hervor. Was aber not tut, um sie hervorzurufen, ist nicht das emsige Tun in der Welt, sondern das Horchen auf das Ganz Andere hin, von woher auch jedes Tun *in* der Welt dann erst seinen eigentlichen Sinn bekommen kann. „Geh in deinen Grund und wirke dort“, sagt Meister Eckehart; „die Werke, die du dort wirkst, die sind alle lebendig.“

Jedes Team, das sich auftut, um der Welt zu helfen, scheitert früher oder später an der Unreife seiner Glieder; es verdirbt das schönste Projekt an der Unreife derer, die damit betraut sind, wenn ihnen die Rückbindung an die tiefere Dimension fehlt. Darin liegt die Rechtfertigung, die Legitimation einer meditativen Arbeit, wie wir sie hier tun wollen. Das muß man heute auch immer wieder den jungen Menschen sagen, die mit Recht in Aufruhr sind gegen die Situation, vor der wir stehen, mit Recht hinweisen auf die Leiden der Menschheit in der Welt. Aber die sozialen Aufgaben, die sich hier stellen, werden sie nur in dem Maße lösen können, als sie selbst den Rang und das Niveau finden, von woher man wirklich im Sinne echter Menschenliebe arbeiten kann. Hilfe, die nicht Stückwerk bleiben soll, muß aus einer tieferen menschlichen Quelle geboren werden: aus echter Teilnahme, die hervorgeht aus einer tiefen Verbundenheit mit allem Lebendigen. Das setzt aber voraus, daß die Helfenden bezogen sind auf das, worauf es allein ankommt, nämlich auf das Offenbarwerden des Überweltlichen in der Welt.

An dieser Stelle begegnen sich dann alle Religionen der Welt und erweisen sich plötzlich als Ausdruck von Urweisheiten des Lebens – die sie aber nur so lange bleiben, als sich die Religiosität *nicht* verwandelt und versteinert in eine in Lehrsätzen festgehaltene Religion, und wehe dem, der einmal etwas anders formuliert, als es da festgelegt ist.

Wenn wir die Rückbindung im eigentlichen Sinne – diese Religio, wenn wir das so interpretieren dürfen – in uns selber wiederfinden, gewinnen alle diese Dinge ein neues Leben. Alle Religionen kennen diesen Unterscheid zwischen äußeren Formen und dem, was innerlich vermittelt werden soll; den Unterschied zwischen dem sachlich-weltbezogenen Menschen und dem, der von der anderen Seite her lebt – nicht ich lebe, sondern Christus lebt in mir. Das sind Realitäten, nicht Privilegien weniger, vor denen man sich fromm verneigt. Das sind Aufträge an jeden von uns und meinen das Allerwirklichste, das Allernüchternste. Wir brauchen, um dieses zu sehen, einen nüchternen Sinn, der frei und ledig ist von allen Vorurteilen, von allem, was er gelernt hat, von allem, dem er sich verschworen hat. Man muß immer wieder jeden Tag ganz frei sein. Gestern durfte ich das nicht, heute darf ich es vielleicht; ich spüre, ich muß es tun. Wenn es falsch ist, werde ich schon belehrt werden. Nur nicht Angst haben, über eine Grenze zu steigen, ob es eine konventionelle Grenze ist oder was es auch sei. Wenn der Mensch ganz von innen her spürt, was er tun muß, so tue er es. Der liebe Gott, wenn ich so sagen darf, ist schon auch dabei. Ist es verkehrt, bekomme ich eins auf die Nase. Man muß nur das Leben wirken lassen. Das Leben in uns drängt selbst über den kleinen menschlichen Rahmen hinaus, in dem wir uns allmählich etabliert haben, in eine andere Dimension hinein. Aber wir müssen ehrlich bleiben im Hören dessen, was da geschieht, ob es uns auf die Dauer im tiefsten Sinne bekommt. Sünde ist, was uns auf dem WEG nicht weiterbringt.

Wenn wir den initiatischen WEG gehen, wie er im Osten gegangen wird, wie er sich uns heute anbietet, so meint er nichts anderes als das Offenbarwerden des größeren LEBENS, das *in uns* zu seiner Selbstverwirklichung in menschlicher Gestalt drängt.

Um das Thema der heutigen Einführung noch einmal kurz zusammenzufassen, können wir so sagen: Unser Wesen – eines jeden von uns – als die Weise, in der das Überweltliche in uns anwesend ist, ist die Weise, in der es uns drängt, einen bestimmten WEG zu gehen. Das Hinhorchen auf das Wesen bedeutet nichts anderes als das fortschreitende Bewußtwerden dieses uns von innen her eingeborenen WEGES, der uns erst ein *Ich* werden läßt, dann eine *Persönlichkeit,* die in der Welt der Gemeinschaft dient, hin zu jener *Person,* durch die dann das Ganz Andere hindurchtönen kann und sich als das Ganz Andere bewährt *im* Dienst am Anderen.

> So wollen Sie bitte auch unsere praktische Übung der Meditation sehen, die wir hier miteinander machen: als den Versuch, in einer bestimmten Weise in uns hineinzuhorchen, um mehr und mehr unseren Sinn aufzuschließen für das, was von der Vielheit unserer Weltinhalte gesehen nichts ist, in dem aber doch das Eigentliche, das Ganz Andere uns anrühren kann: anrühren als Verheißung, anrühren in einer ganz bestimmten Qualität, und anrühren immer in der Gestalt der *Geburt eines neuen Gewissens,* in der Verpflichtung, in einer ganz bestimmten Weise an uns zu arbeiten.

Gelingt uns das während einer Übung, so sind wir *nach* der Übung nicht etwa aus der Welt, unbrauchbar für Gesellschaft, Familie oder als Verkehrsteilnehmer – sondern im Gegenteil, wir sind sehr viel wacher, sehr viel gesammelter, etwas kräftiger, etwas natürlicher, etwas heller und vor allem etwas wärmer – liebevoller gegenüber allem, was uns begegnet.

Die Wirklichkeit des Menschen als Subjekt in der Welt der Gegensätze, in der er steht

Der Hauptsinn unserer Zusammenkünfte ist die Einführung in die *Praxis* des Sitzens in Stille als *geistliche* Übung. Mit dem Wort Meditation verbinden auch Menschen, die schon länger üben, Dinge, die nicht bedingt das betreffen, was mir vorschwebt.

Gehen Sie einmal davon aus, daß so, wie unsere Zusammenkünfte hier einfach ein menschliches Miteinandersein sind, es sich in der Meditation um etwas sehr Menschliches handelt und nicht gleich um etwas Übermenschliches, geschweige denn um etwas, bei dem man, um es richtig zu machen, die Augen himmelwärts verdrehen muß. Wir bleiben auf der Erde. Ich sage gern, wenn die meditative Arbeit gelingt, wenn auch nur eine einzelne Meditation gelingt, so kommt dabei heraus, daß der Meditierende etwas mehr als *er selbst* daraus hervorgeht: etwas kräftiger, etwas mehr in Form und etwas wärmer, liebesfähiger. Dann entspricht er mehr als vorher seiner in ihm angelegten Individualität.

Vielleicht kann man sagen, es geht heute darum, daß der Mensch sich wiederum in sein Menschsein findet, von dem er durch so unendlich viele Dinge abgezogen wird. Die Zeit wird immer unmenschlicher, die Forderungen, die Umstände werden unmenschlicher, und hinter der Revolution der Jugend steht im Grunde immer wieder die Frage: „Was sind wir eigentlich noch als Menschen?“ Wir werden vollgestopft mit Wissen, man erwartet von uns ein bestimmtes Verhalten und vor allem gewisse Leistungen, die uns befähigen, Funktionär des Staates oder der Gemeinschaft zu sein, der wir uns reibungslos und nützlich einfügen. Aber *wir* selbst, wo finden *wir* statt?

Der Mensch kommt sich heute als Mensch selbst abhanden.

Meditation in dem Sinne, wie wir sie im Westen heute pflegen müssen, meint vor allen Dingen, dem Menschen wieder den Weg zu sich selbst als Menschen zu öffnen, wobei freilich der Mensch mehr ist als nur ein Mensch, ein Menschlein. Man kann nicht bescheiden genug denken, wenn man an sich selbst denkt als Mensch, aber auch nicht groß genug, wenn es darum geht, ein *ganzer* Mensch zu werden. Das sind die beiden Seiten der gleichen Medaille, die uns bewußt sein sollten als Inhalt und Sinn der Meditation als einer geistlichen Übung.

Was heißt nun geistlich? Wenn wir von Geist sprechen, müssen wir uns drei Aspekte vor Augen führen. Der Mensch ist erstens ein geistiges Wesen, der sich als solches unterscheidet vom Tier, d. h. er hat ein gegenständliches *Bewußtsein*, welches das Tier nicht hat. Das Tier kann nicht eine Welt konzipieren, die unabhängig von ihm ist und eigenständig in sich selbst steht. Zweitens gibt es den *objektiven Geist*, dessen Niederschlag die Kultur ist. Ihr Inhalt macht die sogenannte Bildung aus: Wisenschaft, Kunst, Philosophie, Religion als Niederschlag einer Reflexion, die eine objektive Wirklichkeit hat, der gegenüber der Mensch der Träger ist, der Verwalter eines objektiven Geistes. In diesem Sinne sind manche Menschen geistige Menschen oder möchten es werden; es gibt sehr intelligente Menschen, die sehr ungeistig sind. Das erlebt man, wenn man etwa in kleinem Kreise sich über Themen unterhält, deren Präsenz abhängt von der Resonanz eines ganz bestimmten Hintergrundes, der verbindet, der uns etwas hinaushebt über unsere bedingte menschliche Wirklichkeit, hinaushebt auch über das rational Faßbare. Und dann kann es passieren, daß ein Mensch dazukommt und eine sehr intelligente Bemerkung macht, die wie eine kalte Dusche alles zerstört, was eben im Raum entstanden war – ein intelligenter aber ungeistiger Mensch, der alles zu wissen glaubt, aber nichts *spürt*. Wenn Meditation geistige Übung wäre, hätte sie den Sinn, unserer geistigen Bildung weitere bildende Werte hinzuzufügen. Aber diese Auffassung wäre ein Mißverständnis der Meditation. Drittens hat das Wort Geist den Sinn von *geistlicher Geist*;

dann bezieht es sich auf eine andere Dimension, die über unserer normalen menschlichen Wirklichkeit steht, sie zugleich durchdringt und also einen religiösen Aspekt hat. Beim Meditieren geht es nicht um eine Interpretation, nicht um eine fromme Gesinnung für einen feststehenden Inhalt, sondern um das Sich-Aufschließen gegenüber dieser anderen Dimension. Man selbst soll einer werden, der ein anderes aufzunehmen vermag. Immer wieder müssen wir uns sagen: die Entwicklung auf dem geistlichen Weg ist nicht eine Entwicklung, in der der alte Adam neue Fähigkeiten hinzubekommt, sondern aus dem alten Adam muß ein neuer Mensch entstehen. Wenn der Mensch auf dem inneren Weg vorankommt, sich mehr und mehr aufschließt und sich als Mensch verwandelt, ein anderer wird, dann wird er *anders sehen*, *anderes sehen* und *anderes vermögen*. Damit kommt etwas herein, worin der Mensch sich selbst als Mensch übersteigt. Was er dann tut und was anderen vielleicht wundersam erscheint, ist ihm selbst nicht wunderbar, er merkt es vielleicht nicht einmal und wenn er es merkt, so wird er Dankbarkeit empfinden, aber nicht darüber reden.

> Der Sinn der Meditation, wie wir sie hier pflegen, ist also eine *Verwandlungsübung* mit dem Ziel, in anderer Weise da zu sein, in einer bestimmten Weise still da zu sein und das viele, in dem wir befangen sind, still werden zu lassen, damit Überweltliches in den Sinn kommen und Laut geben kann, das in uns darauf wartet, vernommen zu werden.

Nur mit dem inneren Ohr können wir hören, worum es eigentlich geht.

Es geht um eine geistliche Übung, die eine Verwandlung des ganzen Menschen zum Sinn hat, hin zu einem Menschen, der durchlässig ist für das, was ihn umgreift und aus einer höheren Wirklichkeit heraus durchdringt. Man kann auch sagen, was ihn transparent macht für *Transzendenz*, wobei das Wort Transzendenz zu verstehen ist als *das Überschreitende*. Der Mensch ist in seinem Wesen das, was ihn als sterbliches Weltwesen überschreitet, und das in ihm und durch ihn hindurch sichtbar werden möchte in der Welt.

Der Mensch ist das Wesen, das erst dann ganz wirklich wird, wenn er über sich als sterbliches Wesen hinauswächst – sich verwandelt. Dieser Mensch, der sich übend verwandeln will, was ist der denn vor dieser Verwandlung? Da erhebt sich – wenn wir versuchen, das, was Meditation ist, in einen grundsätzlichen Rahmen zu stellen – von vornherein die Frage: Wer bin ich eigentlich? Wer bin ich als derjenige, der beginnt mit dem Üben, und wer bin ich als derjenige, der ich einmal sein und werden möchte, wenn das Üben Sinn haben soll und gelingt?

Jeder von uns ist ein Subjekt. Aber schon wenn man das Wort ausspricht, fällt einem das Gegenteil ein, das Objekt. Das ist in der Tat das Grundthema: das Verhältnis des Menschen als *Subjekt* zur Welt der *Objekte*. Überall in der Welt, wo Meditation in einem tieferen Sinne geübt und gelehrt worden ist, ist dies das Ausgangsproblem, daß die Welt der Objekte ein Übergewicht bekommt über den Menschen als Subjekt. Der Mensch fühlt sich schließlich nur noch gegängelt – heute heißt das ›manipuliert‹ – in Bann geschlagen und gehalten. Er sieht sich festgehalten von einer ihn umgebenden Welt von objektiven Wirklichkeiten, die vorgegeben sind durch die Umstände, so glauben wir, durch die Gesellschaft, in der wir leben, aber die vor allem – und das gilt es auf dem inneren WEG zu erkennen – das Produkt sind einer ganz bestimmten Bewußtseinsform.

Der Mensch wird Mensch dadurch, daß er ein Bewußtsein entwickelt, das ihn befähigt, eine in sich stehende eigenständige Wirklichkeit *wahr*-zunehmen, *ernst*-zunehmen und ihr zu *dienen* im Erkennen sowohl wie im Meistern seiner Wirklichkeit. Die ganze Welt der Wissenschaft, der Technik ist ein Ausdruck dieses Geistes. Auch die Gemeinschaft, in der wir stehen, ist eine uns umgebende, eigenständige Wirklichkeit, der gegenüber das, was wir als Individuen sind und wünschen, den Charakter von etwas nur Subjektivem hat. Das ist das Grundthema, über das ich heute sprechen möchte: das Verhältnis der Wirklichkeit des Menschen als Subjekt zur Welt der Objekte, in der er steht.

Der Mensch unserer Zeit ist letzten Endes ein Opfer der wunderbaren Gabe geworden, sachlich sein zu können, eine Welt der Objekte sehen und erkennen zu können und ihr zu dienen. Eigentlich sollte man immer an den Anfang der Kritik an dieser Situation das ›Ja‹ zur Welt der Dinge stellen. In der Kunst, in der Architektur seit der Zeit des Bauhauses hat man ein Gespür bekommen für die Valenz der Materie, des Dinges, der Sache. Die neue Sachlichkeit ist nicht nur eine Absage an eine verlogene Ausdrucksform von Gefühlsprojektionen, wo es im Grunde genommen um technische Objekte geht, sondern sie bedeutet auch die Erkenntnis des *Wunders der Sache* als solcher. Die Farbe, jedes Ding, jeder Stein, jede Materie, jedes Holz hat in sich selbst den Anspruch, als das wahrgenommen zu werden, *was es ist* – unabhängig von mir – und fordert vom Menschen eigentlich den Respekt vor dem Gesetz seiner eigenen Wesenheit. Wir haben in den letzten 40 Jahren gelernt, die Eigenwelt der Dinge vor allem auch in der Technik zu respektieren und zwar nicht nur, weil sie sonst nicht funktioniert, sondern weil sie in sich etwas ganz Wundersames darstellt. Es gibt Dichter und Maler, die sich gerade der Sache zuwenden, so wie sie schlichthin ist, und nichts hinzufügen. Sie können sich einmal auf einen Gegenstand einstellen, und er fängt dann an zu sprechen als das, was er ist. Das ist ein Gesichtspunkt, der auch im Gefüge der Meditation als Ganzer seinen Platz hat. Schon bei Meister Eckehart können wir lesen: „Wer die Dinge läßt, wie sie Zufall sind, der besitzt sie dort, wo sie reines Sein und ewig sind".

Im Verfolg dieser objektiven Wirklichkeit ist all das entstanden, was Technik, klassische Medizin etc. ist, und es wäre geradezu lächerlich, das in irgendeiner Weise in seiner Bedeutung und in seiner Herrlichkeit in Frage zu stellen. Gerade wenn wir heute allmählich erkennen, daß die Überbewertung dieser Dimension anfängt, den Menschen als Menschen in Frage zu stellen, dürfen wir wiederum nicht das Kind mit dem Bade ausschütten, denn es macht diese objektive Welt einen Teil unseres Menschseins und unseres menschlichen Lebens aus.

Die *Dialektik* zwischen diesem objektiven Pol und dem Subjekt ist ein Grundthema des menschlichen Werdens, dem auch in der Meditation Rechnung getragen werden muß. Denn es ist so, daß der Mensch von der Wissenschaft und von der Welt der Objekte her gesehen im Grunde genommen ein ungenügendes Wesen ist, das den objektiven Erfordernissen eigentlich nie ganz gerecht werden kann, denn da mischen sich immer wieder persönliche Gefühle ein. Objektiv gesehen also ist der Mensch eine Fehlerquelle – aber sein Subjektsein ist das, worin er *lebt*.

Ich wiederhole, was ich neulich schon sagte: wenn Sie mir eine Beschreibung Ihres Zimmers geben, in dem Sie leben, es genau aufzeichnen, so daß ich es kopieren könnte, so hat das mit dem Zimmer, in dem Sie leben, kaum etwas zu tun. Denn in dem Zimmer, in dem Sie leben, hat jeder Gegenstand, den ich gegenständlich wahrnehme – Tisch, Stuhl, Fenster – einen ganz persönlichen, privaten Sinn. Wir leben in einer Welt, deren Wirklichkeit für uns in dem besteht, was sie für uns ganz persönlich bedeutet: also genau das, was der Naturwissenschaftler ausschalten möchte und was auch wir einklammern müssen, wenn wir uns der Welt der Objekte zuwenden wollen.

In der Meditation, die ja eine Weise ist, dem inneren WEG zu dienen, kann es aber nie um etwas anderes gehen als um eine Entwicklung im Rahmen dieser Welt des Subjektes.

> Meditation ist eine Weise, das Innenorgan, mit dem der Mensch sich in seiner Wirklichkeit spürt und wiederfindet, weiter zu entwickeln. Meditation bedeutet immer von vornherein auch eine Vertiefung unseres persönlichen Welt- und Wirklichkeitsbewußtseins.

In dieser Weise entwickelt sich der Mensch als Subjekt und darf sich nicht einlassen auf diese Verdächtigung „Ich bin ja *nur* etwas Subjektives." Für den Objektsuchenden ist er es. Aber in seinem eigensten Menschsein fühlt er sich so nicht verstanden, wie jeder von uns weiß, wenn er zu einem Arzt geht, der ihn nur als Fall sieht; er empfindet dies als unmenschlich, und wenn er weiß, daß hinter seinen körperlichen Störungen ein menschliches Problem steht, dann fühlt er von vornherein: „Der versteht mich nicht, der vernimmt mich nicht, der weiß gar nicht, worum es geht, dann müßte er nämlich ernstnehmen, was mich als Menschen, als Subjekt bewegt, und nicht nur sagen: Ihnen fehlt nichts, ich kann nichts feststellen, es ist alles nur Einbildung."

Wir wissen heute aus der Entwicklung der psychosomatischen Medizin und der Tiefenpsychologie, daß es Störungen gibt, in denen keinerlei organische Ursachen festzustellen sind, die sich aber trotzdem als körperliche Symptome auswirken, weil es eine innermenschliche Wirklichkeit ist, die da gestört ist. In diesem Sinn sind wir als Menschen, die den WEG suchen, von vornherein irgendwie gestört – auf dem Wege zu etwas hin, das wir nicht sind, aber eigentlich werden sollen. Der Mensch ist als Subjekt, wenn er anfängt, sich ernst zu nehmen, einer, der von sich spürt: ich müßte eigentlich ein anderer sein – mehr *ich selbst*. Der, der ich bin, bin ich also nicht.

In der Meditation stößt man immer mehr auf Seiten, Impulse, auf Stimmungen oder Störungen, aber auch auf Verheißungen, die man ganz von innen spürt: in *der* Richtung liegt es, oder nein, in *der* Richtung ist es nicht.

> *Meditation* bedeutet also auch ein ständiges Sich-Üben im Vernehmen dessen, was in uns als Wesenheit lebt und Wirklichkeit werden möchte; im Hellhörig-Werden, im Antworten auf das, was uns von dort her ruft; im Vertiefen der kritischen Wachheit für das, was nicht stimmt, im Gehorsam gegenüber den Impulsen, uns in diese oder jene Richtung mehr zu öffnen, um dann in einer Treue den WEG der Übung zu gehen, den wir als fruchtbar empfunden haben, um uns diesem innersten Ruf gemäß zu entwickeln.

Hier vollzieht sich ein Geschehen in der Innerlichkeit eines jeden von uns ganz persönlich, so persönlich, daß man versteht – wie die Zen-Meister immer sagen –: „Das läßt sich nicht lehren." Wir können hier nicht objektive Rezepte geben. Im Grunde ist die Wirklichkeit, mit der wir uns hier befassen, eine Wirklichkeit, die es immer nur *einmal* gibt, nämlich die *Wirklichkeit für den einzelnen*, nur für ihn. Und da gibt es nicht die objektive Lehre, nicht den Begriff, aber es gibt das *hinweisende Wort*: „In der Richtung mußt du in dich hineinhorchen." Die Qualität, die wir da spüren, ist immer einmalig, immer die unsrige, immer die des einzelnen. Und trotzdem gibt es so etwas wie eine *Gemeinschaft der* unter ihrem Auf-dem-Weg-Sein *Leidenden*, die sich verstehen.

Es gibt eine Neurose des Menschseins überhaupt, d. h. eine Verhärtung in einer Entwicklungsform unseres Bewußtseins, die zur Menschwerdung gehört: nämlich die des rational denkenden Ichs, das, wenn es sich absolut setzt, den Menschen in seiner Weiterentwicklung stört; das widerfährt uns allen. Und das, was uns verhindert, wir selbst zu werden, bildet dann im Weiteren den leidvollen Hintergrund, von dem her und auf den hin wir spüren können, wer wir eigentlich sind, wie wir eigentlich gemeint sind.

Der Weg des Geistes, sagte schon Hegel, ist der Umweg. Nur über den Umweg – über die Verfehlung dessen, als der wir eigentlich gemeint sind – wird uns der, der wir eigentlich sind, bewußt. Der Sinn des Leidens ist also, aufmerksam zu werden auf jene Ganzheit, die durch ihre Verfehlung Leiden erzeugt. Das spezifisch menschliche Leiden ist immer ein Symptom für eine Verfehlung des inneren Weges. Alle Religionen sind sich darin einig, daß im Grunde genommen der Mensch, wenn er eins wird mit Gott, – also in dem Maße, als er wirklich seine tiefste Tiefe erreicht – nicht mehr leidet. Jede Form menschlichen Leidens ist Ausdruck dafür, daß ich noch nicht ganz in die letzte Tiefe gelangt bin, in die die Meditation mich führen will.

Aber der Mensch *leidet* doch, damit ist er nie am Ende. Was ist mit dem Leiden, das doch da ist? Ist das wirklich *nur* zu sehen als Ausdruck einer Fehlform unserer Existenz? Da würde ich sagen, das ist die östliche Antwort.

Die christliche Antwort sagt das auch: In dem Maße, als du eins wirst mit Gott, wirst du die Seligkeit finden. Aber insofern du nicht eins bist mit Gott, gibt es im Leiden selbst noch das *mysterium iniquitatis* – die Weisheit der Verfehlung. Das ist das Geheimnisvolle, das auf dem Boden der Dunkelheit des Leidens liegt, wenn wir es in der richtigen Weise durchleiden, es also nicht nur als etwas nehmen, das weg muß, sondern es als schöpferischen Grund einer Weisheit zulassen. In der Begegnung mit dem Dunkelsten – und je schmerzvoller es ist, umso mehr – liegt die Chance der Wahrnehmung einer Dimension, die nichts mehr mit Leiden zu tun hat – aber nur dann, wenn der Mensch wirklich ganz hineingeht.

Für den, der falsch hört, klingt das wie ein Masochismus, wie ein Genießen des Leidens. Das ist es gerade nicht. Ich glaube, hier liegt ein oft nicht gesehenes Geheimnis in der Botschaft, die das Leben Christi für uns bedeutet oder bedeuten sollte – in diesem *Ja* zum Leiden bei aller Anerkennung der Tatsache, daß Leiden als solches bedeutet, daß ich jetzt nicht eins bin mit dem Wesen.

Aber das *ist* ja der Mensch, er *ist* ja nicht eins mit dem Wesen. Er ist immer gewissermaßen ein Vorläufer zu dem, was er eigentlich sein sollte. Aber gerade darin liegt eine unglaublich reifende Chance für den, der sich als Subjekt ernst nimmt und durch das Leiden hindurch zu einer vertieften Form seines Selbst gelangen will, zu einer Vollendung seiner menschlichen Gestalt.

Diese Gestalt, dieses eigentliche Subjekt, dieses Selbst – was ist das?

Wenn wir uns das fragen, die wir uns hier um die meditative Übung im Stile des Za-zen bemühen, müssen wir uns immer wieder klar machen, wo der Unterschied ist zwischen dem, was westlich ist und dem, was östlich ist.

Alles, was östliche Weisheit ist, ist nie *nur* östliche Weisheit, sondern als *Weisheit* das Tor zu einer allgemein menschlichen, menschlich gültigen Erkenntnis, die im Osten mehr gepflegt worden ist als bei uns. Weisheit, sofern sie wirklich Weisheit ist, gilt für jeden. Uns stellt sich dann aber die Frage, ob diese Weisheit für uns die einzige und die eigentliche ist, oder ob wir ihrer – neben anderen – *auch* bedürfen. Der Mensch des Westens muß wissen, daß er nur dann, wenn er das, was unter östlicher Weisheit verstanden werden kann, in sich wahrnimmt und ja dazu sagt, ein ganzer Mensch werden kann. Aber der *Akzent* wird in ihm als Europäer anders liegen als in einem Menschen des Ostens.

Das ist das Geheimnisvolle, auf das uns die Weisheit des Ostens hinweist, daß das, was wir normalerweise zunächst als Subjekt empfinden – nämlich unser Ich – eine Illusion ist. Was immer dazu dient, sich selbst als bestimmte Gestalt festzulegen, ist gerade ein Fehlweg. Östliche Weisheit erscheint immer als Bewegung; sie mündet nie im Statischen. Die Wahrheit liegt nicht in der fertigen Gestalt, sondern im Weg zu einer Gestalt in ihrer Wandelbarkeit. Diese Auffassung führt hin bis zu Feststellungen wie diesen: alles, was ein Etwas ist, ist eine Illusion; jede Blume, jedes Tier, jeder Stein, jeder Mensch existiert nur im Übergang und vergeht. Also *ist* es im Grunde nichts. Es ist eigentlich nur ein Gedanke.

Dazu möchte ich Ihnen eine Anekdote erzählen: auf einem interreligiösen Kongreß in Paris führte der Vertreter des tibetanischen Buddhismus aus, wie im Grunde genommen alles nur ein Gedanke ist, als solcher also keine Wirklichkeit hat. Als er das sehr lange ausgeführt hatte, fragte ich ihn: „Wenn Sie nun sagen, alles, was nur ein Gedanke ist, hat keine Wirklichkeit, was sagen Sie dann zu den Gedanken, die Sie eben über den Gedanken geäußert haben?" Das war eine unangenehme Frage, wie er offen zugab.

Diese Weltanschauung führt logischerweise zu Thesen wie zum Beispiel dieser, daß das *Nichts* eigentlich die Wirklichkeit ist, denn alles, was *etwas* ist, ist ja Produkt unseres Gedankens und als solches also nichts. Insofern das, worüber wir sprechen, das Produkt unseres Gedankens ist, also eine reflektierte Wirklichkeit, nehmen wir auch an, eine aus unserer religiösen Erfahrung herauswachsende Interpretation dieser Erfahrung – also ein reflektiertes Erlebnis – wird im Ausdruck, in der Formulierung, mit der wir es festhalten, hart. Dann ist es wirklich am Schluß nichts mehr als eine leere Hülle, die zusammenbricht.

Vom rationalen Denken her sagt man, dann ist ja am Schluß gar nichts mehr da – da ist Schweigen. Dem begegnet man im Osten mit einem traditionellen Ausspruch: „Dann vernimmt das Schweigen das Schweigen!" Was soll das bedeuten? Das ist ein hohles Wortgerassel, das ist ein Paradoxon im rationalen Wirklichkeitsverständnis. Für einen aber, der ein bestimmtes Erlebnis gehabt hat, ist das eine gute Formulierung für etwas, das da als Qualität gespürt wird. Jetzt stehen wir auch hier wieder vor der Gegensätzlichkeit zwischen einer Weltanschauung, die *rational* gebaut ist (und, weil sie rational gebaut ist, auch immer wieder rational umgeworfen werden kann), und dem *Erleben*. Wenn der Buddhist solche Äußerungen tut, meint er nicht das, was das Ergebnis einer solchen Formulierung ist, auch wenn er sich so ausdrückt; sondern hier wird etwas *erfahren* auf dem inneren WEG, wo es sich schließlich nicht mehr um eine gegenständliche Valenz handelt. Das bedeutet nicht, daß man in ein negatives Nichts fällt, sondern daß über das Nichts des Ich die Fülle einer anderen Dimension auftaucht, die er das wahre Selbst nennt. Es gibt ein Wesen aller Dinge, welche das eigentliche und einzig Wirkliche ist. Alles andere ist bedingt, durch was auch immer, vor allem aber durch unsere Weise, die Welt zu sehen.

An unserem Bewußtsein bricht sich das Wesen aller Dinge in einer Weise, die uns ein Vielerlei vorgaukelt; und das nehmen wir als die wahre Wirklichkeit.

Der Mensch kann den Regenbogen nehmen als eine Wirklichkeit, solange er noch nicht weiß, daß es die eine Sonne ist, die durch das Feuchte in der Luft und ihn und sein Auge hindurch eben dieses Bild erzeugt. Wenn er einmal weiß, daß es eigentlich die Sonne ist im Medium seiner selbst und der regenfeuchten Luft, so steht der Regenbogen immer noch da, hat aber einen anderen Sinn.

Oder nehmen Sie den Strom des Seins, des größeren LEBENS, das jenseits ist aller Gegensätze. Wenn der durch das Prisma des Ichs geht, an diesem Prisma sich stößt, dann sind plötzlich zwei Ströme da. Dann ist hier die Welt der Gegensätze; aber so, wie sie unserem menschlichen Auge erscheint, ist sie die Weise, in der das absolute Eine sich diesem Auge präsentiert. Die Relativität unserer Existenz ist die Weise, wie das Absolute sich darstellt in dem Blickfeld eines relativierenden, d. h. auch aufspaltenden Auges.

Darum sagt die Weisheit des Ostens: also heben wir das wieder auf, öffnen wir das innere Auge, das dritte Auge. Sehen wir die Sonne selbst und werden wir uns klar: das ist ja alles nur Illusion.

Nur Illusion? Da sagt der Westen: Nein, nicht nur Illusion. Das ist die Weise, wie für uns als *Menschen* das göttliche Sein wirklich wird in seiner Mannigfaltigkeit, in der Weise, wie wir Menschen sie sehen. Wir müssen Ja sagen zu der Weise, wie wir als *Menschen* das Sein erfahren und nicht nein sagen, weil wir es als Menschen ja nur *so* erfahren.

Hier stehen zwei Auffassungen einander gegenüber. Welche hat recht? Das ist eine falsch gestellte Frage. Wer wirklich durch diese Dinge hindurchgeht, der weiß: der Osten hat genauso recht wie wir. Tatsächlich ist es so und es gibt keine richtige Form, zur eigentlichen Valenz der Gegensätzlichkeiten zu kommen, als einmal das Übergegensätzliche *in sich* zu erfahren, in dem das alles aufgehoben ist.

> Das ist *ein* Sinn und *eine* Möglichkeit in einer wirklich in die Tiefe gehenden Meditation, daß wir das, was östliche Weisheit ist und worin sie sich schließlich erfüllt – das Einswerden des Tropfens mit dem Meer – *in uns* einmal erfahren, aber nicht, um darinnen zu bleiben, nicht um endgültig einzugehen in diesen Hafen, sondern um uns in ihm zu *reinigen* von allen Gegenständen eines bloßen Ich-Bewußtseins.

Dann aber geht es darum, von dorther die *Fülle der Erscheinungen* ernst zu nehmen, jedoch nicht nur als bloße Erscheinungen und Wirklichkeiten in sich, sondern als eine Weise, wie ein tieferes Sein uns erscheint. Das ist wiederum eine der Grunderkenntnisse, von denen wir ausgehen müssen, wenn wir Meditation pflegen: Fühlung nehmen mit der anderen Dimension, nicht um in ihr zu verschwinden, sondern um geladen, gesättigt von ihr, an *ihr* orientiert die Wirklichkeit, die uns umgibt – angefangen mit unserem Nächsten! – zu sehen als eine Weise, in der ein tieferes Sein sich verbirgt, aber *offenbar werden möchte*. Ist es im Grunde genommen nicht so, als ob alles, was uns umgibt, gleichsam einen Notschrei, einen Appell, eine Bitte, einen Anruf enthielte: „Hilf mir doch, ganz das zu werden, was ich im Grunde bin, aber unter den Umständen meines Lebens nicht ganz werden konnte!"

Der Osten sagt: „Was willst du denn noch mehr werden, kehre heim!" Die Völker des Ostens sind Völker des ewigen Heimgangs. In uns ist auch immer jemand, der heimgehen möchte zur großen Mutter, zurück in den Mutterleib, aus dem wir gleichsam ausgestoßen wurden und mit einem Schrei reagierten. Aber dann, einmal in die Welt gekommen, können wir die Möglichkeit wahrnehmen, in das ganz Neue hineinzugehen und Ja zu sagen. Immer ist der Mensch zwischen diesen beiden Impulsen: zurück in den großen Urhafen, oder von ihm wieder auszufahren in die Welt, das Abenteuer des Lebens zu bejahen und *in ihm* dann die Wirklichkeit des Seins (die er ja zeitweise verliert, indem er nur seine Ich-Wirklichkeit sieht) in der Welt der Dinge und der Mannigfaltigkeit wahrzunehmen und immer mehr offenbar werden zu lassen.

Was sich im Prisma unseres rationalen Bewußtseins als Gegensatz darstellt, ist *im Leben* eine Polarität zwischen *zwei Entwicklungsrichtungen*, deren ewiges Durchlaufen das ist, was man *Leben* nennt. Das ist der Rhythmus von Yin und Yang – keine östliche Erfindung, wenn auch ein östlicher Begriff – als die Weise, in der Tao, das Große LEBEN, sich darlebt in einem ewigen Schaffen der Formen und wieder Heimnehmen in das Ur-Eine.

Wir sind ausgegangen von der Frage nach dem Subjekt, der Gestalt, dem Selbst. Was heißt es, das Subjekt im Verhältnis zu diesem Ganz Anderen *richtig* wahrzunehmen? Wir müssen also erst feststellen: wir als Subjekt sind nicht nur das Nur-Subjektive gegenüber der objektiven Wirklichkeit, die eine Dauer hat, eine Gültigkeit, in der nichts mehr sich bewegt, in der man seine Position festigt. Wir sind auch die flüssige, die ewig sich entwickelnde Wirklichkeit des Subjekts, in dessen Mittelpunkt das Herz steht, mit dem wir spüren, mit dem wir etwas empfinden. Und gerade diese empfundene, erspürte, erlittene Wirklichkeit ist die dauernd in Bewegung befindliche Wirklichkeit, in der wir *leben*. Zu *der* müssen wir erst einmal Ja sagen. In *ihr* gibt es die Selbstverwirklichung, in ihr allein die Individuation, nicht in der objektiven Wirklichkeit, ganz gleich, was man für Theorien darüber machen kann. Man darf aber nicht die Theorie mit der Sache verwechseln – den Finger, der auf den Mond zeigt, nicht mit dem Mond, wie der Zen-Meister sagt.

Ich glaube, wir können nicht weit genug gehen mit diesem Schritt, unsere Existenz nicht immer nur von *uns* her zu sehen. Wir wissen schon, wir müssen das kleine Ich aufgeben, das sagen alle Religionen, das sagt jede Ethik: den Egoismus zugunsten des Altruismus, den einzelnen zugunsten der Gemeinschaft oder einer Sache. Das haben wir gelernt.

Es gibt aber nicht nur das kleine Ich mit seinem Über-Ich – es ist vor allem das Verdienst von C.G.Jung, das in die Psychologie eingeführt zu haben – es gibt noch etwas anderes, es gibt das *Selbst*. Das Ich von Freud läßt sich immer biographisch verstehen, es geht immer weiter in der Biographie; haben Sie den Vater erschöpft, dann wird vom Großvater gesprochen. Jung sagt: da gibt es noch etwas anderes und entschuldigt sich an der Stelle, wo er das einführt, etwa mit diesen Worten: Als Wissenschaftler überschreite ich jetzt meine Grenzen. Es ist in der Tiefe unseres eigentlichen Erlebens etwas, das uns mit einer ganz bestimmten *Qualität* anrührt. Ich nenne diese Qualität *das Numinose* und nenne jenen geheimnisvollen Grund, jene potentielle Ganzheit, die geladen ist vom Numinosen, *das Selbst*. Er führt so mit vielen Entschuldigungen seinen Begriff vom Selbst ein als eine potentielle Ganzheit, deren Wachstumsprozeß getragen und geladen ist von etwas, das in dieser numinosen Qualität seinen Ausdruck findet, immer in Frage gestellt wird durch das an der Welt orientierte Ich, aber letzten Endes dieses Ich nicht ausschalten kann, also hinzielt – und das ist der eigentliche Selbst-Begriff von Jung – auf eine Integration von Selbst und Ich.

Man kann also sagen, der Begriff des *Selbst* bei Jung ist die *Integration von Wesen und Welt-Ich*.

Wir sind nun beauftragt mit der Entfaltung, mit der Entwicklung des Selbst. *Selbst-Verwirklichung* – nicht nur Wiederherstellung einer Funktionstüchtigkeit in der Therapie. Eine unglaubliche Wende! Jung sagt: es geht nicht darum, daß einer in der Welt immer wieder kann, und damit antwortete er vorgreifend damals schon den Forderungen von heute. Es wäre ja schlimm, wenn das letzte, was den Menschen zum Menschen macht, seine Leistungstüchtigkeit, also auch seine physische Gesundheit wäre. Dann wäre ja jeder Sterbende als Mensch sinnlos, während er doch häufig im Sterben den Höhepunkt seiner menschlichen Entwicklung erfährt.

Es geht um etwas anderes: es geht darum, in der Tiefe wirklich *man selbst* zu werden als dieses Individuum, das man ist; der Individuation den Weg zu ebnen, der Vollendung der mir innewohnenden einzigartigen Gestalt. Nur in ihr, wenn ich ganz und gar *ich selbst* werde, kann ich das Leben so leben, wie es mir eigentlich zugedacht ist. Ein großer Schritt!

Darüber kann man noch einen Schritt hinausgehen und ich glaube, daß dies unserer Zeit aufgetragen ist: daß man sagt, dieses Selbst mit seinem Kern weist hin auf eine andere Dimension, die überweltlicher Natur ist, die in der Qualität des Numinosen zum Ausdruck kommt und deren Anerkennung die Voraussetzung dafür ist, daß ich das Selbst in seiner Fülle entwickle.

Sollte man nun nicht fragen: was ist denn der Sinn dieses Selbst? Da heißt die Antwort: der Sinn dieses Selbst ist der *Dienst* an der *Dimension*, die sich in ihm manifestiert. Dann bekommt das Ganze noch einmal ein anderes Gesicht.

> Ich glaube, für jeden bedeutet es einen Wendepunkt seiner inneren Entwicklung, zu dem auch Meditation im tiefsten Sinn ihm helfen kann, die Situation einmal so zu sehen: nicht wir suchen Gott und können ihn nicht finden, sondern er sucht uns und wir müssen uns finden lassen.

„Nie hat ein Mensch nach irgend etwas so sehr begehrt, wie Gott danach begehrt, den Menschen dahin zu bringen, daß er ihn erkenne", sagt Meister Eckehart. „Gott ist allzeit bereit, wir aber sind sehr unbereit; Gott ist uns nahe, wir aber sind ihm fern; Gott ist drinnen, wir aber sind draußen." Nicht wir müssen uns immer das Große LEBEN bewußt machen, sondern das Große LEBEN, das sich äußert in diesen numinosen Qualitäten unserer Tiefe, kann sich seiner selbst in uns in menschlicher Weise bewußt werden. Es möchte durch uns hindurch in der Welt, in unserer menschlichen Welt Wirklichkeit werden. Da ist unser Dienst und da ist unsere Möglichkeit. Der Mensch wird in dem Maße nur wirklich *er selbst*, als er diesen seinen ursprünglichsten und eigentlichsten Auftrag begreift und erfüllt, oder, bescheidener gesagt: sich auf den Weg der Erfüllung dieses Auftrages begibt.

Dann kann von dorther plötzlich alles, was wir sind als Menschen – als einzelne in unseren menschlichen Beziehungen, in unserer Liebe, unserer Ehe, Gemeinschaft, Kultur – angesehen werden als ein Versuch dieses ganz anderen Größeren LEBENS, sich zu manifestieren.

Es möchte sich in uns und durch uns, in unserer und durch unsere menschliche Wirklichkeit hindurch eine ganz andere Welt manifestieren.

Was ist das für eine Welt? Es ist jedenfalls das *Leben*. Was bedeutet *Leben*? *Leben* bedeutet immer eine schöpferische erlösende Bewegung, in der immer Neues wieder wächst und anderes wieder heimgenommen wird. Das Neue aber hat immer diese drei Aspekte: es muß zeugen können von der Fülle des Seins; es ist hinbezogen auf ein Gesetz und es muß Ausdruck sein einer alles verbindenden Einheit. Es muß also antworten können auf jene drei Uranliegen des Menschen: der leben möchte aus der *Fülle*; der er-selbst werden möchte in seiner individuellen *Gestalt* und der nie allein leben, sondern nur in *Gemeinschaft* sich vollenden kann, der nur in diesen dreien zusammen jenem übergreifenden Ganzen, welches *Leben* bedeutet, dienen kann.

Alle Störungen, gegen die unsere Zeit aufbegehrt, sind Verletzungen dieser Gesetzmäßigkeit – sei es durch die Statik, die sich der Entwicklung entgegensetzt, sei es durch die Entleerung des Lebens, die sich der Fülle entgegensetzt, sei es durch das Hartwerden der Formen, die nicht mehr lebendige Gestalten sind, sei es durch das Auflösen der lebendigen Organismen, in denen noch echte Gemeinschaft ist und die ersetzt werden durch Organisationen. Alles, wogegen heute der Mensch aufsteht, sind tatsächlich Verletzungen des Uranspruchs des *Lebens*.

Nun ist aber das Merkwürdige: in dem Moment, in dem der Mensch hellhörig wird für das ihn Übergreifende, sich aufschließt für das Größere, das ihn aufnimmt und er mit allen Mitteln sucht, dorthin zu kommen, und von dorther auch der Impuls kommt zur meditativen Praxis, in dem Augenblick taucht wie immer die Widerwelt auf.

Es ist kein Zufall, daß genau in dem Moment, da die westliche Menschheit sich der selbst zu machenden Erfahrung des überweltlichen Seins öffnet und begreift, daß nur im Ernstnehmen dieser eben auch durch Meditation zu fördernden Erfahrung des Seins die Wirklichkeit des Lebens wieder ihren Sinn bekommt, daß in diesem Augenblick beispielsweise die Droge auftaucht. Sie können Schritt für Schritt immer beobachten, wie überall dort, wo das Leben uns in einer bestimmten Richtung orientieren möchte und etwas aufträgt, etwas verheißt, der legitime Weg dahin verbogen wird durch etwas, das haargenau gleich aussieht und genau das Gegenteil erzeugt.

So wird die echte Form, die wir suchen, im Perfektionismus zerstört. Wer im Perfektionismus lebt, hat das Gefühl, wirklich um der Form willen das Gesetz einzuhalten. In Wirklichkeit ist er schon in der Hand des Widersachers.

Es ist eine der Versuchungen des Widersachers des Lebens, den Menschen in seinem Sinn für Tiefe, von wo erst der eigentliche Maßstab der Unterscheidung kommt, zu verbiegen in Richtung auf intensive Reize. Im Leben der Sinne, in der Erotik, die wirklich das Tor sind, die Fülle in der kosmischen Sinnlichkeit zu erfahren, verflacht alles, wenn die mögliche Tiefe solchen Erlebens ersetzt wird durch oberflächliche Intensität.

Der Widersacher des Lebens bringt uns auf eine andere Linie auch in unserem Verhältnis zu dem, was das Dunkle ist. Zu seinen Tricks gehört die dem Menschen so naheliegende Einbildung, er könne das Überweltliche, das Göttliche nur erleben, indem er alles verleugnet, was dunkel ist in ihm, was Zerstörendes zu sein scheint, was die Ordnung der Gemeinschaft stört, was ihm selbst die Ruhe nimmt und ihm den Spiegel der merkwürdigsten Triebe vorhält, von denen er bewegt ist. Nur wenn er das alles vermeidet, dann wird er die Leiter ins Licht gehen, um immer wieder zu erleben, daß er dann aber weit davon entfernt ist, dem Leben selbst Zeuge zu sein.

Heute erleben wir, wie gerade hier eine Verführung des Teufels liegt, das Licht nur auf dem Wege des Lichts zu suchen. Es ist ein Irrtum, das Licht im Gegensatz zum Dunkeln zu sehen – das ›Gute‹ im Gegensatz zum ›Bösen‹, und je mehr ich ›gut‹ werde und das Böse vermeide, desto lichter werde ich! Was ist denn in dem Bösen? In dem, was als böse gesehen wird, sind Energien, die nicht ausgeschaltet, nicht unterdrückt werden dürfen, sondern gesehen, anerkannt und integriert werden müssen als Kraft. Hier ist wirklich etwas zu lernen. Wir müssen uns alle darüber klar sein, daß in jedem von uns auch das Dunkle ist – und wiederum ist das etwas, wozu uns die Meditation helfen kann: nämlich in diese Wahrheit zu kommen. *Alles*, vom Heiligen bis zum Verbrecher, ist in *jedem* von uns. Wir müssen das nur einmal zulassen.

Wer nicht immer wieder in sich die Feststellung macht: „Es ist doch nicht *möglich*, daß ich diesen oder jenen Impuls in mir habe“, der ist von der Wahrheit noch weit entfernt. Jetzt werden Sie mich fragen: „Was soll ich damit machen?“ Zunächst einmal das *sehen*. „Nein, das kann ich nicht sehen.“ Das *müssen* Sie sehen!

Es gibt nur einen Weg, auf dem man dem Größeren LEBEN gerecht wird, das ist der Weg der *inneren Wahrheit*, die man ist, indem man das, was man faktisch *ist*, erst einmal *sieht* und sich sagt: jede Energie, was auch immer im Moment unter den Bedingungen, unter denen ich geworden bin, ihr unmögliches Ziel sein mag, ist als *Energie* jenseits von Gut und Böse und sie einfach zu unterdrücken ist immer falsch. Es kommt in irgend einer Form dann heraus: als Deformation, Neurose, Psychose, als was auch immer Sie wollen. Was soll ich dann machen? Ich soll es zunächst einmal annehmen, es aus der Enge seines Kanals, in das es hineingedrückt ist, herauslassen, um es dann zuzulassen als eine Weise meiner Ganzheit.

Das Leben ist weder gut noch böse, und es gibt nur *das* Licht, das *jenseits* ist von Licht und Dunkel, wie die Liebe, die jenseits ist von Sympathie und Antipathie, wie das Gesetz, das jenseits ist von Sinn und Widersinn, zu dem wir eigentlich hinwollen. Dazu müssen wir aber in der Lage sein, den Widersinn als solchen, die Verlassenheit als solche, die Armut als Realitäten erst einmal zuzulassen in uns.

Und wiederum kann *Meditation* die Selbstbegegnung bringen, in der der Mensch sine ira et studio einmal sagt: „Ach so bin ich, das ist da!" und das aushält. Glauben Sie nur ja nicht, daß in der östlichen Meditation diese Art, sich mit dem Unbewußten auseinanderzusetzen, nicht existiere. Sitzen Sie mal 20 Jahre, dann werden Sie sehen, daß alles, was wir in der modernen Psychologie an Dunkelheiten zu Tage fördern, in den Bildern dort auch kommt und ausgehalten sein will. Nur im *Aushalten des Unmöglichen* erscheint das Un-Mögliche als eine Weise des Über-Möglichen; nicht immer das Schwarz und Weiß, sondern das, was jenseits dieser Gegensätze ist.

Dies Alles muß nun hereingenommen werden in ein Exerzitium, das wie jedes echte Exerzitium nie nur ein Exerzitium des inneren Lebens ist, sondern immer des ganzen Menschen und also auch des Verhaltens in der Welt.

Leben und Tod
zwei Weisen des Größeren Lebens

Während meines Vortrages würde ich vorschlagen, gleich richtig zu sitzen, sich nicht anzulehnen, um einfach zu erfahren, daß man Konzerte und auch Worte anders hört, wenn man richtig in seinem Hara ist, den Kopf dann frei hat, das Herz unbeschwert und die Wurzeln dort, wo sie hingehören: in die Erde und nicht in die Wolken.

Wenn heute sehr viel die Rede ist von Übungen, auch von Stilleübungen, so sind doch die Gründe, aus denen die Menschen solche Übungen aufsuchen, sehr verschieden. Die einen sind nervös und sagen, sie möchten doch gern die Stille finden; die anderen fühlen sich schwach im Leben und versprechen sich von einer Fühlungnahme mit etwas Transzendentem mehr Kraft. Die Dritten suchen in den Übungen große Erlebnisse. Das alles ist aber nicht eigentlich der Sinn eines echten Exerzitiums, sondern der meint etwas anderes.

Eine wirkliche Übung meint eine Übung auf dem WEG, auf dem inneren WEG, einem WEG der Verwandlung. Jedem von uns ist in seinem eigentlichen Wesen ein innerer Weg eingezeichnet: ein Weg einer Folge von Zuständen, die er durchlaufen muß, um in sein Eigentliches zu kommen, das zunächst einmal für uns als Menschen verdeckt ist und erkannt werden muß. Die Blume geht, ohne daß sie selbst Hindernisse aufrichtet, in ihre Fülle hinein und entfaltet sich zu der Gestalt, die in ihr angelegt ist, vom Samen zur Knospe, zur Blüte, zur Frucht. Der Mensch sucht unwillkürlich – das ist, weil er ein Mensch ist – auf jeder Stufe zu *bleiben*. Jede Veränderung fällt ihm schwer. Er hat *in sich* etwas, das dem eigentlichen Wesen widerspricht und der Vollendung zu der Gestalt, in der dieses Wesen sich auszeugen sollte, im Wege steht. Der Mensch ist eben nicht nur überweltlichen Ursprungs, so daß das Wesen, das Überweltliche in ihm ohne weiteres Gestalt gewinnen könnte in der Welt, sondern er ist, wie es schon in der Schrift heißt, zweierlei Ursprungs – *himmlischen und irdischen Ursprungs*. Das hören wir wohl, das lesen wir und sagen: ja, ja, das wird wohl so sein; aber die wenigsten denken sich dabei etwas. Sie sagen: „Wir merken eigentlich nur etwas von unserer natürlichen Existenz auf dieser Erde. Was heißt denn das eigentlich, himmlischen Ursprungs, irdischen Ursprungs?"

Wir müssen den Satz ernstnehmen, daß der Mensch ein Bürger zweier Welten ist: Bürger dieser raumzeitlichen Wirklichkeit, die eingespannt ist zwischen Geburt und Tod, und einer anderen, die überraumzeitlich ist, d. h. eigentlich anders ist als die Welt, in der wir hier leben – aber die Welt, in der wir hier leben, soll auf sie hin transparent werden. Woher wissen wir denn von einer überraumzeitlichen Wirklichkeit? Wir hören davon, wir können daran glauben oder auch nicht.

Wir stehen nun heute in einer Zeit, in der vielleicht zum ersten Mal in der Geschichte des Abendlandes die Menschen anfangen, solche Sätze ernst zu nehmen, ganz einfach, weil sie, bedingt durch die Ausschließlichkeit ihrer Existenz in der raumzeitlichen Welt, in ein Leiden stürzen und Erfahrungen machen, hervorgerufen durch das Aufbrechen von etwas in ihnen selbst, das auf eine andere Wirklichkeit hinweist und das aus ihr kommt. Und so fangen sie an, sich zu besinnen und sich zu fragen: „Gäbe es nicht die Möglichkeit, vielleicht im Ernstnehmen gewisser Leidenserfahrungen, aber auch gewisser Glückserfahrungen, wirklich diesen Satz ›der Mensch ist doppelten Ursprungs‹ zu verstehen, und nicht nur zu verstehen, sondern aufzufassen als einen Auftrag und ihn auch zu leben?" Sollte nicht vielleicht der Mensch, der als der natürliche Mensch von nichts anderem weiß als von der Welt in Raum und Zeit, von der Bedingtheit seiner Existenz, von seinem Kampf mit den Bedingungen dieser Welt, sollte nicht der Mensch allmählich auch reif werden zum Wahrnehmen, Ernstnehmen und Verwirklichen des anderen Auftrags? Von früh auf sollte der Mensch lernen, beides zu sehen.

Reifwerden – es ist merkwürdig, daß der Begriff der Reife in der abendländischen Philosophie und Pädagogik so gut wie überhaupt keinen Platz hat, eigentlich nicht vorkommt. Im fernen Osten dagegen steht er im Mittelpunkt aller Versuche, sich über die Wirklichkeit des Menschen und seinen Auftrag klar zu werden. Es ist nun einmal so, daß der Mensch zweierlei Aufträge hat: sich durchzusetzen in der Welt, die Welt zu gestalten im Werk, und zum anderen sich selbst ernst zu nehmen auf einem inneren Weg, dem Weg in die Reife.

Wo das Wort Reife fällt, geht es um eine Frucht. Das Wort Reife hat ohne das Wort Frucht-bringen-Können keinen Sinn. Was aber wäre die Frucht, um die es hier ginge? Das Wort Reife kennen wir im Sinne der ersten Reife, der geschlechtlichen Reife, die bedeutet, daß Mann und Frau jenen Stand ihrer Entwicklung gewonnen haben, daß sie im Einswerden ein Drittes erzeugen können – *das Kind*. Wir kennen das Wort Reife auch im Hinblick auf den Menschen, der ein Werk hat in der Welt und wissen dann, daß es sich hier darum handelt, wirklich so eins zu werden mit der Sache, die einem aufgetragen ist, daß das kleine Ich gleichsam verschwindet und der Mensch im Einswerden mit dem Werk als Frucht seines Tuns *das vollendete Werk* erzeugen kann. Es gibt dann eine dritte Form des Reifwerdens, deren Frucht etwas anderes ist: das Einswerden des natürlichen Ichs mit dem uns eingeborenen inneren Wesen als der Weise, in der ein überweltliches Sein in uns anwesend ist. Die Frucht dieser Einswerdung ist der Gereifte, *der verwandelte Mensch* – der Mensch, der lernt, in seiner raumzeitlichen Weltgestalt zugleich Zeuge zu sein von etwas Überraumzeitlichem.

> Das Entstehenlassen dieses *verwandelten* Menschen ist der Sinn jeglichen Exerzitiums auf dem inneren Weg – wo immer und wann immer eines geübt wird.

Immer handelt es sich darum, daß der Mensch eines schönen Tages entdeckt: das Darin-Stehen in seinem natürlichen Ich allein läßt ihn noch nicht zu dem werden, als der er eigentlich gemeint ist. Es geht darum, dieses natürliche Ich einzuschmelzen und das Ganz Andere in sich aufzunehmen, um dann *durchlässig* zu werden für das In-Erscheinung-Treten des Ganz Anderen. Der Sinn des Exerzitiums ist die große Durchlässigkeit für das Ganz Andere, die Transparenz für Transzendenz derart, daß es uns nicht nur zufällig dann und wann berührt, sondern daß wir gleichsam in einem Dauerkontakt mit ihm stehen können, es innerlich vernehmen und durchlässig sind in einem Sinn, daß es in uns und durch uns offenbar werden kann in unserer Welt. Wir können dann nicht nur die Welt in ihrer Bedingtheit, Gefährlichkeit, Sinnlosigkeit und Grausamkeit anders ertragen, sondern können umgekehrt lernen, auch die Welt, mit der wir zusammenkommen, in der Weise, ihr zu begegnen, durchlässig zu machen in unserem Werk.

Nun können wir fragen: woher wissen wir etwas von diesem Ganz Anderen? Wir wissen zunächst von dem Ganz Anderen und hören davon in unserem Glauben. Es wird uns gesagt: es gibt ein Himmlisches Reich – Christus hat es uns geoffenbart. Wir hören das von Kindheit an. Wir vernehmen es wohl, und solange wir noch gleichsam in der großen Glocke des lebendigen Seins eingeschlossen sind, ist der Schlag auf diese Glocke immer jene Kraft, die das Große *in uns* tönen läßt, und wir stellen es nicht in Frage. Wenn wir aber aufwachen zum Rationalen, zu dem Denken, das selber prüft, kommen uns Zweifel oder wir haben überhaupt nichts mehr damit zu tun; wir sprechen es nach, aber es sagt uns eigentlich nichts. Wenn wir ehrlich sind, müssen wir zugeben, daß wir zumindest eine solche Phase hatten, in der wir im entscheidenden Augenblick eben doch nicht wußten, daß noch etwas anderes da ist.

Heute kommen wir dazu, uns auf einem neuen Wege der Wahrheit dieses Satzes ›der Mensch ist auch himmlischen Ursprungs‹ zu nähern, nämlich in der *Erfahrung.* Ein Sinn der Übung, wie wir sie lernen wollen, ist, mehr und mehr dieses Organ in uns zu entwickeln, mit dem wir das Ganz Andere in uns vernehmen können, das uns manchmal unversehens berührt.

Wir fühlen uns manchmal herausgehoben aus unserer gewöhnlichen Stimmung. Wir sind gleichsam als Instrument auf einmal anders gestimmt in einer Weise, daß wir den Ton des Göttlichen Seins, der immerzu erklingt, in uns widerklingen hören. Dann ist eine eigentümliche Wirklichkeit präsent. Wir fühlen uns pötzlich herausgehoben aus dem Gewöhnlichen, Alltäglichen, und hineingehoben in etwas anderes, und dadurch sind wir aber zugleich dem, was uns unmittelbar umgibt, in besonderer Weise verbunden und verpflichtet. In diesen seltenen Augenblicken werden wir berührt von einer Qualität, die man das Sakrale oder das Numinose nennen kann. Das ist nicht etwa der

Superlativ eines gewöhnlichen Gefühles, sondern eine Qualität sui generis. Wir können es in der Musik hören, können es in der Natur, in der Erotik erleben, in der Begegnung mit einem anderen Menschen: immer handelt es sich um etwas, das weder gut noch schön noch wahr im üblichen Sinne ist – das reicht alles nicht heran und geht einfach an der Sache vorbei. Es ist *anders* als alle unsere gewohnten Wertkategorien. Wir fangen an, solche Augenblicke ernst zu nehmen. Uns dazu zu erziehen ist mit der Sinn eines echten Exerzitiums.

Dann gibt es die großen Augenblicke, in denen schlagartig der Mensch in eine ganz andere Dimension versetzt wird, wie vom Blitz getroffen in einer anderen Wirklichkeit steht. Obwohl er ruhig seine Arbeit tun kann in der Welt, erfährt er plötzlich, daß die Welt, so wie sie ihn umgibt, in ihrer sinnlichen Erscheinung noch nicht das Ganze ist, sondern, wie Paracelsus sagt, das Sichtbare nur die Hälfte eines Ganzen ist, dessen andere Hälfte unsichtbar ist und doch im Sichtbaren präsent. Jetzt begreifen Sie den Satz von Novalis: „Alles Sichtbare ist ein in einen Geheimniszustand erhobenes Unsichtbares" – aber nicht nur im Sinne eines *Erkennens* von etwas Ganz Anderem, sondern *Sie selbst* sind im Augenblick ganz andere geworden – Sie wissen nun: wenn Sie zur Ganzheit ihres Personseins erwachen, dann sind Sie in der Tat nicht nur Bürger dieser Welt, sondern auch Bürger einer ganz anderen Welt, die so beschaffen ist, daß Sie, wenn Sie ganz dort beheimatet wären, in dieser Welt etwas anderes bedeuten würden. Sie merken, daß Sie in diesem gewöhnlichen Dasein eigentlich im Exil wohnen und Ihre Heimat woanders haben, wo Sie im Grunde hingehören und wohin Sie sich wieder sehnen.

Ist es uns nicht allen geschenkt und gegeben, einmal zu erfahren, daß wir *in* dieser raumzeitlichen Wirklichkeit – oder in der Verfassung, in der wir das Leben *als* eine raumzeitliche Wirklichkeit erfahren – selber auch hier schon fühlen, daß das nicht das Ganze ist, daß das eigentlich eine Verschleierung ist, daß es vielleicht der Hintergrund ist für etwas ganz anderes: für die dem Menschen gegebene Möglichkeit, etwas zu erfahren, was das Tier, die Pflanze nie erfahren, weil sie nie herausfallen. Ist es nicht vielleicht so, daß wir einmal lernen müßten, die Wirklichkeit, in der wir hier leben, als Möglichkeit und Chance für etwas Ganz

Anderes zu spüren? Ist es nicht so, daß die Erbsünde – jener Akt, in dem jeder von uns einmal herausfällt aus dem Großen LEBEN und sagt: „Ich kann, ich selbst" – daß diese Erbsünde vielleicht die Erbchance des Menschen ist, ohne die er gar nicht erwachen würde zum Bewußtsein des Ganz Anderen?

Von diesem Ganz Anderen hören wir jedoch nur als von einem Gegenstand des Glaubenmüssens oder -könnens und zu wenig als einer Wirklichkeit, die wir erfahren. Der Mensch wird nicht zu seiner eigentlichen *menschlichen* Möglichkeit erzogen. Wer erfährt denn überhaupt etwas über die Möglichkeit des inneren Reifens?

Immer wieder sehe ich mit Erschütterung, daß die drei Berufe, die es später mit dem Menschen zu tun haben, der Arzt, der Pädagoge, der Theologe, während der gesamten Ausbildung nicht eine einzige Vorlesung über den Menschen hören und nicht eine einzige Anweisung erhalten, was sie an sich selbst tun können, um menschlich weiter zu kommen. Sie erfahren nichts darüber, daß sie den anderen Menschen als diesen bestimmten Menschen und nicht in einer bestimmten Rolle sehen sollen.

Statt dessen sind wir alle erzogen auf Leistung und – hier kommt die große Verwechslung – auf ethisches Wohlverhalten. Es ist eine der größten Abwegigkeiten menschlichen Werden-Könnens, daß das Guttun in der Welt mit dem eigenen inneren Gottgemäß-Werden verwechselt wird.

Heute wachen wir auf, vor allen Dingen unsere Jugend wacht auf zur Erkenntnis dieser Groteske von Fassaden, die in der Welt die Regeln des Wohlverhaltens befolgen, innerlich aber faul sind, frucht-los, leer. Es erwacht in uns das Gefühl für Menschen, die vielleicht fern davon sind, ständig Gutes zu tun, überall das Rechte zu wollen. Wir beginnen zu verstehen, warum dieser Satz: „she means well – Sie meint es so gut" im Englischen einen doppelten Sinn hat. Eine Fürsorgerin, die von früh bis spät Gutes tut, kann alle verrückt machen, wo sie hinkommt, *weil* sie immer so viel Gutes tut – und wenn sie abends nach Hause kommt, hadert sie mit Gott, weil dies oder jenes nicht so geht, wie sie sich als Ich das wünscht. Das ist Wohlverhalten ohne zu *werden!*

Heute kommen wir allmählich hin zu dem richtigen Werden, auch wenn auf dem Wege sich vielleicht einmal Handlungen vollziehen, die keineswegs im Sinne des traditionellen Wohlverhaltens sind. Zum *inneren Werden* gehört als allererstes das Wahrnehmen und Ernstnehmen der anderen Dimension in uns, das Wahrnehmen und Ernstnehmen dessen, was uns in ganz bestimmten, seltenen Augenblicken des Lebens geschenkt wird, in denen wir an den Grenzen der Möglichkeiten unseres natürlichen Ichs plötzlich etwas erleben können, vorausgesetzt, daß wir in der Lage sind, dann einmal *dieses Ich in Gottes Namen loszulassen.*

Das *natürliche Ich,* dessen Lebensnerv das *Bleibenwollen* ist, zu dem als geistigem Wesen auch die Ratio, die Begrifflichkeit gehört, sucht eine Position im Theoretischen wie im Praktischen. Immer geht es darum, einen Stand zu haben, der möglichst unerschütterlich ist, den wir nach allen Richtungen absichern. Was wir von Augenblick zu Augenblick tun, das tun wir im Hinblick auf das ganze Leben. Meine lieben Freunde, so *sind* wir als Menschen! Durch dieses rationale Vermögen des Feststellens, des Positionen-Schaffens, des Bauens von bleibenden Wirklichkeiten sind wir Menschen. Und wenn wir das nicht vermögen, sind wir nicht normal. Das Falscheste, was man in der Erziehung tun könnte, wäre, einem Kinde von früh auf den Weg in die rationale Kraft zu verbauen, in ein sich selbst bestätigendes, sich selbst meinendes, vor allem auch verteidigendes Ich. Das ist das Erste, was es sich schaffen muß, ihm wächst das nicht einfach alles zu. Das muß es sich erarbeiten und erkämpfen.

Insofern der Mensch sich aber ganz mit dieser Seite identifiziert, setzt er sich in Widerspruch zu dem, was eigentlich das Leben ist: die Dynamik des Lebendigen; ihr steht die Statik des Ichs entgegen. Wenn es aber letztlich um dieses große Lebendige, das größere Sein, das Größere LEBEN geht, das ein Prozeß dauernder Verwandlung ist, eines dauernden Schaffens von Form und Wieder-Eingehen, wenn *das* das eigentlich Übergreifende ist, dann muß wohl am Anfang des Weges das Loslassenkönnen dessen stehen, was das Ich festhalten will.

Was will das Ich vor allem festhalten? Sein natürliches Leben. Ganz selbstverständlich sind wir identifiziert mit demjenigen Ich in uns, das in der Welt bleiben und anerkannt von seinen Mitmenschen leben will. Das ist aber die Voraussetzung für das Hinkommen zu dem anderen größeren Leben: das Annehmen des Todes, des Sterbens. Unsere ganze Erziehung läuft aber eigentlich darauf hinaus, das Faktum, daß wir auf den Tod zugehen, mehr oder weniger aus unserem Bewußtsein herauszunehmen. Pädagogik und Medizin sind weitgehend Weisen, in denen der Mensch angehalten wird, am Tode vorbeizusehen. Wir erfahren in unserer Erziehung gewöhnlich nichts davon, daß der Weg zum Großen LEBEN über das Sterben des kleinen führt und daß wir uns einstellen müssen auf den Tod; daß wir zwar als natürliche Menschen das Recht haben, unser Leben zu bewahren und zu schützen, daß aber vom Großen her gesehen die Unabdingbarkeit und das Annehmenmüssen des Sterbens *zum LEBEN* im größeren Sinne *gehört.* Wir müssen das raumzeitliche, irdische Leben zwischen Geburt und Tod unterscheiden von jenem Großen LEBEN, zu dem der Tod des kleinen gehört, wie das alljährliche Absterben der Blätter zum Leben des Baumes gehört.

Daß wir so einseitig bezogen sind auf eine Wirklichkeit, in der wir hier und jetzt Bedingungen schaffen, um das irdische Leben zu erhalten und zu genießen, führt zu einer Einstellung, in der wir den Tod ebenso einseitig als Widersacher des Lebens sehen. Der Tod ist in der Tat für denjenigen eine schreckliche Tatsache, der unbedingt bleiben will. Dieses Bleibenwollen – Ich bin ich und ich bin hier – ist die instinktive Reaktion des sogenannten natürlichen Ichs. Die logische Konsequenz daraus ist, den Tod, insofern der Mensch ein Opfer des auf Bleibenwollen gerichteten Ichs ist, als etwas Böses, Negatives, Dunkles zu sehen.

Wer zum ersten Mal einen Toten gesehen hat, ist er nicht erschrocken? Es gibt Naturvölker, die weglaufen, wenn sie einen Toten sehen. Ich erinnere mich noch, wie ich als ganz junger Mensch, 1914, den ersten toten Franzosen in einem Schützengraben sah. Ich mußte jeden Tag mit einem bestimmten Auftrag an ihm vorbeigehen. Ich war immer wieder betroffen vor diesem wächsernen, versteinerten Menschen, und doch zog es mich an, immer wieder schaute ich das an. Warum zieht es einen doch immer wieder an? Schaut nicht vielleicht durch das Erschreckende einer Leiche hindurch noch etwas Ganz Anderes uns an? Wer von

Ihnen schon einmal einen Menschen hat sterben sehen, hat vielleicht die Erfahrung gemacht, daß, wenn der Puls still steht, der Atem aufhört und das Auge gebrochen ist, der soeben gestorbene Mensch eigenartigerweise noch keine Leiche ist. Wir widersprechen dem zunächst wegen des Geheimnisvollen, das sich da noch vollzieht und dessen Zeuge man manchmal sein kann. Genau in dem Moment, in dem das Ich, das sich an diesem Leben festkrallt, losgelassen hat, ist es so, als ergriffe dieses geheimnisvolle Wesen, dessen Bild in uns lebt, die Gelegenheit, einzuschießen in die noch plastische Materie des Gesichtes und dort jene Veränderung hervorzubringen, die man die Verklärung des Antlitzes nennt – und es geht von diesem Toten ein Strahlen aus.

Ich erinnere mich, daß ich gerade zum Sterben einer jungen Frau kam, die bei mir gearbeitet hatte. Sie war aschfahl, verzerrt im Gesicht, uralt aussehend. Dann kam der Arzt und sagte: „Es ist nun bald zu Ende." Zwei Stunden später fand ich eine wunderschöne junge Frau vor, in der vollen Blüte ihres Lebens, unglaublich strahlend. Was hier gleichsam mit Händen zu greifen war, ist eine andere Wirklichkeit, die das Leben lang hätte hervorkommen wollen und jetzt in die Erscheinung getreten ist. Das kleine Ich ist eingeschlafen, und dann erst kann das tiefere Selbst hervorleuchten. Erst wenn nach einer Weile das wieder schwindet ist eine Leiche da.

Das Erlebnis des Todes ist eine der Möglichkeiten, unmittelbar die Qualität des Numinosen zu erleben und so zu erfahren, daß der Tod nicht nur zu sehen ist als der Widersacher des natürlichen Lebens, sondern vielleicht auch als Schwelle zu einem ganz anderen Leben. Es könnte einem eines schönen Tages aufgehen, daß wir auf den Tod zugehend eigentlich zugehen auf ein Tor, das sich zu etwas Ungeheurem öffnet und daß wir zu dieser Wirklichkeit hin schon in unserem Leben Schritte tun können, was keineswegs bedeutet, daß wir dieses unser jetziges Leben weniger ernst nehmen müßten. Im Gegenteil, es bekommt dann erst die richtige Tiefe in seinen Freuden und vor allem in seinen Leiden. In den Augenblicken, in denen wir auf etwas verzichten oder etwas loslassen, herschenken müssen; wenn wir etwas sterben lassen müssen; wenn wir genau das annehmen müssen, was wir mit dem natürlichen

Ich nicht können, auch unseren eigenen Tod – genau in diesen Augenblicken ist eine Chance zu etwas unbeschreiblich Großem, Lichtem enthalten.

> Hier tut sich ein unendliches Feld des Exerzitiums im eigentlichen Sinne auf. Erst derjenige kommt eigentlich auf den WEG, der das Leben im kleinen Sinne als eine Schulung zum Sterben erkennt, im Sterben aber keineswegs etwas furchtbar Trauriges sieht, etwas Entsetzliches, dem wir uns als natürliche Menschen widersetzen müssen, sondern zugleich die Chance zum Übergang zu einem ganz anderen Leben, das unentwegt im Lernen des Loslassens dessen, womit wir eng verbunden sind, vorbereitet werden kann.

Der große Lehrmeister *zum* LEBEN ist also der Tod. Wir gebrauchen jetzt das Wort Leben in jenem größeren, umfassenderen Sinn, der den Tod in sich einschließt. Ein Mensch, der nicht in diesem Sinne den Tod begriffen hat als den großen Rufer, den Meister, den Freund und Begleiter zu etwas Ganz Anderem, der hat vom WEG im eigentlichen Sinne noch nichts begriffen. Das Verneinen des Todes betrügt uns gerade um die Möglichkeit jenes Reifens, dessen Frucht aus der Einswerdung des Menschen mit dem Ganz Anderen in uns heranwächst.

Es geht also beim Meditieren nicht darum, Übungen zu machen, damit wir dieses Leben in seiner Unruhe mit mehr Stille ertragen können, unsere Schwächen mit einer transzendentalen Kraft aufnehmen und die vielen Leidensaugenblicke ausgleichen durch schöne Erlebnisse; das sind alles Formen, in denen wir dieses Leben irgendwie komfortabler und besser gestalten.

> Es ist ein Sinn der Meditation, daß diese Tendenz, die uns als Menschen natürlicherweise eingeboren ist, unseren eigentlichen Auftrag zur Durchlässigkeit in die andere Dimension hinein nicht überdeckt. Es geht auf dem WEG darum, unter dem Aspekt größerer Tiefe immer wieder neu das Verhältnis zwischen dem natürlichen Ich und dem uns innwohnenden Wesen zu erkennen und richtig zu leben.

Die Voraussetzung dafür, das uns innewohnende Wesen in uns zu üben und auszubilden, ist die, daß wir aus unserer inneren Sicht wegnehmen, was den Blick trübt. Und was ist es, das ihn trübt? Das sind all die Ängste und Sorgen, die lediglich eine Bestätigung unseres natürlichen Ich meinen. Das ist natürlich, nur müssen wir wissen, daß erst dort, wo der Mensch sich an der Grenze des Natürlichen fühlt, das Übernatürliche *die Chance hat hereinzukommen.*

Diejenigen, die mich öfters gehört haben, wissen, daß ich dann immer wieder hinweise auf die drei großen Leiden und Nöte des Menschen und die drei großen Seinserfahrungen, in denen er schlagartig aus sich herausgerissen werden kann. Die erste Grundnot ist die Angst vor der Vernichtung; die zweite Grundnot ist die Verzweiflung am Sinnlosen; die dritte Grundnot ist die Trostlosigkeit in der Verlassenheit. Das sind drei Dinge, die den Menschen umbringen können.

Und nun die erste der drei großen *Erfahrungen:* Der Mensch *angesichts des Todes* – wenn er die Gnade des Augenblicks wahrnimmt – vermag etwas, das er als das natürliche Ich nicht vermag: nämlich *das Unannehmbare anzunehmen – den Tod.* In dem Augenblick *kann* er erfahren, daß in ihm jemand ist, der mit dem, was das Wort Tod meint, überhaupt nichts zu tun hat. Denn schlagartig kann die Angst weg sein, und in ihm wacht das Gefühl einer unendlichen Kraft auf, einer Kraft aus dem Unendlichen, die keine endlichen Grenzen kennt, die ihn mit einem Schlage beseelt wie ein Wunder und ihn wirklich in der Welt ruhig sein und strahlen läßt, auch für die anderen, die ihn umgeben. Er *hat* plötzlich etwas erfahren, und es ist dann nur die Frage, ob er den Mut, die Kraft und die Treue hat, zu dem, was er da erfahren hat, zu stehen und es sich nicht ausreden zu lassen durch einen der drei Zweifler: den Psychologen, der sagt: ist das nicht eine Einbildung? den Naturwissenschaftler, der sagt: ist das nicht etwas nur Subjektives, das sich nicht beweisen läßt? den Theologen, der sagt: entspricht das wirklich der Wahrheit vor Gott? – um wieder zurückzufallen in den natürlichen Verstand seines gewöhnlichen Ichs und zu sagen: „Ich war da wohl etwas außer mir." Jawohl, er *war* etwas außer sich, nämlich *aus* diesem gewöhnlichen Ich und er war *in einem tieferen Ich*, in jenem Wesen, das im Widerspruch steht zu diesem gewöhnlichen Ich, das nicht sterben kann, sondern das vielleicht sogar den Tod dieses Ichs voraussetzt.

Es gibt die andere Erfahrung: Der Mensch *angesichts einer Sinnlosigkeit,* einer Ungerechtigkeit gerät in die Verzweiflung, wird vielleicht krank – bekommt Leberleiden, Magengeschwüre – sein Leben lang ist er daran gefesselt, bis er eines schönen Tages nachgeben kann und wie in einer Niederlage *in der Welt* einen Sieg erringt *von der anderen Welt her,* indem er ›ja‹ sagt zu der Sinnlosigkeit und plötzlich in sich einen Sinn erfährt, der nichts zu tun hat mit Sinn und Un-Sinn dieser Welt. Dann steht er im Licht, nicht mehr in der Dunkelheit.

Nun die dritte große Erfahrung, auf die man immer wieder kommen muß und die ernst zu nehmen ist.

Wir sind hineingeworfen in eine *Einsamkeit.* Wir haben das verloren, womit wir verbunden waren, den liebsten Menschen vielleicht, die Gemeinschaft. Wir sind ausgestoßen, sind plötzlich allein, wie halbiert, wie durchgeschnitten. So kann man nicht leben. In dem Moment, in dem wir den Verlust des uns mit der Welt Verbindenden annehmen *können* – wir müssen nicht –, erfahren wir das Aufgehobensein in einer Geborgenheit ganz anderer Ordnung, befinden wir uns plötzlich in einem *Zustand der Liebe,* wo das Wort Liebe wirklich das meint, was ihr ursprünglicher Sinn ist: nämlich das *Eins-Sein* im Grunde; das Gefühl des Verbundenseins mit allem, mit dem Drang, dem Auftrag, immer mehr so zu werden, daß Liebe und Verbundenheit in uns und durch uns Wirklichkeit werden. Kontrollieren Sie immer wieder Ihr Leben, wo sich Andeutungen dieser drei Erfahrungen erkennen lassen: in der *Kraft,* im *Licht,* in der *Liebe* zu stehen. Sie sind Ausdruck des Erlebens einer uns innerlich bewohnenden Wirklichkeit, an der wir teilhaben wie die Wellenspitze am Meer. Was ist sie, wenn sie nicht das Meer ist in der Sprache der Spitze?

Was sind wir, wenn wir nicht das göttliche Große LEBEN sind in der Sprache dieser ganz individuellen Gestalt, die unsere eigentliche Individualität ist?

> Sie können sich als solche in einer rechten Verwandlung des Bewußtseins nach innen plötzlich erkennen als das Ganze in der Sprache seiner

Individualität. Dazu gehört in der Übung die Verwandlung des Bewußtseins, die Verwandlung auch des Subjektes, das da meditiert.

Nun können wir fragen, wenn wir von diesem Gesichtspunkt ausgehen: Was bedeutet das für jede Meditation, die wir machen? Wo kann man da ansetzen?

Das *meditierende Subjekt,* das am Beginn des Übens vom natürlichen Ich, vom alten Adam ausgeht, muß sich wandeln zu dem werdenden neuen Menschen, der in der Meditation allmählich hochzukommen wagt und sich ausweist durch die Präsenz des Ganz Anderen.

Die *Form des Bewußtseins* muß sich in der Übung wandeln zur Möglichkeit eines Nach-innen-Schauens. Sie kennen den Satz des Zen-Meisters, der sagt: Sie müssen nach innen schauen, nicht nach außen, denn wenn man nach innen schaut, wie man nach außen schaut, macht man aus dem Innen ein Außen. Das Nach-innen-Schauen meint nicht wörtlich eine bestimmte Art, in sich hineinzuschauen, sondern dieses Innen, von dem hier die Rede ist, ist genauso in jeder Blume, die wir außen sehen, in jedem Baum, jedem Stein, im anderen Menschen. Es meint also eine andere Dimension, die sich dort verschleiert, wo wir gegenständlich, rational schauen, d. h. wo wir feststellen. Wir müssen in der Meditation lernen, jenen anderen Bewußtseinszustand vorzubereiten, diese Schale, diese weibliche Form des Zulassens, des Aufnehmens der Wirklichkeit, in der das Ganz Andere aufgehen kann. Dieses nach innen gewandte Bewußtsein ist wichtiger und bleibt in alle Ewigkeit der wahre Nährboden für die Fruchtbarkeit des Weltbewußtseins.

Der Sinn der Arbeit des Gärtners ist, etwas wachsen zu lassen, das er nicht machen *kann.* Was wir *können* ist die Arbeit an den Bedingungen, unter denen in uns der Kontakt zum Größeren Leben wächst. Zu diesen Bedingungen gehört vor allem, *uns zu erziehen* zu lauter Dingen, die vom Ich her gesehen zunächst negativ sind: das Ich möchte reden, es soll schweigen; das Ich sucht das Viele, es soll in die Leere kommen; das Ich sucht das Leben, es soll den Tod annehmen. Sowie Sie aber Fühlung haben zur anderen Seite, ist das Schweigen der Grund, aus dem das lebendige Wort kommt; dann ist die Leere vom Vielen die Chance zum Auftauchen der Fülle; dann ist der Tod des Vergänglichen die Chance zum Aufbrechen des Unvergänglichen.

Präsenz als Voraussetzung bewußten Lebens

Wenn wir hier *zusammenkommen* zur Einführung in die Praxis der Meditation im Stile des Zen, dann muß ich vorausschicken, daß wir hier keine Zen-Übungen im strengen Sinn des Wortes machen. Auch Pater Lassalle würde sich weigern zuzugestehen, daß eine Woche der Übung bei ihm bereits eine volle Einführung in die Übung des Za-Zen sei. Aber auch das, was wir *im Stile des Zen* tun, ist sehr voraussetzungsvoll und meint eine besondere *Einstellung des Menschen zu sich selbst.* Das bedeutet zunächst einmal grundsätzlich:

Diese Meditation im Stile des Zen trifft erstens jeden einzelnen von uns, wenn er dazu bereit ist, in einer ganz persönlichen Situation seines Lebens. Zweitens: weil er ein Mensch ist, tritt diese Situation ein, wenn er auf eine bestimmte Stufe seiner menschlichen Entwicklung kommt; und drittens stehen wir alle in unserer Zeit und das, was auf dieser bestimmten Stufe der Entwicklung eintreten kann, ist ein ebenso zeitbedingtes wie zeitgemäßes Problem.

Wenn wir uns die Zeit ansehen, in der wir leben, brauche ich Ihnen nicht zu sagen, was die Gefahren sind, die die Menschheit bedrohen. Dieser Zeit sind wir nur in dem Masse gewachsen, als wir ihr *menschlich* gewachsen sind. Das bedeutet heute mehr, als ein rechter Mensch zu sein im Sinne der Tradition, wo die gesamte Erziehung einschließlich der kirchlicherseits vertretenen Moral letzten Endes hinauslief auf sein Wohlverhalten in der Welt: daß er Nützliches für die Gemeinschaft leistet, keinen Anstoß erregt und lieb ist in seinem Verhalten und seinen Handlungen. Wie es in ihm selber ausschaut, ob das sauber ist oder eine große Unordnung, ging niemand etwas an. Dämonisches in ihm, die Dunkelheiten, galt es zu unterdrücken, damit ja nichts davon herauskäme und die äußere Fassade gewahrt bliebe.

Das Ergebnis sehen wir heute in Gestalt so vieler Menschen, die in dem Maße, als sie nicht mehr getragen werden von einer geschlossenen Gemeinschaft, die viele dieser Probleme früher löste, dunklen Mächten in sich selbst ausgeliefert sind, und sich getrieben fühlen, das Zurückgedrängte herauszulassen. Die Psychotherapie ist im wesentlichen ein Instrument, den Menschen zu befreien von dem in ihm selbst Zurückgedrängten und ihn seiner *menschlichen Wahrheit* näherzubringen – nicht der Wahrheit, die man sagt, sondern der Wahrheit, die man tut und der Wahrheit, die man ist. Es gibt das Wort von Augustin ›veritatem facere‹, d. h. sich selbst in jene Wahrheit hineinentwickeln, die eigentlich vom Tiefsten in uns gemeint ist.

Man kann sagen, daß unsere Zeit, die dem Menschlichen entfremdet ist wie noch nie, auch eine Zeit ist, in der der Mensch sich selbst entdeckt wie noch nie – entdeckt als das Subjekt, das sich in seinen menschlichen Möglichkeiten verfehlt, wenn es nur noch Funktionär ist eines Systems objektiver Gefüge, die sich allein in ihren eigenen Gesetzlichkeiten bewegen und denen der Mensch sich in einer Weise anzupassen hat, daß er selbst ein Teil dieser objektiv organisierten Welt wird. Nein, der Mensch, der leidende, erlebende, sehnsüchtig nach Freiheit, nach Liebe, nach Vollendung drängende Mensch ist noch einem anderen Koordinatensystem eingeordnet als dem der objektiven Wirklichkeit – Zeit, Raum, Kausalität, Identität. Hier geht es um Leiden und Erlösung vom Leiden, um Verheißung, die uns allen innewohnt, und Erfüllung dieser Verheißung, um Not und Befreiung aus der Not, um Zwangssituationen und um Freiheit überhaupt. Also es geht um eine menschliche Wirklichkeit, deren Kern und Gipfel diese raumzeitliche Wirklichkeit überschreitet. Es geht vor allem um Liebe.

Es ist eigentümlich, daß das Abendland, das so stolz ist auf seine *Erfahrungs*wissenschaft, die *Erfahrung* des Menschen als Menschen, die er mit sich selbst macht, viel zuwenig ernst genommen hat, bis hin in die Kirche, die die mystische Erfahrung immer wieder als Feind der objektiv festgelegten Glaubenslehre verdächtigt hat. Heute erweist sich mystisches Erleben, das für den Naturwissenschaftler und den Theologen als ominöse ›Unwirklichkeit‹ an der äußersten Peripherie menschlichen Ereignens stand, als der Raum, in dem der Mensch sich selbst am tiefsten begegnet. Aber was noch bis in unser Jahrhundert hinein wenigen Begnadeten vorbehalten war, wird langsam einer wachsenden Zahl von Menschen zugänglich, nämlich all denen, die differenziert genug sind, um ernst nehmen zu können, was *in ihnen selbst* Befreiung vom Leiden unter unserer Zeit verspricht. Es muß doch etwas geben in uns, das uns befreit aus der Enge einer Bewußtseinsform, die zwar zur Technik befähigt, aber nicht den Menschen in den Mittelpunkt stellt.

Es kennzeichnet unsere Zeit, daß das metaphysische, transzendente Erlebniszentrum in jedem von uns endlich als ein legitimes Anliegen in den Raum der Erfahrung rückt. Es ist tragisch, daß junge Menschen, wenn sie das erleben wollen, heute mangels einer rechten Führung zum Rauschgift greifen. Dem gegenüber steht als rechter Weg zum Beispiel die Treue zu einer Übung wie der Meditation, die dieses legitime Anliegen auch zu befriedigen vermag.

Der Mensch, der sich selbst heute begreift als den die Welt erlebenden und erleidenden, als den in seiner Tiefe sich erfahrenden Menschen, möchte sich selbst und die Wirklichkeit ernst nehmen im ›Jetzt‹. Wir alle sind in einem Ausmaße auf Vorsorge, auf Leistung, auf Zukunft gedrillt, daß die Bemühung um das rechte Verhältnis zum Augenblick – zum Hier und Jetzt – zur *Präsenz* – weitgehend fehlt.

Das ist es, was ich heute in den Mittelpunkt meines Vortrages stellen möchte: das Problem der Präsenz.

Für den Zen ist unter anderem charakteristisch die Erziehung zur Präsenz, zum Jetzt. Zen-Meister sind präsent. Vom Zen bestimmte und einer Zen-Übung hingegebene Menschen sind *da,* sind *ganz* da, sind *ungeteilt* da, sind *jetzt* da. Sie leben im verantwortlichen Bewußtsein des Augenblicks. Wer von uns lebt noch wirklich im Augenblick?

Vor einiger Zeit sagte mir jemand, der gerade von der Côte d'Azur zurückkehrte: „Man kann gegen St. Tropez vieles sagen, aber eines haben diese Menschen dort für sich, sie leben wirklich im Jetzt. Als ich nach Paris zurückkam, traf ich überhaupt nur Menschen, die nicht im Jetzt leben, sondern halb in einer Vergangenheit, der gegenüber sie sich schuldig fühlen und halb im Hinblick auf eine Zukunft, vor der sie eine gewisse Sorge empfinden."

Fragen wir uns, wieweit das auch für uns alle stimmt. Wie weit sind wir noch in der Lage, im Jetzt zu leben, im

Jetzt zu spüren? Sie werden sagen: „Wir leben immer in einer ganz bestimmten Uhrzeit, jetzt und zu keiner anderen Zeit". Man kann eine ganze Philosophie darüber schreiben, daß der Mensch in jedem Augenblick doch in diesem Augenblick lebt. Man kann Geschichte sehen als Ablauf des Lebens in einem bestimmten Zeitraum, wo alles auf einen bestimmten Augenblick hin orientiert ist und so fort, und schon befinden wir uns wieder in einer objektivierenden Betrachtung dessen, was objektiv der Fall ist.

Das geht aber alles an dem vorbei, was wir hier meinen, wenn wir uns fragen: was heißt es, im Jetzt zu leben? Da meinen wir doch die Erfahrung, den Vollzug eines ganz bestimmten Erlebnisinhaltes. Wir meinen, daß der Augenblick eines Menschen, der sich selbst als das erlebende Subjekt versteht, erfüllt ist von einem Erlebnisgehalt. Und die Frage ist nun: wie weit ist er wirklich *in* diesem Erlebnisgehalt drinnen? Was wäre die Generalformel für diese Präsenz? Sie würde lauten: *Ich bin jetzt ganz da!*

Ich möchte Sie einladen, heute einmal ganz ernst zu nehmen, was in dieser Formel enthalten ist. Zunächst klingt das sehr trocken, sehr abstrakt, beinahe uninteressant.

> Aber ich kann Ihnen nur sagen, daß alles, was wir hier miteinander versuchen vorzubereiten und schließlich zu leben, damit zusammenhängt, daß wir diese Formel *ganz* erfüllen:
> daß der Mensch wirklich *da* ist, daß *er* da ist, daß er *ganz* da ist, jetzt *hier* ist und ganz *bei der Sache* ist, bei der er *jetzt* ist.

Darin liegt eine große Möglichkeit, aber auch eine große Gefahr der Verfehlung.

Sind Sie wirklich ganz *da?* Oder sind Sie halb woanders? Was heißt woanders? Sind Sie geistig an einem anderen Ort? Vielleicht sind wir plötzlich in der Kindheit, in einer Vergangenheit, oder wir sind schon halb in der Zukunft.

Wenn Sie mit einem Menschen sprechen und er teilt Ihnen etwas mit, können Sie plötzlich das Gefühl haben: der ist nicht ganz da; er ist nicht der, den ich eigentlich sprechen will. Er spricht zu mir nicht als der Mensch, der da ist; es stimmt etwas nicht, sein Auge ist nicht ganz stet; seine Stimme ist unsicher, seine Bewegungen sind unpräzise, er ist nicht ganz da. Genau so können wir uns auch selbst erleben. Sie spüren schon, daß in dem, was der Augenblick von uns fordert, unendlich viel enthalten ist, was wir versäumen können. Jeder Augenblick des Lebens kommt auf uns zu wie ein Wesen. Die Frage ist: können wir es aufnehmen oder weichen wir aus? Wagen wir uns hinein oder halten wir uns zurück? Sind wir geteilt da oder ungeteilt – riskieren wir es, ohne Rückhalt *ganz* hineinzugehen, und was heißt hier ganz?

Hier stoßen wir auf das Problem, daß der Mensch unserer Zeit längst aufgehört hat, sich selbst in seiner Ganzheit ernst zu nehmen. Wir sind auf bestimmte Dinge gedrillt und glauben, uns identifizieren zu können und zu müssen mit dem, der jeweils das leistet, was die Welt von ihm verlangt. Dann sind wir nur mit dem Teil da, den die Welt jetzt von uns erwartet oder den vielleicht unser liebes Ich im Moment haben möchte. Man kann der Situation gegenüber in sehr verschiedener Weise da sein. Ihrem Kind gegenüber sind Sie in der Elternrolle da; hier sind Sie es als Hörende. Sind *wir* ganz da? *Wer* ist eigentlich jetzt in diesem Augenblick da? Wenn *Sie* hier sitzen, als *wer* sitzen Sie dann hier? Mit wem in Ihnen sitzen Sie hier?

Wenn wir die Frage stellen nach dem ›Wer‹, die vielleicht die wichtigste Frage ist in diesem Zusammenhang, dann werden wir sofort hingewiesen auf die verschiedenen Stufen, die wir als dieser Mensch, der wir sind, durchlaufen müssen, immer durchlaufen werden und die auch immer gleichzeitig da sind.

Der Mensch ist zunächst das kleine Kind, das noch nicht mit seinem gegenständlichen Bewußtsein da ist. Und doch ist es in seiner Weise da; lebt und webt noch im *Kontext des Lebens* und ist in dieser Weise ganz da. Wenn das *Ich* erwacht, erwacht es zunächst als Hüter und Hort dieses leiblichen Wesens und bleibt es das ganze Leben lang. Dieses Ich sucht mit seinem naiven Egoismus nichts anderes als das Leben, um zu überleben, und meint das gesicherte Behagen. Wer von uns hat dieses Ich nicht? Wer das nicht sieht ist nicht ganz normal. Es gehört zum Menschen diese Urbezogenheit, diese Urfreude auf ein reibungsloses Daseinkönnen im Leibe, in der sinnlichen raumzeitlichen Wirklichkeit.

Von dieser *ersten* Stufe des ganz normalen egozentrischen Ichs her meint Präsenz beispielsweise die Fähigkeit, etwas reibungslos erleben zu können. Wenn heute in der Situation unserer Menschheit die Existenz in der Reibungslosigkeit eine solche Rolle spielt, so ist das nicht an sich schlecht, sondern durchaus Ausdruck des Urverlangens des Menschen in seinem primären Ich. Es wird nur dann negativ, und in dem Sinn *ist* es negativ, wenn es zum Zentralwert des Lebens überhaupt wird, um den wir ausschließlich kreisen. Dann meint es den Funktionär in Perfektion, der sich unendlich wendig überall einfügen und anpassen kann. Die Tendenz zu einer reibungslosen Existenz ist zunächst einmal mit der Tatsache des Menschseins gegeben, das automatisch alles ausschaltet, was diese reibungslose Existenz gefährdet. Daraus resultiert die selbstverständliche Gegnerschaft zu allem, was Leiden ist, denn Leiden ist immer Ausdruck einer Störung.

Das natürliche Ich, das nichts anderes sucht als seine Existenz im gesicherten Behagen, ist also ablehnend gegen alles, was Leiden, Schmerz und Tod ist. Ich erinnere Sie nur kurz, wie ich Ihnen das letzte Mal zu sagen versuchte, daß der Tod je nach der Stufe des Menschen, dem er begegnet, sehr Verschiedenes bedeuten kann. Für diese primäre Stufe des Menschseins, in der es um nichts anderes geht als um das gesicherte und reibungslose Leben, ist der Tod natürlich der große Widersacher. Zum elementaren Ich gehört Abwehr von allem, was Gefahr und Tod ist, gehört noch mehr als nur die Gabe, genießen zu können. Es gehört dazu die *Präsenz zur Sicherung des Augenblicks,* die Fähigkeit des blitzschnellen Reagierens dort, wo diesem natürlichen Bedürfnis etwas entgegenwirkt. Es gehört der Urinstinkt des Jägers, des Kämpfers dazu, der sich verteidigen oder blitzschnell weglaufen kann.

Die Präsenz zur Sicherung der Existenz ist etwas anderes als die des Genießens. Es gehört dann zum elementaren Ich die Präsenz auch in der Aufmerksamkeit, das Wissen um das, was mir gefährlich werden könnte, das Erkennen der Gefahr. Es gibt Menschen, die in besonderer Weise geschärft sind im Sinne einer Präsenz im Dienste des natürlichen Ichs. Das sind die Leute, die ihr Leben und ihre Geschäfte machen, die überall durchkommen; die sind präsent von diesem ursprünglich elementaren Ich her. Nur wenn dies das einzige ist, was sie vorzuweisen haben, so wird wie alles, was sich absolut setzt, auch das negativ.

Der Tod ist hier der reine Widersacher. *Präsenz* meint im Grunde genommen die *Wachheit* im Kampf gegen den Tod; die Wachheit gegen alles, was auf den Tod hinläuft – das sind Schmerz und Leiden; die Wachheit im Dienste dieses gesicherten, reibungslosen Dasein-dürfens. Eine höchst egozentrische und höchst natürliche Sache.

Auf der zweiten Stufe des Menschen, nennen wir sie einmal die der Persönlichkeit, bedeutet Präsenz etwas anderes. Hier dreht sich nicht mehr alles um das Ich, sondern um den anderen; eine Idee, ein Werk, den Mitmenschen, die Gemeinschaft, um Gott. Das Grundelement, durch das der Mensch dem gehorchen kann, ist hier das Dienen.

Auf der *zweiten* Stufe steht der Mensch im *Dienst.* Er ist in der Lage, die Anforderungen des natürlichen Ichs zurückzustellen im Dienst eines anderen. Das könnte er nicht, wenn der oder das andere nicht in ihm einen Wert darstellte, um dessentwillen es ihm natürlich ist, die ursprüngliche Egozentrik zurückzustellen. Es würde niemals diese Stufe der Persönlichkeit entwickelt werden können, wenn sie nur belastet wäre mit der Forderung, das Ich zurückzustellen. Es macht den Menschen als Menschen aus, daß er eines schönen Tages erwacht für den Eigenwert des anderen, dem zu dienen eine Verheißung darstellt, nicht nur eine Auflage. Es gibt nichts in der Welt, das wir als Wert empfinden könnten, ohne daß es die Verheißung eines Glückes oder eines gehobeneren Zustandes in sich enthielte, sonst wäre es vielleicht objektiv ein Wert, nicht aber für die Sphäre des Subjektes.

Präsenz bedeutet in diesem Zusammenhang: *Präsentsein für den anderen,* für das andere in der Bezogenheit zum Werk, zu einem anderen Menschen, auf Gemeinschaft.

Das Grundbeispiel ist die Präsenz der Mutter für ihr Kind: sie ist hellwach, sie ist ganz da – jetzt als Mutter da, und mit einer solchen Selbstverständlichkeit, daß sie alles, was sie für sich selbst als Ego in Anspruch nehmen könnte, zurückzustellen vermag, wenn es sich um das Kind handelt. Ebenso handelt ein Mensch, der ein bestimmtes Werk übernommen hat. Bewährt er sich in diesem Sinne als Persönlichkeit, dann bedeutet seine Präsenz *ganz bei dieser Sache sein* als selbstverständliche Forderung eines übernommenen Dienstes, eines Wertes oder um eines Versprechens willen, das einzulösen man seine Ehre einsetzt.

Präsenz bedeutet also: *ganz da zu sein* in einer Weise, die uns befähigt, das Gesetz der Sache, das Gesetz des anderen Menschen oder der Gemeinschaft zu respektieren, zu würdigen und zu erfüllen. Heute erleben wir z. B. gerade auch in der Jugend eine wachsende Präsenz für das, was in der Gesellschaft stimmt oder nicht stimmt.

Hier hat Liebe nicht den possessiven Sinn wie auf der ersten Stufe oder ist nicht nur Ausdruck einer unbewußten Gemeinschaft, sondern meint wirklich das Daseinkönnen für den anderen als anderen. Auf dieser Stufe hat Erkennen nicht nur den instinktiven Sinn, blitzschnell zu sehen, ob etwas Feind oder Freund ist, ob es dient oder schadet, sondern Erkennen meint, die Sache um ihrer selbst willen zu erkennen und zugleich die Weise, wie mit einer Sache, einem anderen umzugehen sei. Wenn Sie eine kostbare Tasse hart auf eine Marmorplatte stellen, so lassen Sie die Zerbrechlichkeit der Tasse außer acht und es ist Zeichen eines Mangels an Präsenz, wenn Ihnen das passiert. Das geht so bis in die kleinsten Dinge hinein. Diese Art von Präsenz setzt voraus, daß der Mensch subjektive Wünsche – ach, daß es doch so und nicht anders sein möge – von sich zurückstellt. Ein Mensch, der nicht in der Lage ist, eine Situation anzunehmen und zu leben, wie sie ist, sondern sie immer anders haben möchte, steht im Widerspruch zur rechten Präsenz. Richtig da zu sein bedeutet, der Forderung des Augenblicks gerecht zu werden. In der egozentrischen Form steht das Ego an Stelle der Forderung des Augenblicks und verwehrt es einem, richtig *da* zu sein. Der Mensch auf der zweiten Stufe empfindet das Glück und den Reichtum des Lebens im Dienst am anderen, um das er kreisen darf. Die Freude an einem Kunstwerk, die Freude an einer Blume, an einem Baum, an was auch immer ist nicht das, was die Lust auf der ersten Stufe meint, die das sucht, was nützt oder Behagen schenkt; sondern es ist die Freude am anderen als solchem. Man ist nicht präsent im Sinne der zweiten Ebene, wenn man das andere nur im Hinblick auf *sich* sieht und nicht auf *das andere* hin. Es ist etwas Großes, daß der Mensch sich immer mehr bilden kann zum Eingehen in das Geheimnis, das in einem anderen Menschen oder in einer Sache als solcher ist. Denken Sie an einen Menschen, der Ihnen nahe steht. Denken Sie an Ihre Kinder. Welche Eltern schöpfen eigentlich die Möglichkeit aus, das Geheimnis ihres *Kindes als Individualität* ganz auf sich zukommen zu lassen? In welchem Ausmaße geht doch die mögliche Präsenz dem Kinde gegenüber verloren in der Selbstverständlichkeit, mit der die Mutter sich nur mit *ihrem* Mutter-Sein identifiziert und das Kind nur in der Rolle der Tochter oder des Sohnes sieht. Ich erlebe jedenfalls als Therapeut, daß ein Großteil der menschlichen Katastrophen, die später einmal über den Menschen kommen, damit zusammenhängen, daß sie als Kind niemals als *diese individuelle Person* gesehen worden sind, sondern immer nur als der Sohn oder die Tochter – und das noch obendrein nach einer ganz bestimmten Schablone, was so ein richtiger Sohn, eine richtige Tochter eigentlich gefälligst sein soll. Da ist Unglaubliches zu entdecken. Je öfter Sie jemanden sehen, je näher Sie jemandem stehen, um so mehr sind Sie in der Gefahr, jene Präsenz *nicht* mehr auszubilden, die Sie befähigt, immer tiefer den anderen *als* den anderen wahrzunehmen. Die Qualität der Präsenz in einer menschlichen Beziehung hängt ab vom Grad der Liebe, in der die Menschen verbunden sind, und in dieser Liebe sind die Voraussetzungen der Präsenz für den anderen gegeben.

Präsenz meint die Antwort auf das, was das oder der andere in diesem Augenblick als dieser andere von uns und unserer Art, ihn recht zu behandeln, erwarten kann.

Auf der zweiten Ebene haben auch Leiden und Schmerz, hat auch der Tod einen anderen Sinn. Wo der Mensch sich ganz engagiert hat, ist er bereit, im Dienste dessen, wofür er sich einsetzt, zu leiden und, wenn es sein muß und wie die Geschichte der Zeiten zeigt, auch zu sterben – ob es für eine Gemeinschaft sei oder für eine Idee, ein Werk. Dann ist der Tod, der dem Menschen bevorsteht oder bevorstehen könnte, nicht nur der absolute Widersacher, den er für sein natürliches Ich darstellt, sondern er gewinnt den Charakter einer Bewährungsprobe.

Nun die Präsenz auf der *dritten* Stufe. Da geht es nicht um den anderen als den anderen, sei es Ding, sei es Mensch oder Gemeinschaft, sondern – früher hätte man einfach gesagt: um Gott. Wir hier in unserem Kreise benennen das, was im Mittelpunkt der dritten Stufe steht, auch als die Transzendenz. Immer wieder möchte ich in diesem Zusammenhang betonen, wie wichtig es ist, hier nicht an etwas zu denken, das uns aus der Wirklichkeit unseres Lebens heraushebt, sondern gerade an etwas denken, das uns in die Wirklichkeit unseres Menschseins zentral hineinstellt. Denn das gehört zu den Erkenntnissen unserer Zeit, daß der Mensch, dividiert durch das, was er durch das Ich leisten und dem er als Persönlichkeit dienen kann, nicht ohne Rest aufgeht. Sein eigentlichster Kern, nämlich das, was über ihn hinausweist, ist noch nicht berührt.

In seinem Kern ist der Mensch das, was über ihn hinausweist. Das ist keine Theorie, sondern das ist tief in uns am Werk und macht seine Präsenz dadurch bemerkbar, daß es uns in einer eigentümlich zwingenden Weise von woanders her ruft, stößt, fordert, beglückt, sprengt, herausreißt und – *es ist da!* Zu sagen, das sei nur eine Einbildung oder *nur* ein Gefühl, geht an der Sache, die in diesem Falle der Mensch in seiner Erlebniswirklichkeit ist, vorbei. Es war das Charakteristische für die Weise, in der die Vergangenheit den Menschen verfehlte, daß sie, besessen von der sogenannten objektiven Wirklichkeit, allem, was subjektive menschliche Erfahrung war, unter dem Vorzeichen ›*nur* ein Gefühl‹ keine echte Wirklichkeit beimaß, alles was Gefühl war, als ›nur subjektiv‹ abwertete, während in Wahrheit nichts den Menschen so bewegen kann wie Liebe und Haß.

Was nur subjektiv ist, hat keine Wirklichkeit, ist nur im Übergang. Was steht, ist das beweisbare Ergebnis der Wissenschaft, ist das technische Werk: Wirklichkeit hat was dauert.

Eben nicht! Wir fangen endlich an, den Menschen als Subjekt in seiner Erlebniswirklichkeit ernst zu nehmen, die in dem Maße ernst genommen werden *muß,* als sie *Tiefe* hat, nicht nur Intensität. In der *Tiefe* dieses Erlebens ist das, was uns plötzlich über uns hinausruft, wo wir Qualitäten erfahren, die nicht nur Superlative gewöhnlicher Erfahrungen sind, sondern etwas radikal anderes, wofür wir heute das Wort ›numinos‹ gebrauchen. Wenn uns dann jemand sagt: „das ist nur subjektiv“, so antworten wir: „du bist von gestern.“ Wir gehen aus der Neuzeit, die das Mittelalter ablöste, in eine *Neue Zeit* hinein, in deren Mitte der Mensch steht mit seinem tiefsten Erfahren und Erleben. Die Wirklichkeit dieses zentralen Erlebens ist *die* Wirklichkeit, die den Menschen als Menschen zutiefst zu verwandeln vermag, zu verwandeln von jemandem, der sich bis dahin mit einer bestimmten Entwicklungsstufe begnügen mußte – d. h. mit einer am objektiven Welterleben orientierten Weise, die Alltäglichkeit zu meistern – zu einem Menschen, der sich aufgerissen, aufgeschlossen fühlt zu einem anderen Reich innerer Möglichkeiten. Wenn man ihn fragt: „Woher weißt du denn, daß das das Rechte ist, was du jetzt in Deinen Vordergrund rückst", dann wird jeder, der das erfahren hat, antworten: „Wenn du *so* fragst, hast du es offenbar noch nicht erfahren."

Das Neue ist heute, daß immer mehr Menschen die alltägliche Wirklichkeit in einer überraumzeitlichen Wirklichkeit zu verankern suchen, d. h. dem religiösen Element im Menschen mehr Raum geben.

Das gilt auch für die *Meditation.* Wenn Sie in der Meditation vorankommen und dann und wann einmal in die Verfassung eintreten, die eigentlich von der Meditation gemeint ist, Sie sitzen da ganz still, und in dieser Stille beginnt etwas Ganz Anderes zu sprechen, und es fragt Sie hinterher jemand: "Warum ist denn das so wichtig", dann können Sie nur lächeln und sagen: „Das hast du offenbar noch nicht erlebt, denn das, was da erfahren wird, ist die sinngebende Quelle für alles, was wir im Leben denken und tun."

Diese Entwicklung, die hier anhebt, wird dem Menschen als Möglichkeit dargeboten und irgendwann sieht er dann: „Ich habe etwas erlebt über allen Zweifel hinaus. Was kann ich tun, um so zu werden, daß das, was ich in diesem einen Augenblick miterlebt habe, mich ständig begleitet? Daß ich darauf bezogen bleiben kann, daß ich dem, was da durch mich hindurch in die Welt möchte, dienen kann?" Wenn er diese Frage stellt, dann hat er den ersten Schritt getan *auf dem WEG.* Er hat einen Ruf gehört und ist jetzt im Begriff, ihm zu gehorchen und eine Aufgabe auf sich zu nehmen – einen Weg, – ja, das Kreuz eines Weges – dessen Sinn letzten Endes er selbst ist in seiner eigentlichen Tiefe als der potentielle Träger, der Zeuge dieser anderen Wirklichkeit. Dann fragt er nach Übungen, um sich planmäßig diesem Ganz Anderen zu öffnen. Dann mündet er in jene Bewegung, in der auch die Meditation ihren Platz hat. Das ist es, was heute viele Menschen fragen läßt nach dem Meister, der ihnen weiterhelfen kann, weil er auf dem gleichen Wege ist – weil er diesen Weg meistert.

Transzendenz meint also nichts Objektives. Man kann nicht fragen: was ist Transzendenz unabhängig vom Menschen. Dieses Wort meint eine den Menschen in einem ganz bestimmten Augenblick erfüllende Qualität, die ihm die Berechtigung gibt zu sagen: da *ist* eine Dimension des Wirklichen, die sich *in* dieser Qualität manifestiert. Und *Präsenz* meint unter diesem Gesichtspunkt eine Verfassung des Menschen als *ganzem* Menschen, der dieser Dimension geöffnet ist.

> Präsenz in diesem tiefsten Sinn ist also – in der Übung der Meditation wie im Alltag – ein ›Ganz-Dasein‹ als derjenige, *in* dem diese andere Dimension lebt; als derjenige, der *für* diese andere Dimension lebt; als derjenige, der nicht nur *jetzt* so ist, wie *er* ist, sondern sich auf einem WEG befindet. Man kann in der Transzendenz nur sein als einer, der weitergeht.

Transzendenz ist nie etwas, das man fassen kann: jetzt ist es da. Spüren Sie einmal nach, ob nicht alle Ihre Erlebnisse, die etwas vom Hauch dieser Dimension haben, immer in Momenten des Übergangs waren. Sie können sich nie darauf ausruhen. Es kommt immer überraschend – plötzlich ist es da, hat Sie angerührt. Aber kaum haben wir als Menschen etwas erkannt, versuchen wir es festzuhalten und dann steht es fest für uns – jetzt haben wir's. Damit haben wir ein Tor für eine mögliche fruchtbare Begegnung mit der Transzendenz wieder zugemacht.

Aus diesem Grunde ist es immer eine der Methoden des Zen gewesen, dem Menschen jeden Boden wegzuziehen, auf dem er gerade steht. Der Meister sagt *A* und fragt: "Was habe ich eben gesagt?" *„A"*, antwortet der Schüler. „Habe ich nie gesagt", entgegnet der Meister. Denn schon einen Moment sich auszuruhen auf dem, was der Meister gesagt hat, stellt schon das in Frage, was durch dieses A-Sagen des Meisters im Schüler bewirkt wurde. Wenn der Schüler – dieses Beispiel ist bekannt – die Erlaubnis hat, einmal im Jahr dem Meister eine zentrale Frage zu stellen, in der er alles noch einmal zusammenfaßt und der Meister vielleicht mit einem Satz etwas Erleuchtendes sagt, so kniet der Schüler und fragt vielleicht: „Was meint Buddha?" Der Meister sagt: „Buddha? habe ich nie gehört."

Stellen Sie sich vor, was in diesem Augenblick, dem er entgegengelebt hat, im Schüler zusammenbricht. Gerade dieser Augenblick aber, der etwas völlig Absurdes bringt – gemessen an dem, was man von ihm erwartet – enthält die Chance, daß ein bestehendes Erwartungsgerüst zusammenbricht; und in diesem Loch ist die Möglichkeit gegeben, daß etwas Neues hineinströmt.

Immer wieder erleben wir in der Entwicklung des Menschen – Sie können bei sich selbst nachfragen – daß die größten Augenblicke, in denen wir der Transzendenz begegnen, immer diejenigen sind, in denen wir durch irgend ein Unglück vernichtet worden sind, oder wo eine Überraschung da war oder wir plötzlich in unserer persönlichen Entwicklung einen Schritt voran machten. Es gibt die ersten großen Seinserfahrungen schon beim Kinde, wenn es etwa die ersten freien Schritte tut – und glücklich das Kind, dem die Mutter nicht dauernd hilft, so daß es das selbst erlernen kann. Da geschieht etwas in diesem kleinen Bewußtsein. Oder wenn es zum ersten Mal wahrnimnmt: „Ich hier – die Welt dort". Es ist ein Augenblick, in dem das Moment einer Traurigkeit enthalten ist, wenn etwas von einem weicht, das einen bis dahin umschlossen und getragen hatte, und eine ungeheure Beglückung. Einen Augenblick nur ist das da. Ein solcher Moment wird vielleicht in der Pubertät wieder erfahren, und immer wieder in Übergängen, die sehr fein sein können, berührt uns Transzendenz. Der Augenblick ist so schön, er sollte nie vergehen, aber es ist *wirklich* nur in diesem Augenblick. Wir können es nie halten. Es kann uns in Erinnerung bleiben als ein im tiefsten Sinne produktiver Augenblick. Es muß uns zitternd begleiten, wenn solch ein Augenblick da war. Es ist eine der Grundregeln, nie darüber zu sprechen, und sei es der nächste Freund, wenn man das erfahren hat. Es für sich behalten, weiterschwingen lassen, denn es ist weg, sowie wir sagen: da hatten wir es. Diese Erfahrungen sind von großer Fragilität. Nur wer sie selbst erlebt hat kann verstehen, wovon der andere spricht. Sehen als sähe man nicht, haben als hätte man nicht, sagt der Mystiker. Nur nicht zufassen; im Übergang bleiben.

Präsenz der dritten Stufe im Dienst der Transzendenz und im Dienst einer Entwicklung, die das Erlebnis dieser Transzendenz mehr und mehr ermöglicht, bedeutet auch

Wachsamkeit darüber, daß man das fragile Element der anderen Dimension nicht dadurch vernichtet, daß man es fassen will, fixieren will, benennen will. Es ist das Geheimnis selbst, das spricht. Nur dank einer bestimmten Verfassung des Gemütes fängt das Geheimnis an zu sprechen, *ohne* daß man es lüftet.

Nun nähern wir uns schon dem, was Präsenz im Rahmen des Zen meinen kann und im Zuge unserer Übung oder der Vorbereitung zu dieser Übung uns möglicherweise bringen kann.

Zen meint den WEG, auf dem der Mensch sich fortschreitend von dem befreit, was ihn daran hindert, dem, was er seinem Wesen nach ist – was der Zen die *Buddhanatur* nennt – freien Raum zu geben, sich im Menschen und durch den Menschen zu offenbaren. Aus diesem Grund atmet alles, was Zen ist, die reine Luft einer ungestörten Unmittelbarkeit als Chance für eine Erfahrung der Buddhanatur, *sich* als das eigentliche Leben im Bewußtsein des Menschen stattfinden zu lassen. Alle Zen-Übungen meinen das.

Gestört wird diese Unmittelbarkeit durch die Bezogenheit des Menschen auf sein Ich, das Angst hat vor Leiden, Schmerz und Vernichtung, aber auch durch die Festgelegtheit des Menschen in einem gegenständlichen Bewußtsein, das in einem Gefüge von Begriffen der Wissenschaft, der Leistung, des Handelns festsitzt und dem Leben mit seiner Spontaneität die Tür verschlossen hält.

Ohne diese Erbsonderung aus der Ganzheit – die Erbsünde – bestünde aber nicht die Chance, sich dessen bewußt zu werden, daß es immer darum geht, die andere Dimension, das LEBEN, als den Weg und die Wahrheit in uns stattfinden zu lassen. Die Voraussetzung für die Erfahrung des Wirklichen ist die Erfahrung einer Weile der Gefangenschaft im Unwirklichen, das bewußte oder unbewußte Leiden unter der Getrenntheit vom Wesentlichen. Die Möglichkeit der Erfahrung des Lichtes ist das Gelitten-Haben in der Dunkelheit.

Das Ich ist, wie der Zen sagt, also auf der einen Seite der Vernichter dessen, der man eigentlich ist. Es ist der Erbauer des Gefängnisses, des geschlossenen Gefüges, in dem wir uns als Menschen befinden. Es ist auf der anderen Seite aber auch der Hintergrund dafür – und das wird im Satori erfahren –, daß wir überhaupt die andere Dimension erfahren können. Es ist zum dritten – und das ist charakteristisch für Zen im Unterschied zu anderen östlichen Lehren und bringt uns Zen besonders nah – es ist die Welt, in der wir leben, diese menschliche Welt, die durchsetzt ist von Egoismus, Fehlern, Leiden und Schrecken. Es ist das uns Menschen gegebene und aufgegebene Feld des Offenbarwerden-Könnens des Ganz Anderen in unserer menschlichen Welt. Diese Vorstellung unterscheidet Zen von anderen östlichen Lehren, denen es darauf ankommt, daß der Mensch *heraus*kommt aus dieser Welt und schließlich sich selbst in einem Nirvana aufhebt. Im Zen ist eine Erleuchtung nicht ein Ziel, das man zu erreichen habe, um dort zu verweilen. Eine Erleuchtung ist nur der Beginn eines langen Weges, auf dem diese Erfahrung durch beharrliches Üben integriert werden muß. Erst diese Integration wandelt den Übenden um in einen Menschen, der *in* der Welt und für seine Mitmenschen lebt im Kontakt mit der überweltlichen Dimension, die ihn in der Erfahrung einmal berührt hat.

Das Eingehen des Menschen in diesen Grund – der, wie Meister Eckehart sagt, „jenseits ist von Hinz und Kunz" – gehört auf den WEG. In diesem Sinne gehört das Östliche, das sich im All-Einen findet, auf unseren WEG – aber nicht, um dort einzulaufen als in einen Hafen und dort zu bleiben, sondern um dort die Kraft zu gewinnen, um wieder auszufahren in unsere eigentliche menschliche Aufgabe hinein mit der Möglichkeit, sie zu lösen.

Ich habe Ihnen schon einmal das klassische Beispiel erzählt, wie die Berührung mit dem Ganz Anderen im Zen sich bewährt in der Schlacht, in die der Samurai hineingehen kann, ohne an sein Ich zu denken. Das bedeutet aber nicht, daß er entschwände und sagte: was heißt hier Gefolgsherr, ich gehe jetzt in meine Ewigkeit ein. Das ist nicht Zen! Hier liegt die Berührung zwischen uns und Zen, daß der Geist des Zen den Menschen *nicht herausnimmt* aus seiner Verpflichtung in der Gemeinschaft, in der er steht, sondern ihn *dazu bereitet,* dort die gegebene Aufgabe zu erfüllen, ohne immer an sein Ich zu denken.

Hier liegt für unsere Zeit etwas sehr Wichtiges. Es wird die Qualität dessen, was heute geschieht, abhängen von den Kräften, die diese Veränderungen herbeiführen. Hier liegt auch das Problem, das mit der Vermittlung dieser

Wahrheit an die Jugend verbunden ist. Denn letztlich nimmt die Möglichkeit des Verständnisses für die hier liegende Wahrheit zu in dem Maße, als der Mensch Reife besitzt. Die Jugend hat den Alten gegenüber den Vorzug, radikal feststellen zu können, daß die Vergangenheit bis heute schuldig wird am Menschen im Menschen, weil sie in ihm nur den Funktionär sieht für ein objektives System, das falsch ist und geändert werden muß. Aber hier erhebt sich zugleich die Frage: ist für diese Veränderungen nicht Reife erforderlich? In welcher Weise kann denn überhaupt eine jugendliche Welt etwas Gültiges schaffen? Es scheitern ja mitunter die besten Projekte in der Welt an der Unreife derer, die damit betraut sind.

Da will ich diese Antwort geben. Wenn wir warten wollten, bis ein Vollendeter da ist, um Vollendetes zu schaffen, dann würde nie angefangen werden. Auf allen Gebieten, in allen Berufen ist das so. Es geht darum – und dazu kann jeder von uns beitragen – daß immer mehr Menschen, auch junge Menschen, begreifen, daß es einen inneren WEG des Wachsens und des Reifens gibt; daß es eine Entwicklung des Menschen gibt, die nicht nur davon abhängt, daß er alte Geschichten abwirft, alte Formen überwindet, das Hartgewordene zerstört, sondern daß er auch bereit ist, eine *neue Form* zuzulassen, der er verpflichtet ist. Auch ein junger Mensch ist fähig zu der Erfahrung, daß er nicht nur zerreißen kann, sondern etwas aufbauen kann, weil er selber an sich selbst baut. Hier liegt die Gefährdung der Menschen, die zunächst einmal mit Recht sagen, es geht um Bewußtseinserweiterung, aber die Lösung *nur* in der Bewußtseinserweiterung suchen und nicht zugleich in einer *Formung des Menschen.* Diese Formung bedeutet Verwandlung des ganzen Menschen auch im Leibe, und das ist nur möglich auf dem Weg der Übung, wobei die Treue zur Übung immer die Fähigkeit erfordert, sich einer bestimmten Disziplin zu unterwerfen. Im Unterschied aber zu der heteronomen Disziplin, die von Erwachsenen den Jugendlichen auferlegt wird, muß dies eine autonome Disziplin sein, die nur herauswachsen kann aus einer Fühlungnahme mit der anderen Dimension in uns, die uns etwas *auferlegt,* um so *werden zu können,* daß sie *durch* uns heraustreten kann in die Welt, erlösend und formend zugleich. Hier liegt die besondere Aufgabe, die innerhalb einer Übung wie der, auf die wir uns hier vorbereiten, enthalten ist: sich hinzubereiten auf eine bestimmte Form.

Nun noch einige Worte zur Praxis des *Zen als Exerzitium.* Wir müssen zunächst einmal, wie ich eben versucht habe anzudeuten, eine Ahnung davon haben, daß es um das Offenbarwerden-Können des Ganz Anderen geht, das wir im Grunde unseres Wesens sind. Es geht, wenn von Zen oder von der Buddha-Natur die Rede ist, nicht um eine Form der Religiosität, in der die Transzendenz im Glauben *an* etwas verankert wird, an das der Mensch nicht heran kommt, sondern heute ist die Zeit reif dafür, daß wiederum der *lebendige* Glaube wach wird in Gestalt des Ausdrucks einer innerlichen Erfahrung. Die Übung meint zunächst einmal etwas, das ausgeht von dieser inneren Erfahrung, und sei es auch nur als einer Ahnung oder einer Sehnsucht. Dann aber wirkt sie dahin, den Menschen in einer Weise vorzubereiten, so zu werden, daß er erstens diese Erfahrung haben kann, zweitens sich in ihr verankern kann und drittens fähig wird, von ihr in der Welt zu zeugen. *Das* meint Zen als Übung.

Im Zentrum des Soto-Zen, der auf Dôgen zurückgeht, steht das Za-Zen, das heißt: *Sitzen in Meditation.* Einige von Ihnen werden sagen: das geht doch sehr weit, einfach nur sitzen. Meine lieben Freunde, tun Sie das mal! Immer wieder begegnen mir Menschen, die angefangen haben, diese Übung des Stillesitzens zu machen, und es dann wieder eine Weile gelassen haben. „Ich bin nicht dazu gekommen – ist das denn wirklich so wichtig?" Aber dann hat doch etwas nachgewirkt und sie haben gemerkt, daß ihnen den Tag über etwas fehlt, wenn sie es lassen. Neulich sagte mir jemand: „Ich habe jetzt wieder erlebt, es ist das allerwichtigste, daß ich diese halbe Stunde ein- oder zweimal am Tag sitze. Was sich da in mir formt und von mir ausgeht – was da geschieht, weiß ich jetzt. Es bereitet mich für den Rest des Tages vor. Ich habe mehr Zeit, ich bin ruhiger, ich fühle mich wohler, ich bin kräftiger, bin ganz anders wach. Ich verbrauche mich nicht, weil offenbar all die Dinge, die diese Meditation stören, auch Dinge sind, die mich in meinem Leben und inneren Reifen stören." Mit einem Wort also, wer diese Erfahrung gemacht hat kann begreifen, daß der Soto-Zen sagt, es komme überhaupt *nur* auf das Sitzen, auf das Za-Zen, das Sitzen in Versenkung an. Sie gehen sogar so weit zu sagen, nichts sei falscher als zu glauben, im Za-Zen gehe es darum, Satori zu erlangen. Schon das Sitzen *ist* Satori, wenn man richtig sitzt.

Das Za-Zen ist jedoch nur *eine* Form der Übung. Der Zen sagt: „Alles, was wir können, könnte zu der Übung werden im Dienst des Seins." Eine merkwürdige Wendung. Wir Europäer üben im allgemeinen, bis wir etwas können und dann suchen wir etwas anderes. Nein, sagt der Exerzitienmeister.

> Die Übung im Sinne eines *Exerzitiums ad integrum* beginnt erst dann, *wenn* wir etwas können. Denn was dann noch verkehrt läuft, hängt nicht mehr an der Technik, nicht mehr am Instrument, sondern an uns. Die sich wiederholende Übung von etwas, das wir können, wird zum Spiegel dessen, was wir selber schon sind.

Eine ganz einfache Zen-Übung kann ich Ihnen allen empfehlen: nehmen Sie ein Blatt Papier und ziehen Sie der Länge nach ganz langsam einen Strich mit freiem Arm. Das Papier wehrt sich nicht, der Bleistift auch nicht; wenn es zittert, sind Sie es. Ziehen Sie einen zweiten Strich darunter, so dicht Sie können, einen dritten und so weiter. Es zittert schon wieder! Warum? Ich habe wohl Angst oder sitze nicht richtig im Hara. Schon wieder ein Zittern! Da habe ich den Atem angehalten. Noch ein Versuch, da, schon wieder ein Zacken! Wahrscheinlich war ich darauf aus, es gut zu machen. Sie können ruhig 100 Striche machen und jedesmal werden Sie *an sich* etwas entdecken können, das Sie selber als negative Voraussetzung darstellen dafür, daß dieser Strich nicht gut werden konnte. Der letzte Strich ist vielleicht genauso schlecht wie der erste, aber *Sie* sind nach dem Versuch, das sauber zu gestalten, etwas sauberer *geworden.*

Das ist eine typische Zen-Übung. Sie hat den Sinn, den Menschen von seinem immer noch fixierenden, gegenständlich bezogenen, sich um die Niederlage drückenden oder den Sieg unbedingt wollenden Ich zu befreien, um schließlich das gereinigte Instrument einer Technik zu sein. Nehmen Sie 5 Töne auf der Geige oder etwas ganz einfaches auf dem Klavier, das Sie technisch vollkommen beherrschen, spielen Sie das in der Früh 10 Minuten lang mit dem Bemühen, es vollkommen zu spielen – es wird Ihnen nie ganz gelingen. Bringen Sie das aber wie ein Dienstopfer dar, jeder auf seinem Instrument, nur eine Viertelstunde täglich, dann üben Sie etwas im Dienste des Zen.

Gemeint ist immer wieder das Gleiche: einen von allem Ich-Ehrgeiz befreiten Übenden einer tieferen Kraft zur Verfügung stellen, die dann auf einmal – ich möchte sagen, das ewige Lied des Seins in der Sprache dieser besonderen kleinen Sache darbringt. Dann ist etwas geschehen, das Sie ganz zuinnerst beglückt.

Das gilt für alle Übungen im Zen: Bogenschießen, Schwertfechten und andere. Sie sehen aus der unterschiedlichen Art dieser Übungen, daß meditatives Üben nicht etwa dem Handeln entgegengesetzt ist, daß also eine meditative Existenz nicht nur ein Stille-Sitzen ist. Der Unterschied von meditativ, d. h. von der Mitte her bestimmt, und nicht meditativ ist, daß der Mensch – in welcher Handlung es auch sei – den Rücken an der Goldwand behält und von dorther in der Welt wirkt. Er läßt den goldenen Faden nie aus der Hand, ganz gleich was er tut. Dann wirkt sich gerade das *Handeln* aus als eine verwandelnde Kraft, die den Menschen immer mehr verwurzelt im anderen Sein.

So wächst allmählich auch das, worum es uns heute geht und was wir nachher noch im einzelnen üben wollen: die *Präsenz* in dem doppelten Sinn, daß der Mensch ganz da ist, er selbst als einer, der er im Grunde genommen ist und sein müßte: ein Zeuge der Weise, in der das Große LEBEN in seinem Innersten präsent ist.

Ich *bin* das Große LEBEN in einer besonderen Weise. Ich *bin* es in meiner Individualität. Je mehr ich *ich selbst* werde, den Weg der Individuation gehe, werde ich einer, der nicht etwa immer mehr allen anderen entgegengesetzt ist; nein, ich komme auf dem Wege einer vollkommenen Individualisierung meiner individuellsten Kern-Person fortschreitend zur Fühlung, zur Erfahrung des innersten Kernes, in dem wir alle eins sind. Das ist das neue Geheimnis, das zu entdecken ist: Ganz-man-selbst-Werden bedeutet eben *nicht,* einem Individualismus, in dem einer sich vom anderen absetzt, das Wort zu reden. Das stimmt nur, wo es beherrscht ist vom kleinen Ich, das schließt ab. In dem Maße aber, als Sie in Ihren Kern kommen, kommen Sie in die individuelle Weise, in der das uns alle Verbindende *in uns* präsent ist.

Die Frage, wie weit Meditation, in der der Mensch immer tiefer in sich hineingeht, ihn schließlich unfähig macht, das Leiden in der Welt, die Schlechtigkeit in der Organisation unserer heutigen Gemeinschaft zu sehen, ist eine Frage, die nur jemand stellen kann, der von all diesen Dingen nichts weiß. Denn je weiter man in seine eigentlichste Tiefe kommt, desto mehr Anteil gewinnt man an der Präsenz in den drei Dimensionen des Seins:

die *Fülle,* die etwas anderes ist als die Vielheit, die schweigen muß, damit die Fülle aufwachsen kann; das heißt, die Leere herstellen in der Zen-Meditation;

das *Gesetz* aus dem Sein heraus, das die ewige Verwandlung meint und etwas anderes ist als das harte Gesetz einer gewordenen Ordnung – also die Kraft zur immer neuen Form;

und die *alldurchdringende Einheit des Seins,* die etwas anderes ist als die Äußerung im Sinne eines Liebens in der Gemeinschaft und von Mensch zu Mensch, sondern die eine ursprüngliche Einheitserfahrung ist, die den Menschen dann allerdings veranlaßt, sich liebevoll des anderen anzunehmen als Ausdruck dafür, daß er die ihn *und* den anderen umgreifende Einheit erfährt – daß sie in ihm präsent ist.

Wenn Sie im Üben allmählich diese Fühlung bekommen, was kommt dabei heraus? Immer wieder muß man das fragen und die Antwort wiederholen:

> wenn Sie eine Meditation gemacht haben und sie war recht, dann werden Sie das daran spüren, daß Sie sich danach etwas mehr als Sie selbst fühlen: etwas mehr in der Kraft, etwas mehr in der Wachheit und etwas mehr in der Liebe; etwas kräftiger, etwas mehr in Form, etwas wärmer.

Als Letztes – denken Sie immer daran, auch im Zusammenhang des Zen – möchte ich sagen: es geht beim Üben nicht um etwas Besonderes, das uns über den anderen hinaushöbe. Im Gegenteil, wenn es ganz richtig läuft, sind Sie am Ende – wohin Sie vielleicht nie *ganz* kommen – ganz einfach wieder der einfache Mensch! So bin ich, fertig!

Atem
als Bewegung der Verwandlung

Wie immer werde ich zunächst unsere konkrete Arbeit, die der Praxis der Meditation dienen soll, einleiten durch einen Vortrag, der den Sinn unserer Arbeit in den größeren Zusammenhang eines Geschehens in unserer Zeit hineinstellt, das den suchenden Menschen wirklich in eine neue Richtung lenkt. Die geistige Übungsarbeit, die Meditation, wie sie mir hier vorschwebt, kann man nicht einer gewohnten Lebensform als bereichernde Zutat anhängen. Das eigentlich Entscheidende daran ist – ich spreche immer von suchenden Menschen – daß es sich wirklich um eine totale *Wende* handelt. Nur wenn Sie die Sache so auffassen besteht eine Chance, daß Sie an das herankommen, was diese Meditation eigentlich bedeutet. Zunächst möchte ich kurz auf die Bedeutung dieser Wende eingehen.

Bisher wurde der Mensch erzogen oder auch gebildet zu dreierlei: erstens mußte er lernen, in der Welt zu bestehen, sich durchzusetzen. Dazu mußte er etwas haben, etwas können, etwas wissen und gesund sein, um seinen Mann zu stehen. Zweitens sollte der Mensch lernen, ein tüchtiges Glied seiner Gemeinschaft zu sein, einen Beruf auszuüben, der nicht nur ihn selbst erhielt, sondern seinen Teil zum Ganzen beitrug. Drittens mußte er lernen, sich richtig einzufügen in die Gemeinschaft, sich wohlzuverhalten. Die Ethik des Wohlverhaltens meint einen Menschen, der weiß um die Werte des Schönen, des Wahren und des Guten und der zuverlässig ist in Bezug auf das, was ihm von der Gemeinschaft anvertraut wird. Dann nennt man ihn eine Persönlichkeit. Dies alles stand unter dem Zeichen von Reibungslosigkeit und Harmonie. Man glaubte, so den Menschen zum Höchsten erzogen zu haben, dessen er fähig sei.

Nun erkennt unsere Zeit, daß es noch etwas gibt, das darüber hinausgeht, einer Sache, einer Idee, einem Menschen, einer Gemeinschaft zu dienen. Es gibt den Menschen, der das alles kann und der doch selbst nicht in

Ordnung ist, der keine religiösen Wurzeln mehr hat, von dem also kein Segen ausgeht. Sein eigenster tiefster Kern ist überhaupt noch nicht angesprochen, und auch der religiöse Glaube ist etwas, zu dem er sich bekennt, das ihn aber noch nicht verwandelt. Ganz tief innerlich stimmt etwas nicht. Er hat die Welt gewonnen und verliert seine Seele, verrät sein eigentlichstes innerstes Wesen. Der Mensch kann unendlich viel, weiß unendlich viel, aber wer sagt mir, wie ich innerlich zu dem kommen kann, was mir nicht nur Freude macht in der Welt, sondern mich glücklich macht ganz von innen heraus?

Es ist kein Zufall, daß in unserer Zeit die Tiefenpsychologie eine solche Entwicklung genommen hat, die dem Rechnung trägt, daß sich, wie Jung einmal sagt, das Bewußte des Menschen zum Unbewußten verhält wie die Spitze des Eisbergs zu dem, was unter der Wasseroberfläche ist.

Der Mensch kommt zu der Erkenntnis, daß er begleitet wird von einer Fülle ungelebten Lebens, das ihm im Wege steht, nicht nur in seiner Leistung in der Welt, sondern auf dem Wege zu sich selbst und seiner eigenen Tiefe. Je mehr diese eigene Tiefe hochkommt, je mehr der Mensch sich darauf besinnt, daß er als *Subjekt* eigentlich das Zentrum der Welt ist, in der wir leben, desto mehr lehnt er auch die Einstellung ab, es sei nur das wirklich, was objektiv meßbar ist, und desto mehr lernt er, den Maßstab für die Bedeutung dessen, was er in sich erfährt, bei sich selbst zu finden.

In den Gesprächen, die ich mit Teilnehmern von Meditationstagungen habe, wird immer wieder deutlich, in welchem Ausmaße der Mensch innerlich an sich vorbeigegangen ist. Angehörige geistlicher Berufe, die anderen Menschen helfen, ihnen etwas geben wollen, fragen sich betroffen: woher nehmen wir eigentlich das Recht, Beichte zu hören, Seelen zu führen und gar von Gott zu künden, und wissen überhaupt nichts über uns selbst?

Heute – und darin liegt die Wende, von der ich eingangs sprach – beginnt eine Bewegung des Fragens und des Suchens nach der Verbindung mit einer Dimension, die uns wirklich als ganzen Menschen trägt und von der her und auf die hin wir eigentlich auch leben müßten in der Welt. Wo diese Frage sich stellt, beginnt das Ernstnehmen der Seinserfahrungen, der transzendenten Erfahrungen. Noch wichtiger ist die Suche nach dem WEG, auf dem wir so werden können, daß wir diese Dimension, die uns dann und wann einmal berührt, nicht nur wahrnehmen und erkennen, sondern daß sie zum Prinzip all unseres Erlebens, Handelns und Gestaltens wird, zur Grundlage des Lebens in der Welt. Dieser Weg ist ein Weg der Verwandlung des ganzen Menschen zu einer Verfassung, in der er durchlässig ist für sein Wesen: also für die Weise, in der das überweltliche, göttliche Sein in ihm anwesend ist und durch ihn hindurch in die Welt treten möchte. Auf diesem Weg besteht die Aufgabe darin, die Fühlung, die Religio zu diesem Wesen zu vernehmen, zu bewahren, um es dann zu bezeugen, sichtbar zu machen in der Welt.

Im Dienst dieser Aufgabe geht es um dreierlei: erstens um das Ausbilden des Instruments, das wir als ganze Menschen sind, mit dem wir dieses Ganz Andere *spüren,* wirklich *wahrnehmen* können, lernen dabei zu verweilen, darin einzugehen, es in uns *eingehen zu lassen.*

Zweitens um das Erkennen dessen, was zwischen uns und diesem Wesen steht. Warum entsprechen wir nicht dem, was das Wesen ist – nämlich ein uns eingeborener WEG, der vom Säugling zum Erwachsenen und dann zum gereiften Menschen führt, hin zur Möglichkeit eines Fruchtbringens? Wir entsprechen ihm nicht, weil das Welt-Ich mit seinen Eigen-Ansprüchen, mit seinen Ängsten und Verhinderungen zwischen uns und den Ansprüchen unseres Wesens steht. Diese Verhinderungen abzubauen ist unter anderem der Sinn einer initiatischen Therapie.

Drittens geht es um das Exerzitium. Was können wir systematisch zu einer praktischen Übung machen, um diese Entwicklung, die Einsicht sowohl wie das Erleben und dann das Verwirklichen zu fördern? Eine solche Übung ist auch die Meditation, nicht als fromme Betrachtung oder Besinnung auf einen heiligen Text, sondern verstanden als eine Verwandlungsbewegung, in die bewußt sich hineinzugeben der Mensch lernen muß, wenn er dem Großen LEBEN, das ein ewig sich Verwandelndes ist, gerecht werden will.

Meditation als Verwandlungsübung stellt den Menschen ein für allemal unbedingt und ohne Rest in den Dienst der Transzendenz. Das heißt nicht, ihn mit einer heteronomen Disziplin zu einem vorbestimmten Verhalten zu bringen.

Das heißt, ihm die Möglichkeit zu erschließen, den inneren Ruf in diesen Dienst zu hören, zu lernen, ihm zu gehorchen und dann um dieses Rufes und des Gehorsams willen sich für diese Übung zu entscheiden und ihr treu zu bleiben auf dem WEG zu einem Menschen hin, der letztlich als Diener und Zeuge einer anderen Wirklichkeit in der Welt steht. Das ist eine *totale Wendung,* die aus sich heraus ein anderes Verhalten erzeugt, weil sie den Menschen unbedingt in die Wahrheit des Lebens stellt, in seine eigene Wahrheit, die nicht nur auszusagen, sondern darzuleben ist. Das ist oft gar nicht angenehm – weder für die anderen noch für den Betreffenden selbst.

Es geht darum, die Wahrheit, die man ist, zu erhorchen, um so der Einheit von Weg, Wahrheit und Leben zu entsprechen.

Wenn jeder seine eigene Wahrheit findet und sich in den Dienst eines Weges stellt, der die Verwirklichung des eigenen Lebens bringt, dann seien Sie sicher, daß darin alles eingeschlossen ist, was an großen Gesetzen jemals von Philosophen hat entdeckt werden können. Aber das geschieht nicht in einer Weise, die in einem begrifflichen System alles an seinen Platz stellt und so den Geist beruhigt. Es geschieht als ein von innen, als eine Lebensformel aufgesprungenes Gesetz des Werdens, in dem der Mensch allmählich jenes große Sein ins Innesein bekommt, dessen menschliche Spiegelung dann der homo maximus ist, der in menschlicher Gestalt das große Sein darzuleben vermag.

So müssen wir auch die Übung sehen, um die wir uns hier bemühen. Wenn Sie nun fragen: wo kann ich ansetzen? Was kann ich als Zentrum in die Übung, in die Meditation hereinnehmen? so lautet die Antwort darauf: der Atem.

Ich möchte jetzt einige Worte zum Atem sagen. Das ist eine Realität, mit der wir alle es zu tun haben in dem Moment, in dem wir uns ins Üben begeben.

Ich spüre förmlich, wie nach diesen – wenn Sie so wollen großen – Worten das Wort Atem in vielen von uns eine Verengung bewirkt: ach, Atem – wieso Atem. Immer wieder – obwohl ja schon einige von uns wissen, welche Bedeutung der Atem als Grundlage und Feld unseres Exerzitiums hat – immer wieder müssen wir hinfinden zu einer Sicht des Atems, die gerade *ihn* zum Zeugen macht und auch zum Felde der Verwirklichung der Grundposition des menschlichen Seins als einer Weise des großen Seins.

Das Traurige ist, daß mit dem Wort Atem in uns Europäern nur noch relativ wenig mit dem Odem des Lebens verbunden ist. Der Atem ist für uns mehr oder weniger ein Mechanismus der Sauerstoffversorgung geworden. Das rein physische Geschehen, das *auch* zum Atem gehört und die Weise ist, wie der Atem sich in einer ganz bestimmten Funktion spiegelt, wird zu dem einzigen, woran man denkt, wenn das Wort Atem fällt. Über diese Funktion hinaus ist aber der Atem das entscheidende Bewegungselement in unserer lebendigen Wirklichkeit. Wenn wir wissen, es geht um Verwandlung, müssen wir uns immer wieder darauf besinnen, daß mit dem Atem die uns eingeborene Verwandlungsbewegung verbunden ist.

Da dies so ist, müssen wir als allererstes versuchen, das, was das Wort Atem bezeichnet, hineinzustellen in die großen Gesetzlichkeiten des Lebens überhaupt. Wir müssen Atem zunächst einmal verstehen als das universelle Aus und Ein. Alles, was ich jetzt sage, ist dann immer zugleich Hinweis auf Momente, die uns in der praktischen Übung gegenwärtig sein müssen. Wenn ich sage, es ist falsch, den Atem nur als eine Luftversorgung anzusehen, dann heißt das zugleich, daß Übung des Atems nicht den Sinn hat, den Menschen nur zu befähigen, mehr Luft ein- und auszuatmen. Der gesunde Atem ist mehr als nur dies. Atemtherapie ist die Herstellung eines gesunden Atems. Aber die Therapie, die wir jeder für uns selber machen müssen, ist immer eine Weise, am menschlichen Heilsein zu arbeiten, das seinerseits in seinem Begriff abhängig ist von der Sicht, die man vom heilen Menschen überhaupt hat. Wenn Sie den Menschen, wie er sein soll, darin sehen, daß er fit ist – gut, dann hat der Atem eben nur die Bedeutung, zu dieser Fitness beizutragen. Fitsein ist aber nicht gleichzusetzen mit Heilsein. Es gibt eine Weise, den Körper auf das Fitsein hin zu trainieren, die den Menschen, der ja auch noch auf etwas anderes angelegt ist – auf das Bedürfnis nach Transparenz – am Ende sogar krank machen kann.

Wenn wir im heilen Menschen noch etwas mehr sehen, als daß er als tüchtige Persönlichkeit in der Welt steht, wenn wir einen Menschen meinen, der einen inneren WEG geht, der nur glücklich wird, wenn er die Durchlässigkeit findet, von der ich vorhin sprach, dann steht Atemtherapie, wie sie jeder von uns mit sich selbst machen sollte, im Dienst dieses Bildes.

In welcher Weise nun kann ich mich des Atems bedienen, um in das Zentrum dieser Lebensbewegung zu kommen? Jetzt zeigt sich plötzlich das Thema Atem ganz groß. Nun werden Sie sagen: „In Gottes Namen, es gibt doch nichts anderes als das Ausatmen und Einatmen – oder wie die meisten sagen: das Ein- und Ausatmen – mehr oder weniger gut; das ist doch leicht in Ordnung zu bringen." Sie können das in Ordnung bringen in einer Bewußtseinshaltung, in der Sie ganz auf der Oberfläche bleiben, in einer Weise, die Sie vielleicht nur fit hält. Aber Sie können das auch in einer Weise erkennen, erleben und üben, die Sie schrittweise an diese andere Dimension heranbringt. Von außen her gesehen, wenn Sie den Atem messen würden oder könnten, fänden Sie vielleicht in jedem Falle dasselbe. Aber es geht eben nicht um das, was man von außen her mit technischen Apparaten messen und feststellen kann, sondern um das, was der Mensch innerlich dabei erfährt, wie er sich innerlich als Mensch empfindet und bewährt. Es geht in der Entwicklung des Atems um eine Bewegung, die immer mehr ganz selbstverständlich so vollzogen werden muß, daß sie den Menschen über das Erleben, Formen und Vollenden des Atems in die andere Dimension hineinbringt.

Um welche Gesetze geht es in der Atemarbeit, die er an sich selbst zu tun hat, die jeder von uns kennen und gegenwärtig haben muß?

Das erste ist, sich klar zu machen, daß mit diesem Atem, den wir jeden Augenblick – auch jetzt – einfach erleben, uns etwas geschieht, etwas widerfährt. Das kommt von selbst und geht von selbst. Leben bedeutet also geatmet werden. Wenn wir an die Stelle dieses Geatmet-Werdens ein Atem-Machen stellen, ist schon etwas Falsches darin. Wir müssen zunächst erkennen, daß im Atem sich das große Gesetz des Aus und Ein in allem Lebendigen bewährt, dieses Aufmachen und Zumachen, das Hergeben und wieder Hereinnehmen, Sich-Lösen und wieder Spannen; das Sich-Aufheben aller Formen und wieder Formwerden. Das erste, was wir im Atem erfahren müssen, ist das, was uns von der östlichen Tradition im Symbol des Yin und Yang gezeigt wird. Das ist nicht nur östlich, sondern ein Bild für diese unablässige Wechsel-Bewegung, in der das Leben die Formen herausspringen läßt, eine jede hineintreibt in ihre Vollendung und sie wieder heimnimmt in die große Einheit. Es ist immer diese dauernde Urbewegung, von der wir schon öfters gesprochen haben – wie überhaupt manches von dem, was ich jetzt sage, eine Wiederholung ist, aber jetzt unter dem Gesichtspunkt des Atems –, in der der eine Pol gewissermaßen der Sinn der Bewegung des anderen ist. Letzten Endes ist der Sinn des Ausatmens die Vorbereitung des Einatems. Der Sinn des Eingehens in den mütterlichen Grund ist das Aufbrechen eines neuen Lebens. Der Sinn einer gewonnenen Form ist die Fähigkeit, zu einem noch größeren Ganzen sich öffnen zu können. Von jedem Gipfel, den wir erreichen, sehen wir 10 neue Gipfel. Von jeder Form, die wir gewinnen, haben wir eine höhere Möglichkeit, einzugehen in ein noch Größeres und aus diesem Größeren sich zurückzufinden zu einer wieder neuen Form. Das ist eine dauernde Bewegung.

Sie sehen, wie die Thematik des Atems einen anderen Rang bekommt, wenn wir jeden Atemzug, den wir unbewußt leben, in diesem Zusammenhang sehen.

Das Größte wird im Kleinsten offenbar, und *gerade* das Kleinste kann zum Sinnbild des Größten werden, wenn man sich dessen bewußt wird. Auf einmal sehen wir, wieviel Verantwortung darinliegt, um so zu werden, daß wir diesem Grundgesetz des Lebens entsprechen können. Hier wird deutlich, daß die Verwirklichung der rechten Form schon im quasi Selbstverständlichen notwendig ist. Wir denken gar nicht daran, es scheint uns so natürlich zu sein.

Zweitens gehört zu der Gesetzlichkeit des Lebens, welcher der Atem besonderen Ausdruck verleiht, daß alles lebendige Menschsein sich auf verschiedenen Ebenen vollzieht: auf der Ebene des Leiblich-Physischen – des Materiellen, wenn sie so wollen – auf der es in unserer menschlichen Erziehung und Selbstbesinnung um die Wahrung des Heilseins im Sinne des *Gesundseins* geht; auf der Ebene der Persönlichkeit, wo es sich nicht mehr nur um die Position des Ich handelt, das Gesundheit und Sicherheit wahrt, sondern um den *Dienst* am anderen, an der Sache, einer Idee, einem Menschen, einer Gemeinschaft; auf der dritten Ebene, zu der hin wir heute drängen, auf der es weder um das Ich noch um den anderen geht, sondern um Gott, um die *Transzendenz.*

Der Atem, wenn er vollendet ist, wird diesen drei Ebenen gerecht.

Wir müssen ihn sehen als eine Weise, in der das Leben sich auf diesen drei Ebenen auswirkt: im Sinne der Gesundheit, im Sinne der Möglichkeit, sich in den Dienst zu geben, und im Sinne der Möglichkeit, dem Überweltlichen zu entsprechen und zugleich von dort her getragen zu werden.

Ein Drittes ist von ganz besonderer Bedeutung. Alles Lebendige hat drei Aspekte, in denen sich die drei Erscheinungsweisen des Seins manifestieren: die *Fülle des Seins,* aus der alles lebt und seine Kraft zum Leben gewinnt; die *Gesetzlichkeit des Seins* als das jedem lebendigen Wesen innewohnende Gesetz zum Werden einer bestimmten Gestalt und die *Einheit des Seins* als das jedem lebendigen Wesen eingeborene Hinleben zu einer Ganzheit in ihm selbst und Verbundenheit mit dem, was es umgibt.

In allem Lebendigen sind diese Drei: das In-der-Kraft-Sein, das In-der-Form-Sein und das In-der-übergreifenden-Einheit- oder in-der-Liebe-Sein. Das sind die drei Formen, in denen der Mensch als erlebendes Wesen der Dreiheit des Seins entspricht. Die Frage ist, in welchem Ausmaß und auf welcher Ebene sich der Mensch dieser Dreieinheit *bewußt wird.* Nur dort, und in dem Maße, als er diesen Dreien seinen Tribut zahlt, wird er ein ganzer Mensch.

Wir alle unterscheiden uns darin, ob wir mehr aus der Fülle leben, aus dem Gesetz oder aus der Einheit, oder aus einer Kombination von zweien. Es ist nützlich für jeden Therapeuten, für jeden Arzt, für jeden Mitmenschen, zu spüren, wo bei dem Menschen, mit dem er jetzt zusammen ist, der Akzent liegt und wie sich dieser Akzent zu seinem eigenen verhält. Wie oft kommt es vor, daß ein Mensch den anderen nicht versteht, weil er von vornherein von einer anderen Sicht, einem anderen der drei Aspekte ausgeht als sein Gegenüber. Was dem einen Sorge macht, nämlich die Wahrung des Gesetzes, darüber geht der andere, der vielleicht mehr in der Kraft und mehr in der Einheit lebt, lächelnd hinweg und umgekehrt. Das ist als eine der Grundlagen unseres wechselseitigen Erkennens von Bedeutung. Sicher ist, daß der Mensch nur dann ein ganzer Mensch wird und dem Leben in seiner möglichen Tiefe entspricht, wenn er diese drei Aspekte verwirklicht.

Der Atem enthält in sich selbst diese Drei. Im Rhythmus des Atems, in diesem Aus und Ein, erleben wir das Hindrängen zur Gestalt, die, wenn sie sich isoliert, erstarrt. Sie muß als lebendige Gestalt heimgegeben werden in die Einheit. Wenn wir das wirklich vermögen, spüren wir immer wieder in der Einheit des Grundes das Aufspringen der Fülle des Seins, die etwas Neues hervortreibt in seine Gestalt. Wir können die Formel des Atems – sich hinlassen, sich eingehen lassen, von wo die Fülle wieder aufspringt und wir wieder empor getragen werden in unsere Gestalt – wir können diese Formel sehr deutlich als ein Symbol der Urwirklichkeit dieser drei Aspekte nehmen. Das heißt aber nicht, auf das Symbol wie auf ein Bild hinschauen und über seinen Sinn nachdenken, sondern das Symbol leben, indem wir die Bewegung vollziehen, deren *Spur* das Bild ist, das wir da vor uns haben. Dann werden die drei Aspekte des Seins im Atem selbst verwirklicht.

Wir können den Vollzug des rechten Atems noch in ein viertes Lebensgesetz hineinstellen, das uns hier besonders wichtig ist: Menschsein bedeutet, in der Spannung zu leben zwischen einem an der Welt orientierten Ich und einem aus der Transzendenz heraus gebundenen, gespeisten und getriebenen Wesen.

Diese Spannung zwischen Welt-Ich und Wesen, die all unser Dasein bewegt – derer man sich jetzt mehr und mehr inne wird – beherrscht natürlich auch den Atem. Störungen des Atems sind also Störungen nicht nur in bezug auf Yin und Yang, auf Einseitigkeit hinsichtlich der drei Erscheinungsformen des Seins oder auf das Steckenbleiben auf einer der drei Entwicklungsstufen. Sie sind viertens auch Störungen in bezug auf eine Prävalenz eines dieser beiden Pole – des Ich-Pols oder des Wesens-Pols – zum Schaden der Ganzheit des Menschseins und des Heilseins, die nur aus der Integration dieser beiden Pole hervorwachsen kann. Diese Integration ist das eigentliche Thema aller Übungen auf dem Wege der Selbstverwirklichung, die nicht nur auf die endgültige Aufhebung des Ichs in der Einheit des Seins zielen, sondern auch auf das Offenbarwerden des Seins *in* der Daseinswirklichkeit des Ichs, also das Hervorkommen des Wesens suchen. Dabei geht es nie um ein Machen, sondern immer um ein *Zulassen* des im Wesen Angelegten.

Das also sind die vier Gesetze des Seins in der Sprache des Menschseins, die hereinspielen in einer richtigen Weise, das zu sehen, zu durchforschen und schließlich zu üben, was wir den Atem nennen. Immer geht es um das Aus und Ein, um das Sich-Öffnen und Sich-wieder-Schließen; immer wieder geht es um das Sich-Hergeben und Sich-zurück-Finden. Das bedeutet unter dem Gesichtspunkt jeder dieser Gesetzlichkeiten etwas Verschiedenes und hat in seinem jeweiligen Zusammenhang seinen besonderen Sinn.

Das Thema Atem gewinnt so eine ganz andere Tiefe, ohne die wir die Meditation, wie sie mir vorschwebt, eigentlich nicht bewußt vollziehen können.

Sie werden sagen: „An was soll man denn da alles gleichzeitig denken?" Nun, Sie sollen ja nicht an alles gleichzeitig denken. Wir sollen uns aber eines nach dem anderen vornehmen und es wirklich an uns selbst – oder wenn wir Atem*therapeuten* oder Erzieher sind, am anderen ernstnehmen.

Im einzelnen können wir uns nun fragen: worauf müssen wir achten angesichts der Aufgabe, diesen übergreifenden Gesetzen gerecht zu werden? Auf welche Weise können wir das Rechte, das sein soll, anregen oder verwirklichen? Und worin bestehen die Verfehlungen, die auf diesem Felde dem Menschen immer wieder unterlaufen? Welcher Art sind die Störungen, die im Atem liegen oder durch einen falschen Atem verursacht werden in bezug auf Yin und Yang; in bezug auf die Stufen der Entwicklung, die wir durchlaufen müssen; in bezug auf die drei Aspekte des Seins und in bezug auf das Verhältnis von Welt-Ich und Wesen? Wir können das nacheinander anschauen.

Erstens in bezug auf *Yin und Yang:* die Störung, die uns wohl zuerst auffällt, ist, daß der Atem stockt. Dann ist der Atem eben nicht die Verwirklichung einer grundsätzlichen Verwandlungsbewegung. Die Stille, die dort vorhanden ist, wo nichts mehr diese Verwandlungsbewegung stört, geht verloren, wenn eine Stockung des Atems eintritt. Das Erlebnis des Aus und Ein als Yin und Yang ist das erste, auf das wir uns in der Selbsterfahrung und in der Übung des

Atems einspielen müssen. Wir müssen einmal spüren: hier sind wir in einer Bewegung begriffen. Es ist etwas Wunderbares, zum erstenmal wirklich zu erleben, wie aus einem unrhythmischen, nicht fließenden Atem, dessen man inne wird, eine eigenläufige, rhythmische Bewegung wird, ein Lebensrhythmus, der zugleich Verwandlungsbewegung ist und bleiben muß.

Yin und Yang sind zwei Pole eines Ganzen, in denen dieses Ganze schwingt. Diese Schwingungswirklichkeit wird zwangsläufig dort – als Mangel – gespürt, wo ein Pol zugunsten des anderen zu kurz kommt. Es ist eine generelle Störung unserer Zeit, daß die Menschen nicht wirklich ausatmen können; daß sie die Yin-Bewegung des Hergebens zugunsten einer übertriebenen Yang-Bewegung des Hereinnehmens zu kurz kommen lassen. So sind sie in der Gefahr, die große Bewegung des Lebens oben festzuhalten. Daraus entsteht die Erstarrung, das Hartwerden, das sich leiblich „einfleischt" als Festhalten im Schultergürtel und zugleich einhergeht mit einer Verfestigung der Lebensbezüge in der Form des Festhaltens von theoretischen wie praktischen Positionen.

Je mehr wir jedoch in der Gefahr sind, oben zu erstarren, hart zu werden, desto stärker wird eine unwillkürliche Tendenz, ins Gegenteil zu verfallen, in die Auflösung. Tatsächlich sind viele Erscheinungen unserer Zeit, die man mit Recht Auflösungserscheinungen nennt, Reaktionen auf verhärtete Positionen in der Welt, gegen die sich einfach das Leben wehrt. Auf den Atem übertragen bedeutet das: er verweilt unten; der Mensch kommt von dort nicht zurück, er bleibt in der Auflösung.

Dieses Pendeln zwischen Festhalten und Auflösung muß allmählich wieder eingehen in die fruchtbar werdende Bewegung der Einheit in der Schwingung der beiden Pole, die sich im Atem darstellt im natürlichen, ungestörten Wechsel von Aus- und Einatmen.

Schöpferisch wird das Leben weder aus der Erstarrung noch aus der Auflösung, sondern immer nur in einer Bewegung, in der das Gewordene sich anheimgibt, damit das Ungewordene in die Erscheinung treten kann, damit es gespürt werden kann in der Entstehung einer neuen *Gestalt*.

Zweitens die Störungen des Atems in bezug auf die drei *Ebenen der menschlichen Entwicklung:* auf der Ebene der physischen Gesundheit des *natürlichen Ichs* wird der Atem gesehen im Sinne der Lust am Atmen und es geht darum, angstbedingte Verhinderungen im Fließen der Atembewegung zunächst einmal wahrzunehmen. Im atemtherapeutischen Einüben eines neuen Rhythmus löst sich die stockende Atmung aus der Starre und in dieser Bewegung kann zugleich das Festhalten dessen, was angstauslösend wirkt, losgelassen werden. Mit dem richtigen Durchatmen entwickelt sich auch ein freieres Lebensgefühl.

Aber dann gibt es einen weiteren Schritt. Über das befreiende Loslassen und wieder Hereinlassen des Atems hinaus kann der Mensch den Atem erleben als eine Bewegung, die ihn befähigt, sich einem anderen gegenüber zu öffnen und hinzugeben – wenn er in der Lage ist, seine Ich-Barriere herauszunehmen. Das Ich hat Angst, es hemmt den Einatem, stört die Atmung in der Weise, daß die Bewegung blockiert ist, in welcher der Mensch sich einlassen kann, in der er sich öffnen, sich einem anderen zuwenden kann. Indem er sich der Natur dieser Hemmung bewußt wird, kann der Mensch über die Arbeit am Einatem zu der Erfahrung gelangen, daß er hier nichts machen, steuern oder abschließen *muß,* sondern daß er ihn zulassen, als Geschenk empfangen, aufnehmen *darf.* In Analogie zu diesem leiblichen Vollzug steht die Erfahrung, im Einatmen sich dem, was auf einen zukommt, zu öffnen, es zu empfangen und angstfrei aufzunehmen. Das ist eine ganz andere Atemerfahrung als die des physischen Durchatmens.

Atemtherapie, insofern sie nicht nur am physischen Menschen interessiert ist, der nun wieder ordentlich atmen kann, sieht den Menschen auch als *Persönlichkeit,* als den Diener an einer Gemeinschaft. Dann sucht sie den Atem in den Dienst der Fähigkeiten zu stellen, deren die Persönlichkeit in der Welt bedarf, um die Wirklichkeit, die ihr begegnet zu bestehen: ihr sachlich gerecht zu werden, sich auf sie einzustellen und sich in ihr und mit ihr in Liebe zu verbinden.

Betrachten wir nun noch die Ebene, auf der der Mensch *Person* wird in dem Sinne, wie wir dieses Wort hier anwenden – wo er also durchlässig ist für die Dimension des Seins. Wenn ein Mensch im Loslassen des Aus-Atems seine Erstarrung lösen und im Empfangen des Ein-Atems sich öffnen kann; wenn er die Störungen durch Angst abbauen und im Gemeinschaftsleben der Erfahrung von Sinn begegnen kann, wird er über das Wechselspiel dieser beiden Bewegungen auch zu der Erfahrung der verbindenden Einheit gelangen können, die als Ganzes die Teile von Aus und Ein übergreift. *Der Atmende* weiß sich in dieser Lebensbewegung allem Lebendigen verbunden, dem LEBEN selbst. Ein Mangel im Verankertsein in diesem größeren Ganzen zeigt sich im Atem in der Weise, daß im Wechsel von Ausatmen und Einatmen sich nicht im selbstverständlichen Vertrauen eine kraftvolle Bewegung vollzieht.

Der Mensch ist ängstlich und dadurch gehemmt im Loslassen (Ausatem) und blockiert für das Hereinlassen (Einatem). Im Freigeben beider liegt die Voraussetzung für das Einspielen einer natürlichen, harmonischen Wechselbewegung in der – ich möchte sagen: gottgegebenen – Folge von Sich-Anheimgeben und wieder Sich-neu-Geschenktwerden.

> Atemtherapie, wie jeder von uns sie für sich selbst in der Meditation üben will, meint die Durchlässigkeit des Menschen für das Ganz Andere; dann erkennt sie nicht nur an der Störung im physischen Atem den Mangel, sondern sie wird in der Arbeit an der Qualität des atmenden Daseins zum Abbauen der Verfehlung und zum Hinfinden zur Durchlässigkeit im konkreten wie im übertragenen Sinne beitragen können.

Erst in dem Maße, als der Atemtherapeut dies anzuregen vermag bei einem Menschen, setzt er den Atem ein im Dienst des WEGES in diesem großen Sinne, daß der Mensch in seiner leib-seelischen Gesamtverfassung sich dem Überweltlichen zu öffnen vermag.

In diesen Betrachtungen zur Atemarbeit in der Ausrichtung auf das Personwerden haben wir schon einiges vorweggenommen, das die dritte Lebensgesetzlichkeit betrifft, in die wir den Atem hineinstellen: die Verfehlungen und Störungen in bezug auf die Gleichgewichtigkeit der drei Aspekte des Seins. Hier geht es darum, als ganzer Mensch sich in den Dienst des Überschreitens hin zur Transzendenz zu begeben.

Dann bedeutet die Atemarbeit, die Arbeit an sich selbst

noch einmal etwas anderes. Dann wird der Atem zu dem Feld, *in* dem wir und *mit* dem wir dieses Ganz Andere in uns spüren können in seinen Erscheinungsformen der Fülle, der Gestaltwerdung und der übergreifenden Einheit. Mangel an Vertrauen und Aufgehobensein im Großen LEBEN treten im Atem zutage als Mangel an Kraft, an Entschiedenheit und Verbundenheit des Bewegungsablaufes. Hier wird der Atem das Medium, durch welches wir uns der Blockaden inne werden, die diesem Ganz Anderen und seinem Wahrgenommen-werden-Können im Wege stehen. Darin liegen noch einmal ganz andere Möglichkeiten.

Jetzt geht es darum, das Organ zu entwickeln, mit dem wir das Innen, von was es auch sei, zu spüren vermögen, dieses wesenhafte Innen, das nicht im Gegensatz von drinnen und draußen zu lokalisieren ist, sondern das uns in allem, auch in den Dingen aufgeht, wenn wir es einmal als die Spiegelung des Innen unserer selbst zu spüren vermögen.

Wir können auf dem Wege über das richtige und echte Wahrnehmen des Atems allmählich merken, wie diese Bewegung des Aus und Ein, wenn wir den rechten Sinn dafür entwickeln – also nicht etwas anderes im Sinne haben – eine Wirklichkeit meint, die wir spüren können. Es gibt eine Weise, gerade im Atem, wenn wir zusammen mit dem Ausatem allmählich leer und leerer werden, an eine umfassende Wirklichkeit spürend, schmeckend, riechend und tastend (aber immer mit dem *inneren* Sinn dieser Sinne) heranzukommen und plötzlich etwas *total anderes* zu fühlen.

Das ist eine ganz andere Qualität, deren wir hier inne werden können, atmend, einer Sache, einer Blume, einem Menschen gegenüber. Der Atem selbst, in dem wir etwas auf uns zukommen lassen und uns seiner dann inne werden, wird zu einem Organ des Wahrnehmens der überweltlichen Dimension.

Es geht aber darum, daß wir das nicht nur spüren, sondern auch wirklich werden lassen in unserem Erleben, Gestalten, in unserem Lieben *in* der Welt. Kann uns auch da der Atem helfen? Sicher! Wie alles, was den Menschen betrifft, ist auch der Atem das, was uns gegeben ist, um *Leben* im eigentlichen Sinne zu ermöglichen und zu erfahren. Er ist uns in die Hand gegeben, daß wir etwas damit *tun.* Hier aber liegt nun der Ansatz zur Verfehlung, die sich in Störungen des Atems niederschlägt und zu erkennen gibt: wir sollen uns als das machende Ich nicht an die Stelle des Lebens setzen. Wir sollen die Natur unserer Atembewegung nicht willkürlich selbst bestimmen wollen. Wo immer der Atem stockt, wird Leben verhindert. Andererseits dürfen wir nicht sagen: das Leben muß sich radikal an die Stelle des machenden Ich setzen. Denn wir sind in dieser Welt aufgerufen, unserer selbst bewußt zu werden und bewußt zu handeln, bewußt etwas zu tun.

Nun kommt es aber darauf an, daß das, *was* wir bewußt tun, letzten Endes den Sinn hat, die Bedingung zu schaffen dafür, daß das, was wir *nicht* machen können – was wir geschenkt bekommen, das wir empfangen müssen, was zum LEBEN gehört – daß das Platz greifen und sich in der Welt manifestieren kann.

Dann gibt es eine ganz bestimmte Weise, das, was wir auch *im Atmen* machen können, *richtig zu polen.* Das bedeutet das Wahrnehmen der besonderen Funktion des Ausatmens als einem *aktiven Tun.* Es gibt nicht nur das Ausatmen im Bilde des ausströmenden Atems, den wir nur zulassen müssen bis in seinen Grund hinein, sondern es gibt auch den Atem, der uns aufgegeben ist als eine Möglichkeit, etwas *in ihm* zu tun, *mit ihm* zu tun und in ihm *zu formen.*

Ein Vergleich mit der Stimme kann dies deutlicher machen: ein Stimmtherapeut muß in der Lage sein, dem Menschen die Möglichkeit zu vermitteln, seine Stimme einmal herauskommen zu lassen. Er wird aber außerdem Mittel und Wege zeigen, die Stimme zu formen. Wir müssen weiter wissen: alles, was wir tun in der Welt, jeder Griff, jede Handlung, jede Tat, tun wir mit dem *Aus*-Atem und nicht mit dem Ein-Atem, angefangen beim Sprechen.

Es geht also darum, die Funktion des Aus-Atmens als einer auch formenden Kraft uns bewußt werden zu lassen und uns seiner zu bedienen in einer Weise, die uns befähigt, in dem, was herauskommt, den Unterschied zu spüren zwischen dem nur Gemachten, Künstlichen und dem, das als ein von uns Geformtes doch transparent ist für das Ganz Andere. Das ist nur *ein* Beispiel, wie wir auch mit dem Atem lernen müssen umzugehen als einem Instrument zum Einwachsen in eine andere Dimension.

Oder nehmen Sie den Ein-Atem. Es geht zunächst auf

unserem Wege darum, daß wir lernen müssen, den Ein-Atem nicht zu *machen.* Schon wenn man ihn hört, ist es falsch. Wir müssen lernen, so auszuatmen, daß dabei Platz geschaffen wird, eine Leere, in der das Zwerchfell anspringt und der Einatem von selbst kommt. Dieser Ein-Atem als solcher ist eine ganz geheimnisvolle und gerade für das Letzte auf dem WEG entscheidende Funktion, in der wir, nachdem wir wirklich aus-geatmet haben, uns offen fühlen können, aufgehen können mit der Möglichkeit zu empfangen. Aus der rechten Exspiration entsteht von selbst die rechte Inspiration. Der Ein-Atem ist ein Medium, etwas zu empfangen, das wir nicht gemacht haben. Und darin wird uns deutlich, daß wir im Atem eine Grundwirklichkeit unseres Menschseins ins Bewußtsein heben können: wir sind eigentlich die Beschenkten. Wir empfangen unentwegt. Das Größte vermögen wir nur hinzunehmen. Alles, was wir *tun,* hat den Sinn und schafft bestenfalls die Möglichkeit, Gefäße zu bilden, die aufnehmen, was zu uns kommen möchte.

Hier sehen wir wieder die Gefahr einer Verfehlung, die zur Störung des Atems führt: daß wir hereinziehen, hereinreißen wollen. Dann empfangen wir gar nichts. Dann gibt es eine Störung im Ein-Atem, weil wir die Eigenwirklichkeit dessen, was zu uns kommen möchte, durch ein Selbsttun vereiteln. Dann schlägt das gierige Ich über in die Phase der Atemarbeit hinein, in der wir doch die Empfangenden, die großen Beschenkten sein sollen. Nur in dem Maße, als wir wirklich zu empfangen vermögen, werden wir von selbst über dieses Empfangen hinaus zu den Menschen werden, die wir eigentlich sein können. Wir wollen einatmen, indem wir erst offen sind zum Empfangen, dann gleichsam uns erfüllen lassen, in die ganze Fülle unserer menschlichen Wirklichkeit hinein kommen können und sicher genießen dürfen, *ganz da zu sein.*

Sie werden fragen: „Bedeutet das, daß wir am Ende des Ein-Atmens innehalten dürfen?" Das ist fragwürdig. Im Reich des Atems gibt es kein Stehenbleiben. Sobald wir von uns aus innehalten, erhebt sich die Gefahr des Stehenbleibens, und dann verbergen wir das Lebendige und machen es zu einem festgehaltenen ›Besitz‹. Immerhin, es liegt im Innewerden des Ganz-da-Seins die Möglichkeit des Sich-voll-Spürens, dieser in Dankbarkeit erfahrenen Größe, die jetzt als unser Menschsein in eine Form gekommen ist. Und wozu haben wir sie? Um sie gleich wieder herzugeben, d. h. sie von dieser Ebene aus wieder hineinzulassen in den großen Schwingungskreis von Aus und Ein.

In der Erfahrung dieses Schwingungskreises kann die Dimension des Großen LEBENS richtig erkannt und richtig gelebt werden im Atem, in dessen Fülle, Gestalt und verbindender Einheit die drei Aspekte des Seins spürbar werden können.

Wir haben den Atem noch in ein viertes Lebensgesetz hineingestellt, in die Spannung zwischen den beiden Polen von Welt-Ich und Wesen. Auch hier wollen wir noch kurz eingehen auf die Verfehlungen, die dort entstehen, wo sich das Gleichgewicht der Pole zugunsten des einen oder anderen verschiebt, und die sich in Störungen des Atems spüren lassen.

Die ›rechte Form‹ des Menschen betrifft immer zweierlei: seine Fähigkeit zur Welt und seine Durchlässigkeit für das Wesen. Ein Versagen in der Welt hängt oft damit zusammen, daß dem Menschen das, was er hat, kann und weiß, im entscheidenden Augenblick nicht zur Verfügung steht. Diese Hemmung spiegelt meist die Einbildung, sich eine Niederlage nicht leisten zu können. Es fehlt das Vertrauen. Nur wer in vielen Fällen die Angst gesehen hat, die dem einfachen Zulassen des vollen Atems, vor allem dem Sich-Fallenlassen in den Ausatem im Wege steht, weiß, in welchem Ausmaße oft das Grundvertrauen in das Leben fehlt. Der Mensch gibt die aktive Wachspannung des Ichs deswegen so schwer auf, weil er bis tief ins Unbewußte hinein glaubt, sich sonst selbst zu gefährden. Wie sehr diese Angst eingefleischt ist, zeigt zum Beispiel der schmerzhafte Ruck, mit dem ›etwas‹ den Menschen beim Einschlafen genau in dem Augenblick zurückreißt, in dem er im Begriff ist, sich dem Walten der Natur, hier also dem Schlafatem, zu überlassen. Dieses ›Etwas‹ ist das Ich, das Angst hat, beim Einschlafen einzuschlafen. Was hier besonders deutlich offenbar wird, verstellt auch sonst den Segen der unbewußt wirkenden Natur und ihrer im Verborgenen waltenden heilen Kräfte. Der Mensch, der immer auf dem Qui vive ist, will alles selbst machen. Das führt dazu, daß er auch den Atem nicht ›aus der Hand gibt‹.

Es dauert in der Regel einige Zeit, bis der Übende begreift, daß im Grunde nicht *er* den Atem macht, sondern daß er geatmet *wird:* ›es atmet – nicht ich atme‹. Gerade im Atem darf er das Vertrauen in die Große Kraft erfahren und erproben, die ihn ohne sein Zutun am Leben erhält. Im Wahrnehmen dieser Spannung zwischen seinem Welt-Ich und dem ihm eingeborenen Wesen und im bewußten Umgehen mit dieser Wahrnehmung im Zulassen des natürlichen Atems liegt die Möglichkeit, im Laufe der Zeit immer durchlässiger zu werden für die Dimension dieses überweltlichen Wesens.

Alles, was ich Ihnen hier sage über die Möglichkeit, den Atem in den Dienst des WEGES zu stellen, ist genau das, was uns innerhalb unserer Meditation zu üben aufgegeben ist.

Das klingt zunächst etwas schematisch, aber es gibt keine echte Exerzitienarbeit ohne systematische Arbeit an sich selbst. Erkenntnis ist nun einmal nichts Vages, das rein gefühlsmäßig zu erfassen wäre. Man kann nicht sagen: „Ich mach das schon intuitiv richtig." Sicher, wer nicht einer bestimmten Intuition fähig ist, gehört nicht auf diesen WEG. Aber das, was uns intuitiv zuwächst, muß – wie die Naturstimme eines Menschen, der mit der Stimme arbeitet – dann doch einmal in die Hand genommen werden. Wir alle atmen ja, und wenn wir irgendwie nicht richtig atmeten , könnten wir nicht leben. Aber wenn es darum geht, mit Bewußtsein und aus Freiheit – das unterscheidet uns vom Tier und von der Pflanze – den WEG zu gehen, dann gilt es auch, sich dem Atem gegenüber als einer Grundbewegung des Lebens erkennend zu verhalten und ihn dann bewußt zu gestalten im Dienste des in uns verkörperten Lebens und Wesens, um fortschreitend transparent zu werden für – wie Zen sagt – die uns immanente Buddhanatur. Wir können genau so gut sagen: für die uns immanente Christusnatur – d. h. die Präsenz des Göttlichen in uns, um die es eigentlich geht und die kein Glaubensartikel und kein Produkt einer frommen Phantasie ist, sondern eine Realität, die wir in unseren besten Stunden erfahren können und der uns bewußt zu öffnen unsere Aufgabe ist.

Das meint Zen, nichts anderes, mit den Möglichkeiten eines Erleuchtungserlebnisses, wo uns plötzlich wirklich aufgeht: Da ist es ja! Jetzt, jetzt habe ich es gespürt; wo der Mensch außer sich gerät vor Glück, wenn er das einmal erfährt: solches Ahnen in leichten Seinsfühlungen und vielleicht auch in einer großen Erfahrung, die uns fast nie in der Meditation zuteil wird. Dort schleifen wir nur das Instrument, das uns vielleicht einmal im Laufe des Tages dadurch beglückt, daß wir offen sind auf etwas hin, das uns immer nur als Gnade widerfährt: den Einbruch dieses Ganz Anderen in seiner Gewalt zu erleben.

> Wir sollen auf dem WEGE bleiben, das Instrument zu werden, mit dem das Ganz Andere sich möglichst oft und eindringlich in uns fühlbar machen und durch uns hindurch sichtbar werden kann in der Welt. So fassen Sie bitte die Praxis der Meditation im Hinblick auf den Atem auf.

Zur Edition

Diesem Abschnitt hätte ich die Überschrift geben mögen: „Über die Kunst, Forellen zu fangen".

Als ich Graf Dürckheim eine überarbeitete Passage aus seinen Frankfurter Vorträgen vorlas, die ihm besonders gefiel, fragte er mich: „Wie machen Sie das bloß?" und ich antwortete ihm: „Ich mache nichts; es ist alles da, und ich brüte nur darauf bis mir scheint, es brächte das Gemeinte sich am besten zum Ausdruck". – „Das kann man auch so sagen", entgegnete er: „die Forellen sind im Bach drin – aber um sie herauszuholen, braucht's dann auch noch was".

Dieses Bild hat mir manches Mal geholfen, wenn ich an einer schwierigen Stelle hängenblieb. Denn mit dem herkömmlichen Angeln war es hier nicht getan. Oft hieß es erst ganz eintauchen, Fisch unter Fischen sein, um dann aus der Kenntnis ihres Wesens heraus die Beute am Schwanz zu packen und an Land zu ziehen.

Die Spielregeln, nach denen diese Forellen zu fangen waren, ergaben sich im Zuge der Arbeit mehr oder weniger von selbst.

Die Frankfurter Vorträge wurden seinerzeit ohne Manuskripte – lediglich nach Stichworten – weitgehend frei gesprochen. Darin lag ihre Stärke als lebendige Rede, aber zugleich ihre Schwäche als geschriebener Text. Graf Dürckheim sagte selbst: „Das kann man *unmöglich* so drucken". Die Eigenarten seines Rede-Stils, die dem Hörer das Folgen leicht machten, ermüden den Leser.

Es war also die Aufgabe, die Abschriften der Tonprotokolle (für deren Herstellung und Überlassung Fritz Kroeger/Königstein sehr zu danken ist) in lesbare Texte zu „übersetzen", und zwar unter Beibehaltung der vergleichsweise einfacheren Sprache der Vorträge, ohne Graf Dürckheim sprachlich zu verfremden und ohne an der subtilen Abgewogenheit seiner Inhalte etwas zu verändern oder zu verschieben.

Wer Graf Dürckheim kennt, hat vielleicht einmal erlebt, daß ein Wort von ihm unvermittelt einschlug wie ein Blitz

– weil *er* es war, der es aussprach. Das Unmittelbare der direkten Anrede des Hörers (Lesers) zu erhalten, war deshalb ein besonderes Anliegen: „Da soll man doch bitte keine Druckschrift draus machen". Es wurde also bewußt nur mit dem vorliegenden Material gearbeitet und nicht auf entsprechende Passagen aus früheren Büchern zurückgegriffen.

Des weiteren ging es darum, undeutliche Stellen zu präzisieren, den Zusammenhang zu wahren oder herzustellen und den zentralen Aspekt, auf den hin der jeweilige Vortrag angelegt war, in der Weise herauszuarbeiten, daß aus den Vorträgen in sich geschlossene Kapitel entstünden, die unabhängig voneinander und ohne Vorkenntnisse zu lesen sein sollen.

Die anfängliche Idee einer durchgehenden Strukturierung des Stoffes unter Entfernung möglichst vieler Wiederholungen wurde rasch aufgegeben. In Graf Dürckheims Weise der zyklischen Betrachtung, die von immer anderen Ansatzpunkten ausgehend in immer wieder abgewandelten Nuancierungen der gleichen Denkschritte sich an den Kern heranarbeitet, liegt eine Vertiefung, die nicht durch das Streichen der thematischen Wiederholungen verlorengehen sollte.

Graf Drückheim spricht einmal von „der nahtlosen Weise des Weiterwerdens" in der Meditation, in der eines aus dem anderen unmerklich hervorgehe. Dieses nahtlose Weiterwerden ist auch dem in sich meditativen Fluß seiner Gedankenführung eigen. Nimmt man ein Glied aus der Kette, so stimmt das Ganze nicht mehr. Infolgedessen erwiesen sich Striche und Kürzungen nur in beschränktem Umfang als möglich und sinnvoll.

Aus diesen Gründen blieben die Vorträge so erhalten, wie sie seinerzeit beabsichtigt waren: als vorbereitender oder wegbereitender Rahmen für die konkrete praktische Übung des Za-Zen. Das Ziel der Bearbeitung ist nicht der Abriß einer „Lehre", sondern eine Art „Graf Dürckheim-Lesebuch", das der *Einstimmung* in die Meditation dienen soll, dem behutsamen *Einschwingen* in die empfangende, erweiternde Bewußtseinshaltung, die auch ein Sinn der Übung selbst ist.

Um die stellenweise verkürzten oder gestrichenen Erklärungen und Ausfaltungen in anderen Kapiteln zugänglich zu machen, wird der 2. Band ein Stichwortverzeichnis enthalten – Nebenprodukt des Arbeitssystems, das unerläßlich war, um die Fülle des Stoffes im Blickfeld zu behalten. Ebenfalls im 2. Band wird die Auswertung der Fragestunden erscheinen in Gestalt eines Anhanges mit Fragen und Antworten zur praktischen Übung der Meditation.

Dieser Bericht wäre unvollständig ohne den Versuch, etwas von der Atmosphäre wiederzugeben, in der sich meine Zusammenarbeit mit Graf Dürckheim an diesen Vorträgen vollzog.

Mit den vorläufigen Endfassungen der ersten Vorträge kam ich zu ihm. Er (und ich genauso) wollte einen Eindruck gewinnen, ob und wie ich in der Lage sei, diese Aufgabe in seinem Sinne und zu seiner Zufriedenheit anzugehen und zu bewältigen. Am Ende unserer ersten Arbeits-Phase zitierte er Schillers Worte des Zeus an den Poeten: „. . . die Welt ist weggegeben, der Herbst, die Jagd, der Markt ist nicht mehr mein. Doch willst du hier mit mir im Himmel leben, so oft du willst, du sollst willkommen sein". Mehr als ein Jahr lang war „der Poet" willkommen, so oft er wollte (und genügend Arbeit vorbereitet hatte). Von da an war es eine ausgemachte Sache, daß wir so weit wie möglich den vorbereiteten Texten gemeinsam den letzten Schliff geben wollten.

Der „Himmel", in den ich immer wiederkehrte: das schlichte Arbeitszimmer, mit japanischen Bildern an den Wänden, dem Schreibtisch gegenüber ein Christusbild, einer von Graf Dürckheims Zen-Kreisen über dem Ofen. Überall Bücher, überall Blumen, auf dem Schreibtisch die tickende Uhr und die Vielzahl seiner „kleinen Dinge". Immer wärmte das milde Licht einer brennenden Kerze das Halbdunkel. Das Schwingen der Klangschale, die wir manchmal tönen ließen, schien noch in der Luft zu hängen, wenn es mit Ohren längst nicht mehr zu hören war – die Stille sprach. Draußen vor dem Fenster zogen die Jahreszeiten vorbei, gutes und schlechtes Wetter: der Frieden dieser heiteren oder freundlich-ernsten Stunden, in denen wir uns dem zuwandten, was Graf Dürckheim gern scherzend „unser gemeinsames Werk" nannte, dieser Frieden blieb immer der gleiche.

Abschnitt für Abschnitt las ich die Texte vor, und im Gespräch darüber wurden die Änderungen erarbeitet, die

Graf Dürckheim noch wünschte. Es gab Tage, an denen wir einander Rede und Anwort zuspielten, als seien sie Bälle. Wenngleich ich bald auf sein Denken und Formulieren so eingestellt war, daß Graf Dürckheim ohne ausdrücklichen Hinweis veränderte Passagen von den unveränderten kaum noch unterscheiden konnte, war die Weise solchen Arbeitens ein Lehrstück über die Beziehung zwischen Sprache und Bewußtheit. Auf meine wiederkehrende besorgte Frage, ob es so *für ihn* auch wirklich in allen Teilen stimme, sagte er mir einmal: „Die Art und Weise, wie Sie präzisieren, wie Sie bestimmte Dinge eher etwas hervorheben und andere eher zurücktreten lassen, *die* ist anders als bei mir. Aber ich kann das alles wirklich nur aus vollem Herzen bejahen. Ich sehe nichts, das mir fremd wäre oder mir etwa nicht entspräche. Es entsteht so noch einmal etwas Neues, das es vorher nicht gab und das seine eigene Frische hat, und darüber freue ich mich besonders".

Diese Arbeit war gemeinsame Arbeit im schönsten Sinne, an der wir auch gemeinsam große Freude hatten. Graf Dürckheim hatte eine Art, Einwände ebenso wie Anregungen entgegenzunehmen und zu würdigen, die mir immer das Gefühl gab, die Beschenkte zu sein. Es lag in diesem Zusammenwirken eine Inspiration, ohne die es ungleich schwieriger gewesen wäre, über einen so langen Zeitraum hinweg die Konzentration auf diese Arbeit durchzuhalten, jede verfügbare Minute an sie zu wenden und sie auch dann inwendig weiterzubewegen, wenn Alltagspflichten zu erfüllen waren. Der Fügung, welche diese Aufgabe an mich hat herantreten lassen, bin ich dankbar. Besonders dankbar bin ich für das Erlebnis der tätigen Teilnahme, mit der Graf Dürckheim das Werden des Buches begleitet hat.

Überrascht erlebe ich beim Lesen der Fahnenkorrektur, mit welcher unverbrauchten Frische der Fluß dieser Rede mir bei jedem neuen Durchgang (dies ist der siebente) wieder begegnet. Ich hoffe und wünsche, daß auch andere Menschen bereit sein werden, sich ergreifen und hineinnehmen zu lassen in dieses Werk, um sich dem Anruf zu öffnen, der sich darin ausspricht.

Adelsheim, Januar 1988 *Christa Well*

Weitere Bücher aus dem N.F. Weitz Verlag

Karlfried Graf Dürckheim
WEG DER ÜBUNG - GESCHENK DER GNADE
Frankfurter Vorträge
Band II
Hrsg. von Christa Well

Die Themen des ersten Bandes erfahren durch die des zweiten eine vertiefende Ergänzung. Die Entwicklungslinie, die sich bereits im ersten Band verfolgen läßt, setzt sich somit erweiternd fort bis hin zum bewegenden Höhepunkt des letzten Vortrags, der die regelmäßigen Tagungen in Frankfurt abschloß. Es folgen sodann zwei faszinierende Vorträge, welche die Essenz der Arbeit aus acht Jahren intensiven Zusammenwirkens in einzigartiger Weise neu beleuchten.
Ein ausführlicher Anhang bietet im lebendigen Wechselspiel von Frage und Anwort eine praktische Anleitung zur Übung der Meditation. Die Wahrnehmung von Bewußtseinsqualitäten und die Fühlungnahme mit einer gänzlich neuen Dimension stehen dabei im Zentrum der Gespräche, die Hinführung sein wollen zu einer verwandelnden Arbeit an sich selbst.
Dem Band wird voraussichtlich eine Tonkassette beigefügt mit Übungssequenzen aus einer sehr erfolgreichen Rundfunksoirée, die Graf Dürckheim selbst gesprochen hat.

Themen
o Der Meister
o Meditation als Verwandlungsübung
o Wiederentdeckung einer religiösen Wirklichkeit
o Die Widerstände auf dem inneren Weg
o Religiosität und Lebensweisheit
o Erfahrungen einer Indien-Reise
o Welterleben und Seinserfahrung
u.a.m.

N.F. WEITZ VERLAG · AACHEN

Weitere Bücher aus dem N.F. Weitz Verlag

Erika Albrecht

MEISTER ECKHARTS SIEBEN GRADE DES SCHAUENDEN LEBENS

Ein Weg der Gotteserfahrung

Mit einem Nachwort von Prof. Dr. Karlfried Graf von Dürckheim

104 S., Lit.-Verz., engl. brosch. u. fadengeb., DM 16,80

»Es geht in diesem Werk um den Versuch, die Meditationsform des Meisters aus ganz unterschiedlichen Blickwinkeln zu erhellen. Im Mittelpunkt des Buches steht ein Meister Eckhart zugeschriebener Spruch, dessen Zielrichtung Eckharts Uranliegen ist: die Erfahrung des Göttlichen in der Seele, der in einzelnen Gradstufen zugewachsen werden soll. Es geht um nichts, was man enträtseln könnte, sondern um etwas, dem man sich stellen muß, um einen religiösen Erfahrungsgehalt. Das langwährende, immer wieder neue Verweilen auf dem gleichen Thema, das gefordert wird, kommt dem Umkreisen eines zumeist unaussagbaren Wahrheitsgehaltes, d.h. der Aussageweise des Meisters gleich, zu der Eckhart sich für alle seine Werke bekannt hat. In sie zieht er den meditativen Betrachter jetzt ein. Im Gegensatz zu seinen Predigten, bei welchen der andere lediglich aufnimmt, wird er hier von innen her mitwirkend und nähert sich dem Ziele in seiner individuellen Aufnahmeweise«

DNZ

»Das Besondere an der Darstellung von ›Meister Eckharts sieben Grade des schauenden Lebens‹ ist, daß Frau Dr. Albrecht, die als akademische Gelehrte einen großen Teil ihres Lebens der Eckhart-Forschung gewidmet hat, diesen Spruch nicht nur einer wissenschaftlich-analytischen Exegese unterzieht. Gelehrsamkeit allein bringt die Wahrheit nicht zutage. Ihr lebendiger Glaube ließ sie auf das Geheimnis horchen – im jahrelangen meditativen und kontemplativen inneren Bewegen seines Gehaltes erschließt sie den Spruch von innen her. Ohne je den Zusammenhang mit den Ergebnissen der Eckhart-Forschung aus dem Auge zu verlieren, führt sie den Leser von Stufe zu Stufe durch die Meditationsaufgaben dieses Spruches und durchleuchtet ihren Erfahrungsspielraum und die Tiefendimension mystischen Erlebens in bildhaften Worten von dichterischer Kraft.«

Karlfried Graf Dürckheim

»Ein umfangmäßig nur kleines Buch, dessen Herzstück, der Spruch Eckharts, kaum länger ist als eine Druckseite, – und doch eine geisterfüllte, geistvermittelnde Kostbarkeit, zumal die Herausgeberin eine behutsame Interpretation bietet, der für das Eckhart-Verständnis durchaus Eigenwert zugesprochen werden kann«.

Gerhard Wehr

N.F. WEITZ VERLAG · AACHEN